Jacques Brosse

MYTHOLOGIE
DER BÄUME

Patmos Verlag

Titel der französischen Originalausgabe:
«Mythologie des arbres».
© 1989 by Editions Plon (Presse de la Cité), Paris

Deutsche Übersetzung von Dr. Marta Jacober

© 1990 Walter Verlag, 2. Auflage 1994
© ppb-Ausgabe 2001, Patmos Verlag GmbH & Co. KG
3. Auflage 2002
Walter Verlag, Düsseldorf und Zürich
Umschlaggestaltung: Volker Butenschön, Lüneburg
Druck und Bindung: Grafo S.A., E-Basauri
ISBN 3-491-69039-0
www.patmos.de

Inhalt

Du wirst mehr in den Wäldern finden als in den Büchern. Die Bäume und die
Steine werden dich Dinge lehren, die dir kein Mensch sagen wird.
Bernhard von Clairvaux

Das Studium der Mythologie beruht aber... unmittelbar auf der Baum-Lehre
und auf Beobachtungen des Lebens auf den Feldern im Kreislauf der
Jahreszeiten.
Robert Graves, Die weiße Göttin

Vorwort

Seit Urzeiten war das Schicksal des Menschen durch ein so enges und star**l**
Band mit dem der Bäume verknüpft, daß man sich fragen muß, wie es wohl
ner Menschheit ergehen wird, die dieses Band so brutal zerrissen hat.

Die Folgen der weltweiten Waldvernichtung kann he**u**te niemand mehr üb**e**
sehen, noch ihre lächerliche Ursache, den stets zunehm**e**nden Verbrauch ein
Papiers, das wieder weggeworfen wird, sobald es bedruck **i**st – eine der Absur**c**
täten, die zur Kenntnis zu nehmen wir uns beharrlich weigern.

Doch wenn wir überleben wollen, täten wir gut daran, das wiederherzustell**e**
– bevor es zu spät ist –, was wir zerstört haben, und wieder ein Gleichgewich
eine Harmonie zu schaffen, die einige tausend Jahre lang bestanden hat.

In früheren Büchern habe ich auf die wichtige Rolle hingewiesen, die ein**s**
den Bäumen in den alten Gesellschaften zukam, doch di**e** angeführten Beispiel
waren nur Bruchstücke eines großen Ganzen, dem ich – : dreißig Jahren – ei**n**
so eingehendes Studium wie nur möglich gew**i**dmet habe: Hiermit lege ich da**s**
Resultat meiner Bemühungen vor.

Wenn man sich mit den alten Religionen beschäftigt, begegnet man fast aus-
nahmslos Kulten, in deren Mittelpunkt als heilig betrachtete Bäume stehen; vor
allem der *kosmische Baum* ist Gegenstand der Verehrung. Er ist der zentrale Pfeiler, die Achse, auf die das Universum, das Natürliche und das Übernatürliche,
das Materielle und das Metaphysische hinge**o**rdnet sind. In den allgemein bekannten Mythologien kann man heute noch **e**ine sehr archaische Tiefenschicht
entdecken, in der die Bäume die bedeutendsten **K**ommunikationsmittel zwischen
den drei Welten, den unterirdischen Abgrü**n**, der Erdoberfläche und dem
Himmel, darstellen; in ihnen kamen auch Manifestationen der Anwesenheit von
Göttern auf besonders deutliche Weise zum Ausdruck.

Von diesem einheitlichen, aber keineswegs reduktionistischen kosmologi-
schen System, das von Jahrhundert zu Jahrhundert und von Zivilisation zu Zivilisation überliefert wurde, existieren heute nur noch wenige, weit verstreute
Fragmente, die oft kaum noch zu erkennen und in solche Unordnung geraten
sind, daß es ebenso großer Geduld wie Umsicht bedarf, will man den verwickel-
ten Faden entwirren.

Zwar liefert die Dendrologie (Baumkunde) die notwendigen Voraussetzun-
gen für den Versuch, eine Mythologie der Bäume zu rekonstruieren, da viele der
aufgeworfenen Fragen nur aufgrund genauer Kenntnis der verschiedenen Baumarten, der Essenzen und ihrer Eigenschaften beantwortet werden können, doch

genügt sie allein nicht, um eine solche Aufgabe zu vollenden, die mehrere, üblicherweise voneinander getrennte Bereiche mit je eigenen Fachdisziplinen überschneidet. Auch ich hätte mich nicht darangewagt, wenn ich nicht einige verläßliche Führer gehabt hätte, von denen ich Claude Lévi-Strauss an erster Stelle erwähnen möchte, denn hier geht es im Grunde genommen vor allem um das «wilde Denken».

Unsere Untersuchung, die scheinbar so weit von unseren üblichen Beschäftigungen wegführt, vereinigt sie schließlich an ihrem Usprung wieder, denn: «Indem er den Menschen vom Rest der Schöpfung isolierte, hat der westliche Humanismus ihn einer Schutzwehr beraubt. Von dem Augenblick an, da der Mensch keine Grenze seiner Macht mehr kennt, neigt er zur Selbstzerstörung.»[1]* Man sieht darin aber auch die Chance, die sich dem gegenwärtigen Denken bietet, wenn es eine Weltordnung wiederentdeckt, die den Menschen aufs neue mit der Natur verbindet, das Profane mit dem Heiligen, das Alltägliche mit dem Göttlichen.

La Devinière – Le Verdier
1985–1988

*Die Anmerkungen befinden sich am Schluß des Buches.

Erstes Kapitel

Im Mittelpunkt der Erde

Die Esche Yggdrasil – Von den Königen in Uppsala zum kretischen Minos –
Poseidon, Gott der Esche – Der kosmische Baum weltweit –
Eine realistische Träumerei

Vor Zeiten, lange bevor der Mensch auf der Erde erschienen war, erhob sich ein mächtiger Baum bis in den Himmel. Als Achse des Universums durchdrang er die drei Welten. Seine Wurzeln reichten bis in die Unterwelt, seine Zweige erstreckten sich bis zur Wohnung der Seligen. Das Wasser, das er aus der Erde sog, wurde zu seinem Saft; Sonnenstrahlen brachten seine Blätter, seine Blüten und seine Früchte zur Reife.

Durch ihn kam das Feuer des Himmels herab; seine Krone glich den Wolken und ließ den befruchtenden Regen fallen. Senkrecht stand der Baum da und gewährleistete die Verbindung zwischen dem uranischen Universum und den chthonischen Abgründen. Ständig regenerierte sich in ihm der Kosmos. Quelle allen Lebens, bot der Baum Tausenden von Lebewesen Schutz und Nahrung. Zwischen seinen Wurzeln krochen Schlangen, auf seinen Zweigen saßen Vögel. Die Götter selbst erwählten ihn als ihren Aufenthaltsort.

Diesen Weltenbaum findet man in fast allen Überlieferungen, von einem Ende des Planeten bis zum andern, und man darf annehmen, daß es ihn überall gab, selbst da, wo sein Bild heute verblichen ist.

Die Esche Yggdrasil

Die herrlichste und eindrücklichste Darstellung dieses Baumes, die auf uns gekommen ist, finden wir in den überlieferten Texten der germanischen Mythologie, wie sie im Mittelalter von skandinavischen Dichtern festgehalten wurden. In der *Edda,* die seinen Namen trägt, gibt Snorri Sturluson, isländischer Staatsbeamter und Dichter (1178–1241), eine berühmte Schilderung der Riesenesche Yggdrasil, der Achse und Stütze der Welt. Obschon der Text der Snorri-Edda erst zwischen 1220 und 1230 niedergeschrieben wurde, ist er Ausdruck weit älterer Überlieferungen; es handelt sich nämlich um eine Prosa-Zusammenfassung der nordischen Mythologie, die seit Jahrhunderten mündlich tradiert worden war, aber allmählich in Vergessenheit zu geraten drohte. Snorri hatte systematisch alle noch vorhandenen Bruchstücke zusammengetragen, teils in seiner Heimat, teils auf seinen Reisen in Norwegen.

Die auf ihre Weise einzigartige Beschreibung, die er von Yggdrasil gibt, die aber durch andere Texte wie etwa die *Völuspa* («Der Seherin Gesicht») – eine packende kosmogonische und eschatologische Darstellung in den *Eddas* – bestätigt wird, ist in jeder Hinsicht von allerhöchster Bedeutung, denn wenn auch der Mythus vom kosmischen Baum in der Form, in der wir ihn kennen, gewiß verhältnismäßig jung ist, so bildet er trotzdem «das Prinzip, das einer ganzen Staubwolke von Mythen und heiligen Traditionen, aus welchen es galt, ein zusammenhängendes Ganzes zu schmieden, Richtung und Einheit gab.»[1]

Yggdrasil ist der größte und beste aller Bäume. Seine Zweige erstrecken sich über alle Welten hinaus und erreichen den Himmel. Er hat drei Wurzeln, die ihn aufrechthalten; sie sind außergewöhnlich groß. Eine taucht in den Äsir, die Unterwelt der Asen, der Götter, hinunter, die zweite zu den «Frostriesen», den Vorgängern der Menschen, die dritte greift nach Niflheim oder Niflhel, dem Reich der Toten. Bei dieser letzteren Wurzel entspringt der Brunnen Hvergelmir, die «Quelle aller rauschenden Flüsse, die die Erde bewässern» und sie für den Menschen bewohnbar machen.

Das unterirdische Wasser, aus dem alles Leben geboren wird, kommt also aus dem Reich der Toten hervor. Dies ist ein häufiges Motiv im Volksglauben, wo man viele Beispiele dafür findet, daß Frauen durch ein bloßes Bad in einem heiligen Fluß schwanger wurden. Neben der zweiten Wurzel sprudelt die Quelle von Mimir. Dem, der dort die Lippen netzt, schenkt sie Wissen und Weisheit, aber ihr Besitzer, dessen Name «Meditation» bedeutet, hat es verboten, sich ihr zu nähern; er selbst ist voll tiefsten Wissens, das er täglich aus diesem Wasser schöpft.

Unter der ersten Wurzel, die der Überlieferung zufolge entweder die unterirdische Behausung der Götter oder ihren himmlischen Wohnort erreicht – die übrigens durch Bifrost, den Regenbogen, verbunden werden –, gibt es eine dritte Quelle, die heiligste von allen: den Brunnen, über den Urd, die älteste der Nornen, wacht. Als Hüterinnen der Gesetze und alten Bräuche sind nur die Nornen in der Lage, die Geschicke der Menschen und sogar der Götter selbst zu lenken, die nicht ewig sind und dem Los, das alle trifft, nicht entrinnen können. Ursprünglich war Urd, die älteste unter ihnen, deren Name «Schicksal» bedeutet, wahrscheinlich allein. Möglicherweise waren die Legenden von den drei spinnenden Nornen, als sie uns erreichten, schon von den Moiren (dem personifizierten Schicksal) und den Parzen der griechischen und der römischen Mythologie beeinflußt. Wie diese stellten auch jene die drei Mondphasen – zunehmend, voll

,

und abnehmend – dar, deren Rhythmus das Leben der Natur bestimmt und die auch den drei menschlichen Lebensaltern – Jugend, Reife und Alter – entsprechen.

Jeden Tag schöpfen die Nornen aus dem Brunnen Wasser und Schlamm und begießen damit die Esche, damit ihre Zweige weder vertrocknen noch verfaulen. Was immer in die Quelle fällt, wird so weiß wie das Häutchen im Inneren der Eierschale, das heißt, es kehrt zu seiner früheren Reinheit, zu seinem vorgeburtlichen Ursprung, zurück. Dieses makellose Weiß kleidet auch das Paar Schwäne, die die Quelle bewohnen und «von denen die Vögel dieses Namens abstammen». Urds Quelle ist also ein Jungbrunnen. Bei ihr versammeln sich die Götter, um Rat zu halten, Streitigkeiten zu schlichten und Recht zu sprechen. Dieser Schicksalsbrunnen verkörpert die Welt der Möglichkeiten, der Samen, der Keime, eine nächtliche Welt aus Wasser und Erde, aus der alle Lebewesen hervorgegangen sind.

Wenn es Yggdrasil dank seiner Wurzeln den drei übereinandergeschichteten chthonischen Reichen – dem der Götter, dem der prähistorischen Riesen und dem der Vorfahren des Menschen – gestattet, an der Erdoberfläche zu erscheinen, so erstreckt sich der Stamm der Esche durch das zwischen Himmel und Erde liegende mittlere Gebiet, das Midgard, wo die Menschen leben, und ihr Wipfel erhebt sich bis zu Asgard, dem himmlischen Domizil der Götter.

Trotz seiner Mächtigkeit ist der kosmische Baum dennoch stets bedroht. Die riesige Schlange Nioggrh nagt heimlich an der dritten Wurzel, wird aber selbst Tag für Tag vom Adler angegriffen, der in den höchsten Zweigen wohnt. Vier Hirsche kommen und gehen im Gezweige und fressen die jungen Triebe, kaum daß sie erschienen sind. Yggdrasils Laub beherbergt noch weitere Tiere, die aber nützlich sind, so die Ziege Heidrun, die mit ihrer Milch Odins Krieger ernährt, oder das Eichhörnchen Ratatosk, das am Stamm hinauf- und hinunterläuft und die wechselseitigen Herausforderungen zwischen Schlange und Adler vermittelt.

Letzterer «weiß viele Dinge» und beobachtet von seinem hohen Standpunkt aus den Horizont, um die Götter zu warnen, wenn ihre uralten Widersacher, die Riesen, sich zum Angriff anschicken. In manchen Versionen sitzt ein goldener Hahn im Baumwipfel; er hat dieselbe Aufgabe. Man könnte nicht bildreicher ausdrücken, daß die Welt der Spielball in einem unablässigen Kampf zwischen den Mächten des Lebens und denen der Zerstörung ist.

Yggdrasil bedeutet «Kurier Yggs»; dies ist einer der Namen Odins (Wotans), des höchsten und ältesten der Asen, des «Vaters aller Götter». Odin ist vor allem ein Kriegsgott, aber immer mehr zu einem Meister der Weisheit und der okkulten Künste geworden. Allerdings hat er sich diese hohe Weisheit – Gott oder nicht – in drei initiatorischen Prüfungen erringen müssen, von denen zwei direkt mit Yggdrasil zusammenhängen.

Eifrig befragte Odin alle, denen er begegnete, seien es Elfen, Dämonen oder Riesen, und es gelang ihm schließlich, mit dem Weisesten von allen zu sprechen, mit Mimir, dem Hüter der Quelle. Aber dieser erlaubte ihm erst, von dem Wasser zu trinken, als er von ihm als Pfand sein einziges Auge erhalten hatte, das in der Quelle versteckt wurde. In der andern Welt entwendete Odin dann den «Met der Dichter», der göttlichen Ursprungs war. Die dritte und eindrücklichste Prüfung aber fand in den Zweigen der Esche statt.

In einem Gedicht in den *Eddas* mit dem Titel *Runenerwerbung* drückt sich Odin wie folgt aus:

> Ich weiß, daß ich hing
> am windigen Baum
> neun Nächte lang,
> mit dem Ger verwundet,
> geweiht dem Odin,
> ich selbst mir selbst…

Kann man umhin, an Jesus zu denken, wie er am Holz des Kreuzes hing, das Herz von der Lanze des Zenturio durchbohrt? Früher glaubte man, die Erzählung von Odins Opfer, deren älteste Fassungen viel jüngeren Datums sind als die Ausbreitung des Christentums bei den Germanen, sei durch Christi Passion beeinflußt worden. Die Historiker haben mittlerweile aber auf diese Deutung verzichtet, denn Odin hängt sich nicht, um die leidende Menschheit zu retten, sondern um sich mehr magische Kräfte zu erwerben. Man kann ihn deshalb mit den Schamanen des heidnischen Irland vergleichen, die ähnliche Rituale vollzogen[2], und auch mit denen Nordasiens, mit denen er mehr als einen Zug gemeinsam hat: die Fähigkeit, sofort jede beliebige Gestalt anzunehmen und sich, durch das trügerische Äußere getarnt, auf die Suche zu begeben; die Fähigkeit, mit den Toten zu sprechen und von ihnen Geheimnisse zu erfahren; schließlich ritt Odin auf einem achtbeinigen Pferd, Sleipnir, dem schnellsten aller Hengste, und er wird von zwei Raben begleitet, die ihm alles melden, was in der Welt vor sich geht. Wenn Yggdrasil «Odins Kurier» bedeutet – an seinem Wipfel band der Gott sein Roß an –, so nennt man den Galgen das «Pferd der Gehenkten», und man weiß, daß die Odin geweihten Opfer an Bäume gehängt wurden.

Odin, der sich selbst verletzt und sich Wasser und Nahrung versagt hatte, erlitt den Ritualtod des Initianden, durch den man höchstes Wissen erlangt. Hier die Runen, die Geheimsprache der anderen Welt:

Sie spendeten mir
nicht Speise noch Trank;
nieder neigt ich mich,
nahm auf die Runen
nahm sie rufend auf...

Dieser Text beschwört ein merkwürdiges Bild herauf, denn Odin hatte seit jeher nur ein Auge und hat dies Mimir übergeben. Odin ist also jetzt blind. Da es sich nicht um ein Versehen des Dichters handeln kann, sind die Augen, mit denen Odin die Runen entdeckt, nicht mehr seine physischen Augen, oder vielmehr sein eines physische Auge, sondern seine geistigen Augen. Durch den Verzicht auf das körperliche Sehen ist Odin zum Seher geworden. Es handelt sich hierbei um ein in allen Überlieferungen häufig vorkommendes Motiv. Der wandernde Sänger, der keltische oder germanische Barde, der griechische Rhapsode oder Dichter, so zum Beispiel Homer, und auch der Hellseher sind oft blind. Sie wurden von den Göttern als Preis für ihre außergewöhnliche Gabe mit Blindheit geschlagen, oder auch zur Strafe, weil sie gesehen hatten, was sie nicht hätten sehen dürfen, wie der Wahrsager Tiresias, dem Athene das Augenlicht nahm, weil er sie beim Baden beobachtet hatte, und Ödipus, der sich als Sühne für sein doppeltes Verbrechen und für den ahnungslos begangenen Inzest selbst die Augen ausstach. Nur weil sie das körperliche Licht nicht mehr sehen, dürfen diese Helden das göttliche Licht schauen.

Durch die magische Kraft der Runen befreit, fühlt sich Odin trotz seines Fastens plötzlich von neuer Kraft und Jugend erfüllt, er ist wiederauferstanden und zum Gott nicht nur der Krieger, sondern auch der Dichter und Weisen, also der Schamanen geworden.

Aber auch er wird wie alle anderen Götter untergehen, wenn *Ragnarök* kommt, die von Wagner gefeierte «Götterdämmerung» oder, genauer, wenn sich das Schicksal der Mächtigen erfüllt und das Ende der Welt naht, das eines der schönsten Gedichte der *Eddas,* die ungefähr aus dem Jahr tausend stammende *Völuspa,* beschreibt.

«Zuerst wird ein entsetzlicher Winter kommen. Schneewirbel werden aus allen Windrichtungen fallen, die Sonne wird nicht leuchten. Drei Winter werden hintereinander folgen und kein Sommer dazwischen. Vor ihnen wird es nochmals drei schreckliche Winter geben, während denen in der ganzen Welt Schlachten toben werden. Brüder werden einander aus Habgier töten, keiner wird Vater oder Sohn verschonen, Mord und Inzest werden regieren... Der Wolf frißt die Sonne auf und der andere Wolf den Mond. Die Sterne verschwinden vom Himmel. Die Erde und alle Berge beben, sie stürzen übereinander, und die

Bäume werden entwurzelt. Alle Bande (die bis dahin die Macht des Bösen in Schranken hielten) zerreißen, und diese Kräfte überschwemmen die ganze Welt. Der Riesenwolf Fenrir (der schlimmste Feind der Götter, den sie gefangenhielten) wirft seine Ketten ab, und selbst die Götter sind in großer Gefahr.»[3]

Das ist ihr Schicksal, denn auch sie haben sich Ungerechtigkeiten zu Schulden kommen lassen und Verbrechen begangen. Nun wird Odin, zu Pferd seine Truppen anführend, bis zu Mimirs Quelle vordringen, um ihn um Rat zu fragen. Aber sogar Yggdrasil bebt und scheint dem Zusammenbruch nahe. Schließlich wird Odin, vom Wolf Fenrir verschlungen, zugrunde gehen und mit ihm die meisten anderen Götter.

Aber mitten in diesem Kataklysmus widersteht allein Yggdrasil. Nach dem Sturm «wird sich das Land aus dem Meer erheben und grün und schön sein», eine neue Sonne wird am Himmel erscheinen, Götter werden ihn bevölkern – Söhne der Verstorbenen –, unter ihnen der wiederauferstandene Baldur, der gute Gott, dessen Ermordung die Katastrophe ausgelöst hatte. Eingeschlossen im Holz der Esche, dem die Flammen der Weltfeuersbrunst nichts hatten anhaben können, haben wie durch ein Wunder ein Mann und eine Frau überlebt, Lif und Lifthrasir, deren einzige Nahrung der Morgentau ist. Sie ergreifen Besitz von der wiedererstandenen Erde und werden die Ahnen der neuen Menschheit sein.

Das aus dem Baum hervorgegangene Paar ist eine Wiederholung der ersten Menschen, die am Anbeginn der Zeiten von den Göttern Odin, Önir und Lodur aus zwei Baumstümpfen geformt wurden, nachdem sie die noch verlassene Erde durchstreift hatten. Sie nannten den Mann «Askr» und die Frau «Embla»; «Askr» verweist auf die Weltenesche, «Embla» hängt mit *elmla*, Ulme, zusammen. «Durch sie wurde die Menschheit gezeugt. Sie wohnte in Midgard, der Zwischenwelt, die sich auf der Erde unter dem Himmel und über den unterirdischen Tiefen erstreckt.» Die Vorstellung, der Mensch sei aus Holz entstanden, gehört zum indoeuropäischen Erbe. Man findet sie bei Homer und Hesiod in der Redensart «von Eiche und Fels plaudern», «um Eiche und Fels herumreden», was für sie bedeutete, bis zu den Legenden über den Ursprung des Menschen aus Eiche und Fels zurückzugehen.

Diese Verbindung zwischen dem Urbaum und dem heiligen Stein, dem Menhir, dem Baitulos (in den semitischen Sprachen das «Haus Gottes»), dem griechischen Omphalos («Nabel») oder dem indischen Linga findet sich in den meisten Überlieferungen.[4] Das eine oder das andere dieser beiden Elemente wurde als Behältnis von verfügbaren «Geistern» angesehen, von zur Wiedergeburt bereiten Keimen, von möglichen Daseinsformen; sie galten darum auch als befruchtend. Ihr Symbolgehalt war gleichzeitig entgegengesetzt und ergänzend.

Wie Jean-Paul Roux sagt, bleibt der Stein sich selbst gleich, «seitdem die fernsten Ahnen ihn errichtet oder auf ihm ihre Botschaften eingeritzt haben; er ist ewig, er ist das Symbol des statischen Lebens, während der Baum dem Zyklus von Leben und Tod unterworfen ist», aber «die unerhörte Gabe der ewigen Erneuerung» besitzt und das «Symbol des dynamischen Lebens» darstellt.[5] Es handelt sich hier um eine dualistische kosmische Struktur, deren Spuren man noch bei den heutigen Berbern vorfindet. Ihre Auslegung, die auf die individuelle Ebene verlagert ist, erlaubt das bessere Verständnis eines der beiden Aspekte, der nicht immer gewürdigt wird. «Die Vereinigung der beiden Seelen, der Grundaspekte der menschlichen Person, wird durch das Paar Baum–Stein dargestellt. Der erstere ist das weibliche, der letztere das männliche Prinzip. In der Volksüberlieferung spendet der Baum zweifellos der vegetativen Seele, der *nefs*, Feuchtigkeit und Schatten, aber er ist vor allem Stütze für *rruh*, die subtile Seele, die sich darauf niederläßt ‹wie ein Vogel›. *Nefs* kann im Fels oder im Stein enthalten sein. Die Quellen, die den Steinen entspringen, sind nur Symbol der Fruchtbarkeit, die aus der Unterwelt stammt.»[6]

Spuren des Kults um das Paar von Baum und Stein lassen sich auch in fernere Vergangenheit zurückverfolgen. 1901 wurde ein Artikel von Sir Arthur Evans veröffentlicht[7], der in Knossos Ausgrabungen und Restaurationen vornahm. Er betonte den Zusammenhang zwischen der Verehrung des Baumes und jener, die den heiligen Steinen entgegengebracht wurde. Er erklärte, dieser gemeinsame Kult sei von Kreta nach Griechenland übergegangen; zum Beispiel verehrte man in Athen zusammen mit Athenas heiligem Olivenbaum eine Säule. Bestimmt haben Homer und Hesiod auf solche Bräuche angespielt, die schon zu ihrer Zeit nur noch dunkle Reste waren.

Bei den historischen Germanen haben sich die Glaubensvorstellungen, die sich auf die Esche bezogen, auch sehr lange erhalten. Für sie wurde die Welt von einem gewaltigen Baum getragen. Manche Völkerstämme errichteten auf den Hügeln Pfeiler, die aus dem Stamm eines sehr großen Baumes gemacht waren. Einen davon kennen wir gut: Irminsul, die Weltensäule, die im Glauben der Sachsen das Himmelsgewölbe trug, die *universalis columna quasi sustinens omnia* des Chronisten Rudolf von Fulda. Als «Götzenbild» wurde sie 772 von Karl dem Großen zerstört, als er gegen die Sachsen zog. Ebenso errichteten die Germanen ihre Häuser um einen behauenen Baumstamm herum, auf dem die ganze tragende Konstruktion ruhte; die Behausungen stellten also lauter Mikrokosmen dar, denn das Dach stand für das Himmelsgewölbe, das von der Weltachse getragen wurde.

Gegen Ende des 1. Jahrhunderts unserer Zeitrechnung beschrieb Tacitus die Heimat der Semnonen, eines germanischen Volkes, das ein großes Gebiet zwischen Elbe, Oder, Warthe und Weichsel bewohnte. «Zu einer festgesetzten Zeit kommen in einem durch Weihe der Väter und altertümliche heilige Scheu geheiligten Walde alle Völkerschaften desselben Geblüts durch Abgeordnete zusammen und beginnen mit öffentlichem Menschenopfer des barbarischen Brauches schauderhafte Feier... Darauf bezieht sich überhaupt der ganze Aberglaube, daß von hier des Volkes Ursprung ausgegangen, hier der über alles waltende Gott, alles übrige aber untertan und dienstbar sei.»[8] Der Wald der Semnonen war also eine «Mitte der Welt» wie die von Uppsala im heidnischen Schweden, die wir aus der *Beschreibung der Inseln von Aquilon* von Adam, der im 11. Jahrhundert in Bremen Domherr und Schulrektor war, kennen.

«In diesem Tempel, der ganz mit Gold bekleidet ist, verehrt man die Statuen der Drei Götter (Thor, Odin und Freyr)... Nahe bei diesem Tempel steht ein ungemein großer Baum, der seine Zweige weithin erstreckt und winters und sommers grün bleibt. Niemand weiß, welche Art Baum das ist. Es gibt da auch einen Morast, in dessen Nähe die Heiden opfern und in den sie einen lebenden Menschen stürzen. Wenn er nicht wieder auftaucht, so haben die Götter das Opfer angenommen, und der Wunsch des Volkes wird Wirklichkeit.» Dieser Morast wurde von einer Quelle geschaffen, die am Fuß des Baumes entsprang. Erinnert das nicht an Urds Quelle, die an der ersten Wurzel Yggdrasils vorbeifließt?

Aber mehr noch. Alle neun Jahre trafen sich die Stämme des ganzen Landes in Uppsala. Jeder hatte Opfergaben mitzubringen, und zwar neun davon (sieben und neun sind die heiligen Zahlen, die das Leben der Esche regeln), «von jeder Art männlicher Kreatur». Das waren in diesem Fall Pferde, Hunde und Menschen. Diese Opfer wurden im heiligen Wald beim Tempel aufgehängt. Ein Christ berichtete dem Chorherrn Adam, daß er an einem Tag zweiundsiebzig menschliche Leichen in wirrem Durcheinander aufgehängt gesehen habe. Zweiundsiebzig ist acht mal neun; diese Leichen waren also die Opfergaben von acht Stämmen. Das Töten der Opfer geschah nach genauen Regeln, die durch Tradition geheiligt waren. Ein Lanzenstich begleitete oft das Hängen; andere Opfer wurden in einem Faß Met ertränkt. Diese spezifischen Einzelheiten beweisen, daß die Opfer Odin galten. Gleiche Opfer sind für Leire in Dänemark und für Skirringssal in Norwegen bezeugt. Diese blutigen Gemetzel wurden, nach Adam von Bremen, von «anstößigem Gesang» und, nach Saxo Grammaticus, einem dänischen Historiker des 12. Jahrhunderts, von sich windenden Frauen und Glockengeschell begleitet.

Von den Königen in Uppsala zum kretischen Minos

Das sich alle neun Jahre wiederholende Treffen der schwedischen Stämme in Uppsala bezweckte, wie es scheint, hauptsächlich die Erneuerung der königlichen Macht. Die am heiligen Baum oder im nahen Wald aufgehängten Menschenopfer ersetzten wahrscheinlich den Sohn des Königs, der wiederum die Stelle seines Vaters vertrat, den man ursprünglich nach neunjähriger «Amtszeit» tötete. Von diesem alten Brauch berichtet die Geschichte von Aun oder On in der *Ynglinga Saga* und der *Heimskringla* von Snorri Sturluson.[9] Dieser schwedische König, der seinem Los entgehen wollte, bot Odin seinen ältesten Sohn an. Der Gott akzeptierte das Opfer und ließ Aun wissen, daß er in Zukunft alle neun Jahre einen weiteren Sohn opfern müsse. Der König hatte zehn Söhne und hätte deshalb sehr lange regieren können. Aber als die Zeit gekommen war, den achten zu opfern, war Aun so schwach geworden, daß man ihn in einer Sänfte tragen mußte. Er lebte trotzdem weiter, war nun bettlägerig und brachte nach weiteren neun Jahren seinen neunten Sohn dar. Auch in den darauffolgenden neun Jahren blieb er am Leben, wurde aber so kindisch, daß er mit der Flasche ernährt werden mußte. Als die Zeit gekommen war, den zehnten Sohn hinzurichten, weigerten sich die Schweden. Aun starb und wurde in Uppsala unter einem Hügel begraben. Er hatte neunmal neun Jahre, also einundachtzig Jahre lang regiert und mußte über hundert Jahre alt geworden sein.

Die Autoren gehen nicht näher darauf ein, aber die Bedeutung, die in dieser Geschichte die Zahl neun und daneben die Zahl sieben (der König begann nach dem Opfer seines siebten Sohnes schwach zu werden) haben, zeigt, daß sein Reich mit dem heiligen Baum in Verbindung stand; dies bestätigt auch die von Saxo Grammaticus[10] überlieferte Legende über Odin, nach welcher der König von Uppsala der Statthalter Odins war. Gereizt durch seine Missetaten, beschlossen die anderen Götter, Odin in die Verbannung zu schicken und an seine Stelle den Magier Ullr oder Oller zu setzen, dem sie den Namen des gefallenen Gottes mitsamt seinen königlichen und göttlichen Mächten verliehen. Der neue Odin regierte neun Jahre, dann mußte er dem echten Odin die Krone zurückgeben. Dieser Mythus erklärt die geheimnisvollen Zeremonien von Uppsala.

Die Ursprungsgeschichte der Königsherrschaft in Skandinavien enthält zwei für uns wichtige Elemente, die wir in anderen Zusammenhängen, besonders in der ägäischen und griechischen Welt, wiederfinden werden: einerseits die Beschränkung der Herrschaftszeit, die ursprünglich mit der Tötung des Königs und später durch die Opferung eines Stellvertreters, anfänglich des eigenen Sohnes, endete, auf neun oder acht Jahre[11], und andererseits die enge Verbindung, die zwischen der Königsmacht und dem heiligen Baum bestand. Auf diesen zweiten Punkt werden wir zurückkommen.¹² Zur Illustrierung des ersteren können wir jetzt schon einige Bräuche des archaischen Griechenlands anführen.

In Kreta wurde der Priesterkönig, der *Wanax* – was gleichzeitig «Herrscher», «Beschützer» und «Retter» bedeutet¹³ –, der den Namen Minos¹⁴ trug, als Sohn des Zeus angesehen, «der neunjährig mit... dem großen Gotte geredet»¹⁵. Er regierte neun Jahre lang. Als «Herr der Zeit» – er legte den Kalender fest – wie auch als «Spender der Fruchtbarkeit» benötigte er seine vollen Kräfte. Nach diesem Zeitraum hielt man die «göttliche Macht, die ihm eingehaucht worden war»¹⁶, für erschöpft; man mußte sie also erneuern. «Jedes neunte Jahr oder eher jeden hundertsten Monat bestieg Minos das heilige Ida-Gebirge in der Mitte der Insel.» Dort war Zeus als Kind von drei wahrsagenden Nymphen aufgezogen worden, die eine «Mondtriade» bildeten, also den Nornen, den Schicksalsgöttinnen, entsprachen. Eine davon, Zeus' Amme namens Adrasteia, wurde mit Nemesis gleichgesetzt; sie war ursprünglich die Göttin der Esche¹⁷, dann die unerbittliche Verfolgerin jeglicher *Hybris,* jeden Übermaßes oder Hochmuts, jeder Gewalttätigkeit. Nemesis wachte eifersüchtig über den Vollzug des Gesetzes, welches bewirkt, daß auf einen triumphalen Erfolg, der den Menschen über seinesgleichen stellt und ihn sich den Göttern gleich wähnen läßt, das Unglück folgt. Die Persönlichkeit der Nemesis, deren Name «die, der niemand entkommen kann» bezeichnet, während der Name Adrasteias bedeutet: «die Eifersucht der Götter durch Handlungen der Demut beschwichtigen»¹⁸, gleicht also der Norne Urd.

Wenn Minos zur Zufluchtsstätte des Ida-Gebirges vordrang, glaubte man, er stehe dem Gott, seinem Vater, von Angesicht zu Angesicht gegenüber. Von ihm erfuhr er, welche Fehler er gemacht hatte; er unterwarf sich seinem Urteil und erhielt von ihm die besten Gesetze für die kommende Zeit, die neue Herrschaftsperiode. Solange Minos in der Höhle verblieb, lebte die ganze Insel in Furcht; überall brachte man ihm – wahrscheinlich menschliche – Opfer dar, die die Stelle des einstmals hingerichteten Königs einnahmen. Das war das Los sieben junger Männer und sieben junger Frauen, die alle neun Jahre als Tribut für den Minotaurus, der in der Höhle des Ida-Gebirges, im Labyrinth, wohnte, verlangt wurden. Als Theseus das Ungeheuer besiegt hatte, «tanzte er um den Altar der Hörner den Kranichtanz», was hieß, daß er nun selbst König werden würde. Wir finden hier wieder die Zahlen der heiligen Esche, die Neun und die Sieben.

Bedenkt man all dies, so kann man sich fragen, ob es wirklich Zeus war, den Minos im Ida-Gebirge konsultierte. Denn damals war der Zeus vom Heiligen Berg noch ein Kind in Obhut der Nymphen, besonders der Adrasteia-Nemesis, der Göttin der Esche und des Schicksals. Es war eher sie, die Verdienst und Verschulden des Minos beurteilen, ihn lossprechen oder verurteilen und ihm, wie eine Norne oder Moira, eine weitere Herrschaftsperiode zuteil werden lassen könnte. Und hier drängt sich der Vergleich mit der heiligen Esche der Germanen und auch mit der Nymphe Egeria auf, die dem König Numa im heiligen Wald von Nemi die Dekrete diktierte, die er zum Wohl des römischen Volkes erlassen sollte.

Die Zeiträume von neun oder acht Jahren entsprachen der vermuteten Schwächung der königlichen Kräfte. Die exakte Dauer eines solchen Zyklus belief sich auf neunundneunzig Monate, also acht Jahre und vier Monate; er war in Griechenland von großer Bedeutung. Es gab offenbar einen alten Brauch, wonach ein Mörder aus seinem Land verbannt wurde und acht oder neun Jahre lang Buße tun mußte. Nach Pindar wurden die Toten, die ihre Verbrechen gesühnt und sich acht Jahre lang in der Unterwelt gereinigt hatten, im neunten Jahr als glorreiche Könige, siegreiche Athleten oder weise Männer[19] auf der Erde wiedergeboren. Die Pythischen Spiele in Delphi fanden ursprünglich alle acht Jahre statt, und es ist wahrscheinlich, daß die Olympischen Spiele, die von den Daktylen des kretischen Ida-Gebirges begründet worden sein sollen, im gleichen Zeitabstand stattfanden, ehe er halbiert wurde. Noch im 3. Jahrhundert konnte der lateinische Astrologe Censorinus schreiben, daß die großen kultischen Feierlichkeiten der Griechen diesem Rhythmus gehorchten. Dazu kommt, daß dieser Zyklus in der Hochantike direkt mit der Monarchie verknüpft war. Das Krönungsfest in Delphi[20] und das Lorbeerfest in Theben[21], die wahrscheinlich beide mit der Erneuerung der königlichen Kräfte zu tun hatten, wurden jedes neunte Jahr gefeiert. In Sparta mußten sich die Ephoren alle acht Jahre vereinigen, um während einer sternklaren Nacht den Himmel zu beobachten. Sahen sie einen Meteor, so schlossen sie daraus, der König habe die Götter beleidigt, und enthoben ihn seiner Macht.

Man hat sich gefragt, was dieser Periodizität zu Grunde liegt.[22] Heute scheint man die Lösung gefunden zu haben. Wie Paul Faure sagte, ging es darum zu erfahren, nach genau wieviel Monaten die großen Gestirne wieder am selben Ort am Himmel standen, mit anderen Worten, wann das Ende eines Sonnenjahres mit dem Ende eines Mondjahres zusammenfiel. Denn der Achtjahreszyklus mit neunundneunzig Monaten bringt als einziger den Lauf der Jahreszeiten, also der Sonne, mit dem des Mondes in Zusammenhang, versöhnt den Lauf der Natur (des Mondes) mit dem der Gesellschaft, die der König (die Sonne) repräsentiert. Die Festlegung des Kalenders, von dem das Gedeihen der Landwirtschaft abhing, war die wichtigste Aufgabe des Herrschers, und er mußte sie als erstes in Angriff nehmen. «Indem der König die Anfangszeiten der Gestirne erneuerte, erneuerte er auch die Gesellschaft.»[23] Mit der Erneuerung des Zyklus, so glaubte man, begann auch eine neue Generation.

Im Hinblick auf das eigentliche Ziel unserer Studie scheint es also möglich, den Status der Könige in Uppsala mit dem der prähellenischen und altgriechischen Herrscher zu vergleichen und sogar eine Verbindung ihrer Herrschaft mit der Esche herzustellen.

Poseidon, Gott der Esche

In der griechischen Mythologie war die Esche dem Poseidon heilig[24], wie die Eiche dem Zeus. Der Name des Bruders des olympischen Herrschers hat keinen bekannten etymologischen Ursprung – dies ist ein Anzeichen für sein archaisches Wesen – und schrieb sich auch «Potidon», was nach R. Graves[25] von den Griechen als «der, der am bewaldeten Berg zu trinken gibt», verstanden wurde – von *potizo*, «zu trinken geben», und *ida,* «bewaldeter Berg», was auf eine Gottheit der Quellen und der Wildbäche, also sicher auf eine sehr alte Gottheit schließen läßt, zumal ihr Name schon auf den mykenischen Tafeln von Knossos und Pylos erscheint. Als die drei Söhne des Kronos – Hades, Poseidon und Zeus, der nach der *Theogonie* Hesiods[26] der letztgeborene war – die Welt unter sich aufteilten, herrschte der «Zeus des Meeres» trotzdem noch über Quellen und Flüsse und über die Vegetation, die aus dem Wasser geboren war. Doch Poseidon war in erster Linie ein chthonischer Gott; dies betont auch das Beiwort *gaiechos,* das nach Plutarch «Besitzer der Erde» oder «Herrscher über die Erde» bedeutet. Selbst als Poseidon zum Meeresgott geworden war, blieb er der Gott der Erdbeben, der «lautbrausende Erderschütterer»[27], in Übereinstimmung mit seiner ersten Aufgabe als «aktive Kraft, die die Erde beben macht, ob es sich nun um den Lebenssaft oder um seismische Erschütterungen handelt.»[28] Das größere Alter Poseidons zeigt sich auch darin, daß in der klassischen Zeit die griechischen Mythographen, wie schon ihre babylonischen Vorgänger, die Erde als auf Wassern ruhend darstellten. Als die drei Chroniden sich darauf einigten, daß Zeus den Himmel, Hades die Unterwelt und Poseidon die Wasser beherrschen sollten, blieb die Erde ungeteilt, und alle Mythen um Poseidon handeln von seinen Versuchen, sie zurückzuerobern; so wurden Erdbeben und Springfluten erklärt. Poseidon hat die gewundene Küste Griechenlands zugeschnitten, hat dort Golfe und Buchten gegraben und die Klippen gestürmt; er bewirkt die unterseeischen Ausbrüche, aus denen Kykladen und Sporaden hervorgingen, die aber auch Inseln verschlingen können; so ging Atlantis wegen des Zorns der Götter unter.

Seine ursprünglich chthonische Natur erklärt, warum ihm das Pferd heilig war. Die Verbindung ist sogar so eng und alt, daß Poseidon nach der Tradition der Freßgier seines Vaters Kronos nur entgangen war, weil Rhea diesem ein junges Füllen untergeschoben hatte.[29] Die Überlieferung, derzufolge das Pferd, Sohn der Nacht und des Geheimnisses, aus den Eingeweiden der Erde entsprungen ist, findet sich fast überall. Sein Galopp, der die Erde erdröhnen läßt, gemahnt an das Brodeln des Bluts und des Lebenssafts. Als Geschöpf des Feuers, das auch zu den Wildbächen gehört wie die Esche, die den Blitz und den Regen anzieht, erinnert das Pferd mit seiner unwiderstehlichen Wildheit und seinen jähen, furchterregenden Wutausbrüchen an den Charakter, den die Mythologie Poseidon zuschreibt. Nun ist Yggdrasil, die Weltesche, Odins Kurier, und dieser Gott war, ehe er über die Erde herrschte, ein «Dämon des Sturms» und der nächtlichen Gewitter.[30] Wir haben gesehen, wie er schließlich dank der Initiation durch Mimir und dank den heiligen Runen die Kraft des Wahrsagens erlangte. Aber auch Poseidon prophezeite in Delphi, lange vor Apollo, durch Vermittlung eines Interpreten, den man Pyrkon[31] nannte, was auf Wahrsagen mit Hilfe des Feuers, vielleicht des von der heiligen Esche angezogenen Blitzes hindeutet. Wie der germanische Gott am Ende des Zyklus stirbt und seinen Nachfahren Platz macht, so muß sich auch Poseidon, seiner alten Kräfte verlustig, dem neuen Gesetz, der Herrschaft seines jüngeren Bruders Zeus beugen, was er nicht ohne Widerstand, nicht ohne Umsturzversuche tut.

Gemäß den Überlieferungen, die von den wiederholten Invasionen der Hellenen in Griechenland berichten, waren die Äolier Anhänger Poseidons, der Troja verteidigt hatte; sie unterlagen aber schließlich den Achäern, deren Anführer von Zeus beschützt wurden.[32] Von gewissen Königen, die ihre Macht vom Meeresgott herleiteten, glaubte man, sie hätten sich nach Atlantis gerettet, auf die Insel Poseidons; Plato gibt an, ihre Beherrscher seien die Abkömmlinge des Gottes gewesen.[33] Von diesem alten Königtum, das die Achäer stürzten, findet man auch Spuren in den Legenden vom Goldenen Vlies, deren Held der äolische König Athamas ist. Der Widder, der das goldene Vlies trägt und von Ares erlegt wird, ist der Sohn der Theophane («Offenbarung Gottes») und des Poseidon, der das junge Mädchen so eifersüchtig liebte, daß er sie auf die Insel Krumissa (die «eisige Insel») versetzte, um sie ihren vielen Verehrern zu entziehen. Da sie ihr aber folgten, verwandelte Poseidon das Mädchen in ein Schaf. Das goldene Vlies, das Jason in Begleitung der Argonauten suchte, weil ihm das Recht auf den von seinem Onkel Pelias usurpierten Thron seines Vaters Äson verweigert blieb, war das Emblem des alten Königtums, das er zurückerobern wollte. Schließlich muß man bedenken, daß die Äolier Poseidons Volk waren; Hesiod[34] bezeichnete sie als zur dritten Rasse gehörig, derjenigen aus Bronze, die «aus Eschen hervorgegangen war»: «Diese Männer liebten nur das Handwerk von Ares, Quelle der Tränen, und Gewalttätigkeit; sie aßen kein Brot[35], doch hatten sie Herzen hart wie Stahl; sie waren furchterregend. Gewaltig war ihre Kraft, unbesiegbar die

Arme, die den Schultern ihres starken Körpers entsprangen. Ihre Waffen waren aus Bronze, aus Bronze ihre Häuser, und sie arbeiteten mit Bronze, denn es gab kein Eisen.»[36] Die von Hesiod hergestellte Verbindung zwischen Esche und Bronze, beides Symbole der Härte, entspricht der Bewaffnung der alten Hellenen; ihre Bronzewaffen besaßen Griffe aus Eschenholz, das auch heute noch für seine Zähigkeit ebenso berühmt ist wie für seine Elastizität, die Brüche verhindert. Das griechische *melia* hat nur zwei Bedeutungen: die Esche und die Lanze (aus Eschenholz), letztere wird in *Ilias* und *Odyssee* oft erwähnt.

Diese Bronzerasse, unbesiegt im fernen Atlantis, ging mit dem Kataklysmus zugrunde, der die Insel verschlang und der mit demjenigen vergleichbar ist, den die germano-skandinavische Mythologie beschreibt und der Odins Herrschaft beendete. Wie mit der Ankunft der «Götterdämmerung» die Menschen sich gegenseitig umbringen und schließlich von der Erdoberfläche verschwinden, so brachen nach Hesiod die Bronzemenschen zusammen, «erschlagen durch ihre eigenen Arme, und verschwanden erschauernd im feuchten und kalten Reich des Hades» – eine Schilderung, bei der man unwillkürlich an *Ragnarök*, den großen Weltwinter der *Eddas*, denken muß.

Der kosmische Baum weltweit

Die Verfolgung eines einzigen Beispiels, der Esche, bis in die verzweigtesten Einzelheiten hat es ermöglicht, die wesentlichen Eigenschaften des Weltenbaumes zu bestimmen und den Beweis zu erbringen, daß sich das damit zusammenhängende Geflecht von Glaubensinhalten und Institutionen, zumindest in noch lesbaren Spuren, in verschiedenen Zivilisationen auffinden läßt, die es aus räumlichen und zeitlichen Gründen kaum direkt voneinander übernommen haben konnten. Solche Ähnlichkeiten müssen vielmehr auf einer wenn nicht identischen, so doch vergleichbaren Denkweise beruhen, der wir in ganz anderen Zusammenhängen wiederbegegnen werden. Im Licht dieser verschiedenen Beispiele erscheint der Weltenbaum wohl als einer der auffallendsten, fruchtbarsten und auch am weitesten verbreiteten Mythen, den die Menschen geschaffen haben, um die Struktur des Universums und den Platz, den der Mensch darin einnehmen soll, zu erklären.

Im Ägypten der Pharaonen, wo die Bäume sehr selten waren[37], thronten die Götter im Osten auf einer hohen heiligen Sykomore[38], deren Holz sie umgab und nährte.[39] Gegenüber, im Westen, an der Grenze der Wüste, wohnte die «Herrin der Sykomore», die göttliche Kuh Hathor, die die Welt und alles, was darin ist, die Sonne eingeschlossen, geschaffen hat. Äußerst mitleidig entstieg sie dem

Laub des Baumes, begrüßte die eben Gestorbenen und hieß sie mit Wasser und Brot willkommen. Auf die Zweige der Sykomore setzten sich die Seelen in Gestalt von Vögeln, und ihr niemals verrottendes Holz diente als letzte Wohnung für die mumifizierten Körper. Durch Vermittlung des heiligen Baumes kehrten die Geister in den Schoß der göttlichen Welt ewiger Wesenheiten zurück, die sie nur für die Dauer eines Menschenlebens verlassen hatten.

In Eridu in Mesopotamien erhob sich der *Kiskanu,* von dem ein babylonischer Hymnus, auch dieser eine Spiegelung weit älterer sumerischer Überlieferung, berichtet:

«In Eridu ist ein schwarzer *Kiskanu* gewachsen, an heiligem Ort ist er geschaffen worden.
Sein Glanz ist der des leuchtenden Lapislazuli, er reicht bis zum *Apsu* hinunter.
Hier wandelt Ea im reichen Eridu,
Sein Wohnsitz ist ein Ort der Ruhe für Bau...»[40]

Eridu war die heilige Stadt des Gottes Ea, dessen sumerischer Name «Wohnsitz der Wasser» von den Semiten auf den übertragen worden war, den ihre Vorgänger Enki, «Herrn der Erde», genannt hatten und der die Titel «Vater der Götter», «Schöpfer der Welt» und «Herr des Schicksals» trug. Eridu war der Mittelpunkt der Welt; hier entsprangen alle Quellen, die das ganze Land bewässerten. Der *Kiskanu* ist himmlischen Ursprungs, der Lapislazuli stellt die tiefblaue, sternenübersäte Nacht dar; seine Äste reichen bis zum Ozean und umfangen das Land, das auf ihm ruht. Die Wurzeln des Baumes reichen zum Apsu, dem Ur-Abgrund, hinunter, aus dem er einst hervorging. *Kiskanu* ist der Wohnsitz des Gottes der Fruchtbarkeit, der Landwirtschaft und der Künste, insbesondere der Schreibkunst; hier wohnt auch seine Mutter Bau, die Göttin des Überflusses der Felder und die Königin der Herden.[41]

Kiskanu ist der Prototyp der Lebensbäume, die in der Ikonographie Mesopotamiens so oft dargestellt sind.[42] Sie werden meist von irdischen Geschöpfen, die von ihnen leben, begleitet, von Ziegen, Vögeln und Schlangen, und sind von Gestirnen oder geflügelten Wesen umgeben, denn sie streben dem Himmel, ihrem Ursprung, zu. Jedes dieser Embleme hat einen ganz bestimmten Sinn und umschreibt die kosmologische Rolle des Baumes.[43]

Diesen Ur-Baum haben die Archäologen auch in Mohenjo-Daro gefunden, der Hauptstadt der Indus-Zivilisation, die zur gleichen Zeit wie die sumerischen Stadtstaaten des Euphrat-Tals blühte. Er ist ganz ähnlich schematisiert wie der mesopotamische Baum und von denselben Symbolen umgeben, aber es handelt sich hier um einen Feigenbaum, in dessen Laub sich die Gestalt der nackten Göttin zeigt. Diese Darstellungen wurden später zu Vorbildern für diejenigen, die die Denkmäler in Südindien zieren. Diese Monumente waren von den Drawiden errichtet worden, die das Land lange bevor die arische Invasion sie nach Süden abdrängte, bewohnten. *Ficus religiosa* blieb in Indien der heilige Baum; zu seinen Füßen erlangte Buddha die Erleuchtung.

Der mesopotamische Lebensbaum ist übrigens ein Vorläufer des Baumes, der, wie die *Genesis* erzählt, inmitten des Gartens Eden wächst, wo ihn Jahwe gepflanzt hat, damit Adam dort wohne. Aus seinen Wurzeln entspringen die vier Flüsse, die das irdische Paradies bewässern.

Für die Chinesen wird der Mittelpunkt des Universums, der Ort, an dem sich die vollkommene Hauptstadt befinden sollte, durch *Kien-mou,* «aufgerichtetes Holz», bezeichnet. Dieser Name ist wichtig, denn in China wird das Holz als eines der Elemente betrachtet, das fünfte, das Luft und Erde, Wasser und Feuer gleichgestellt ist. Er steht für den Osten und den Frühling und dann auch für das Trigramm *tch'en* («Die Erschütterung») des *I Ging,* denn die Vegetation kommt zur selben Zeit aus der Erde wie der Donner, der sich dort versteckt hielt. *Kien-mou* ist der Baum der Erneuerung, also auch des absoluten Beginns, des Beginns der Welt. «Er vereint die Neunten Quellen (das Totenreich) mit den Neunten Himmeln und die Untergründe der Welt mit ihrem First…, und man sagt, daß am Mittag nichts in seiner Nähe, das völlig aufrecht steht, Schatten spenden kann. Nichts kann auch ein Echo erzeugen.»[44] Durch seinen hohlen Stamm steigen die Herrscher auf und ab, die Sonnen der Menschen, die Vermittler zwischen Himmel und Erde. Zu beiden Seiten *Kien-mous* erheben sich im Osten *P'an mou,* ein gewaltiger Pfirsichbaum, «an der Pforte der Genien gelegen», dessen Früchte Unsterblichkeit verleihen, und im Westen der Baum *Jo,* auf dem sich am Abend die zehntausend Sonnen ausruhen. In anderen Weltbildern kommt *K'ong-sang* die Hauptrolle zu, dem hohlen Maulbeerbaum, der am Aufgang der Mutter der Sonnen steht, wo sich am Morgen unsere Sonne erhebt. Der heilige Maulbeerbaum galt als Hermaphrodit, älter als die Trennung von *yang* und *yin,* des Männlichen und des Weiblichen, des Hellen und des Dunklen, des Himmels und der Erde. Er symbolisierte deshalb das Tao selbst, die kosmische Ordnung, das universelle Prinzip. Ein Wald von heiligen Maulbeerbäumen *(sang-lin)* wurde vor das Osttor der kaiserlichen Hauptstadt gepflanzt.

Unser rascher Überblick über die großen protohistorischen Zivilisationen führte uns von Ägypten zum archaischen China. Wir müssen aber noch auf ein Bild zu sprechen kommen, das von den erwähnten nicht hat beeinflußt werden können, denn es stammt aus der «Neuen Welt»: die bemerkenswerte Darstellung des Weltenbaumes, die im Kodex Borgia die Religion der alten Mexikaner illustriert.[45]

Im Mittelpunkt, das heißt in der fünften räumlichen Dimension, «dem Ort der Kreuzung aller Richtungen und der Begegnung von Oben und Unten», erhebt sich der bunte Baum aus dem Leib einer Erdgöttin, die für den Westen steht. Auf einer Seite befindet sich Quetzalcoatl, die «Gefiederte Schlange», chthonisch und gleichzeitig uranisch, «deren mythische Geschichte die des Todes und der Wiedergeburt ist»; sie ist der Gott, der sich auf einem Scheiterhaufen geopfert hat, um der Sonne und dem Planeten Venus das Leben zu schenken. Auf der andern Seite ist Macuilxochitl, der junge Gott der wiedererwachenden Vegetation, der Liebe, des Gesangs und der Musik – der identisch ist mit Xochipilli, dem Fürst der Blumen, und Xipe Totec ähnelt, unserem geschundenen Herrn, der mit der Haut eines geopferten Menschen bekleidet ist – das Symbol des neuen Kleides, das die Erde im Frühling anzieht.[46] In dieser Miniatur aus dem Kodex Borgia konzentrieren sich einige der größeren Themen, die wir in den folgenden Kapiteln behandeln. Aus einer isolierten Zivilisation entstanden, beweist diese Darstellung ihre Allgemeingültigkeit.

Diese vielfältige, doch ein gemeinsames Zentrum aufweisende Symbolik setzt eine gewisse Geisteshaltung voraus, eine bestimmte Art, die Welt zu sehen oder ihre Entstehung zu erklären, denn, wie Mircea Eliade[47] bemerkt, «kann der Baum als ‹natürliches Objekt› *nicht das ganze kosmische Leben* vorstellen; auf der Ebene des alltäglichen Erfahrung deckt sich sein Wesen nicht mit dem Wesen des Kosmos in all seiner Komplexität». Das Leben der Pflanzenwelt deutet nur auf eine Aufeinanderfolge von «Geburten» und «Toden» hin. Erst die religiöse Betrachtung des Lebens gestattet es, aus dem Rhythmus der Pflanzenwelt tiefere Bedeutungen herauszulesen, vor allem «Vorstellungen der Wiedergeburt, der ewigen Jugend, der Gesundheit, der Unsterblichkeit». Der Baum wird dann nicht nur ein Vorbild des Menschen, sondern sein fernster Vorfahre, ja sein Ursprung.

Zu sehr ähnlichen, wenn auch schematischeren Schlüssen gelangen Autoren, die in genau umschriebenen Bereichen dieselben Glaubensinhalte studiert haben. Über die Darstellungen des heiligen Baumes in Mesopotamien und in Elam schreibt Nell Parrot: «Es gibt keinen Kult des Baumes an sich; unter diesem Bild verbirgt sich stets ein geistiges Wesen.»[48] Die Forschungen Hélène Danthines in einem benachbarten Gebiet lassen sie zu der Schlußfolgerung gelangen, daß der heilige Baum nur deswegen Gegenstand der Verehrung wurde, weil man ihn zuerst als Archetypen empfand: «Es ist nicht das Abbild eines mehr oder weniger ausgeschmückten realen Baumes, sondern die ganz und gar künstliche Stilisierung, und viel mehr als ein echtes Kulturobjekt scheint er uns ein Symbol zu sein, das mit einer großen, wohltätigen Kraft ausgestattet ist.»[49] Diese Formulierung ist zwar ernst zu nehmen, kann aber nicht ohne Vorbehalte akzeptiert werden; sie intellektualisiert eine Reaktion, die wir als universell erkannt haben und die dem Bereich der Intuition, nicht der Logik entspringt, die eher der biologischen Sensibilität als dem Verstand zuzuordnen ist. Es handelt sich um eine spontane Vision, eine Art von innen kommender Erleuchtung, die den Sinn der Welt enthüllt, kurz, um eine Kommunion. Denn wenn man mit Mircea Eliade darin einiggehen kann, daß der Baum niemals *nur um seiner selbst willen* verehrt wurde, muß man wie jener Religionshistoriker dazusetzen, sondern stets um dessentwillen, was sich durch ihn offenbarte.[50]

Obschon auch wir noch auf die Ideenkräfte ansprechen, die der Baum hervorgebracht hat, würden sie uns fremd bleiben, erinnerten wir uns nicht der Wohltaten, die er seinerzeit den Menschen erwies und die wir nicht einmal mehr von ihm verlangen. Wie alle Mythologien beruht auch diejenige des Baumes auf ganz konkreten Tatbeständen.

Die Paläontologen haben unsere frühesten Vorfahren als Menschen der Steinzeit bezeichnet, ganz einfach deswegen, weil das Holz, das sie in viel größerem Umfang verwendeten, verrottet ist, ohne Spuren zu hinterlassen, und die behauenen oder polierten Feuersteine als einzige Zeugnisse ihrer Arbeit übriggeblieben sind. Doch für die frühe Menschheit war das Holz der ideale Werkstoff, leicht zu bearbeiten und für so viele Zwecke brauchbar, daß es müßig wäre, sie aufzuzählen. Den wichtigsten Verwendungszweck müssen wir aber erwähnen: Aus Holz bauten die Menschen ihre Häuser und diejenigen ihrer Götter. In letzteren erinnerte der behauene Baum, zur Säule geworden, an die ursprüngliche Weihestätte, den heiligen Wald. Noch lange Zeit spiegelten sich in den ältesten Steintempeln die Strukturen, die beim Bauen mit Holz nötig gewesen waren; in Indien haben sie bis heute überlebt. Die älteste Hausform, die Holzhütte, gibt es noch; sie ist zum Steildach geworden, zum Zimmerwerk, dessen Balken einst ganze Bäume gewesen waren.

Der vom Blitz getroffene Baum, der brennende Wald brachten den Menschen das Feuer, die Gabe des Himmels. In zahlreichen Überlieferungen wird der Baum «Vater des Feuers» genannt, und tatsächlich bringt er es hervor, wenn man Stücke trockener Zweige gegeneinander reibt – früher die einzige Möglichkeit, Feuer zu erzeugen. Der Baum nährte die Flamme; Holz und Holzkohle waren bis in die jüngste Vergangenheit die einzigen Brennstoffe. Aus dem im Baum enthaltenen Feuer wurde auch das Licht geboren, das die Düsternis der Nacht vertreibt; man erhellte sie zunächst mit Fackeln, dann mit Lampen, die mit Olivenöl gefüllt waren. Als man begann, Wachs zu verwenden, stammte selbst dieses noch aus dem Baum, in dessen Höhlungen die Bienen wohnen, aus dem himmlischen Feuer geborene Geschöpfe; sie erzeugen aus dem Nektar der Blüten Honig, der für die frühen Menschen nicht nur unentbehrlich war, weil sie keinen anderen Zucker kannten, sondern auch als Substanz von initiatischer Bedeutung galt: Aus vergorenem Honig stellten sie Met her, den göttlichen «Nektar», das Getränk der Unsterblichkeit.

In allen mythischen Geschichten der Menschheit wird berichtet, daß sie zuerst von Baumfrüchten lebte, nicht etwa nur von Obst und Beeren, die teilweise für den Winter getrocknet werden konnten, sondern vor allem von Eckern, die zu Mehl gerieben und zu Brot gebacken wurden, lange ehe man Getreide anbaute. Das war antiken Autoren[51] zufolge die Hauptnahrung der ältesten Völker.

Schließlich verstand man es schon sehr bald, aus gewissen Baumarten, den Koniferen, das Harz zu gewinnen, das in durchsichtigen, bernsteingelben Tropfen über die Rinde perlt. Je nach Beschaffenheit verarbeitete man es zu vielen Produkten, von Pech und Teer bis zu Parfüm, Aromaten und Weihrauch, dessen Duft zum Himmel drang und die Herzen der Götter erfreute. Lange Zeit hat der Mensch mit dem Baum, seinem Beschützer und Ernährer, in so enger Symbiose gelebt, daß es schien, als verdanke er ihm sein Dasein, und er in ihm sogar den Ursprung der Welt sah.

Eine realistische Träumerei

Tatsächlich scheint der Baum die geeignetste Stütze jeder kosmischen Träumerei zu sein; durch ihn können wir uns des Lebens, das die Welt erfüllt, bewußt werden. Vor dem Baum, der zwei entgegengesetzte Unendlichkeiten vereint, zwei polare, symmetrische Tiefen miteinander verbindet – die undurchdringliche, düstere, unterirdische Materie und den unzugänglichen, lichtdurchfluteten Äther –, fängt der Mensch zu träumen an. Wenn er sich gegen seinen Stamm lehnt, unbeweglich und stumm wie er, identifiziert er sich mit dem Baum, dessen innere Regungen er zu vernehmen glaubt.

«Es war, als ob aus dem Innern des Baumes fast unmerkliche Schwingungen in ihn übergingen...», schrieb Rilke. «...er meinte nie von leiseren Bewegungen erfüllt worden zu sein, sein Körper wurde gewissermaßen wie eine Seele behandelt und in den Stand gesetzt, einen Grad von Einfluß aufzunehmen, der bei der sonstigen Deutlichkeit leiblicher Verhältnisse eigentlich gar nicht hätte empfunden werden können. Dazu kam, daß er in den ersten Augenblicken den Sinn nicht recht feststellen konnte, durch den er eine derartig feine und ausgebreitete Mitteilung empfing; auch war der Zustand, den sie in ihm herausbildete, so vollkommen und anhaltend, anders als alles andere, aber so wenig durch Steigerung über bisher Erfahrenes hinaus vorstellbar, daß er bei aller Köstlichkeit nicht daran denken konnte, ihn einen Genuß zu nennen. Gleichwohl, bestrebt, sich gerade im Leisesten immer Rechenschaft zu geben, fragte er sich dringend, was ihm da geschehe, und fand fast gleich einen Ausdruck, der ihn befriedigte, vor sich hinsagend: er sei auf die andere Seite der Natur geraten.»[52]

Wer sich dem «langsamen allgemeinen Willen»[53] ergibt, für den wird dank dem hervorragenden Vermittler, dem Baum, die Welt spontan verständlich, der Meditierende findet in sich den Ursprung, die Genesis allen Lebens. Die Träumerei am Baum, oder besser in einer Höhlung des Baumes, erzeugt in der Vorstellung eine Dynamik, die wohl dynamisiert, aber auch beruhigt. Für den Menschen ist der Baum der Inbegriff der Ausgeglichenheit und Weisheit. Wenn die Sonne zum Horizont herabsteigt und sich die Kälte über die Erde legt, tritt der Baum, der seine Blätter verliert, in eine lange Zeit der Ruhe oder besser der Überwinterung ein, aber im Gegensatz zu den Tieren, die von der Erdoberfläche verschwinden, um bis zum Frühjahr zu schlafen, ist der Baum gleichzeitig da und nicht da; sein Blut, sein Saft zirkuliert nicht mehr durch die Zweige, sondern hat sich, noch ganz warm, unten am Stamm an den Ansatz der Wurzeln, also in die Erde geflüchtet. Entblößt von allem, was an ihm zart und zerbrechlich war, ist der Baum dann nur noch ein großes Gerippe, ein Skelett. Dem laubwechselnden Baum steht in dieser Hinsicht der harzige Baum gegenüber, der seine Blätter behält. Der erstere symbolisiert denn auch den Zyklus der aufeinander folgenden Tode und Geburten, der letztere die Unsterblichkeit des Lebens, doch diese zwei Lektionen über das Dasein widersprechen einander keineswegs, sondern ergänzen sich, denn sie sind nur zwei Zustände eines einzigen Lebens.

Kaum rückt die Sonne wieder näher an den Zenit, wird der Baum, der tot schien, wieder geboren. Sobald die Vögel wieder die lebhaften Farben der Paarungszeit anlegen, bedeckt er sich mit ganz frischen Blättern von exquisiter Tönung und beginnt bald zu blühen. Dem Menschen, der diesem Schauspiel, das der Baum für sich selber inszeniert, beiwohnt, scheint es, er habe ein leichteres Leben als wir, vielleicht weil es sich mehr im Innern abspielt, diskreter, geheimnisvoller ist, oder weil es stumm vor sich geht, vor allem aber weil es den großen Rhythmen der Natur gehorcht.

Wer hat nicht schon im Frühling vor einem Baum geträumt? Wer hat seine ruhige Entfaltung nicht schon als Aufforderung empfunden? Selbst der moderne Mensch, der die Fähigkeit des Staunens verloren hat (außer vielleicht zeitweilig vor den Erfindungen seines Gehirns), bleibt davon nicht unberührt. Stellt man sich aber den Menschen der Frühzeit vor, der «am Busen der Natur» lebte und für den die Verbindung mit ihr keine Unterwerfung bedeutete, wie man uns glauben machen will, sondern Harmonie – oder noch besser, meditiert man, dann wird der ursprüngliche Nutzen einer solchen Träumerei klar: Sie wird wieder, was sie war, und wird mit ihrer Lebenskraft zur echtesten, hellseherischsten aller Daseinsformen. So träumt der Buddha am Fuß eines Baumes und erwacht aus einem allzumenschlichen Alptraum. Während der Meditation unter dem heiligen Feigenbaum steigt aus den tiefsten Tiefen des Wesens die intuitive Erkenntnis des Weltalls auf, von dem das Individuum nun nicht mehr getrennt ist, das Wissen um den Platz, den es darin einnimmt, um die Rolle, die es spielen soll, eine spontane Erkenntnis, die notwendig und ausreichend ist, die jedes Lebewesen besitzt und nur dem Menschen verweigert ist, oder besser, der sich nur der Mensch verweigert.

Durch den Kanal, den ihm der Baum zur Verfügung stellt und der Erde und Himmel, Bewußtes und Unbewußtes verbindet, kann der Meditierende auf- und absteigen, er kann von der dunklen, unterirdischen Materie, aus der er einst hervorging, zur reinen Lichtenergie vordringen, die ihn belebt und zu der er strebt. Er kann dann seinen eigenen Ursprung neu entdecken und selbst jenseits davon dank dem genealogischen Baum, dessen Zweige seine Ahnen sind, die ganze Menschheit im Baum der Evolution wiederfinden und sich auf diese Weise mit dem sich ausbreitenden Leben verbinden. So geführt, schlägt der Mensch wieder Wurzeln, er schöpft aus der Quelle, aus den Urwassern, im unerschöpflichen Grund allen Lebens.

Ist er so weit gekommen, so spürt er, wie sich in ihm der Plan einer Genesis abzeichnet, als hätte er im Aufstieg durch die Zeitläufte das Privileg erhalten, dem Werden der Welt zuzusehen, einer Welt, die nur der Baum für ihn bewohnbar gemacht hat.

Nichts könnte realistischer sein als diese Träumerei, denn was die Imagination in uns heraufbeschwört, stimmt vollkommen mit den Ergebnissen der langwierigen Forschungen der Paläobiologie überein. Was lehrt sie uns denn, wenn nicht, daß die ersten Lebewesen notwendigerweise Pflanzen waren, denn kein einziges Tier kann ohne sie leben, auch kein fleischfressendes, da es sich ja von Pflanzenfressern nährt. Allein die Pflanze hängt nur von den Elementen selbst ab, denn sie allein kann sie verwandeln und assimilieren. Sie saugt aus der Erde Wasser und die darin gelösten Salze auf, nährt sich aber auch direkt von der Sonnenenergie – dank der Photosynthese, die den Sauerstoff freisetzt, den wir atmen. Pflanzen, die Algen, haben unseren Planeten, noch ehe sie das heimische Meer verließen, mit einer Hülle von Atemluft umgeben, Voraussetzung jeden weiteren Lebens. Als sie an Land kommen konnten, veränderte sich dort alles. Nach vielen Metamorphosen, die im Meer begonnen hatten, erhob sich dann der Baum, der Gipfel der pflanzlichen Evolution. Als riesiger Organismus, als gewaltiger Energieverdichter und biochemischer Transformator zieht der Baum die Wasser empor; da er selber nur sehr wenig davon braucht, läßt er den Überfluß in die Atmosphäre verdunsten, die Dämpfe verdichten sich zu Wolken und fallen als wohltuender Regen wieder auf die Erde. Aus seinen toten Blättern entsteht Humus, die künftige bebaubare Erde.³⁴

Diesen großen Lebensprozeß symbolisiert der Weltenbaum der Legenden. Wie hätte der Mensch der Urzeiten nicht dankbare Verehrung und tiefe Bewunderung für dieses große Lebewesen empfinden können, das nicht nur ihn, sondern auch seine Nachkommen überlebte? Denn der Baum wird alt, älter als jedes andere Lebewesen. Es gibt Exemplare, die mehr als tausend Jahre alt sind und nach menschlichen Maßstäben unsterblich scheinen. Dieser Ahne, Inbegriff aller Ahnen, ist auch das größte und majestätischste aller Wesen. Kein Tier, nicht einmal die verschwundenen Giganten der Prähistorie, erreichte je sein Gewicht und seine Größe. Für den Wilden, der im eigentlichen Sinn ein Waldbewohner war, wie für den Gelehrten ist der Baum ohne Zweifel das erste der irdischen Geschöpfe; er ist das Lebewesen, das dem Himmel am nächsten kommt und ihn mit der Erde verbindet, er ist der Weg, den naturgemäß die Götter benutzen.

Zweites Kapitel
Die mystische Leiter

Die Birke der Schamanen – Die heilige Brigitte und die Lichtmeßbirke –
Birke, Fliegenpilz und Soma – Der heilige Feigenbaum des Erwachens –
Ashvattha, der kopfstehende Baum – Der Baum der Sefiroth

Unser Weg führt uns jetzt wieder in den Norden Eurasiens, aber ostwärts nach
Sibirien, in das Heimatland des Schamanismus, wo sich dieses archaische Phänomen, das früher allgemein verbreitet war[1], bis in unsere Tage erhalten hat. Wir
erinnern uns, daß Odin, um okkulte Kräfte zu erlangen, sich wie ein Schamane
verhalten hatte. Sein Selbstopfer entspricht tatsächlich den Träumen, die den
künftigen Initianden ihre Berufung enthüllen. Der junge Jakute oder Buriäte begegnet dabei Geistern, die ihm den Kopf abhauen und seinen Leib in kleine
Stücke schneiden, um sie in einem Wassertopf aufs Feuer zu setzen.[2] Der Novize, der sich tot glaubt, sieht nun, wie sein eigenes Skelett zerlegt wird. Hierauf
setzen die Geister die Knochen neu zusammen und umkleiden sie wieder mit
Fleisch. Oft formen sie den Kopf des Neophyten neu und zeigen ihm, wie man
die Lettern liest, die sich darin befinden. Sie verwandeln auch die Augen des
künftigen Schamanen. Von nun an sieht er, wenn er in Trance ist, nicht mehr
mit seinen leiblichen Augen – die er übrigens geschlossen hält –, sondern mit
den Augen des Geistes. In seinem eigenen Kopf entdeckt Odin dann mit seinen
neuen Augen die Runen.

In Snorris Bericht heißt es von ihm: «Sein Körper liegt, als ob er schliefe oder
tot wäre, aber er wird zu einem Vogel oder einem wilden Tier, einem Fisch oder
einem Drachen, und reist in einem Augenblick in die fernsten Länder…» So
kämpfen auch die nordischen Magier oft in der Gestalt von Tieren gegeneinander, während ihre menschlichen Körper leblos daliegen. Odin hängt nicht nur
«neun Tage und neun Nächte» an der Esche – die Zahl neun ist die Zahl des
Weltenbaumes –, sondern steigt, auf seinem Pferd Sleipnir reitend, die neun unterirdischen Geschosse hinunter, die sich unter Yggdrasils dritter Wurzel befinden und nach Niflhel, in die Unterwelt, führen; dort befiehlt Odin einer seit langem verstorbenen Prophetin, sich aus ihrem Grab zu erheben und seine Fragen
zu beantworten. Ähnliche Formen der Nekromantie[3] sind auch den sibirischen
Schamanen geläufig; sie holen sich bei den Schädeln ihrer verstorbenen Vorgänger Rat. Schließlich ist das achtbeinige Pferd das bevorzugte Reittier der Scha-

manen, wenn sie ins Jenseits reisen, und die beiden Raben Huginn («Gedanke») und Muninn («Gedächtnis»), die Odin ausschickt, um die Welt zu erkunden, sind analoge Entsprechungen der «Hilfsgeister», die den Schamanen zur Seite stehen.

Eine Stelle aus Tacitus bezeugt, daß der Schamanismus zu seiner Zeit bei den Germanen existierte: «Bei den Nahanarvalen [einem Ligier-Stamm, der in der Weichselgegend wohnte] wird ein altem Gottesdienst geweihter Hain gezeigt. Die Aufsicht führt ein Priester in Frauentracht».[4] Wir haben es mit einem Schamanen zu tun, bei denen solche Verkleidungen nicht selten sind. Viele von ihnen tragen Frauenkleider, und ihr sexuelles Verhalten ist zweideutig. Dabei handelt es sich jedoch meistens nicht um Homosexualität im eigentlichen Sinn des Wortes, sondern um eine Darstellung des androgynen Zustands. Es kommt vor, daß ein Schamane die beiden Geschlechter symbolisch vereinigt: Seine Kleidung ist mit weiblichen Symbolen geschmückt, und mitunter bemüht er sich, das Verhalten der Frau nachzuahmen. Aber man kennt Fälle, in denen die Bisexualität rituell, also konkret belegt ist: Der Schamane verhält sich wie eine Frau, legt Frauenkleider an und nimmt sich manchmal sogar einen Mann.[5] Diese rituelle Bisexualität – oder Asexualität – gilt als Zeichen der Vergeistigung, des Umgangs mit Göttern und Geistern, wie auch als Quelle heiliger Macht.[6] Die Einbeziehung der ursprünglichen und grundlegenden Androgynie des Menschen, die in den «Übertrittsriten» – während deren das weibliche Prinzip des Kandidaten im Augenblick, da er ihm entsagt, bekräftigt wird[7] – setzen alle Überlieferungen mit der Erlangung von Kräften gleich, die den gewöhnlichen Menschen versagt sind und die Trennung der Geschlechter transzendieren. So wurden Wahrsager in der Antike oft als Androgyne angesehen, denn man glaubte, zwischen der Bisexualität und der Erleuchtung bestehe ein Zusammenhang.[8] Der Schamane empfängt seine Kräfte vom Weltenbaum, der seinem Wesen nach Hermaphrodit ist; dies gilt auch für die schaffenden Götter, die im Besitz der totalen Sexualität und damit der Fülle einer noch ungeteilten Macht sind.[9] Wie die Germanen und die Skandinavier glauben auch die sibirischen Völker[10] an die Existenz eines heiligen Baumes, der aus dem Mittelpunkt der Erde aufragt. Für die Altaier wächst im Nabel der Erde der höchste Baum, eine Riesenfichte[11], deren Zweige sich bis zur Wohnung Bai-Ülgäns erstrecken[12], der Schutzgottheit in den höchsten Regionen des Himmels. Dieser Baum verbindet die drei übereinanderliegenden Ebenen des Kosmos. Für die Ostjaken-Wasjuganen dringt sein Wipfel in den Himmel, und seine Wurzeln tauchen in die Hölle. Die sibirischen Tataren sagen, ein Abbild des himmlischen Baumes befinde sich in der Unterwelt: eine Fichte mit neun Wurzeln erhebe sich vor dem Palast Irle Khans, des Königs der Toten, der wie Odin sein Pferd am Stamm anbindet. Für die Golden gibt es drei kosmische Bäume, den ersten im Himmel – und die Seelen der Toten lassen sich in Erwartung ihrer Wiedergeburt wie Vögel auf seinen Zweigen nieder[13] –, den zweiten auf der Erde und den dritten in der Unterwelt. Nach den Legenden der Abakan-Tataren wächst auf dem Gipfel eines Eisenbergs eine weiße Birke, deren sieben Äste wahrscheinlich die sieben Geschosse des Himmels symbolisieren. Die Mongolen stellen sich den Weltenberg wie eine vierseitige Pyramide vor, auf deren Spitze der Weltenbaum emporragt, der als Anbindeplatz für die Pferde der Götter dient.[14] Viele weitere Beispiele ließen sich noch anführen. Wir beschränken uns auf eines, das besonders bedeutungsvoll ist, den kosmischen Baum der sibirischen Jakuten. Er wächst «im goldenen Nabel der Erde». «Die Krone des Baumes verströmt ein göttliches, gelb schäumendes Getränk. Wenn Vorübergehende davon trinken, verschwinden ihre Müdigkeit und ihr Hunger… Als der erste Mensch auf der Welt erschien, wollte er wissen, wozu er da sei, und er ging zu diesem ungeheuren Baum, dessen Wipfel den Himmel durchstieß… Da sah er im Stamm des Wunderbaumes… eine Höhlung, in der sich bis zur Gürtellinie eine Frau zeigte, die ihm kundtat, er sei auf der Welt, um Ahne des Menschengeschlechts zu werden»[15], und ihn mit ihrer Milch erlabte. Ebenso begibt sich Odin, als er das Geheimnis der Welt ergründen will, zur Esche Yggdrasil, an deren Fuß ihm die Runen enthüllt werden. Was die Frau angeht, deren Oberkörper sich zeigt, so erinnert sie gleichzeitig an Hathor, die Amme der ägyptischen Mythologie, und an die Theophanie der kretischen Göttinnen.[16] Zwei weitere jakutische Legenden bringen die Schamanen mit diesem Urbaum in Verbindung. Nach der einen erhebt sich der Baum Yjyk-Mar, der keine Äste hat, bis in den neunten Himmel, und die Seelen der Schamanen verbergen sich in den Holzknoten. Nach der anderen werden sie auf einer Riesenfichte weit im Norden geboren und leben alsdann in auf den Ästen angebrachten Nestern, die größten Schamanen zuoberst.

In den initiatischen Träumen, die dem Schamanen seine Berufung offenbaren, begegnet er manchmal dem «Baum, der allen Menschen das Leben geschenkt hat». Dies war der Fall bei dem samojedischen Schamanen, von dem A. A. Popov[17] etwa folgendes erzählt: An Pocken erkrankt, lag er drei Tage bewußtlos, beinahe tot, so daß er am dritten fast begraben wurde. Während dieser Zeit vollzog sich seine Initiation. Im Verlauf einer langen, gefahrvollen Reise wurde er an die Ufer der Neun Seen gebracht. In der Mitte eines dieser Seen befand sich eine Insel und in deren Mitte wiederum eine junge Birke, die sich bis zum Himmel erhob. Dies war der Baum des Beherrschers der Erde. In seiner Nähe wuchsen neun Kräuter, die Ahnen von allen Pflanzen. Auf den Ästen des Baumes saßen Menschen, die Väter mehrerer Völker. Der Neophyt umkreiste die Birke, und als er weggehen wollte, rief ihn der Herr des Baumes zurück: «Mein Ast ist eben heruntergefallen, nimm ihn und mach dir daraus eine Trommel, sie soll dir dein Leben lang dienen.» Es ist also der Herrscher des Baumes selbst, der den Schamanen einweiht, da der Resonanzkörper der Trommel, die bei den Zeremonien der Schamanen eine wichtige Rolle spielt, «aus dem Holz des kosmischen Baumes geschnitzt ist». Wenn er sie schlägt, wird der Schamane magisch zum Baum getragen, also in den Mittelpunkt der Erde versetzt, den einzigen Ort, von dem aus man die Himmel erreichen kann.

Die Birke der Schamanen

Während in Nordasien der Weltenbaum meist eine Fichte ist, bedienen sich die sibirischen Schamanen stets einer Birke. Vom Initiationsritus an spielt sie eine große Rolle, zum Beispiel bei den Buriäten. Die Zeremonie beginnt mit der Reinigung des Kandidaten; ein Besen aus Birkenreisig wird vom «Vaterschamanen», dem Initiator, in einen Topf gestellt, in dem man verschiedene Ingredienzien, Thymian, Wacholder und Tannenrinde, zum Kochen gebracht hat. Mit diesem Besen berühren der Vaterschamane und nach ihm die Schamanensöhne, seine Schüler, den bloßen Rücken des Lehrlings. In bestimmten Stämmen ziehen sich der Vaterschamane und seine neun «Söhne» anschließend in ein Zelt zurück, um sich auf die erste Weihe, *Khärägä-Khulkhä,* vorzubereiten, und fasten neun Tage lang. Wir begegnen hier wieder Odins Fastenzeit in Verbindung mit der Zahl des Weltenbaumes.

Am Vorabend der Zeremonie (der Einweihung) werden unter der Leitung des Schamanen von jungen Leuten genügend starke und gradgewachsene Birken gefällt. Dies geschieht in dem Wald, in dem die Dorfbewohner begraben sind.[18] Die Bäume beherbergen die Seelen der Ahnen, die so zum Fest geladen werden. Am folgenden Morgen legt man die Birken aus, jede an einen bestimmten Ort. In der Mitte der Jurte des Kandidaten wird die kräftigste Birke angebracht, die Wurzeln in der Feuerstelle und der Wipfel durch das Rauchloch gezogen. Diese Birke wird *udeshi burkan,* Hüter der Pforte, genannt, denn sie eröffnet dem Schamanen den Zugang zum Himmel. Sie bleibt für immer in seinem Zelt und dient als Erkennungszeichen dafür, daß hier ein Eingeweihter wohnt. Die Wohnung wird dadurch ihrerseits eine «Mitte der Welt».

Die anderen Birken werden fern der Jurte, da, wo die Einweihungszeremonie stattfinden wird, aufgestellt. Sie werden nach einem strengen Plan gepflanzt. Eine erste Gruppe wird durch drei «Pfeiler» genannte Bäume gebildet; ihnen hat man die Wurzeln belassen. Vor dem ersten legt man Opfergaben nieder, an den zweiten werden eine Glocke und die Haut eines geopferten Pferdes gehängt; der dritte, fest in der Erde verankert, dient dem Aufstieg des Neophyten. Die Birke, die sich im Inneren der Jurte befindet, ist mit allen anderen durch zwei Bänder verbunden, ein rotes und ein blaues, die für den Regenbogen stehen, über den der Schamane zur überirdischen Wohnstatt der Geister steigen wird.

Die Geräte des Schamanen werden geheiligt, Opfergaben dargebracht und die «Beschützer» des Initianden, darunter die verstorbenen Schamanen, angerufen; hierauf bewegt sich die Gruppe, mit dem Schamanenvater an der Spitze und dem Kandidaten sowie den neun Söhnen hinter ihm, wie eine Prozession auf die Reihe der Birken zu. Vor ihnen wird ein Ziegenbock geopfert, und der Kandidat, mit nacktem Oberkörper, wird mit dessen Blut am Kopf, an den Augen und an den Ohren gesalbt, während die Initiatoren die Trommel schlagen. Hierauf folgt das Ritual des Aufstiegs in den Himmel. Der Schamanenvater ersteigt eine Birke und bringt an ihrem Wipfel neun Einschnitte an. Er steigt wieder herunter und läßt sich auf einem Teppich nieder, den seine Söhne am Fuß des Baumes ausgebreitet haben. Nun steigt der Kandidat hinauf, gefolgt von den anderen Schamanen. Beim Klettern geraten sie alle in Ekstase. Bei den Buriäten von Balagansk wird der Kandidat, der auf einem Filzteppich sitzt, neunmal um die Birken getragen; er steigt auf jede einzelne und bringt an ihrem Wipfel neun Einschnitte an. Während er oben ist, schamanisiert er; am Boden umkreist der Schamanenvater, auch er in Trance, die Bäume. Diese neun Birken wie auch die neun Einschnitte symbolisieren die übereinanderliegenden Himmelsgeschosse bis zum neunten, wo Bai-Ülgän wohnt.

Wie wir früher sagten, vereinte *Kien-mou*, der chinesische Weltenbaum, die «Neunten Quellen» (das Totenreich) mit den «Neunten Himmeln», und die Zahl neun beherrschte den Rhythmus, nach dem sich die schwedischen Stämme in Uppsala um den Baum versammelten, der Yggdrasil repräsentierte; diese Versammlungen entsprachen der alle neun Jahre stattfindenden Erneuerung der königlichen Kräfte. Und jetzt haben wir gesehen, daß die Zahl neun mit der Birke der Schamanen in direkter Verbindung stand. Fügen wir hinzu, daß die Jakuten neun Schalen auf den Opferaltar stellen, daß die Tscheremissen dem Gott des Himmels neun Brote und neun Schalen Met darbieten und schließlich daß die Tschuvaschen der Wolga ihre Götter in Gruppen von neun einteilen und Opferrituale vollziehen, die oft neun Opferer, neun Opfer, neun Schalen usw. umfassen.[19] Eine solche Konstanz im Gebrauch dieser Zahl zeigt, daß sie zum Weltenbaum gehört, welcher Art er auch sei: Esche, neunwurzlige Fichte oder Birke.

Eine weitere heilige Zahl taucht auf, aber weniger häufig. Die Himmel, die durch Besteigung des Baumes erreicht werden können, sind bald neun an der Zahl (so bei den Chinesen wie bei den meisten altaischen Völkern), bald sieben, was den sieben planetarischen Himmeln entspricht. Wie Mircea Eliade hervorhebt, handelt es sich hier um eine Anleihe bei sehr alten mesopotamischen Spekulationen über die sieben Planeten, die Neun gehöre hingegen zu einem archaischeren Symbolismus, die Zahl sei ja auch das Quadrat der Drei, womit die drei Regionen des Kosmos gemeint seien. Neun, die Anzahl der himmlischen Sphären und, symmetrisch dazu, der Höllenkreise, ist demnach die wahre Zahl des kosmischen Baumes, da dieser ja erlaubt, sich von den einen zu den anderen zu bewegen.[20]

Die erste schamanische Initiation, die wir beschrieben haben, wurde meist wiederholt, in alten Zeiten oft bis zu neunmal, oder aber zweimal, zuerst nach drei und dann nach sechs Jahren, was wiederum neun ergibt. Die rituelle Baumbesteigung kommt in allen schamanischen Initiationsriten vor, ebenso in Nordamerika und Indien, wo der vedische Opferer auf einen heiligen Pfahl stieg, um zum Himmel, der Wohnung der Götter, zu kommen.

Der Schamane hat nun die nötigen Kräfte erworben und kann sich mit den Göttern in Verbindung setzen, indem er die Reise zu ihnen unternimmt. Oft geht einer solchen Reise die Opferung eines falben Pferdes voraus.[21] Das Tier der feierlichen Beerdigungen, das die Verstorbenen ins Jenseits trägt, erlaubt dem Eingeweihten, aus sich selbst herauszutreten[22], sich, auf der Seele des Pferdes reitend, in die Lüfte zu schwingen und so zum Himmel zu gelangen. Der Schamane ruft die Geister an, seine Beschützer und Führer, und bittet sie, «in seine Trommel zu kommen». Diese Trommel dient ihm als Reittier, denn das anhaltende Trommeln hilft ihm, die für den Eintritt ins Reich des Geistes erforderlichen Kräfte zu sammeln und zu konzentrieren. Die Trommel ist der kostbarste Besitz des Schamanen. Ihr Holzkörper soll von einem Ast des Weltenbaumes stammen, den der Gott der Götter, Bai-Ülgän, fallen gelassen hat. Auf diesem Baum findet also der Aufstieg statt, denn am folgenden Abend beginnt der wichtigste Teil der Zeremonie, ein unendlich langes Ritual, in dessen Verlauf der Schamane, in stets tieferer Trance, symbolisch die Birke erklettert. Und während er langsam von Kerbe zu Kerbe steigt, singt er:

> Hab erstiegen eine Stufe,
> Eine Schicht hab ich erreicht!

Und wenn er weiter oben ist:

> Hab den zweiten Grund durchbrochen;
> Hab die zweite Schicht erstiegen,
> Seht, in Trümmern liegt der Grund!

Dann setzt er den Aufstieg fort; mehrmals hält er inne, um von seinen Abenteuern und den außerordentlichen Begebenheiten zu erzählen, die mit den Persönlichkeiten zu tun haben, denen er auf seinem Weg begegnet. Im fünften Himmel spricht er mit dem mächtigen Yayutschi (dem «Schöpfer»), der ihm die Geheimnisse der Zukunft enthüllt. Im sechsten verneigt er sich vor dem Mond, im siebten vor der Sonne. Von Himmel zu Himmel steigt er auf bis zum neunten, in dem Bai-Ülgän thront, der Gott der Atmosphäre, der Fruchtbarkeit und des Wachstums und Beschützer der Menschen. Bai-Ülgän sagt ihm das Wetter und die zukünftigen Ernten voraus. Dies ist der Gipfel der Ekstase, nach dem der Schamane erschöpft zusammenbricht und eine Weile bewegungslos und stumm ruht. Dann erwacht er, reibt sich die Augen und begrüßt die Umstehenden wie nach langer Abwesenheit.[23]

Warum spielt die Birke eine so große Rolle, mehr noch als die Fichte, die von den Völkern Nordasiens häufig als Weltenbaum angesehen wird? Die Birke wird ja niemals so hoch wie die Fichte; *Betula verrucosa* Ehrh. erreicht eine Höhe von höchstens 25 Metern, und *Betula pubescens* von nur 15 bis 20 Metern. Sie wächst zwar schnell, wird aber nicht älter als hundert Jahre, während die Fichte ein Alter von bis zu siebenhundert Jahren erreichen kann. Aber neben ihrer Leichtigkeit, ihrer Eleganz, ihrer Rinde von schönem Silberweiß, das gegen den Wipfel zunehmend heller und reiner wird, besitzt die Birke Eigenschaften, die alle Überlieferungen bestätigen. Sie ist ihrem Wesen nach ein Baum des Lichtes.

Die heilige Brigitte und die Lichtmeßbirke

Im «Alphabet der Bäume», dem heiligen Kalender der Kelten[24], ist es denn auch die Birke, die dem ersten Monat des Sonnenjahres (vom 24. Dezember bis zum 21. Januar) vorsteht. Die Birke hat also mit der Wiedergeburt der Sonne zu tun. Zwar ist sie im allgemeinen dem Mond geweiht, da ihre zarte Rinde an den Silberglanz des Vollmonds denken läßt, manchmal aber auch gleichzeitig der Sonne und dem Mond; doch in diesem Fall ist sie zweigestaltig, männlich und weiblich. Bei unserem Lichtmeß-Fest, das das Wiedererwachen des Lichts feiert, kommt die Birke in der Person der heiligen Brigitte zu besonderen Ehren; der Name *Birgit* leitet sich aus der indoeuropäischen Wurzel *Bhirg* her, die im Englischen zu *birch* und im Deutschen zu *Birke* geworden ist. Die heilige Brigitte von Kildare, in der zweiten Hälfte des 5. Jahrhunderts geboren und ihren Hagiographen zufolge als Tochter eines heidnischen Stammeshäuptlings zu einer Schutzpatronin Irlands geworden, war ursprünglich eine alte keltische Gottheit der Wiedergeburt des Feuers und der Pflanzenwelt, eine richtige Tochter Dagdas, des obersten

Gottes der irischen Druiden. Das Brigittenfest – das zum Beispiel in den schottischen Highlands am 1. Februar, dem Vorabend der Lichtmeß, feierlich begangen wird[25] – war eines der vier großen irischen Feste, die Cormac erwähnt (er war im 10. Jahrhundert Bischof von Cashel). In England unterhielt man ein ewiges Feuer im Tempel einer Göttin, die die Römer mit Minerva gleichsetzten; aber in Wirklichkeit handelte es sich um Birgit, die Heilerin und Schutzherrin der Barden – die man in mancher Hinsicht mit den Schamanen vergleichen kann – und der Schmiede. Diese Tradition hielt sich sehr lange, denn noch im 16. Jahrhundert (bis Heinrich VIII. die Klöster auflöste) hüteten die Nonnen der heiligen Brigitte in Kildare in Irland ein Feuer, das sich gleich nach ihrer Beerdigung von selbst auf dem Grab der Heiligen entzündet haben soll. Es durfte nie verlöschen und besaß bestimmte magische Kräfte. Kildare bedeutet «Kirche der Eichen»; der Ort war früher ein *nemeton*, ein heidnischer heiliger Wald, gewesen. Die Nonnen, neunzehn an der Zahl, wachten in der Nacht abwechselnd über das Feuer. Am letzten, dem zwanzigsten Abend häufte eine Nonne Scheite über das Feuer und verließ es mit den Worten: «Brigitte, wache über dein Feuer, denn diese Nacht gehört es dir.» Am folgenden Morgen fanden die Nonnen das Feuer stets brennend vor.[26]

Die heilige Brigitte eröffnete den Monat Februar, der in der ganzen Alten Welt der Monat der Reinigung war. Das lateinische *februare* bedeutet «reinigen», «sühnen». Im alten Kalender Roms, der Geltung hatte, bis ihn Julius Cäsar reformierte, war der das Jahr abschließende Februar der Monat der Toten und auch der Monat, in dem man sich bemühte, die bösen Einflüsse loszuwerden, die sich im Lauf des endenden Jahres angesammelt hatten. Man feierte die Feralien, die angeblich von Numa, dem Nachfolger des Romulus und Organisator des religiösen Lebens der Stadt, eingeführt worden waren. Dieses uralte Totenfest wurde in der Nacht bei Fackellicht begangen, alle Tempel waren geschlossen, ausgenommen der des *Februus;* diese Gottheit hat man manchmal mit dem *Dis Pater,* dem etruskischen Gott der Toten, identifiziert. Am 15. Februar fanden zu Ehren des Lupercus, des Wolfstöters, die Luperkalien statt; sein Tempel, das Lupercale, lag unter dem Palatin in der Grotte, wo Romulus und Remus von der Wölfin gesäugt worden waren. Lupercus wurde als Pendant des griechischen Gottes Pan angesehen, daher auch *Faunus* genannt, und galt als Schutzherr der Herden und Gott der Fruchtbarkeit. An den Luperkalien liefen die Priester des Gottes, nackt und auf den Schultern die Haut eines Ziegenbocks tragend, durch die Straßen Roms und schlugen die Menge mit Riemen, die aus dem Leder eines soeben geopferten Bocks geschnitten waren. Die unfruchtbaren Frauen hielten ihnen Hände und Rücken entgegen, in der Hoffnung, fruchtbar zu werden. Die Totenfeier stand also in Zusammenhang mit den Verheißungen künftiger Fruchtbarkeit, die Neugeborenen waren nichts anderes als reinkarnierte Tote. Vor dem Beginn des Jahres war es wichtig, alte Fehler zu sühnen – Lupercus soll die Wölfin, die Romulus und Remus nährte, getötet haben – und sich zu reinigen.

Im christlichen Kalender hat offensichtlich nur dieser Aspekt überlebt. Die Luperkalien wurden erst im Jahr 494 von Papst Gelasius abgeschafft und durch das Fest der Reinigung der Jungfrau, die Lichtmeß oder das Kerzenfest, ersetzt; bei dieser Gelegenheit nahm man, nach einem ursprünglich heidnischen Ritus, der von den Kelten stammte, die feierliche Weihung der Kerzen, des neuen Lichtes vor.

In der germanischen Mythologie war die Birke der Baum Donar-Thors; dieser Gott des Blitzes und des Krieges wurde in den nördlichen Ländern, vor allem in Norwegen, als höchste Gottheit, mächtiger als selbst Odin, verehrt. Bekanntlich spielt die Birke auch in der russischen Folklore eine wichtige Rolle. Bei den Germano-Skandinaviern oder den altaischen Völkern wie auch bei den Kelten und den Slawen des Nordens existieren mehr oder weniger dieselben Vorstellungen über ihre Eigenschaften.[27] Nach den russischen Sprichwörtern, die Dal[28] gesammelt hat, tut die Birke viererlei Dinge: Sie gibt der Welt Licht, sie dämpft Schreie, sie heilt Krankheiten, und sie reinigt. Dies entspricht den vier wichtigsten Verwendungszwecken der Birke, denn aus ihren Zweigen macht man Fakkeln, die mit großer, heller Flamme brennen, und Besen und Ruten, mit denen man sich in den skandinavischen Saunen und russischen Dampfbädern den ganzen Körper peitscht. Aus Birkenholz gewinnt man das Pech, das die Wagenräder am Knirschen hindert. Schließlich wird ihr Saft, das «Birkenblut», häufig in der Volksmedizin und heutzutage auch in der Phytotherapie angewendet.

Birke, Fliegenpilz und Soma

Aber das Geheimnis der Rolle, die die Birke in den schamanischen Zeremonien spielt, beruht eher auf ihrer symbiotischen Verbindung mit dem Fliegenpilz (*Amanita muscaria* L.), den die Schamanen essen, um den Trancezustand herbeizuführen. Der Fliegenpilz bildet Mykorrhizen (Lebensgemeinschaften) mit den Wurzeln bestimmter Bäume, aber am liebsten ist ihm die Birke; an ihrem Fuß hat man am meisten Aussicht, ihn zu finden. Am zweithäufigsten wächst er bei der Fichte, die bei sibirischen Völkern oft als Weltenbaum gilt. Ißt man vom Fliegenpilz, so wird man zuerst für eine Weile schläfrig, aber «später wird man angeregt, die großen körperlichen Leistungen zu erbringen, die so berühmt sind» – nicht nur in Sibirien, sondern auch in Indien in den Hymnen des *Rig-Veda*.[29] «Die ersten Wirkungen treten eine Stunde nach der Einnahme auf. Das Gesicht des Patienten hellt sich auf; sein Körper wird von leichtem Beben durchlaufen; dann gerät er in einen Zustand lärmender Aufregung, manchmal mit aphrodisischen Nebenwirkungen. Er tanzt, er lacht laut, dann wieder zeigen sich jähe Wutanfälle mit Heulen und Schimpfen. Er hat akustische und visuelle Halluzinationen; die Form der Gegenstände ändert sich, ihre Umrisse sind verdoppelt. Dann wird der Patient blaß und völlig bewegungslos, als sei er in tiefstem Erstaunen befangen. Nach ein paar Stunden kommt er zu sich und weiß nichts von dem Anfall, den er durchlebt hat.»[30] In Westeuropa wurde der Fliegenpilz stets für schädlich gehalten. Schon im 16. Jahrhundert berichtet der Botaniker Jean Bauhin, er heiße in Deutschland «der Pilz der Verrückten». Der Volksglaube bringt ihn oft mit der Kröte, dem Tier der Hexen, in Zusammenhang; er steht wie sie in Verbindung mit den düsteren Mächten der Unterwelt und andererseits mit dem Mond und dem Regen. Im Englischen ist einer der populären Namen des Pilzes *toadstool,* «Krötenstuhl». Alle diese scheinbar unzusammenhängenden Einzelheiten deuten auf einen gemeinsamen Fluchtpunkt hin: den schamanischen Gebrauch des Fliegenpilzes.

Trotz seines schlechten Rufs ist er nicht wirklich giftig. Die Verwirrungen, die er hervorruft – und die die Schamanen suchen –, können zwar Menschen, die ungewarnt davon essen, erschrecken, haben aber keinerlei schädliche Folgen. Trotzdem war das Verzehren des Fliegenpilzes in manchen Gegenden Sibiriens streng verboten. Bei den Wogulen im Ob-Tal war der Genuß des Pilzes ausschließlich den Schamanen vorbehalten, «jeder andere, der es versuchen wollte, begab sich in tödliche Gefahr». Trotzdem war der Pilz in Sibirien hochgeschätzt: «Wo er selten ist, kann er enorme Preise erzielen; man sagt, Korjaken würden ohne weiteres ein Ren gegen einen Pilz eintauschen, und man findet hier wieder die engen Zusammenhänge zwischen dem Gebrauch von Halluzinogenen und der Kultur des Rentiers.»[31]

Für die Orotschen, ein tungusisches Volk, reinkarnierten sich die Seelen der Toten im Mond als Fliegenpilze und kamen, so verwandelt, auf die Erde zurück – was unsere früheren Bemerkungen über den Zusammenhang zwischen Mond und Birke bestätigt. Über einen in Sibirien sehr verbreiteten Volksglauben berichtet der finnische Historiker Uno Holmberg-Harva, der Verfasser bedeutender Studien[32] über die altaischen Religionen. Der Geist der Birke ist eine Frau reifen Alters, die manchmal zwischen ihren Wurzeln erscheint, manchmal aus dem Stamm hervortritt, wenn man sie in guter Absicht beschwört. Sie zeigt sich bis zur Mitte, mit gelöstem Haar, und streckt die Arme aus; ihre Augen blicken den Gläubigen ernst an, und sie präsentiert ihm ihre nackte Brust. Wenn er ihre Milch getrunken hat, fühlt der Mensch seine Kräfte verzehnfacht. Wie R. Gordon Wasson bemerkt, handelt es sich fast sicher um den Geist des Fliegenpilzes.

«Sind diese Brüste etwas anderes als der Busen *(udhan)* des Rig-Veda, der milch-
spendende Hut des Pilzes? In einer Variante derselben Erzählung gibt der Baum
einen ‹himmlischen gelben Saft› ab. Handelt es sich nicht um das ‹gelbrote› *Pa-*
vamana des Rig-Veda?»[33] R.Gordon Wasson, der lange Zeit die Wirkung der
verschiedenen – und zahlreichen – psychedelischen Pilze in der ganzen Welt erforscht hat, ist heute überzeugt, die bisher so geheimnisvolle Pflanze gefunden
zu haben, aus der man den Somatrank gewann. Von den Ariern als Gottheit verehrt und in hundertzwanzig Gesängen des Rig-Veda gefeiert, ist der Soma der
König der Pflanzen und Kräuter, der König und Lenker der Wasser – aber auch
ihre Urquelle –, manchmal auch der König der Götter und der Sterblichen oder
alles dessen, was die Sonne sieht, der König der Welt.[34] Sein Saft ist der Regen,
der die Pflanzen wachsen läßt, und deren Saft selbst, das Lebenselixier, das Vorbild und die Essenz jeder lebenspendenden Flüssigkeit, das nährende Prinzip der
Speisen und Getränke, also auch die Milch der Kuh und der Samen des Hengstes
in seiner männlichen Kraft. Diese Erwähnung des Pferdes ist hervorzuheben,
denn es wird nicht nur mit der kosmischen Esche in Zusammenhang gesehen
und in gewissen Gegenden Sibiriens bei der Initiation eines Schamanen geopfert,
sondern sein Tod ist bei den Ariern nur deswegen an den zweiten Platz gerückt,
weil der Soma als das den Göttern wohlgefälligste Opfer den ersten einnahm; es
war ja das «Lebenselixier» *(Amrtan),* das Unsterblichkeitsgetränk, das die «Götter ebenso wie die Menschen brauchten». Es steigerte ihre Lebenskraft, ihre
Weisheit und ihre hellseherische Gabe und erhob ihre Energie bis zur Begeisterung, zum heiligen Rausch. Da Götter und Priester ihn tranken, schuf der Soma
zwischen ihnen ein engeres, innigeres Band als alles andere; es vereinte Himmel
und Erde in Freundschaft. Als Symbol, aber auch als Erzeuger der göttlichen
Trunkenheit wird der Soma wie folgt gepriesen:

> Wir haben den Soma getrunken,
> wir sind unsterblich geworden.
> Beim Licht angekommen,
> haben wir die Götter gefunden.[35]
> Wer kann uns in Zukunft noch Böses antun,
> welche Gefahren gibt es für uns noch?
> Oh, unsterblicher Soma...
> Entflamme mich wie das Feuer,
> das aus der Reibung hervorgeht.
> Erleuchte uns, schenke uns Glück...
> Getränk, das unsere Seelen durchdrungen hat,
> unsterblich in uns Sterblichen...[36]

Das *Agnistoma,* die Opferung des Soma, der vor der Darbietung rituell ausgepreßt wurde, sollte die Götter erfrischen, besonders Indra, den Gott des Blitzes
und der Krieger[37], der ihn bis zum Mißbrauch liebte, aber es war auch «eine magische Zeremonie» von großer Wichtigkeit: «Der Soma, perlend und fließend,
läßt den Himmel weinen.»[38] Der Soma wurde also in Verbindung mit Blitz und
Regen zusammen mit Agni gefeiert, wie der Name dieses Rituals besagt. Mit
Agni, dem vom Himmel herabgestiegenen Gott des Feuers, bildete der Soma
eine «Polaritätsbeziehung», ein Paar. Im übrigen wurde der Soma mit dem
Mond als dem Aufenthaltsort der Seelen der Toten identifiziert. Anders gesagt,
der Gott Soma besaß viele auch für den Weltenbaum und besonders für den
Baum der Schamanen, die Birke, charakteristische Züge. Das ist es wahrscheinlich, was die Forscher so lange in die Irre geführt hatte, obwohl die Entsprechungen zwischen Soma und Mond einerseits und Mond und Birke andererseits ihnen
den Weg hätten weisen können.

Die Lösung des Rätsels wäre also nach R. Gordon Wasson der Fliegenpilz,
der zur Birke gehört. Der Pilzforscher untermauert seine These mit vielen Argu-
menten, von denen hier die wichtigsten wiedergegeben werden. Nirgends sind
im *Rig-Veda* die Wurzeln, die Blätter, die Früchte oder die Körner der Pflanze
erwähnt. «Der *Rig-Veda* sagt sogar ausdrücklich, der Soma sei aus keinem Samen
gewachsen; die Götter hätten seinen Keim gelegt.»[39] Seinerseits erwähnt J. Gonda, ein Spezialist des Vedismus, die Glaubensvorstellung, wonach «sein Saft
durch einen Falken oder Adler vom Himmel herabgetragen wurde»[40]. Der Soma
findet sich nur in den hohen Bergen, vor allem im Himalaya. Man könnte hier
hinzufügen, daß der Himalaya einerseits der kosmische Berg *par excellence* ist und
daß andererseits dort mehrere Birkenarten wachsen, zum Beispiel *Betula utilis*
D. Don und *Betula Jacquemontiana* Spach, die sonst nirgends in Indien vorkommen. Daher kann man vermuten, daß die weißhäutigen Eroberer, die sich in
zwei Gruppen spalteten – die eine zog ostwärts das Industal hinunter und die andere westwärts in den Iran; letztere kannte ebenfalls den «haoma» (Soma), den
das Awesta als die größte aller Opfergaben bezeichnet –, den Soma aus nördli-
cheren Gegenden Hochasiens mitgebracht haben, woher sie stammten oder wo
sie durchgezogen waren.

Die Beschreibung, die in den alten Sanskrittexten von der Pflanze gegeben
wird, paßt nach R. Gordon Wasson sehr gut auf den Fliegenpilz. Im Rig-Veda
wird er mit einer weiblichen Brust *(udhan)* verglichen, die mit Tropfen ihrer
göttlichen Milch *(pavamana)* besprengt ist, was an die weißen Schuppen – Reste
der Haut – erinnert, die den Hut zieren. Nun konzentriert sich das Muscarin, die
Substanz, die für die Verwirrungen verantwortlich ist, die sich nach dem Verzehr
des Pilzes zeigen, vor allem in der Haut des Hutes. «Die Hymnen vergleichen

die rote, glänzende Haut der Pflanze» mit der «Haut des roten Stieres»[41], auf die der Soma in der ersten Phase des Opferrituals gelegt wurde. «Die Hymnen sagen ferner, der Soma leuchte tagsüber und sei in der Nacht von silbernem Weiß. Am Tag zeigt der Fliegenpilz das märchenhafte Schauspiel seiner bunten Farben, und in der Nacht verblassen letztere, und nur die Fragmente der weißen Hülle sind im Mondlicht sichtbar»[42], wie übrigens auch die Rinde der Birke.

Schließlich hat der Fliegenpilz eine ganz besondere, «in der Pflanzenwelt vielleicht einzigartige» Eigenschaft, die auf merkwürdige Weise diese Identifikation bestätigen könnte. Das aktive psychedelische Prinzip, das Muscarin, geht sehr rasch in den Urin dessen über, der es zu sich nimmt. Die Völker des nordöstlichen Sibiriens kennen diese Besonderheit so gut, daß sie sich (vielleicht dem Beispiel der Rentiere folgend, die sowohl Urin wie Fliegenpilz lieben) angewöhnt hatten, den Urin der Fliegenpilzesser zu trinken, und die Wirkung hielt bis in die vierte oder gar fünfte «Generation» der Trinker an. Nun wird aber im *Rig-Veda* mehrmals gesagt, daß die Götter, vor allem Indra, reichlich Soma «pissen». Möglicherweise ist es also der somahaltige Urin der Götter, von dem man glaubte, daß die vedischen Priester ihn tränken.

Beenden wir nun diesen Exkurs, den wir nötig fanden, weil die Hypothese von R. Gordon Wasson, die die Birke indirekt mit dem Soma und die vedische Kommunion mit den Göttern mit den Trancen der Schamanen verknüpft, verhältnismäßig wenig bekannt, aber für unsere Studie sehr aufschlußreich ist. Jetzt wenden wir uns wieder den sibirischen Schamanen zu; wir haben noch ihre Rolle in der Gesellschaft zu präzisieren. Man darf sie keinesfalls mit Zauberern oder Magiern verwechseln. Schamane wird man nicht freiwillig; man wird von den Geistern erwählt und, damit man die Berufung annimmt, schon als Kind von ihnen gequält, man solle mit ihnen «spielen». Der Knabe ist von ängstlichem Wesen, das ihn hindert, sich unter die andern zu mischen; er leidet oft an akuten Depressionen, läuft davon, deliriert, klagt über unbestimmte, aber unerträgliche Schmerzen, kämpft gegen Schwierigkeiten, die er als aus dem Jenseits stammende Bedrängnis auffaßt. Das sind die Zeichen seiner Berufung.

Im allgemeinen versucht der Knabe anfangs, sich ihr zu entziehen, denn sie hat nichts Beneidenswertes, sondern wird ihm viel Schmerz und wenig Gewinn bringen. Er wird endlose Prüfungen bestehen und sein ganzes Leben lang leiden und kämpfen müssen; das ist der Preis, den er für seine gefährliche Beziehung zu den Geistern bezahlen muß. «Dem Ruf zu entgehen ist aber fast unmöglich. Wenn er nicht Schamane wird, machen die Geister ihn verrückt, krank, oder sie töten ihn.»[43] Hat er die zwanghafte Berufung einmal angenommen, so übt der Schamane sein Amt nicht nur mit Mut, sondern gemäß strengsten moralischen Prinzipien aus. Er schwört dies übrigens bei seiner Initiation, indem er verspricht, «den Geistern, die ihn erwählt haben, zu dienen und bei ihnen für die Menschen zu bitten, den Leidenden zu helfen und die Armen den Reichen vorzu-ziehen»[44].

Eine der wichtigsten Aufgaben des Schamanen in der Gesellschaft ist die Heilung von Krankheiten, denn diese haben niemals natürliche Ursachen, sondern werden «durch schädliche Einflüsse und durch den Verlust der Seele hervorgerufen, und der Schamane hat die doppelte Pflicht, die ersteren auszuschalten und die letztere wieder herbeizuschaffen»; dazu ist eine Reise in die andere Welt, zu den Göttern erforderlich, um sie um Hilfe zu bitten, ihnen Geschenke und Opfergaben zu bringen und die Freigabe der Seele zu erwirken. Diese Reise nach oben unternimmt der Schamane, indem er die Trommel schlägt, bis er in Trance gerät, und die Birke ersteigt. Als Vermittler zwischen dem Profanen und dem Übernatürlichen ist er auch für das gute Funktionieren der Gemeinschaft verantwortlich; er hat dafür zu sorgen, daß reichlich Wild und Fische vorhanden sind und daß das Vieh sich vermehrt. Zweck seines Daseins ist stets, «den Menschen zu helfen, die krank sind oder hungern», und «damit begründen alle Ursprungslegenden die Erscheinung des ersten Schamanen auf Erden, der geboren wurde, um einer Menschheit zu helfen, die ohne ihn unterdrückt und machtlos wäre. Manchmal ist es der große Gott, der ihn zu diesem Zweck geschaffen hat, und seine Herkunft wäre dann halb göttlich. Dennoch wird der Schamane niemals zögern, sich gegen die Gottheit zu stellen, wenn sie sich gleichgültig zeigt, das Böse regieren läßt oder es sogar begünstigt. Von den Geistern erwählt, wird der Schamane vor allem anderen die Interessen der Menschheit verteidigen.»

Diese Haltung kommt im Grunde genommen dem Mitleid, der Kardinaltugend des buddhistischen Mönches, recht nahe. Man könnte sogar sagen, ein derart unerschrockenes Mitleid sei von dem der Bodhisattvas nicht weit entfernt, die, obwohl erwacht, nicht zögern, sich den Gefahren des irdischen Lebens, dem sie ja entsagen könnten, zu stellen, um die Lebewesen der endgültigen Befreiung entgegenzuführen.[45] Der Buddha selbst erklärte, er sei nur auf die Erde gekommen, um die Menschen von ihren Leiden zu heilen. Sicher kann man den buddhistischen Mönch und den Schamanen nebeneinanderstellen, obwohl die von ihnen angewandten Mittel verschieden sind; dem Mönch ist der Gebrauch magischer Kräfte und übrigens auch aller berauschenden Mittel prinzipiell untersagt. Trotzdem haben Mönch und Schamane einige wesentliche Züge gemeinsam, was sich auch darin zeigt, daß im Tocharischen – einer Sprache, die in einer Region Zentralasiens gesprochen wird, wo sowohl Schamanismus wie auch Buddhismus bekannt sind – das Wort *samâne*, ausgesprochen «Schaman», eine Bezeichnung für die buddhistischen Mönche ist.

Man weiß, daß der nördliche Buddhismus, vor allem der Tibets und vielleicht auch der der Mongolei – aus diesen Gegenden stammen mehrere sibirische Völker wie die Buriäten und die Tungusen, die den Schamanismus praktizieren – auf den Schamanismus Nordasiens nicht ohne Einfluß geblieben ist. «...lamaistische Ideologie und Praktiken [sind] tief in Zentral- und Nordasien eingedrungen und haben an der heutigen Physiognomie vieler Formen des sibirischen Schamanismus mitgewirkt.»[46] Diese verhältnismäßig junge Strömung verlief in ferner Vergangenheit umgekehrt; als der Buddhismus in Tibet und in der Mongolei ankam, traf er dort auf Religionen von schamanistischem Typus[47] und vermischte sich mit ihnen.

In Tibet beispielsweise haben die alten Bon-Rituale – Bon gilt als die dort praktizierte autochthone Religion – oft in den buddhistischen Zeremonien überlebt. Es wurde sogar behauptet, der Lamaismus habe «die schamanische Tradition der Bon fast ganz bewahrt»[48]. So entspricht der tantrische *tschöd*-Ritus genau dem initiatischen Traum des sibirischen Schamanen. Der Teilnehmer bietet den Dämonen, die er gerufen hat, «unter dem Schalle der Trommeln aus Menschenschädeln und der Schenkeltrompete»[49] sein eigenes Fleisch dar. Durch die «Kraft seiner Meditation läßt er eine weibliche Gottheit erstehen... Diese entspringt aus dem Scheitel seines Kopfes und hält einen Säbel in der Hand. Mit einem schnellen Hieb schlägt sie ihm den Kopf ab. Während dann zahlreiche Dämonen sich in Erwartung eines Mahls versammeln, trennt sie seine Glieder ab, zieht ihm die Haut ab und öffnet ihm den Bauch. Die Eingeweide quellen heraus, und das Blut fließt in Strömen...»[50] Auch die Betrachtung des eigenen Skeletts ist ebenso eine tibetanische wie eine schamanische mystische Übung. Das *Bardo-Thödol*, das tibetanische Totenbuch[51], zeigt ebenfalls Spuren schamanischer Strukturen. Man kann die Rolle des Priesters, der den Verstorbenen mit der Rezitation ritueller Texte führt – er beschreibt ihm den Weg, den er gehen muß, um zur Befreiung zu gelangen –, «mit der Funktion des altaischen oder goldischen Schamanen vergleichen, welcher den Toten auf symbolische Weise ins Jenseits begleitet»[52].

Schließlich enthält auch die Lebensgeschichte des Buddha Shakyamuni selbst, der, wie man nicht vergessen sollte, im nepalesischen Teraï unweit des Himalaja geboren wurde, eine seltsame schamanische Episode, ein Wunder, das vom großen Dichter Açvagosha[53] besungen wurde. Als der Buddha nach seiner Erleuchtung zum erstenmal in seine Geburtsstadt Kapilavastu zurückkehrte, in der Absicht, wie es heißt, die Seinen der Bekehrung zuzuführen, erhob er sich zum Beweis der Kräfte, die er errungen hatte, in die Lüfte und zerschnitt seinen Leib in Stücke, um sie nachher vor den staunenden Augen der Zuschauer wieder zusammenzusetzen. Hier handelt es sich um eines der eindrücklichsten Wunder, die die Fakire Indiens vorführen: Sie lassen einen jungen Schüler ein Seil hochklettern, bis er den Blicken entschwindet, werfen dann ein Messer in die Luft, und die Glieder des Jungen fallen eines nach dem andern auf den Boden. Man kann nicht umhin, einen solchen Vorgang mit zwei schamanischen Riten zu vergleichen: mit der Zerstückelung des künftigen Schamanen durch die Geister und mit dem Aufstieg zum Himmel mittels der als Leiter benutzten Birke. Nun gelang es aber dem Buddha dank dem indischen Weltenbaum, dem heiligen Feigenbaum oder Pipal *(Ficus religiosa),* sich über die *conditio humana* zu erheben und das zu erreichen, was wir «Erleuchtung», die Buddhisten aber lieber das «Erwachen» nennen.

Der heilige Feigenbaum des Erwachens

Nachdem er sein Heim verlassen und auf seine fürstlichen Privilegien verzichtet hatte, wurde Siddharta Gautama, der künftige Buddha, zu einem wandernden Asketen auf der Suche nach der letzten Wahrheit. Er ging von Lehrer zu Lehrer, nie von ihren Antworten befriedigt, und versenkte sich schließlich allein in reglose Meditation. Aber auch sie brachte nicht den gewünschten Erfolg, und, ihr entsagend, versuchte er es sechs Jahre lang mit einer anderen Methode, der der Enthaltsamkeit und Kasteiung; er wäre daran gestorben, wenn ihm nicht schließlich klargeworden wäre, wie unnütz diese Übungen für die von ihm erstrebte Befreiung waren. Abgemagert, an der Schwelle des Todes, beschloß er, sein Fasten abzubrechen und in Zukunft den «mittleren Weg» zwischen den Extremen zu beschreiten, der zum Prinzip des Buddhismus wurde.

In diesem entscheidenden Augenblick erinnerte sich Shakyamuni an eine Episode aus seiner Kindheit, an das unvergleichliche Glück, das ihn durchdrang, als er im kühlen Schatten eines *G'ambu* (eines Rosenapfelbaumes) saß, während sein Vater pflügte. Er durchwanderte das Maghada und kam nach Uruvela, wo sich am Ufer des Flusses Nairanjana ein heiliger Wald erhebt, der von Ashvattha überragt wird, dem kosmischen Baum, dem Feigenbaum der Asketen; an seinem Fuß befand sich der Altar, der dem weitverbreiteten Kult der Fruchtbarkeits-Gottheiten (der Yaksas) diente. Shakyamuni umrundete ihn siebenmal, zum Zeichen seines Respekts ihn stets zur Rechten haltend. Dann breitete er auf dem Altar einen Armvoll Kussa-Kraut aus, dessen sich die Brahmanen heute noch bedienen, um darauf ihre Opfergaben abzulegen, und setzte sich in der Stellung des Yogi nieder, das Gesicht zur aufgehenden Sonne gewandt, mit dem festen Entschluß: «Möge jetzt und hier mein Körper vertrocknen und mögen meine Haut, meine Knochen, mein Fleisch sich auflösen. Solange ich nicht das Erwachen erlangt habe, das so schwer zu erringen ist, verlasse ich diesen Ort nicht.» Anders gesagt, bot sich der künftige Buddha unter dem Weltenbaum durch seine Gesten und seine Worte selbst als Opfer an. Und tatsächlich erschien bald Mara, der Gott des Todes, der auch als Kama, die Begierde, der Herrscher des sinnlichen Universums ist, von dem der Bodhisattva sich und andere zu befreien trachtete. Mara versuchte, ihn zu vernichten, nachdem er sich vergeblich bemüht hatte, ihn zu verführen. Schon als er Kapilavastu verließ, war Mara dem künftigen Asketen erschienen und hatte ihm gesagt: «Geh nicht fort. In sieben Tagen wird sich dir das Juwel des Rades (des Dharma, der kosmischen Ordnung) offenbaren, und du wirst Herrscher über die vier großen Kontinente mit ihrem Begleitzug von zweitausend kleinen Kontinenten werden. Kehre um.» Tatsächlich hatte der Bodhisattva gemäß seinem *Karma* die Wahl. Er konnte entweder ein Weltherrscher oder ein Buddha werden. Er fragte die Erscheinung: «Wer bist du?» Sie antwortete: «Ich bin der Mächtige.» Darauf sagte der Bodhisattva: «Mara, ich weiß durchaus, daß sich mir das Rad (des Dharma) offenbaren wird, aber mit Königreichen fange ich nichts an. Was ich will, ist ein Buddha werden, zur großen Freude der zehntausend Universen.» Von Stund an heftete sich Mara an ihn, «wie der Schatten dem Körper folgt». Natürlich hat man diese Versuchung mit jener in Zusammenhang gebracht, der Jesus in der Wüste ausgesetzt war, und auch mit jener, die Shakyamuni bestand, als er, seiner wahren Berufung folgend, die Seinen verlassen hatte, und man hat die Versionen dieser beiden Episoden sogar als Parallelen betrachten können.[54] Diese Gleichsetzung drängt sich zwar auf, aber noch mehr die Analogie zwischen der Haltung Shakyamunis und Odins, denn beide opferten sich nach einer langen Zeit absoluter Enthaltsamkeit sich selber, um die höchste Erkenntnis zu erlangen.

Und wenn das Selbstopfer des Buddha weniger radikal zu sein scheint als das des germanischen Gottes und insgesamt eher symbolisch wirkt, so muß gesagt sein, daß es nur der Abschluß und die Wiederholung einer Vielzahl wirklicher, manchmal blutiger Selbstopfer ist, die der Bodhisattva im Lauf seiner früheren Existenzen dargebracht hatte, als er alles aufgab, seine Habe, seine Hände und Füße, seine Augen, sein Blut, seinen Kopf; er ging so weit, seinen Leib einer hungrigen Tigerin anzubieten, die für ihre Jungen Nahrung suchte, und dies ausschließlich zum Heil der Lebewesen.[55]

Als er unter dem Feigenbaum ruht, mit gekreuzten Beinen sitzend, die Fußsohlen dem Himmel zugewendet, die Hände offen, eine über der anderen, in seinen Schoß gelegt, erscheint Mara, der Beherrscher unserer Welt, der Dämon, der die Materie geschaffen hat und der nun mit Recht wegen der bevorstehenden Erleuchtung seines Erzfeindes beunruhigt ist. Mara, der auch Kama ist, zeigt sich in verführerischer Gestalt, begleitet von seinen drei lieblichen Töchtern, die vor dem Asketen tanzen und singen und kein Mittel unversucht lassen, um blinde Leidenschaft in ihm zu wecken. Aber Shakyamuni bleibt unbewegt. Auf diese

«Versuchung des Heiligen Antonius» folgt das große kosmische Gewitter, das an *Ragnarök* erinnert, die germanische Götterdämmerung. Mara ruft seine tausend Söhne und seine Generäle zusammen und beschließt, seine Scharen ins Feld zu schicken, eine grauenhafte, abscheuliche, nie gesehene Armee aus entsetzlichen Monstern mit heraushängenden Zungen und vorstehenden Reißzähnen, mit glühenden Augen, unförmigen Leibern, manchmal ohne Arme und manchmal mit tausend Armen, manchmal ohne Kopf und manchmal mit tausend Köpfen oder mit den Köpfen wilder Bestien usw.[56] Orkane werden alsbald entfesselt, der Wind tobt, der Regen fällt wie ein Sturzbach, aus dem Boden quillt flammende Lava, Ströme dampfenden Schlamms bedrohen den Feigenbaum. Die teuflischen Geschöpfe werfen Felsbrocken und entwurzelte Bäume auf den Asketen. Während dieser Zeit schaukelt die Erde schwindelerregend in die vier Himmelsrichtungen, aber sie richtet sich immer wieder gerade auf, und die infernalischen Geschosse verwandeln sich, sobald sie das Meditationsfeld des Bodhisattva erreichen, in Blumen. Und dieser erträgt die furchtbaren Angriffe, ohne auch nur zu zittern. «Schließlich zerstreuen sich, kriegsmüde und entmutigt durch die Nutzlosigkeit ihres Tuns, die schwarzen Bataillone des Bösen, und ihr Herr, in dessen Herz eine geheime Wunde brennt, steht nachdenklich abseits und schreibt mit einer Pfeilspitze in den Boden: ‹Der fromme Gautama wird mein Reich zerstören.›»

In Wirklichkeit handelt es sich hier, wie der Leser erraten haben wird, um einen Abstieg in die Unterwelt durch den Kanal des kosmischen Baumes. Nachdem er die unterirdischen Kräfte des Bösen besiegt hat, muß der Bodhisattva sich noch mit den Verleumdungen Maras auseinandersetzen, der sich nicht geschlagen geben will. Aber er entgegnet ihm: «O du Böser, diese Erde, die unparteiische Mutter aller Lebewesen, ist meine Zeugin.» Niemand hat tatsächlich seinen Sieg gesehen, niemand außer ihr kann ihn bestätigen. In einer in der buddhistischen Ikonographie oft dargestellten Geste streckt Shakyamuni die Hand aus und berührt die Erde mit den Fingerspitzen. Da erbebt sie und ertönt wie ein Gong. «Und die große Erde namens Sthavana spaltet den Boden in der Nähe des Bodhisattva und zeigt sich, mit allen Zeichen ihrer Herrschaft geschmückt, bis zur Mitte. Sie begrüßt ihn mit einer Verneigung und ruft aus: ‹So ist es in der Tat, o großer Mensch, so ist es in der Tat; es ist so, wie du gesagt hast, ich bin Augenzeugin.›»

Die Handlung hatte sich zunächst in den Tiefen der Erde und darauf an deren Oberfläche abgespielt; jetzt kann sie sich dem Himmel, dem Baumwipfel, zuwenden.

In der Zwischenzeit ist die Sonne untergegangen und der Vollmond des April am Himmel heraufgezogen. Nun folgen die drei Wachen, an deren Ende Shakyamuni der Erleuchtung teilhaftig wird und der Bodhisattva ein Buddha wird. Während der ersten Wache erhält er, wie Odin, «das göttliche, reine, übermenschliche Auge», das ihm erlauben wird, «mit einem einzigen Blick bald die Unendlichkeit der Zeit, bald diejenige des Raums zu überblicken». Er sieht dann das ganze Weltall und alle Wesen, die es bevölkern. Klaren Geistes und doch voll Mitleid erforscht er das menschliche Schicksal in seiner grenzenlosen Vielfalt und doch Einheit. Während der zweiten Wache überschaut er in einem unendlichen Zeitraum die Gesamtheit aller früheren Leben, die das gegenwärtige erklären, zuerst seine eigenen, dann aber auch die aller anderen Menschen. Schließlich zeigt sich ihm während der dritten Wache die Synthese, die Rechtfertigung des Leidens der Welt, die zwölf Stufen der von der Begierde geleiteten Bedingtheit, welche jedes Dasein zeugt, das dann diese Stufen eine nach der anderen durchlaufen muß. Dann nimmt er sich die zwölf Bedingtheiten in umgekehrter Reihenfolge vor, er negiert sie und entdeckt so, wie man diesen endlosen Zyklus beenden, wie man alle Schmerzen überwinden und den unersättlichen Daseinsdurst löschen kann. Erleuchtet, verkündet er dann die «vier erhabenen Wahrheiten» über die wahre Natur des Leidens, über den Ursprung des Leidens, über die Vernichtung des Leidens und über den Pfad, der zu dieser Vernichtung führt. Und in dieser letzten Wache der Nacht, als die Morgendämmerung anbrach, wurde «der Bodhisattva in höchster und vollkommener Erleuchtung» erleuchtet.

Man versteht nun, wie einer der westlichen Biographen Buddhas schreiben konnte: «Wenn vor einem blitzdurchzuckten Hintergrund dämonische Horden sich auf ihn stürzen… muß man da nicht an den Wolkenbaum der alten vedischen Hymnen, den Bruder der Esche Yggdrasil der skandinavischen Barden, denken und an das große Drama des Kampfes zwischen der Finsternis und der Sonne?»[57] Man begreift auch die Verehrung, die die Buddhisten jahrhundertelang dem Baum des höchsten Kampfes und des endgültigen Sieges entgegengebracht haben.

Der Buddha, der auf seine leidende, unbeständige, vergängliche Individualität verzichtet und sich so mit dem ganzen Universum vereint hatte, unterschied sich nicht mehr vom kosmischen Baum, er war «in ihm versteckt»[58]. Im hinduistischen Glauben, der weit älter ist als Shakyamuni, genügte es, den Baum zu berühren, um die eingeschlafene Erinnerung an frühere Leben zu wecken. Durch den Baum fand man zum Leben, durch ihn entdeckte man erneut seinen Ursprung und, hatte man letzteren gefunden, erlangte man durch ihn die Unsterblichkeit. Der Buddha wird deshalb «durch den Weltenbaum am wahrhaftigsten dargestellt. Außerdem ist der Baum mit dem Fächer seiner unterirdischen Wurzeln, seinem schmalen Stamm und seinem weit ausgebreiteten Laub das vollkommene Abbild des Vorgangs der Erleuchtung, des Erwachens, der Sammlung und Konzentration latenter Energien, die zur geistigen Verwandlung nötig sind. Dies ist der Grund, warum in den ältesten buddhistischen Texten der Bodhi-Baum und nicht der Buddha selbst als der große Erwecker bezeichnet wird.»[59] Die ältesten Darstellungen des Buddhismus zeigen niemals den meditierenden Shakyamuni, sondern nur den Baum Bo, den «diamantenen Thron», der sich vor ihm erhebt. Dies kann man in Bodh-Gaya an den Skulpturen der Balustraden sehen, die den heiligen Feigenbaum umgeben und aus den Jahren 184–172 vor Christi Geburt stammen.[60]

Wir haben das Wesen des Baumes Bo beschrieben; jetzt wollen wir noch zusammenfassend die Erscheinung des Pipal *(Ficus religiosa)* schildern. Er ist ein majestätischer Baum, 30 m hoch, mit buschigem Wipfel und nach allen Seiten breit ausladendem Gezweig. Wie bei allen Feigenbäumen – die man als «Pagoden»-Bäume bezeichnet, da sie häufig in der Nähe von Tempeln gepflanzt werden – hängen von den Ästen lange Luftwurzeln, die, wenn sie den Boden berühren, neue Bäume bilden, die den Hauptstamm umgeben. Hat er ein gewisses Alter erreicht, so bildet jeder Baum für sich ein kleines, heiliges Gehölz, das sehr schattig ist und mit seinen vielen säulenartigen Stämmen den Anblick einer Art natürlichen Tempels bietet. Die Blätter sind langstielig, an der Basis herzförmig und laufen in eine feine Spitze aus; sie bewegen sich beim kleinsten Windhauch. Die jungen Blätter sind von lebhaftem Grün und haben rosa Adern; später werden sie blaugrün, und das Geäder verblaßt. Die Früchte sind klein, stehen je zu zweien und haben dunkelrote Farbe.

Etwa zweihundert Jahre nach dem *Parinirvana* (dem Tod) des Buddha unternahm der Kaiser Ashoka, der sich zum Buddhismus bekehrt und wohl als einziger Herrscher der Geschichte dessen friedfertige Grundsätze auf die Regierung seines Staates angewandt hatte, eine Pilgerfahrt nach Uruvela, das heute Bodh-Gaya heißt. Er ließ den Feigenbaum mit einem nach oben offenen Tempel umgeben und bezeichnete den Ort der Meditation durch einen Steinthron, dessen oberste Platte, mit Bildhauerarbeiten verziert, sich bis in unsere Tage erhalten hat. Man nennt ihn *Vadjrasana,* was man meist mit «diamantener Thron» übersetzt; es könnte aber auch «Thron des Blitzes» heißen (*Vadja* bedeutet sowohl «Diamant» als auch «Blitz»). Diese Bezeichnung paßt jedenfalls besser zu den Ereignissen, die sich unter dem Baum und in ihm abgespielt haben. Eine Legende erzählt, daß der Kaiser Ashoka für den Baum tiefe Gefühle entwickelte, denn die Nymphe, die darin wohnte, war ihm erschienen. Seine Lieblingsfrau wurde eifersüchtig und ließ den Baum durch eine Zauberin einmauern. Er wurde rasch krank, und Ashoka mit ihm. Die Königin mußte danach den Zauber aufheben.

Der Feigenbaum überlebte und gedieh, und mit ihm der Buddhismus. Ashoka schickte, um die Lehre zu verbreiten, Missionare durch das ganze Land und bis nach Sri Lanka, wo sein eigener Sohn, der Prinz Mahinda, in Begleitung von vierzig Mönchen an Land ging. Die Tochter Ashokas, Prinzessin Sanghamitta, hatte einen Zweig des heiligen Feigenbaumes mitgebracht, den der bekehrte singhalesische König Devanampiya Tissa im Zentrum seiner Hauptstadt Anuradhapura einpflanzen ließ. Augenblicklich wurde der Zweig zu einem ausgewachsenen Baum, und Tissa prophezeite, er werde ewig blühen und stets grün sein. Der heilige Feigenbaum von Anuradhapura, der noch lebt, wäre also 2300 Jahre alt.

Der Baum von Bodh-Gaya wurde gegen Ende des 6. Jahrhunderts von Casanka, einem bengalischen König, der den Buddhismus verfolgte, zerstört. Aber trotz aller Vorkehrungen seines Feindes, der Feuer an ihn legte und seine Wurzeln mit Zuckerrohrsaft übergoß, wuchs der heilige Feigenbaum wieder aufs schönste nach. Fünfzig Jahre später konnte der chinesische Pilger Hiuan-tsang[61] bereits wieder einen 40 bis 50 Fuß hohen Stamm verehren. 1811 fand ihn der reisende Botaniker aus England, Buchanan-Hamilton, in voller Entfaltung. Aber 1867 stellte General Cunningham fest, daß er hinfällig wurde, und 1876 wurde der Baum durch einen Gewittersturm entwurzelt. Doch neue Triebe drängten sich bereits, ihn zu ersetzen, und da der Boden jetzt mehrere Meter höher lag, wurde wieder ein Schößling beim «Diamant-Thron» eingesetzt. Man kann sie heute sehen; im Lauf eines Jahrhunderts sind sie schon zu majestätischer Größe herangewachsen. Niemals gänzlich zerstört, wird der Feigenbaum von Bodh-Gaya also seit 2500 Jahren verehrt. Das Überleben des Baumes Bo ist für die frommen Buddhisten von höchster Bedeutung, denn sie glauben, daß das Schicksal ihrer Lehre mit seinem Wohlergehen verknüpft ist. Der Tod des Baumes wäre für sie ein Vorzeichen großen Unheils; auch ihre Gegner waren davon überzeugt, wie man aus König Casankas Versuch, ihn zu vernichten, ersehen kann.

Die Gleichsetzung des kosmischen Baumes mit der Erleuchtung erklärt nachträglich, daß alle großen Augenblicke in Shakyamunis Leben, alle diejenigen, die schon vor seiner Geburt verkündeten, daß er aufgrund seines *Karma* dazu bestimmt sei, zur endgültigen Befreiung zu gelangen, im Schatten eines Baumes, und zwar jeweils ganz bestimmter Bäume, stattfanden – was kein Zufall sein kann. Seine abendländischen Biographen haben aber diese Besonderheit stets vernachlässigt; sie hielten sie für «mythisch», glaubten sie der allzu reichen Phantasie ihrer fernen orientalischen Vorgänger entsprungen, doch hätte es genügt, die heiligen Texte darauf hin zu lesen, was sie uns über die verschiedenen heiligen Bäume Indiens zu sagen haben, und herauszufinden, was die Botanik über ihre Eigenschaften lehrt, um ihre – tatsächlich mythische – Bedeutung zu verstehen.

Als ihre Schmerzen Maya anzeigen, daß die Niederkunft bevorsteht, offenbart sich die beruhigende und symbolische Anwesenheit der Pflanzen. Die Königin begibt sich also in den in einiger Entfernung von der Hauptstadt Kapilavastu gelegenen Garten von Lumbini, denn sie muß den künftigen Buddha in einem heiligen Wald gebären. Und hier bringt sie, stehend, mit einer Hand sich an einem Ast des Baumes Ashoka haltend, ihren Sohn zur Welt.

Jonesia asoka oder *Saraca indica*, ein Baum mit hängenden, dunkelgrünen Blättern und sehr ausladender, domförmiger Krone, wird nicht höher als zehn Meter und trägt Blüten, die zu den schönsten Indiens gehören. Sehr groß, von lebhaftem Orange, verbreiten sie im März und April besonders nachts einen lieblichen, aber eindringlichen Duft. *Anganapriya,* «den Frauen lieb» genannt, ist der Ashoka auch seinerseits für deren Reize empfänglich, denn es genügt die Berührung des Fußes einer schönen Frau, um ihn blühen zu machen. Er steht in der Tat für Kama, den Gott der Begierde, der Ursache und Beweggrund für jede Inkarnation ist, aber sein Name bedeutet auch, wenigstens der Volksetymologie zufolge, «der Schmerzlose» und sogar «Vertilger des Schmerzes», was offensichtlich auch für den Buddha zutrifft, dessen Erscheinung auf Erden vom Baum überdacht wurde. Nach dem *Lalita Vistara*[62] blühte, als der Buddha das Licht der Welt erblickte, auch der *Udumbara.* Dieser Baum ist, wie Ashvattha, ein *Ficus (ficus glomerata),* und ihm werden im Sanskrit die Eigenschaften *pavitraka*, «reinigend», und *yagniya*, «opferwürdig», zugeschrieben.

Was den Baum der Erleuchtung angeht, so soll er gleichzeitig mit dem kleinen Siddharta auf der Erde erschienen sein. In seiner Geburtsstunde waren rund um Kapilavastu herrliche Wälder gewachsen und mitten unter ihnen der Wunderschaft des Ashvattha, der die Mitte der Welt bezeichnete. Nach dem *Majjhima-Nikaya*[63] setzte der neugeborene Bodhisattva seine Füße auf den Boden, tat sieben Schritte. Er schaute in alle Richtungen um sich und sagte mit der Stimme eines Stieres: «Ich bin der Höchste auf der Welt… das ist meine letzte Geburt, in Zukunft wird es keine neue Existenz mehr für mich geben.» Wie Mircea Eliade[64] bemerkt, entsprechen die sieben Schritte, die den künftigen Buddha «zum Gipfel der Welt» tragen, den sieben oder neun zeremoniellen Einschnitten in der Birke, dank denen der Schamane den Himmel erreicht. Der Bodhisattva beginnt seinen Weg im Zentrum des Universums, wo Ashvattha wächst, erreicht dessen Wipfel und wird «gleichzeitig mit dem Beginn der Welt».

Wir haben weiter oben den «Rosenapfelbaum» erwähnt, der so genannt wird, weil seine Frucht, ein kleiner gelblicher Apfel, zuerst fade erscheint, dann aber im Mund einen exquisiten Rosengeschmack entfaltet. In seinem Schatten empfand Siddharta als Kind die Wonnen einer ersten, frühen Erleuchtung. Dieser Baum, der indische *G'ambu* (*Eugenia jambolana* Lamk.) ist einer der wichtigsten kosmogonischen Bäume der Hindus. Im legendären Wald des Himalaya soll er riesengroß sein; vier mächtige Flüsse, diejenigen, die den südlich des Himalaya gelegenen Teil Asiens bewässern, entspringen an seinem Fuß. Es ist also der Baum des Paradieses, und seine Frucht verleiht Unsterblichkeit. «Er trägt während des ganzen *kalpa* der Erneuerung eine unsterbliche Frucht, die wie Gold aussieht... diese Frucht fällt in die Flüsse, und ihre Kerne bringen Goldkörner hervor, die ins Meer getragen werden und die man manchmal am Strand findet. Dieses Gold hat einen unermeßlichen Wert; es gibt nichts Gleichwertiges auf der Welt.»[65]

Als der Buddha nach der Erleuchtung unter dem Bodhi-Baum den «diamantenen Thron» verlassen hatte, öffnete sich vor ihm eine herrliche, von den Göttern angelegte Allee, und er setzte sich unter den Baum *Vata*, um die Huldigungen entgegenzunehmen, die sie demjenigen darbringen wollten, der sich selber hatte befreien können. Brahma, der Schöpfer und Vater der Götter und Menschen, stieg vom Himmel herab und flehte den neuen Buddha dreimal an, er möge seine Entdeckung nicht für sich behalten, sondern sie der leidenden Menschheit enthüllen. Der *Vata* oder *Nyagrodha* ist der berühmte *Banyan*-Feigenbaum, der seinen Namen – *banyan* bedeutet «Händler» – der Tatsache verdankt, daß die kleinen Dorfmärkte im Schatten seines Laubs abgehalten werden. *Ficus benghalensis* ist der größte dieser Art, zwar nicht an Höhe – er wird kaum höher als 30 m –, aber an Umfang (er kann einen Radius von bis zu 600 m bedecken); bei ihm ist noch stärker als beim heiligen Feigenbaum die Bildung von aus den Ästen hervorwachsenden Luftwurzeln ausgeprägt, aus denen eine Unmenge sekundärer Stämme entstehen, die den ursprünglichen Stamm umgeben und alle mit ihm verbunden sind.

In der Buddha-Legende spielen *Ficus religiosa* und *Ficus benghalensis*, beides kosmische Bäume, unterschiedliche Rollen. Mit dem ersteren identifiziert sich Shakyamuni; er ist der Baum des Schicksals, des *Karma* – aber man kann es durch ihn auch meistern, sich endgültig davon lösen –, während der Banyan-Feigenbaum als Sinnbild üppiger Fülle und des unendlich wuchernden Lebens die irdische Wohnstatt der Schöpfergötter ist. Durch sich selbst von sich selbst befreit, untersteht der Buddha ihrer Macht nicht mehr, und sie schulden ihm nun Ehrerbietung.

Man sagt, daß der Buddha später, während der Bedenkzeit, die er sich gestattete, ehe er die ihm von den Göttern angetragene Mission auf sich nahm – sie dauerte neunundvierzig, das heißt sieben mal sieben Tage: die Zahl des Ashvattha –, am Fuß des Baumes *Tarayana* meditierte, am «Weg des Heils», der in den Schriften auch «Baum des Übergangs» genannt wird. Mit anderen Worten: Er symbolisiert die Lehre, die zu verbreiten der Buddha sich anschickt, seine Berufung, die darin besteht, den Menschen zu helfen, den Fluß zu überqueren und zum «anderen Ufer» zu gelangen. Er wird sich selber als Fährmann und sogar als das Floß bezeichnen, das es ermöglicht, den Fuß wieder auf festen Boden zu setzen.

Als er schließlich fühlt, wie seine Kräfte ihn verlassen und der Tod naht – für ihn die absolute Befreiung und Erlösung, das *Parinirvana* –, den er nur hinausgezögert hat, um seine irdische Mission zu erfüllen, rafft sich Shakyamuni noch einmal auf und sagt zum treuen Jünger, der ihn begleitet: «Gehen wir doch, Ananda, zum anderen Ufer des Flusses Hiranyavati in Kushinagara[66], in den Wald aus *Salabäumen*.» In einem heiligen Wald hat sich der Buddha inkarniert, und in einem heiligen Wald soll er seinen Körper verlassen. Dort angekommen, überkommt den Buddha wieder die Müdigkeit, und er trägt seinem Jünger auf: «Bereite mir ein Lager mit dem Kopf nach Norden, zwischen diesen beiden Salas», und er kündigt ihm an: «Heute, in der Mitte der Nacht, werde ich vollständig erlöschen.» Unter diesen Zwillingsbäumen, «deren Laubkronen gleichzeitig seinen Kopf und seine Füße beschatten»[67], verläßt der Buddha diese Welt. Gleich wie der Buddha trotz der entrüsteten Einwände Anandas diesen einfachen Ort gewählt hat, um zu sterben, und nur ein einziger seiner zahlreichen Jünger bei ihm wacht, so gehören auch die Bäume, die ihn dabei beschatteten, einer Art an, *Shorea* oder *Vatica robusta,* die keinerlei «rituelle oder legendäre Rolle in der Religion des alten Indien» spielt. «So», bemerkt A. Bareau, «erlosch Buddha in einem unbedeutenden Städtchen zwischen zwei gewöhnlichen Bäumen. Die Bedeutungslosigkeit dieser Einzelheiten… verstärkt den Eindruck der Wahrscheinlichkeit.» Aber für die Buddhisten hat diese Unscheinbarkeit einen tieferen Sinn.

In dem Augenblick, da der Buddha in tiefer Meditation das letzte Stadium, das *Parinirvana,* erreichte, fingen die beiden Sala-Bäume außerhalb der Jahreszeit plötzlich zu blühen an, und sie ließen ihre Blüten auf den leblosen Körper fallen, wo sie sich mit denen vermengten, die die Götter wie einen Regen vom Himmel fallen ließen.

Ashvattha, der kopfstehende Baum

Auf der Erdenreise des Buddha grüßten wir im Vorbeigehen die wichtigsten der Bäume, denen die Inder heute noch Verehrung entgegenbringen. Der erste unter ihnen ist immer noch der Pipal *(Ficus religiosa),* der je nach Ort verschiedenen Gottheiten zugeordnet ist: Krishna, dem Avatar Vishnus, Ganesha oder Ganapati, dem Sohn Shivas, des Fruchtbarkeits-, aber auch Weisheits- und Gelehrtengottes mit Elefantenkopf, oder sogar Hanuman, dem Affengott, Freund und Diener Ramas, eines weiteren Avatars Vishnus. Am Fuß dieser Bäume ist jeweils ein

kleiner Altar errichtet, auf dem die Statue des Gottes steht; dort werden Opfergaben aus Blumen und Früchten abgelegt, entweder von den Priestern oder, häufiger, von den Frauen des Dorfes, die den *kalpavriksha,* den «Baum der Gunst»,
ehren. An bestimmten Orten, zum Beispiel in Prabhapatta im Gujarat, wo
Krishna seinen Körper verlassen haben und zum Himmel aufgefahren sein soll,
ist der Pipal (wie der Bodhi-Baum) von einer mit Skulpturen geschmückten Ba-
lustrade umgeben. Jeder heilige Ort in Indien hat einen kosmischen Baum, einen
Stein – eine Verkleinerung des heiligen Bergs und Zentrum des Universums –
und Wasser, möglichst eine Quelle. Der *Ficus religiosa* scheint dank seiner seltsamen und spektakulären Fähigkeit, sich ständig zu regenerieren und damit ein
Sinnbild der ununterbrochenen Erneuerung der Welt darzustellen, von der Natur für seine Rolle prädestiniert zu sein.

Ashvattha, der Weltenbaum der indischen Mythologie, war lange vor der Ankunft Buddhas der bedeutendste Baum des Aufstiegs. Er war es möglicherweise
schon zur Zeit der vorarischen Indus-Kultur, der ersten bekannten Zivilisation
Indiens, die Anfang des 20. Jahrhunderts von den Archäologen wiederentdeckt
wurde. Man hat an den Ausgrabungsstätten neben Darstellungen des heiligen
Baumes die Figur einer gehörnten Gottheit gefunden, die ein Prototyp Shivas
sein soll und in einer Meditationshaltung dasitzt, die der des historischen
Buddha genau gleicht, doch mindestens etwa zweitausend Jahre älter ist.

Im brahmanischen Indien hatte das Opfer nur einen festen Ruhepunkt, nur
einen Platz: die himmlische Welt.[68] Beim Ritus wurde deshalb ein Opferpfahl
verwendet, der aus einem mit dem Ashvattha gleichgesetzten Baum gefertigt
wurde, den der Priester sorgfältig im Wald ausgewählt und mit den Worten geweiht hatte: «Mit deinem Wipfel trägst du den Himmel, deine Mitte füllt die
Luft, mit deinem Fuß festigst du die Erde.»[69] Der Opferer, oft von seiner Frau
begleitet, kletterte mittels einer Leiter auf den Pfahl, und oben angekommen,
verkündete er, wie der Schamane, wie der Buddha bei seiner Geburt: «Ich habe
den Himmel erreicht, die Götter; ich bin unsterblich geworden!»[70] Das Erklet-
tern eines Baumes «wird in den brahmanischen Texten zu einem ziemlich häufi-
gen Bild für die geistige Auffahrt.»[71]

Am häufigsten wird Ashvattha jedoch umgekehrt dargestellt; seine Wurzeln
ragen in den Zenit, und mit seinen Zweigen bedeckt er die ganze Erde. Schon im
Rig-Veda wird von ihm gesagt: «Nach unten richten sich seine Zweige, oben be-
findet sich seine Wurzel, von oben senken sich seine Strahlen auf uns.»[72] Die *Ka-
tha-Upanishad* erklärt: «Wurzeln nach oben, Laub nach unten, das ist der ewige
Feigenbaum. Er ist der Reine, das Brahman. Er, den man den Nicht-Tod nennt.
Alle Welten ruhen auf ihm.»[73] Und die *Maitri-Upanishad* präzisiert: «Seine
Zweige sind der Äther, die Luft, das Feuer, das Wasser, die Erde...»[74], das heißt,

die fünf Elemente, die das Brahman darstellen, «dessen Name Ashvattha ist». Erinnern wir uns daran, daß das Wort «Brahman» ursprünglich das Opfergebet meinte und, da es allmächtig ist und die Ordnung der Welt aufrechterhält, später zur Bezeichnung der kosmischen Energie selbst wurde, der Ganzheit, der Allmöglichkeit selbst, aus der alles stammt, die all das enthält, was alles widerspiegelt.[75]

Folglich ist es Ashvattha, an den sich der Asket, der Entsagende, halten muß, wenn er seinen Status als inkarnierter Mensch überwinden und sich endgültig aus dem Zyklus von Geburten und Toden lösen will, den er als Gefängnis empfindet. So wird auch in der Bhagavad-Gita erklärt: «Nachdem man diesen stark verwurzelten Ashvattha (Pipal-Baum) mit dem mächtigen Schwerte der Nicht-Anhänglichkeit gefällt hat, soll man darnach jenen Pfad aufsuchen, von welchem nimmer zurückkehrt, wer ihn erreicht hat...»[76] Ein Kommentar fügt hinzu: «Er entspringt dem Nicht-Manifesten und kommt aus ihm hervor wie aus einem einzigen Boden, sein Stamm ist *buddhi* (die unterscheidende Intelligenz), seine inneren Höhlungen sind Kanäle für die Sinne, seine Äste die Elemente, seine Blätter und Blüten das Gute und das Böse, seine Früchte die Freude und das Leiden. Dieser ewige Brahman-Baum ist Lebensquelle aller Wesen... Wenn er den Baum mit der Waffe der metaphysischen Erkenntnis zerschneidet und zerbricht und sich auf diese Weise mit dem Geist vereint, kehrt (der Entsagende) nicht mehr (in diese Welt) zurück.»[77] Mit anderen Worten, durch den Baum und in sich selbst klettert der Meditierende wieder zu seinen himmlischen Wurzeln, und nur so kann er entfliehen.

Der Baum Ashvattha stellt, nach M. Eliade, in aller Klarheit die Offenbarung des Brahman dar und zeigt ihre Verwirklichung im Kosmos, das heißt die Schöpfung als einen abwärts gerichteten Prozeß[78]; wir sehen hier den Fluß, der von oben nach unten strömt und reine Energie in Materie verwandelt, eine Strömung, die der Entsagende im umgekehrten Sinn emporsteigt, wenn er, durch seine Geburt materialisiert, zu seinem Ursprung, der nicht-manifestierten Energie, gelangen will. Der kopfstehende Baum ist also das Symbol der zyklischen Wechselbeziehung[79], die die Schöpfung als einen Niedergang und die Erlösung als einen Wiederaufstieg erscheinen läßt. Im Christentum entspricht dem Sturz Adams in den Schoß der Materie die Erhöhung Christi am Kreuz, das dramatische Vorspiel seiner Himmelfahrt.

Der Baum, dessen Wurzeln in der Höhe und dessen Krone in der Tiefe sind, ist Bestandteil eines universellen Symbolismus. Man findet ihn bei den Lappen und bei den Aborigines[80] Australiens, in der islamischen Tradition, bei Dante[81] wie bei Plato[82], vor allem aber im Plan der Schöpfung, wie ihn die jüdischen Esoteriker sehen.

Der Baum der Sefiroth

Die hebräische Kabbala strebt nichts Geringeres an, als dem Initiierten das Geheimnis der Schöpfung zu enthüllen; diese Enthüllung ist jedoch nicht für jedermann zugänglich und nur unter bestimmten Bedingungen möglich. Die Kabbala bedient sich zur Darstellung ihres esoterischen Systems der physisch-mystischen Welterkenntnis einer Art schematischen Bildes, das «Baum des Lebens» genannt wird und auf dem der Baum wie Ashvattha kopfsteht, da die göttliche Schöpfung nur ein absteigender Prozeß sein kann. Im Buch *Bahir (Sefer ha-bahir)*, dem ältesten bekannten kabbalistischen Text, der um 1180 in Südfrankreich niedergeschrieben wurde, heißt es, daß alle göttlichen Mächte wie der Baum eine Reihe konzentrischer Ringe bilden, und im *Sefer ha-Zohar* (dem «Buch des Glanzes»), dem wichtigsten kabbalistischen Werk, das im 13. Jahrhundert verfaßt wurde und dem spanischen Juden Mose ben Schem Tob de León zugeschrieben ist, kann man lesen: «Ja, der Lebensbaum erstreckt sich von oben nach unten, er ist die Sonne, die alles erleuchtet.»[83]

Nach einem zeitgenössischen Kabbalisten, Z'ev ben Shimon Halevi, ist der Lebensbaum ein Analogon des Absoluten, des Weltalls und des Menschen, ein Abbild der Schöpfung, ein objektives Diagramm der Prinzipien, die das gesamte Universum beherrschen; er stellt das Herabsteigen der göttlichen Energien in diese niedere Welt und ihren Wiederaufstieg dar. Dieser Baum enthält als ein Bild der Menschheit und eine Darstellung des Menschenwesens als Individuum die Gesamtheit der kosmischen Gesetze und ihrer Wechselwirkungen. Der Mensch ist ein verkleinerter Schnittpunkt kosmischer Kräfte, vollkommen, aber nicht verwirklicht, weniger entwickelt als die Engel; ihm steht es zu, den Weg des inneren Aufstiegs zu wählen und auf diese Weise die höchste Frucht zu pflücken.[84] Mit anderen Worten: Die göttliche Energie steigt von den Wurzeln des kopfstehenden Baumes in die Zweige hinunter, und die Energie, die im Menschen ruht, soll sich zu ihrer Quelle erheben, um sich im Herzen ihres Schöpfers zu entfalten.

Ganz zuoberst auf dem Baum, also an seiner Wurzel – unsichtbar für den «nicht verwirklichten» Menschen, dessen geistige Augen noch nicht geöffnet sind, und außerhalb jeder Erkenntnismöglichkeit –, befindet sich *Kether,* die Krone, im Zentrum dreier konzentrischer Kreise, die sie umgeben und von außen nach innen, von der Ausbreitung zur Konzentration gehen: *Ain,* die absolute Leere, *Ain Soph,* ihre erste Qualifikation und relative Bestimmung, das Unendliche, und *Ain Soph Aur,* das unbegrenzte Licht, das sich in Kether konzentriert, dem Lichtpunkt, der Quelle der Offenbarung, dem «verborgenen Korn», der «Wurzel der Wurzeln», über die der *Sohar* schreibt: «Als das große, verborgene

Wesen sich offenbaren wollte, setzte es zuerst einen einzigen Punkt: Das Unendliche war unbekannt und verbreitete keinerlei Licht, ehe dieser Lichtpunkt in unser Gesichtsfeld drang. Jenseits von diesem Punkt ist nichts Wißbares, auch nennt man ihn *reshith*, den Anfang, das erste der schöpferischen Worte, durch die die Welt gezeugt wurde.»

Von *Kether* gehen neun weitere Emanationen des Göttlichen aus, die Sefiroth oder Sphären Gottes. Sie werden als leuchtende Punkte vorgestellt, die miteinander durch den funkelnden Blitz verbunden sind, der von *Kether* herabkommt. Die Sefiroth stellen die Attribute, Kräfte und Möglichkeiten des Göttlichen dar, die sich manifestieren, indem sie aus der reinen Ur-Energie hervortreten und Stufe um Stufe in die Materie, die Inkarnation, hinabsteigen. Der Baum wird aus drei senkrechten Säulen gebildet: Der rechte Pfeiler trägt zuoberst *Chockmah*, die Weisheit, die direkt aus *Kether* kommt und die auch *Abba* ist, der kosmische Vater oder das männliche Prinzip; der linke Pfeiler, den der «funkelnde Blitz», von *Chockmah* her kommend, als nächsten berührt, wird von *Binah*, dem Begriffsvermögen, beherrscht, das auch *Aïma* ist, die Große Mutter. *Chockmah* und *Binah*, das Männliche und das Weibliche, stellen die erste Teilung, die erste Dualität des Prinzips dar, das also seinem Wesen nach androgyn ist, während der von *Kether* gekrönte Mittelpfeiler den Ort der Synthese bildet und in *Malkuth* endet, dem aus *Jesod*, dem Fundament, hervorgegangenen Königreich. *Malkuth* ist die umgekehrte Krone des Baumes, *Kether* seine Wurzel – die verwirklichte und materialisierte Offenbarung, und insofern der Baum ein Symbol für den Menschen ist, versinnbildlicht er dessen Körper.

Interpretiert man die Struktur der Sefiroth horizontal, so findet man wieder die Darstellung der drei Welten, die der Baum miteinander verbindet: Gott, das Universum und den Menschen, und es wird gezeigt, daß diese drei Bereiche innerlich gleich funktionieren. Der Mensch und das Universum widerspiegeln einander, und beide widerspiegeln das Unendliche, das für sie, weil sie im Reich des Endlichen leben, unerkennbar ist, aus dem sie aber hervorgegangen sind und das sie beide umfängt.

Ein anderes, diesmal exoterisches Symbol des Judentums ist der siebenarmige Leuchter, die *Menorah*, deren Konstruktionsplan Moses von Gott selbst erhalten hat[85] und die zu einem der wichtigsten heiligen Gegenstände des Tabernakels wurde. Die Form der *Menorah* ist die gleiche wie die des mesopotamischen Lebensbaumes; die sieben Arme entsprechen den damals bekannten sieben Planeten. Die sieben Lichter sind die «sieben Augen des Herrn», wie sie dem Propheten Zacharias[86] erschienen; sie erhellten den goldenen Leuchter, der zwischen zwei Olivenbäumen stand, aus deren Früchten das Öl für die Lampen stammte.

Drittes Kapitel

Die weissagende Eiche

Die Kultstätte von Dodona – Vom Zeus Naios zum kretischen Zeus –
Heilige Eichen in Griechenland und in Italien – Der Eichenkult in Europa –
Die Mistel der Druiden und der Gott Baldur

Die Kultstätte von Dodona

Im Epirus, einer von den großen Städten weit enfernten Gegend im Nordosten Griechenlands, die in der Antike Thesprotien hieß, befand sich das älteste griechische Orakel, die heilige Eiche von Dodona. Die Landschaft sah – und sieht heute noch – wild und dramatisch aus. Der Zeustempel, der im 4./5. Jahrhundert zur christlichen Kirche und zum Bischofssitz wurde, erhob sich am Fuß des Berges Tamaros, an dessen Abhängen noch immer sehr alte Eichen wachsen. Der Ort war wegen seiner heftigen Gewitter und wegen der dort herrschenden Kälte bekannt. Homer spricht vom «frostigen Hain Dodonas»[1].

Sehr bekannt seit Homers Zeiten, verlor das Orakel im 6. und 5. Jahrhundert sein Ansehen, als dasjenige von Delphi dominierte, aber am Fuß des Parnaß bezeichnete sich Apollo selbst als «Prophet» seines Vaters und bestätigte so die Priorität und den höheren Rang von Dodona. Die in den Hintergrund geratene, aber ununterbrochen weitergeführte Tätigkeit des Orakels erlebte in der makedonischen Zeit einen neuen Aufschwung, und der 220 v.Chr. zerstörte Tempel wurde bald darauf wieder neu aufgebaut. Aber die Tatsache, daß Dodona zeitweilig keine bedeutende Rolle spielte, hat zur Folge, daß wir wenig schriftliche Aufzeichnungen darüber besitzen. Nur Sophokles[2] und Platon[3] erwähnen es. Herodot[4] spricht ausführlicher davon, aber wir wissen nur dank Pausanias (2. Jahrhundert n.Chr.), wie das Orakel funktionierte, weil er einen seither längst verschollenen Text von Polemon dem Periegeten (2. Jahrhundert v.Chr.) zitiert.

«In Dodona stand eine dem Zeus geweihte Eiche, und darin war ein Orakel, dessen Prophetinnen Frauen waren. Die Ratsuchenden näherten sich der Eiche; der Baum regte sich einen Augenblick, worauf die Frauen sprachen und sagten: ‹Zeus verkündet dies und jenes.›»[5]

Diese Priesterinnen nannten sich Peleiaden oder Peristeren, das heißt «Tauben». Es waren drei, berichtet Herodot: Die älteste hieß Promeneia, «vordere Seele», die zweite Timarite, «verehrte Tugend», die jüngste Nikandra, «Besiegerin der Menschen». Nach welchem Verfahren deuteten die Peleiaden die Geräusche der sich bewegenden Blätter? Nach Platon weissagten die Prophetinnen von Dodona wie die Pythia von Delphi, das heißt, sie empfingen die Botschaft des Gottes in Ekstase.

Die Dendromantie ist nicht die einzige Möglichkeit der Wahrsagung. *Selloi* genannte Propheten, «Diener des niemals schweigenden Beckens», übersetzten nach Kallimachos die Klänge, die verschiedene Bronzekessel erzeugten, wenn sie im Wind gegeneinander schlugen. Da sie in einer Reihe nebeneinander aufgehängt waren, widerhallten die Töne immer wieder.

Es ist festzuhalten, daß das bewegende Prinzip in beiden Fällen das Gleiche war. Der Wind versetzte die Blätter und die Kessel in Bewegung. Was die Töne der letzteren angeht, so erinnerten sie offenbar an das Geräusch des Donners. Wir wissen, daß der Donner als die größte Weissagung galt, er annullierte oder bestätigte alle andern, denn er kam von Zeus, dem Gott des Gewitters, dem Träger des Blitzes. Das Wort «Zeus» stammt aus einer indoeuropäischen Wurzel, die «glänzen» bedeutet und den Blitz bezeichnet. Die Selloi sind seine Diener.

Aus dem Mund der Priesterinnen von Dodona will Herodot vom Ursprung des Orakels erfahren haben: «Zwei schwarze Tauben seien einst im ägyptischen Theben aufgeflogen, und die eine sei nach Libyen, die andere zu ihnen nach Dodone geflogen; sie habe sich auf einer Eiche niedergelassen und wie ein Mensch gesprochen: an diesem Orte solle man ein Orakel des Zeus gründen. Darin hätten die Bewohner von Dodone ein göttliches Geheiß erkannt und hätten danach gehandelt. Die andere Taube, die nach Libyen geflogen sei, habe dort geheißen, ein Orakel des Ammon zu gründen. Das ist ebenfalls ein Orakel des Zeus. So haben mir die Priesterinnen in Dodone berichtet...»[6] Zum selben Thema hatte Herodot zuvor die ägyptischen Priester befragt, genauer: über den «Zeus in Theben», nämlich Ammon. Ihnen zufolge handelte es sich nicht um zwei Tauben, sondern um zwei «priesterliche Frauen», die von Phöniziern entführt und verkauft wurden, die eine nach Libyen, die andere nach Hellas. «Und diese Frauen haben die ersten Orakelstätten in den genannten Ländern gegründet»; diese Aussage bestätigt die absolute Führungsrolle Ägyptens auf diesem Gebiet wie überhaupt im ganzen religiösen Bereich – wovon auch Herodot überzeugt ist.

Diesen Berichten fügt der kritische und durchaus rationale Autor seine «eigene Meinung» hinzu. Für ihn waren die zwei Tauben wirklich zwei Frauen, und die eine von ihnen ist «nach Thesprotien in Hellas – damals hieß Hellas noch Pelasgien – gekommen. Hier in der Gefangenschaft hat sie dann unter einer wirklichen Eiche einen Tempel des Zeus gegründet, denn natürlich behielt sie Zeus, zu dessen Tempel in Theben sie gehört hatte, auch in dem fremden Lande im Gedächtnis. Als sie dann die Sprache der Hellenen gelernt hatte, richtete sie ein Orakel ein...»

Was die Bezeichnung «Tauben» angeht, die die Prophetinnen in Dodona tragen, so glaubt der Skeptiker Herodot, die Dodoner hätten ihnen diese gegeben, «weil sie fremd waren und man ihre Sprache der Vogelsprache ähnlich fand. Wenn die Taube nachher wie ein Mensch gesprochen haben soll, so heißt das, daß sie die Frau jetzt verstanden. Solange sie ihre fremde Sprache sprach, kam es ihnen wie Vogelgezwitscher vor; denn wie soll eine Taube wie ein Mensch sprechen!»[7] Aber Herodot scheint zu vergessen, daß die Peleiaden die Pleiaden sind, die sieben Nymphen, Töchter des Atlas und der Plejone, die von den Göttern geliebt wurden, drei von ihnen vor allem von Zeus: Maia, die Urmutter und Göttin des Bergs Kyllene; Taygete, deren Name etymologisch nicht gedeutet ist, aber einem anderen Berg gegeben wurde, und Elektra, die wie das Feuer leuchtet. Auch die Peleiaden, die Zeus in Dodona dienen, sind zu dritt. Erinnern wir uns daran, daß die sieben Nymphen, die vom Jäger Orion auf den böotischen Bergen verfolgt wurden, ihm nur dank der Intervention des Zeus, den sie angerufen hatten, entgingen. Sie wurden zuerst in Tauben verwandelt und dann als Sternbild an den Himmel versetzt, wo sie Mitte Mai erschienen und das Ende des Regens und die Ankunft des Sommers verkündeten, vielleicht auch die Entfaltung der Eichenblätter, die bekanntlich spät erfolgt.[8]

Ihre Schwestern, die Hyaden – auch sie Töchter des Atlas und der Plejone oder Äthra –, waren dagegen Regennymphen; Hyaden bedeutet «die Regnerischen». Die Hyaden standen in noch direkterer Verbindung zu Dodona. Sie sollen dort sogar das Kind Zeus großgezogen haben[9], der sie zum Dank für ihre Dienste ebenfalls in ein Sternbild verwandelte, das im Stier liegt. Wenn sie am Himmel erschienen, fing die Zeit des Regens an. Plejaden und Hyaden ergänzen sich also wechselseitig. Man könnte sagen, die Hyaden stellen den befruchtenden Regen dar, der den heiligen Baum nährt, den im Sommer, wenn er sein reiches Laub trägt und Taubennester beherbergt, die Pelejaden bewohnen.

Was immer die Bedeutung – auf die wir noch zurückkommen werden – dieser Überlieferungen und Mythen sein mag, sie weisen jedenfalls auf das sehr hohe Alter hin, das die Griechen der Stätte von Dodona zuschrieben. Für sie ging das Orakel auf die Pelasger zurück, die ursprünglichen Bewohner des Landes, denen die in Griechenland einfallenden Hellenen begegneten. Zweifellos waren auch die Pelasger nicht die ersten Siedler; sie hatten sich selbst mit den Ureinwohnern vermischt. Das Orakel an diesem Ort gab es wahrscheinlich schon vor ihrer Zeit. Für die Griechen war es so alt, daß es Herakles das Ende seiner Arbeiten und damit den Tod prophezeite.[10] Dionysos soll nach Dodona gereist und dort von seiner Krankheit geheilt worden sein. Schließlich hatte Jason, als er das Schiff *Argo* baute, in dessen Seitenwand ein Stück Holz eingefügt, das von der heiligen Eiche des Orakels stammte.

Geht man der Sache noch ein wenig weiter nach, so findet man, daß die Selloi oder Helloi aus der lokalen Bevölkerung stammten und der Gegend ihren Namen Ellopia gaben; für Aristoteles war dies die älteste Region von Hellas. Tatsächlich war lange vor den Dorern eine erste Welle von Hellenen bis in die Gegend von Dodona vorgedrungen. Sie waren es auch, die in dieser sehr alten Kultstätte die bronzenen Kessel einführten, die aneinander anstießen und so das Geräusch des Donners, also die Stimme ihres Gottes, nachahmten.

Diese Wahrsagekunst wird übrigens weder von Homer noch von Hesiod und nicht einmal von Sophokles erwähnt. Da sie nicht direkt mit der Eiche zusammenhängt, ist sie als Zusatz und Nachtrag zu betrachten, denn das wahre Orakel war das von der Eiche selbst verkündete und von den Peleiaden gedeutete.

Das deutet zumindest Herodot an, der sie aus Ägypten stammen läßt, für ihn ist dieses Land der Ursprungsort aller Kulte und auf jeden Fall aller Orakel.[11] Er schreibt, daß in Tat und Wahrheit Griechenland fast alle Namen seiner Gottheiten von Ägypten übernommen habe, und präzisiert: «Die Pelasger haben in früheren Zeiten... alle ihre Opfer unter dem Gebet an die Götter im allgemeinen verrichtet, ohne den einzelnen Gott namentlich anzurufen; denn sie kannten eben die Götternamen noch nicht.» Ob diese Behauptung Herodots genau den Fakten entspricht oder nicht, ist hier nicht wichtig; was wir festhalten sollten, ist die Tatsache, daß in Dodona die Götter namenlos waren.

Nun wissen wir aus anderen Quellen, daß man den dodonischen Gott «Zeus Naios» nannte, doch *naios* scheint sich vom Verb *naio*, «wohnen, einen Tempel bauen» abzuleiten. Zeus Naios könnte also gut die Gottheit sein, der die Hellenen einen Tempel weihten – an einer Stelle, wo es keinen gab, da es sich einfach um einen heiligen Wald handelte. Was den alten Gott angeht, den einheimischen, so hatte er wohl keinen Namen, weil, wie Herodot sagt, er nie einen besaß oder, was wahrscheinlicher ist, weil der Name vergessen oder noch eher vor den eindringenden Feinden geheimgehalten wurde.

Die Peleiaden ihrerseits waren nicht Priesterinnen des Zeus, sondern der Dione, der Göttin, mit der sich Zeus in Dodona vermählt hatte. «Dione» könnte für Herodot von *dios,* dem Genitiv von Zeus, kommen; er hatte keinen Zweifel daran, daß der Name «die des Zeus» bedeutete. Demnach hatte die Göttin der Peleiaden ebensowenig einen Namen wie der Zeus von Dodona. Vielleicht auch nicht Dodona, das sehr wohl eine Verdoppelung von «Dione» sein könnte; beide Wörter schreiben sich mit Omega.

Dennoch hat Dione bei den Griechen eine mythologische Identität, wenngleich keine sehr scharf umrissene, da es sich um eine archaische Göttin handelt.

Sie wird nur von den ältesten Autoren erwähnt, die sie als vorhellenisch bezeichnen. Archaisch ist sie auch im Hinblick auf den Platz, den sie in den Kosmogonien einnimmt; dort erscheint sie ganz am Anfang der Entstehung der Welt. Im pelasgischen Mythos, soweit man ihn rekonstruieren zu können glaubt[12], ist Dione eine Titanide, die zusammen mit dem Titan Kreios über den Planeten Mars herrscht. In den späteren hellenischen Kosmogonien, zum Beispiel in der *Theogonie* Hesiods, ist Dione die Tochter des Okeanos und der Thetys, letztere wiederum ist eine Tochter des Uranos und der Gala, der Mutter der Flüsse und dreitausend Wassernymphen. Im orphischen Mythos, über den Platon[13] berichtet, sind Okeanos und Thetys sogar das Ur-Paar, aus dem die Götter und alle Lebewesen hervorgegangen sind.[14] Dieser Ursprung Diones könnte der Behauptung Raum lassen, am Fuß der Eiche von Dodona habe sich, wie bei den Wurzeln Yggdrasils, eine heilige Quelle befunden. Die Mythographen vergleichen Dione mit Rhea, der Gattin des Kronos und Mutter des Zeus, dem die Eiche geweiht war; tatsächlich war Dione in Dodona eine Göttin des Kults der Eiche und der Tauben. Nach Homer[15] hatte sich Zeus in Dodona mit Dione vereinigt, und sie hatte von ihm Aphrodite empfangen, die der Taube zugeordnet wird; und wirklich wird Aphrodite zuweilen auch Dione genannt.[16] Schließlich findet sich unter den Namen, die der Mutter des Zeussohns Dionysos gegeben werden, auch der Diones. Wir erinnern uns, daß Dionysos nach Dodona gereist sein soll, um dort um Hilfe zu bitten. Ob er sich damals wohl an seinen Vater oder seine Mutter gewandt hat?

Die Göttin von Dodona wurde auch *Dia* («vom Himmel») genannt und auf diese Weise mit der Gattin von Ixion gleichgesetzt, die von Zeus verführt worden war. Ixion (von *ixia*, «die Mistel») war ein König der Eiche, der rituell zu Tode gebracht wurde, wie wahrscheinlich auch ursprünglich die geheimnisvolle Person, die Frazer in *Der Goldene Zweig* behandelte: den König des heiligen Waldes Nemi, der Diana geweiht war.

Das sind, wird man denken, bunt zusammengewürfelte Gegebenheiten, aus denen sich ein ziemlich verschwommenes Bild einer Gottheitsfigur ergibt, die man nicht klar umreißen oder orten kann. Aber trotzdem führt fast alles direkt oder indirekt zu ein- und demselben Thema: dem der heiligen Eiche und der Tauben, die dort nisten. Diese Tauben sind die Peleiaden, die Priesterinnen Diones, die keine Bronzegeräte benutzten – sie wurden zunächst sicher nicht verwendet –, sondern das Rascheln des Eichenlaubs deuteten.

Diese Art der Weissagung ist nicht nur die ältere, sondern sehr wahrscheinlich auch die ursprüngliche, und alle Aspekte, die man von Dione kennt, deuten auf das Alter dieser vorhellenischen und zweifellos sogar vorpelasgischen Figur hin. Es wird klar, daß beim Paar von Dodona die erste und vorrangige Gottheit die Göttin ist, nicht der Gott Zeus und seine Bronzekessel, die nach der Ankunft der Hellenen in Erscheinung traten. So wenig wie Homer erwähnt Herodot die Wahrsagung mittels Bronzegegenständen oder die Selloi; von den Peleiaden berichtet er aber ausführlich und betont dabei das sehr hohe Alter des Orakels.

In Dodona soll Zeus sich mit Dione vermählt haben. Das ist eines der recht zahlreichen galanten Abenteuer, die man ihm zuschreibt. Man weiß, daß solchen Liebesgeschichten oft historische oder vielmehr protohistorische Tatsachen zugrunde liegen. Wie viele andere eindringende Völker es taten, zum Beispiel die Arier in Indien, bemächtigt sich der Eroberer zuerst der alten Tempel und setzt seine eigenen Götter hinein, wirft aber die alten nicht hinaus. Wenn es sich um eine Göttin handelt, besteht die einfachste Methode darin, sie mit einem Gott aus dem Pantheon der Eroberer zu vereinen.[17] Manchmal setzt die alte Göttin dieser erzwungenen Vermählung Widerstand entgegen, und der Gott vergewaltigt sie. So geschah es in der Geschichte der Dia, wo sich Zeus, um Ixions Gattin habhaft zu werden, in einen Hengst verwandeln muß; so auch auf dem Berg Kyllene in Arkadien, wo er, vielleicht in der Gestalt eines Schwarzspechts, die lokale Göttin Maia[18] mißbrauchte, eine Titanide wie Dione, die ihm einen Sohn, Hermes, gebar. Nach R. Graves hatten diese Zweckvermählungen die Wirkung, daß Zeus' Namen den heiligen Königen des Eichenkults verliehen wurde.

Der neue Gott ersetzt dann nur den alten; er verschmilzt mit ihm und spielt neben der Göttin dieselbe Rolle. Wir sollten jetzt noch herausfinden, welcher Gott sich hinter dem Namen «Naios» verbarg. Über den in Nemi bestehenden Kult, wo der König des Waldes Jupiter vertritt, schreibt Frazer: «In Dodona hatte der Eichengott Zeus Dione zur Gefährtin, deren Name allein schon nichts anderes als eine Dialektform für Juno ist, und so scheint er auf dem Berge Cithaeron zu bestimmten Zeiten mit einem Eichenbild der Hera vermählt worden zu sein.» Später fügt der Autor des *Goldenen Zweigs* hinzu: «So war... dasselbe antike Götterpaar bei den Griechen und Römern als Zeus und Dione [in Dodona], Jupiter und Juno oder als Dianus (Janus) und Diana (Jana) [in Nemi] bekannt, und die Namen der Gottheiten waren dem Sinne nach gleich, wenn sie auch der Form nach mit dem Dialekt des Volksstammes wechselten, der sie verehrte.»[19]

Darf man Dodona und Nemi ohne weiteres gleichsetzen? Schließlich war Dodona vor allem ein Orakel; nichts Ähnliches, so scheint es, findet man in Nemi. Aber der Schein trügt, denn mit diesem Ort ist die Geschichte des Numa Pompilius und der Nymphe Egeria verbunden, die dieser König geradeso wie wie ein Orakel konsultierte. Nach Plutarch[20] war Egeria eine Dryade, eine Eichennymphe, während Diana allgemein eine Waldgöttin war. Im Lateinischen stammt der Name vom Verb *egero*, «sich ergießen», «ausatmen», auch «entleeren», «ausstoßen», und von Egeria glaubte man, sie erleichtere den Frauen das

Gebären. Die griechische Entsprechung, *egeiro*, bedeutet «wecken».[21] Das wenige, das wir von dieser Nymphe wissen, führt Frazer zu der Frage, ob sie nicht auch die Gottheit einer Quelle war, die am Fuß der heiligen Eiche entsprang. Er fügt hinzu: «Eine solche Quelle soll am Fuße der großen Eiche zu Dodona hervorgesprudelt sein, und aus ihrem geheimnisvollen Murmeln las die Priesterin ihre Orakel.»[22] Zwar gibt es keinen eindeutigen Text, der auf die Existenz einer Quelle in Dodona hinweist, aber wahrscheinlich ist es jedenfalls, denn jeder heilige Wald mußte über eine Quelle verfügen. Wir haben gezeigt, wie wichtig dieses Sprudeln der unterirdischen Wasser bei der Esche Yggdrasil wie auch den heiligen Bäumen Indiens war.

Titus Livius sieht in den Gesprächen zwischen König Numa und seiner Nymphe Egeria nur eine List, denn Numa hatte vor, den Römern die Furcht vor den Göttern beizubringen. Da es nicht möglich war, sie ohne ein Wunder zu überzeugen, behauptete er, er habe nächtens mit der Göttin Egeria gesprochen, auf ihren Ratschlag hin führe er die den Göttern angenehmsten Opfer ein und teile jeder Gottheit eigene Priester zu.[23] Sicher ist, daß der zweite König von Rom, der nicht Römer, sondern Sabiner war, übernatürlicher Unterstützung bedurfte, um das Werk, das seine Herrschaft kennzeichnete, zu verwirklichen: das religiöse Leben der neuen Stadt zu organisieren. War die beste Art, sich diese Hilfe zu verschaffen, nicht, ein schon seit langem verehrtes Orakel zu befragen?

Vom Zeus Naios zum kretischen Zeus

Nach diesem Exkurs wollen wir auf unsere frühere Frage zurückkommen: Wer war dieser Naios, den Zeus in Dodona verdrängte? Wie erwähnt, sollen nach einer antiken Legende die Schwestern der Peleiaden, die Hyaden, die Regennymphen, das Kind Zeus in Dodona aufgezogen haben. Aber den klassischen Mythologen zufolge wurde Zeus gleich nach seiner Geburt in das kretische Ida-Gebirge versetzt – weit weg von seinem Vater Kronos, der ihn verschlingen wollte – und zunächst in der Höhle von Dikte in einer goldenen Wiege versteckt, die an den Ästen eines Baumes aufgehängt war; bestimmt war es eine heilige Eiche, die für seine abwesende Mutter Rhea, die Göttin der Eiche und der Taube, stand. Drei Nymphen pflegten ihn: Adrasteia und Io, die Töchter des Königs von Kreta, Melisseus, und Amaltheia, die Nymphe der Ziegen; mit anderen Worten, das Kind wurde mit Milch und Honig ernährt (*melisseus* bedeutet «Bienenzüchter»). Wenn Adrasteia, mit Nemesis, der Nymphe der Esche identifiziert, zur Göttin der himmlischen Rache wurde und ganz offensichtlich an Urd, die in der germanischen Mythologie Yggdrasil zugeordnete Norne, erinnert, so entspricht die

Ziege Amaltheia der in der Esche wohnenden Heidrun, die mit ihrer Milch Odin ernährte. Wir wollen zwar nicht weiter auf die langen Irrfahrten Ios, der weißen Färse, eingehen, doch möchten wir nicht auf den Hinweis verzichten, daß der erwachsene Zeus sich in seine ehemalige Amme verliebte, gewissermaßen als Ersatz für seine Mutter. Was die Ziege Amaltheia betrifft, deren Name «die Zarte» bedeuten soll, so versetzte Zeus sie aus Dankbarkeit an den Himmel, in das Sternbild des Steinbocks.[24] Der Vater Adrasteias und Ios – Melisseus, der Honigmann – wäre nach einer Hypothese von R. Graves «in Wirklichkeit deren Mutter Melissa [die Biene], die Göttin als Bienenkönigin, die jedes Jahr ihren Gemahl tötet»[25]; dies entspricht bei den Hautflüglern dem Tod der befruchtenden Drohne nach dem Hochzeitsflug. Nun gehören die Bienen zur heiligen Eiche[26], und außerdem repräsentieren sie die königliche Macht[27], besonders aber den Sohn des Königs und Thronerben – und das war Zeus im Ida-Gebirge. Die Kureten, die über ihn wachten, stellten die königliche Garde dar; die Griechen nannten sie *gegeneis,* «Kinder der Erde», oder *imbrogeneis,* «Kinder des Regens», was an die Hyaden erinnert, die Regennymphen, die das Zeuskind in Dodona aufzogen.

Analysiert man die wenigen Einzelheiten, die uns die Mythographen über Dodona berichten, und die viel reichhaltigeren Zeugnisse über die Kindheit des Zeus im Ida-Gebirge, so findet man zu viele Ähnlichkeiten und Entsprechungen, um nicht in Versuchung zu geraten, die Lücken des dodonischen Mythus zu schließen und sich zu fragen, ob es sich im Grunde genommen nicht um dieselben Elemente, nur in anderer Anordnung, handelt.

Nach R. Graves verkörpern die drei Söhne des Kronos – Hades, Poseidon und Zeus – die drei aufeinanderfolgenden Eroberungszüge der Hellenen, die man als die ionische («Kinder der Io»), äolische und achäische Invasion kennt.[28] Die ersten hellenischen Könige sollen die Namen von Poseidon und Zeus getragen haben, da sie Könige des Eschen- und Eichenkults waren. Diese Könige wurden rituell getötet, wenn ihre Kräfte nachzulassen begannen.[29] Ein solcher Brauch ist, wenn man die sehr zahlreichen Beispiele berücksichtigt, die Frazer in seiner Analyse des heiligen Königtums in *Der Goldene Zweig* gibt, hinsichtlich seiner hellenischen und vorhellenischen Ursprünge gut belegt; im archaischen Griechenland wie im schwedischen Uppsala stand das Opfer des Königs mit dem Kult der Bäume in Zusammenhang. Erst der Sieg der Achäer, deren Repräsentant Zeus war, hatte die Königsopfer beendet.

Im Ida-Gebirge und auf dem Berg Dikte waren die Gräber des Zeus Gegenstand hoher Verehrung. Für die Kreter wurde Zeus jedes Jahr geboren und starb jedes Jahr, da er ein Gott der Vegetation war, aber ein Gott der Eiche, die ihre Blätter erst sehr spät im Winter verliert, manchmal erst kurz vor ihrem Neuerwachen im Frühling. Die Griechen verstanden ihn nicht mehr, und in seiner *Hymne an Zeus* ruft Kallimachos entrüstet aus: «Die Kreter lügen immer; sie haben dir sogar ein Grab errichtet; aber du bist nicht tot, denn du bleibst ewig lebendig.»

Die Gestalt eines jungen und sterblichen Gottes, eines Gottes der heiligen Eiche, die mit merklichen Verzerrungen in die olympische Mythologie unsterblicher Götter integriert wurde, ist also vorhellenisch. Wir finden sie deutlich in dem gezeichnet, was die Archäologie – und nur sie – uns über die kretische Religion zu sagen hat. Es gab tatsächlich in Kreta einen Baumgott, einen Vorgänger des Zeus, den ein späterer Kommentator «Velkhanos, Zeus bei den Kretern»[30] nannte. Dieser Velkhanos ist identisch mit Volcanus, einem der ältesten Götter der Latiner, älter selbst als Jupiter. Dieser «erste Jupiter Roms»[31] war ein Gott des Blitzes und der Brände, deren Wut er auch Einhalt gebieten konnte. Er bildete ein Paar bald mit Juno, bald mit Maia, der Inkarnation der Mutter Erde, bald mit Vesta, der latinischen Göttin der Erde, ehe die Römer sie zu einer Gottheit des Feuers machten. Volcanus war also eine weit bedeutendere Persönlichkeit als der spätere Vulcanus. Was den «kleinen Jupiter» angeht, über dessen Geburt nach alten Legenden Volcanus gewacht haben soll, so war er der geheimnisvolle Vejovis, der auf dem Kapitol seinen Tempel und seine Statue hatte. Letztere stellt ihn als nackten Jüngling dar, der die «kretische Ziege»[32] bei sich hat. Die 1939 erfolgte Entdeckung des Ortes, der diesem jungen und tellurischen latinischen Gott geweiht war, zeigte, wie beharrlich der Zeus Kretagenes des Ida-Gebirges sich bis in spätere Zeiten hielt, und daher stammen «die chthonischen Aspekte, die eine Anzahl hellenischer Zeusgestalten mitten in der klassischen Epoche aufweisen».[33] Auf den kretischen Münzen erscheint Zeus in Gestalt eines jungen bartlosen Mannes, der inmitten entblätterter Zweige (einer Weide?) sitzt und einen Hahn hält.[34] Und in einer Weide vor der heiligen Höhle im Ida-Gebirge wurde die Wiege des göttlichen Kindes jedesmal aufgehängt, wenn die Geburt des Gottes Zeus gefeiert wurde. Andere Darstellungen zeigen Velkhanos auf seiner Astgabel sitzend, als handle es sich um eine Theophanie im Baum. Ein Stier auf der Rückseite dieser Münzen macht ihn zum Vorläufer des Zeus. Das Grab des Gottes, in der Nähe der Höhle, wird von einer weißen Pappel beschützt, die ein Friedhofsbaum, vor allem aber ein Baum der Regeneration, der Wiederauferstehung ist.[35] Schließlich hat Zeus Europa in Gortyne unter einer oder vielmehr im Innern einer Platane geheiratet, einem besonders in Kreta heimischen Baum.[36] Denken wir auch daran, daß bis zum Gipfel des Ätna ein Eichenwald wuchs, genau wie an den dodonischen Hängen.

Auf dem Berg Dikte wird der junge Baumgott als *megistos kouros*[37], «der größte der Knaben», bezeichnet. Der Name *kouros* stammt, wie H. Jeanmaire nachgewiesen hat[38], von dem der Kureten; hier ist Zeus – wie sie – auch nur ein Knabe, wenn auch der größte von allen. Zeus war also vor allem in Kreta einer dieser sekundären, kindlichen oder jungen Götter, deren Leben und Tod eng mit dem Vegetationszyklus verbunden waren. Zu ihnen gehören zum Beispiel auch der sterbliche Hyakinthos, dessen Legende einige Analogien mit der des Zeus Kretagenes aufweist: auch er wird von seiner Mutter verlassen und von Artemis aufgezogen, der Göttin der ungezähmten Naturkräfte; und ferner das Dionysos-Kind; auch er kretischen Ursprungs, wurde Dionysos in Eleusis zu Pluto.[39] Von Zeus Kretagenes hatte übrigens Dionysos bestimmte chthonische Eigenschaften übernommen. Im Kult des heiligen Baumes spielte der Gott stets nur die zweite Rolle; die wirkliche Gottheit des Baumes ist stets eine Göttin, die Große Mutter, die Erde, die Herrin der Pflanzenwelt, die Spenderin aller Nahrung, die unter dem Baum steht, mit Blumen geschmückt und ihre milchgeschwellten Brüste haltend. Selbst wenn sie als Meeresgöttin dargestellt wird, verläßt der Baum sie nicht; er erhebt sich in dem Boot, das sie trägt, über einem Altar. Die Göttin wird oft von Tauben begleitet, auch von Schlangen, die chthonische Tiere sind und in Kreta als heilig gelten. Oft wurde sie auch als Säulenstatue dargestellt; ihr Körper war gewöhnlich unterhalb der Gürtellinie zylindrisch wie ein Baumstamm[40], und daraus wuchs die Büste der Göttin hervor. Diese «Große Mutter», die wir nur unter ihren lokalen Namen kennen – etwa Diktynna, die Herrin des Berges Dikte, oder die Herrin des Ida-Gebirges, beides Gottheiten bewaldeter Berge –, wurde von den antiken Mythographen schon immer mit Rhea-Kybele, der Mutter des Zeus Kretagenes, gleichgesetzt.

Beim Paar «Große Mutter und jugendlicher Gott» spielt der letztere die Rolle des Sohnes und Geliebten. In Phrygien begegnen wir Attis, dem Liebhaber seiner Mutter Kybele. Nach der Überlieferung verschwindet Rhea, die Mutter des Zeus, nach dessen Geburt, zeigt sich aber wieder in der Gestalt Kybeles[41], deren Kult in Griechenland eingeführt wurde und mit der sie verschmolz. Man kann sich also fragen, ob der kretische Zeus nicht auch der Liebhaber seiner Mutter war. Es gibt eine diesbezügliche Legende, auf die Hesiod in seiner *Theogonie*[42] und ein orphisches Fragment anspielen: «Seine Mutter Rhea sah voraus, welchen Kummer seine [Zeus'] Wollust schaffen würde, und verbot ihm zu heiraten. Als er voller Ärger drohte, sie zu vergewaltigen, verwandelte sie sich in eine Schlange [die Schlange war eines der Attribute der kretischen Göttin]. Dies aber schreckte Zeus nicht ab. Er verwandelte sich selbst in eine männliche Schlange und wand sich um sie in einem unlösbaren Knoten. So verwirklichte er seine Drohung. Damit begann die lange Reihe seiner Liebesabenteuer.»[43] Kann man unter diesem Schleier nicht die Eifersucht der Göttin auf ihren jungen Sohn erkennen? Wenn er andere Frauen kennen will, muß er zuerst sie kennen. Nur der

Inzest kann das Verbot, das sie über den jungen Gott verhängt hat, aufheben. Übrigens waren Rhea und ihr Jüngster schon früher Verschworene. Zeus schlägt seiner Mutter vor, sich an Kronos zu rächen, der die vor ihm geborenen Kinder – seine drei Schwestern Hestia, Demeter und Hera sowie seine Brüder Hades und Poseidon – verschlungen hat. Und Rhea hilft ihm gerne dabei.

In Dione, der in extatischem Kult verehrten Göttin von Dodona, muß man zweifellos die kretische Göttin der bewaldeten Berge, der heiligen Eiche und der Tauben sehen, die im hellenischen Pantheon wohl eher Rhea entspricht – ihr Name entstand wahrscheinlich aus einer Umstellung des archaischen Wortes *era*, «die Erde» – als ihrer Tochter Hera («Hera» ist ein Anagramm von «Rhea» und hat etymologisch dieselbe Wurzel). Aber auch in Hera, der reizbaren und hochmütigen Göttin, die auf den Bergen thront, über denen sich Wolken türmen und Gewitter zusammenbrauen, kann man eine weitere Erscheinungsform der Großen kretischen Mutter erkennen. Wie Hera in der klassischen Epoche die Stellung und die Gestalt der zur archaischen Göttin gewordenen Rhea übernommen hat, so hatte auch diese ihre eigene Mutter verdrängt, die pelasgische Gäa, die wirklich erste Gottheit, die, allein aus dem ursprünglichen Chaos entsprungen, das Prinzip darstellte, aus dem die gesamte Schöpfung hervorging.[44] Gäa hatte nur ihren eigenen Sohn zum Gatten haben können, Uranos, den Himmel. Trotz ihres Namens – *gaia* ist eine alte, poetische Form von *ge*, «die Erde», die wahrscheinlich das frühere Wort *era* ersetzt hat – war sie nicht die Göttin nur dieses Planeten, sondern die des Universums, des Kosmos. Als Allschöpferin war Gäa auch allwissend und deshalb eine ausgezeichnete Prophetin; das Orakel von Delphi hatte ihr gehört, ehe Apollo ihre Stelle einnahm, und ein Heiligtum war ihr in Dodona geweiht. Vielleicht war sie in ferner Vergangenheit die ursprüngliche Göttin dieses Ortes gewesen, doch in historischer Zeit wurde sie durch ihre Tochter ersetzt, die nun wirklich die in Gestalt der heiligen Eiche verehrte Göttin der Erde war. Wenn Hera von ihrer Mutter Rhea einige ihrer archaischsten Wesenszüge borgte, so hatte es Rhea gleich gehalten mit Gäa, deren Persönlichkeit im Lauf der langen Zeit etwas verblaßt war oder, besser gesagt, sich weit von der Welt der Menschen zurückgezogen hatte. Man kann sich also fragen, ob es sich nicht um drei Erscheinungen einer und derselben Göttin handelt, die drei Göttergenerationen entsprechen und von drei zeitlich einander folgenden Völkern, den Pelasgern, den Ägäern und den Hellenen, verehrt wurden.

Auf jeden Fall stellt die überlieferte Vermählung Heras (Rheas[45]) in Dodona die erzwungene Vereinigung zweier Kulte dar, eines einheimischen und eines von den Eroberern mitgebrachten. Die Unterordnung der Göttin unter den, der bis dahin lediglich ihr Gefährte gewesen war, erklärt die Feindseligkeit, mit der Hera ihrem Gatten so oft begegnete. Man kann sie als Überbleibsel des Wider-

standes deuten, den die Verehrer der Großen Göttin dem Usurpator entgegen-
setzten, der sie stürzte. Ähnliche Vorgänge kennt man zum Beispiel aus Olym-
pia, dessen Heiligtum zuerst ein heiliger Wald war; es lag in der Nähe von Pylos. Diesen Hafen benutzten die kretischen Seeleute, und dort wurden Rhea und
ihr Sohn Zeus Kretagenes, die Gottheiten des Ida-Gebirges, angebetet, bevor der
von Hera begleitete olympische Zeus regierte. Anders gesagt: Die Legenden, die
sich um Dodona ranken, bezeugen den Übergang von einem – wie in der kre-
tisch-ägäischen Kultur – von Frauen (den Peleiaden) zelebrierten Kult zu einem
Kult, dem Männer (die Selloi) dienten; in der griechischen Welt war es durchaus keine Seltenheit, daß wie hier beide Kultformen nebeneinander existierten
und in diesem Fall die archaische Methode der Prophezeiung stets den Vorzug
behielt, denn der Ruf Dodonas beruhte hauptsächlich auf seinem Alter.

Von der weissagenden Eiche ausgehend, die so geheimnisvoll ist, daß man
sich noch kaum die Mühe gemacht hat, sie zu erforschen, versuchten wir, die Ursprünge der Verehrung des heiligen Baumes, dieser Emanation der Großen Göttin und bevorzugten Stätte ihrer Erscheinung, so weit wie möglich zurückzuverfolgen; dabei wandten wir eine etwas andere Methode an als die Mythographen,
denn wenn wir auch soviel Umsicht walten lassen müssen wie sie, ist unser Ziel
doch ein ganz anderes.

Heilige Eichen in Griechenland und in Italien

Es gab in Griechenland andere Baumorakel, aber keines erfreute sich so lange
solchen Ruhms wie die Eiche von Dodona. In klassischer Zeit waren sie etwas in
Vergessenheit geraten und wahrscheinlich nur noch von räumlich eng begrenz-
ter Bedeutung; in den auf uns gekommenen Schriften werden sie kaum mehr erwähnt. In Pagä befragte man eine schwarze Pappel, einen Baum, der zwar oft zu
Grabstätten gehörte, hier aber der Hera geweiht war. Ein anderer Hain von weissagenden schwarzen Pappeln im achäischen Ägeira war hingegen Persephone,
der Totengöttin, zugeeignet. *Ägeira* bedeutet «schwarze Pappel» und ist das gleiche Wort wie *Egeria,* der Name der Nymphe des berühmtem heiligen Waldes
von Nemi in Aricia bei Rom. Aber nach Plutarch war, wie wir sahen, Egeria eine
Dryade, eine Eichen-Nymphe. Vielleicht muß man daraus schließen, daß sie eine
Nymphe der weissagenden schwarzen Pappel war, die in der Nähe des heiligen
Eichenwaldes wuchs, der Diana-Dione gehörte. Auf dem Berg Lykäus, in Arkadien, tauchte der Zeuspriester, um Regen zu machen, einen Zweig dieses Baumes
in eine Quelle, die sich wohl zu seinen Füßen befand; in diesem Fall wurde Zeus
also offenbar als Gott des Gewitters und des befruchtenden Regens betrachtet.[46]

Alle vier Jahre feierten die Bewohner Platäas in Böotien die sogenannten Kleinen Dädalien, ein Fest zu Ehren des Dädalus, des Erbauers des Labyrinths, das heißt der Höhle des Ida-Gebirges, in der Zeus Kretagenes aufgezogen wurde. Am Tag des Festes begaben sich die Platäer in einen alten Eichenwald mit gewaltigen Stämmen[47] und legten Stücke gekochten Fleisches vor ihren Füßen nieder, um dann zu beobachten, welche Vögel angelockt würden. Sah man eine Krähe ein Stück wegtragen und sich auf einer Eiche niederlassen, so folgte man ihr und fällte den so bezeichneten Baum. Tatsächlich war Koronis («die Krähe»), die Mutter Äskulaps – sein Vater war Apollo – und Schwester Ixions (*ixia* bedeutet «Mistel»), eine Halbgöttin, die Krankheiten mit Eichenmisteln heilte. Aus dem Holz des gefällten Baumes schnitzte man eine Statue, die man wie eine Braut kleidete und auf einem von Ochsen gezogenen Wagen feierlich ans Ufer des Flusses Asopos führte, um sie bis zu den Großen Dädalien aufzubewahren, die alle sechzig Jahre stattfanden. Nun brachte man alle Statuen – vierzehn an der Zahl – an das Ufer des Asopos und anschließend auf den Gipfel des Kitheron, wo einer heiligen Eiche gehuldigt wurde. Aus Holzblöcken errichtete man dort einen Altar und häufte Gesträuch darauf (man darf annehmen, daß es sich um Eichenäste und -zweige handelte). Auf diesem Altar verbrannte man zuerst die Opfertiere, dann wurden der Altar selbst und alle Statuen von den Flammen verzehrt. Das Feuer, sagt man, erhob sich zu großartiger Höhe.

Nach Pausanias wurde dieser seltsame Ritus zur Erinnerung an eines der zahlreichen Liebesabenteuer des Zeus vollzogen.[48] Hera hatte sich, wie üblich, mit ihrem Gatten gestritten, und um sie in bessere Stimmung zu bringen, sagte er ihr, er werde die Nymphe Platäa, die Tochter des Flusses Asopos, heiraten. Um die Geschichte wahrscheinlicher zu machen, fällte er eine schöne Eiche, beschnitt sie, kleidete sie als Braut und führte sie auf einem von Ochsen gezogenen Wagen davon. Rasend vor Eifersucht stürzte sich die Göttin auf die Statue, riß ihr den Schleier weg und entdeckte die List. Sie versöhnte sich hierauf mit dem Treulosen, und aus diesem Grund feierte man in Platäa die heilige Ehe des Gottes und der Göttin. Eine der prähistorischen Überschwemmungen Griechenlands, die eben Böotien unter Wasser gesetzt hatte, hatte ebenfalls einen Streit des göttlichen Paares zur Ursache.

Aber diese Geschichte, von späteren Kommentatoren banalisiert, überlagert eine andere, weit ältere. Platäa ist identisch mit Ägina, auch diese eine Tochter des Asopos und der Merope, diese wiederum eine Tochter des arkadischen Flusses Ladon. Ägina wurde von Zeus entführt und in seiner galanten Gesellschaft in Phlionte – die Einwohner dieses Ortes verehrten eine heilige Eiche, die von der dodonischen Eiche abstammte – von Asopos entdeckt, der nicht zögerte, den Schuldigen anzugreifen.

Zeus brachte Ägina auf die Insel, der sie ihren Namen gab, und vereinte sich mit ihr in Gestalt eines Adlers oder einer Flamme.[49] Hera, die erfahren hatte, daß Ägina einen Sohn namens Äakos geboren hatte, der die Insel regierte, setzte in einen ihrer Flüsse eine Schlange, die Tausende weiterer Schlangen zeugte, während ein schlimmer Südwind eine katastrophale Dürre verursachte, die das Volk dezimierte. Trotz der Gebete und der ihm dargebrachten Opfer blieb Zeus stumm, aber sein Sohn Äakos verlor den Mut nicht. Und eines Tages antwortete der Gott durch Vermittlung einer heiligen Eiche, die inmitten von Donner und Blitzen zu beben anfing. Nun war aber dieser Baum aus einer Eichel gewachsen, die aus Phlionte hergebracht und von dem dortigen Baum genommen worden war, der wiederum von der dodonischen Eiche abstammte. Einige Zeit zuvor hatte Äakos gesehen, wie körnertragende Ameisen den Stamm dieses Baumes erklommen, und Zeus gebeten, ihm so viele Untertanen zu geben, wie dort Ameisen waren, damit er die Insel wieder bevölkern könne. Und obwohl Schrecken ihn erfaßt hatte, floh er nicht. Er küßte mehrmals den Stamm der Eiche und die Erde an ihrem Fuß. In der folgenden Nacht hatte er einen Traum: Er sah Unmengen von Ameisen auf den Zweigen des heiligen Baumes landen, die, sobald sie die Erde berührten, zu Menschen wurden. Ungläubig verscheuchte er diese Vision, aber als er erwachte, rief ihn sein Sohn Telamon: ein Heer von Männern bewegte sich auf sie zu, und Äakos erkannte ihre Gesichter als die, die er im Traum gesehen hatte. Die Schlangen waren verschwunden, und Regen fing an zu fallen.[50] Diese Männer waren die Myrmidonen, die vor Troja an der Seite von Achill und Patroklos gekämpft hatten. Ihr wunderbares Auftauchen in Ägina deutet darauf hin, daß es sich um die Eroberung der Insel durch die Achäer handelte, die wie überall, wohin sie kamen, den Zeuskult einführten. Was den König Äakos anbetraf, so war er, dank seiner Ergebenheit dem göttlichen Vater gegenüber, so mächtig, daß das Orakel von Delphi den Griechen, die wegen großer Trockenheit lange unter einer Hungersnot gelitten hatten, den Rat gab: «Bittet Äakos, er möge für euch um Hilfe beten.» Auf ihr Ersuchen stieg der König im Gewand eines Zeuspriesters auf den Gipfel der Insel, wo wahrscheinlich eine heilige Eiche stand, und opferte den Göttern. Alsbald verdüsterte sich der Himmel, ein mächtiger Donnerschlag ertönte, und heftiger Regen ergoß sich über Griechenland. Hierauf weihte Äakos auf dem Berg dem Zeus Panhellenios einen Tempel, und seither ist eine Wolke auf dem Gipfel dieses Berges ein unfehlbares Anzeichen für Regen.[51]

Dank der Eiche von Ägina, die von der dodonischen abstammte, können wir ergänzen, was wir über deren Rolle sagten. Sie war nicht nur ein weissagender Baum, sondern eine Spenderin des Regens, der durch von den Bronzekesseln imitierte Donnerschläge angekündigt wurde. Die Dädalien von Plataä, in deren

Verlauf man dem Fluß Asopos die Eichenstatuen brachte, welche hierauf bei der heiligen Eiche des Kitheron verbrannt wurden, waren ein Ritus mit dem Zweck, Regen herbeizurufen, denn das Feuer förderte die Bildung von Wolken. Bei der erwähnten Überschwemmung Böotiens sah man, kaum hatte der Regen aufgehört, auf dem Land eine die Versöhnung des olympischen Paares symbolisierende Eichenstatue stehen. Also konnte die Eiche, die in der Lage war, Regengüsse zu verursachen, diesen auch Einhalt gebieten. Sie war ein Regulator des Wasserkreislaufs, und das sind die großen Bäume ja wirklich.

Die Eiche des Zeus ist Linnés *Quercus Robur* oder, botanisch genauer, die Art, die Vergil und Plinius *Äsculus* nennen und von der sie sagten, sie sei dem Jupiter geweiht.[52] Das ist *Quercus Farnetto* Ten., die in Süditalien und auf der Balkanhalbinsel wächst. Die Unterschiede zwischen den beiden Arten sind nicht groß, und die Autoren, die nicht Botaniker sind, verwechseln sie meistens.

Mit dem Alter wird der Wuchs dieser Eiche unvergleichlich majestätisch. Erst mit sechzig oder sogar achtzig Jahren trägt sie Früchte, und sie ist entsprechend langlebig. Sie lebt mindestens vier- oder fünfhundert Jahre und könnte noch älter werden, wenn der Mensch sie nicht in dem Moment fällen würde, da ihr Holz am meisten Profit verspricht. Wäre dies nicht der Fall, könnte sie tausend oder mehr Jahre alt werden. *Quercus Robur* könnte zweifellos ein Alter von 2000 Jahren erreichen und hätte dann einen Durchmesser von ungefähr neun Metern.[53] Wahrscheinlich waren die kraftvollen Vorfahren des Baumes, die durch strenge Gesetze geschützten heiligen Eichen, die jeden mit dem Tod bestraften, der sie unnütz fällte, zu einer solch riesigen Größe und einem solchen Alter bestimmt. Unter ihrer Rinde lebten die Dryaden – ihr Name stammt vom griechischen Wort *drus*, «heilige Eiche» –, Nymphen, die den Baum verlassen konnten; es war untersagt, eine Eiche zu fällen, ehe die Priester nach Durchführung bestimmter zeremonieller Handlungen erklärt hatten, die Dryaden seien ausgezogen. Was die Hamadryaden betrifft (vom griechischen *ama-*, «zusammen», denn sie waren mit dem Baum zusammengewachsen), so war ihre Existenz so eng mit der der Eiche verbunden, daß sie mit ihr starben. Die Lebenszeit der Eiche wurde von den alten Griechen als so lang eingeschätzt, daß sie den Hamadryaden eine Lebensdauer von 932 120 Jahren zuschrieben. Aus menschlicher Sicht waren sie und ihre Eichen also praktisch unsterblich. Wenn die von ihnen bewohnte Eiche bedroht wurde, ließen die Hamadryaden abschreckende Klagelaute vernehmen. Erysichthon, der Sohn des Topias oder des Kekrops, nahm keine Rücksicht darauf; er «wagte es, an der Spitze von zwanzig Freunden einen Hain zu betreten, den die Pelasger der Göttin [Demeter] zu Ehren in Dotion gepflanzt hatten». Demeter, die von «sanfter Natur» war, «erschien als Priesterin des Haines Nikippe und forderte Erysichthon freundlich auf, von seinem

Tun abzulassen. Als er sie aber mit seiner Axt bedrohte, zeigte sie ihre Macht und verdammte ihn zu ewigem Hunger, was immer er auch essen würde.»⁵⁴ Pierre de Ronsard beschwört später die Geschichte Erysichthons, als er, bebend vor Entrüstung, in den berühmten Versen der Elegie gleichen Namens die «Holzfäller des Waldes von Gatine» verflucht, wo er seine poetische Berufung empfangen hatte:

> Höre, Holzfäller, laß deinen Arm ruhen;
> Es sind nicht Wälder, die du fällst;
> Siehst du nicht das Blut der Nymphen,
> die unter der harten Rinde lebten, hervorspritzen?
> Mörderischer Schänder, wenn man einen Dieb hängt,
> weil er eine Nichtigkeit gestohlen hat,
> wieviel Feuer, Eisen, Tode und Verzweiflung
> Verdienst du Böser, der du unsere Göttinnen tötest?

Und er fügt hinzu:

> Lebt wohl, Eichen, Kränze tapferer Männer,
> Bäume Jupiters aus Keimen von Dodona,
> die als erste den Menschen Nahrung gaben.
> Undankbares Volk, das eure Gaben vergessen hat,
> rohes Volk, das seine Nährväter mordet.

Heute ist *Quercus robur* L., der lange Trockenzeiten schwer erträgt, in Griechenland ziemlich selten, doch war das nicht immer so. In der Antike war das Klima bei weitem nicht so trocken wie in unseren Tagen. Das alte Griechenland war dicht bewaldet. Seit damals wurden ganze Landstriche durch die intensive Weidewirtschaft oder durch kurzsichtige Überbeanspruchung ruiniert.

In archaischen Zeiten war man der Ansicht, die Eiche, die viel früher als die Menschen auf der Erde erschienen war, habe die Menschen geboren. Die Arkadier zum Beispiel waren überzeugt, sie seien Eichen gewesen, ehe sie zu Menschen wurden. Einer der Verfasser der *Anthologia Palatina,* Zonas aus Sardes, schrieb in einem Epigramm, die alten Hellenen hätten die Eichen als «ihre ersten Mütter» angesehen.

Für die Alten war eine bejahrte, große Eiche ein Mikrokosmos, eine vollständige kleine Welt, die nicht nur die meist unsichtbaren Nymphen bewohnten, sondern auch viele Tiere zum Teil göttlichen Ursprungs. Im Sommer widerhallte sie vom betäubenden Zirpen der von den Griechen *dryokoites,* «in den Eichen schlafend», genannten Zikaden. In ganz Griechenland gab es sie in Mengen, und die Hellenen liebten ihren Gesang sehr – im Gegensatz zu den Römern, die ihn als schrill und unangenehm empfanden. Die Griechen hingegen verglichen ihn mit den Tönen der Leier, sogar mit der des Phoibos Apollon, dem die Zikaden heilig waren. In einer Ode zu Ehren der Zikade geht Anakreon so weit zu sagen: «Phoibos selbst liebt dich, er, Phoibos, der dir die Musik der himmlischen Gefilde verliehen hat.» Und er fügt hinzu: «Aus der Erde geboren, reich an Weisheit... alle deine Augenblicke sind Ruhezeiten; kein Schmerz, keine Sorge quält dich; weder Blut noch Fleisch sind Elemente deines Lebens, du gleichst beinahe den Göttern.» Von diesem Ruf der Zikade finden wir heute noch eine Spur im wissenschaftlichen Namen der größten unter ihnen, *Lyristes plebejus* Scop., was man übersetzen kann als «die für das Volk die Leier schlägt». Auf griechisch hieß sie einst *Tettix,* und dasselbe Wort bezeichnete den Sänger, den Dichter. Man weiß auch, daß in Athen die Zikade das Symbol alter Herkunft und der Vornehmheit war. Reiche Athener trugen Zikaden aus Gold in ihren Locken und erhielten deshalb den Beinamen «Tettigophoren»; wahrscheinlich sahen sie in ihnen Reinkarnationen ihrer Ahnen.[55]

In den Hohlräumen der Eiche lebten auch die Bienen; ehe der Gebrauch von Bienenkörben aufkam, erntete man den Honig der dort ansässigen Bienenvölker. Nach Hesiod gewann man von der Eiche auch eine Art himmlischen Honig, der, wie Theophrast[56] und Plinius[57] berichteten, aus honigsüßem Tau bestand, der vom Himmel fiel und sich mit Vorliebe auf Eichenlaub niederließ. *Melissa* heißt auf griechisch «Biene», bezeichnet aber auch den Dichter und vor allem die reine Seele der Initiierten. In Delphi, in Eleusis und in Ephesos trugen die inspirierten Priesterinnen den Namen «Bienen», und tatsächlich spielten die Bienen eine initiatische und liturgische Rolle. Man findet sie, auf Gräbern dargestellt, als Symbole eines Lebens nach dem Tode[58]; sie erinnerten an die Auferstehung, denn sie wurden im Frühling mit dem Baum, der sie beherbergte, wiedergeboren. In der griechischen Religion stellte die Biene die Seele dar, die ins Schattenreich hinabgestiegen ist und sich darauf vorbereitet, auf die Erde zurückzukehren. Platon präzisiert, daß sich maßvolle Menschen in der Gestalt von Bienen reinkarnierten. Der Met, ein Getränk aus in Wasser gelöstem vergorenem Honig, galt bei allen antiken Völkern, so bei den Griechen und Römern und noch mehr aber bei den Kelten und Skandinaviern, als Unsterblichkeitstrank.

Ein weiterer Gast der Eiche war der Specht, dessen Wohlergehen noch viel enger mit der Eiche verknüpft war als das von Zikade und Biene. Mit seinem kräftigen Schnabel meißelte er tiefe Höhlen, in denen er nistete und seine Jungen aufzog. Für Plinius, der hier Aristoteles zitiert, war er der einzige Vogel, der in Bäumen nistete[59], was allerdings nicht ganz stimmt. Eine Spechtart hieß auf griechisch *Dryocolaptes,* «der in Eichen schneidet», oder *Dryocopos,* «der gewaltig

auf Eichen einschlägt». Die Wörterbücher geben diesen Ausdruck meist mit
«Grünspecht» wieder, aber es kann sich nur um den Schwarzspecht handeln, der
diesen Namen auch in der modernen Nomenklatur behalten hat. *Dryocopus Martius* ist im Gegensatz zum Grünspecht ein Vogel, der nur in großen, ausgedehnten Wäldern vorkommt, in wilden Gegenden, wo er alte Bäume findet, deren
Holz er leichter anbohren kann, und besonders in Bergwäldern, wo häufig heilige Eichen wuchsen. Die Begegnung mit diesem sehr großen Vogel – er ist der
Riese seiner Art, so groß wie eine Krähe, mit Ausnahme einer großen roten
Haube völlig schwarz, hat stark glänzende Augen und einen äußerst kräftigen
und spitzen Schnabel, der aus Elfenbein geschnitzt zu sein scheint – ergreift den
Wanderer, der ihn überrascht, stets; das liegt auch an seinen verschiedenen Rufen, zu denen ein seltsam klagender Laut gehört, der Regen herbeizurufen
scheint. Man versteht nun, daß der Schwarzspecht eine große Rolle bei den
Weissagungen spielte, wie die Legende von König Picus erklärt. «In Latium»,
schreibt Plinius, «spielen diese Vögel bei der Deutung von Vorzeichen die wichtigste Rolle, seitdem der König ihnen seinen Namen gegeben hat.»[60] Picus wurde tatsächlich von Kirke in einen Specht verwandelt. Picus, der König Latiums
und Sohn Saturns, war ein berühmter Wahrsager. Er hatte eine Magierin geheiratet, Canente, die Tochter des Janus, deren Gesang die wilden Tiere bezauberte
und Bäume und Felsen in Bewegung setzte. In die Schönheit des Picus waren die
Dryaden (die Nymphen der Eiche) verliebt, aber unglücklicherweise auch die
schreckliche Kirke, die ihn, weil er sie abwies und seiner Gemahlin unerschütter-
lich treu blieb, in einen Specht verwandelte. Canentes Schmerz war so groß, daß
sie «sich in dünne Luft auflöste» und nur ihre Stimme überlebte (vielleicht als
Klageruf des Schwarzspechts). Diese Geschichte, die Ovid in seinen *Metamorphosen* ausführlich erzählt[61], macht aus dem Specht einen prophetischen Vogel;
man deutet die Laute, die er der Eiche entlockt, wenn er sie mit dem Schnabel
bearbeitet. Diese Schläge rufen im Wald ein gewaltiges Tönen hervor, einen
wahren Trommelwirbel, den man fast einen Kilometer weit hören kann. Der
Specht wählt sein Instrument mit Sorgfalt aus, einen toten oder hohlen Ast oder
eine andere Stelle des Baumes, wo das harte und trockene Holz keine Rinde
mehr hat. Er schlägt heftig darauf, mit einem so raschen Hin und Her, daß die
Umrisse seines Kopfes unscharf werden, wie bei einer vibrierenden Stahlfeder.[62]
Dieses Trommeln ist nicht mit dem gewöhnlichen Hämmern zu verwechseln,
mit dem Insektenlarven aus der Rinde gelockt oder Nesthöhlen gebohrt werden.
Es ist zweifellos ein Signal, ein Kommunikationsmittel, eine Meldung, die mit
sexueller Erregung und hochzeitlichem Gepränge zusammenhängt.

Für die griechischen und römischen Auguren konnte eine so eindrückliche
Kundgebung nur eine Botschaft der Götter sein, die es zu entziffern galt. Aber

trotz des spezifischen Namens *Martius*, «zum Mars gehörig», scheint dieser Vogel nicht dem Kriegsgott geweiht gewesen zu sein, wenigstens nicht anfänglich, vor der Gründung Roms, in Latium. In der Legende von Romulus und Remus, die Söhne des Mars waren, brachte ihnen ein Specht Nahrung in ihre Höhle. Vorher war der Schwarzspecht vielleicht nicht der Vogel des Gottes Mars, sondern einfach der Vogel des Monats März; um diese Zeit verstärkt sich das Trommeln des Spechts, der sich zum Nisten anschickt. Bei den Griechen bezeichnete man Hermes als Sohn des Zeus Pikos, und Pan war für sie aus der Liebe zwischen Hermes und der Nymphe Dryope («Specht») geboren; in Pans Ahnenlinie figuriert der Specht also doppelt. Die Latiner machten aus Faunus – der bei ihnen Pan entsprach – den Sohn des Picus und der Canente, von denen er seine prophetischen Gaben geerbt hatte. Aber um von ihm eine Weissagung zu erhalten, mußte man ihn zuerst anketten, und das tat König Numa, auch er durch die Vermittlerin Egeria mit der heiligen Eiche verbunden. Fügen wir hinzu, daß die Grotte, in der die Wölfin die Zwillinge Romulus und Remus säugte, dem Faunus, der auch Lupercus genannt wird, geweiht war; von daher drängt sich eine andere Deutung der Legende vom Specht auf, der sie mit Speise versorgt hatte. Dieser heilige Vogel könnte sehr gut Picus selbst gewesen sein, der alte König Latiums, der seinen zukünftigen Nachfolgern zu Hilfe kam und ihnen auf diese Weise eine Art von Investitur zuteil werden ließ. Aber noch mehr: In *Die Vögel*[63] beschuldigt der respektlose Aristophanes Zeus, dem Specht das Zepter (das heißt den Blitz) gestohlen zu haben; und wie in der Suda, dem byzantinischen Lexikon[64], angegeben wird, soll es auf Kreta ein Grab des dem Faunus entsprechenden Gottes mit dieser einzigartigen Inschrift gegeben haben: «Hier liegt der Vogel Specht, der auch Zeus war.» Der Schwarzspecht verweist uns also von neuem an den Vorgänger des olympischen Zeus, nämlich den kretischen Zeus.

Die antiken Autoren priesen die Eiche auch wegen ihrer Wohltaten. Theophrast zählt sie bis ins Kleinste auf: «Von allen Bäumen bringt die Eiche die meisten Erzeugnisse hervor, so die kleine Galle und die andere, schwarz und erbsengroß, dann eine seltene Frucht, die wie eine Maulbeere aussieht, aber hart und schwer zu knacken ist; dann eine aufrechtstehende, zylindrische Frucht, hart, löchrig, die einem Stierkopf, aber einem zerbrochenen, gleicht und eine Art Olivenkern enthält. Die Eiche bringt auch das hervor, was manche ‹Filz› nennen. Es ist eine kleine wollige, weiche Kugel, die einen harten Kern umhüllt; man braucht sie für die Lampen, denn sie brennt so gut wie die schwarze Galle.»[65] Diese Gallen, durch die Stiche gewisser Insekten verursachte und auf den Eichen tatsächlich häufig und in vielerlei Gestalt vorkommende Auswüchse, wurden in der Antike vielfach verwendet, als Färbemittel, zur Herstellung von Tinte und zum Gerben von Leder, aber wegen ihrer adstringierenden Wirkung auch in der

Medizin. Man verwendete außerdem den *cachrys,* eine Winterknospe, als Ätzmittel. Schließlich schätzten die Römer den an den Wurzeln der Eichen wachsenden Steinpilz ungemein, wobei die Exemplare, die man unter Steineichen fand, nach Plinius als die weitaus besten galten.[66]

Natürlich produziert die Eiche vor allem Eicheln, die als die erste Nahrung der Menschen angesehen werden. Getrocknet, geschält und fein gemahlen, ergaben sie ein teigiges Brot, das in Europa in Zeiten des Hungers bis ins 18. Jahrhundert gegessen wurde. In Spanien verzehrte man zur Zeit des Plinius oft süße Eicheln, die nicht so bitter schmecken wie die anderer Eichenarten; man ißt sie noch heute. Es handelt sich um Früchte einer Art der Steineiche oder immergrünen Eiche *Quercus Ilex,* var. *Ballota* Desf., die in den Mittelmeerländern, vor allem in Griechenland und in Spanien, häufig vorkommt und dort sogar in Obstgärten gezüchtet wird. In der Hochantike aß man anscheinend mehr die Früchte der Eichenart, die auf griechisch *phegos* heißt und deren Eicheln nach Theophrast süß schmecken. Es soll sich um die Art handeln, die Linné *Quercus aegilops* nannte. Die Eicheln waren nicht nur nahrhaft, sondern man hielt sie auch für fruchtbarkeitsfördernd und sogar für aphrodisisch, was nicht überrascht, da dasselbe Wort, auf griechisch *balanos* und auf lateinisch *glans glandis* – beide Wörter entstammen derselben Wurzel –, gleichzeitig die Frucht der Eiche und die Eichel des Mannes bezeichnet.

In Italien wurde die Eiche nicht weniger verehrt als in Griechenland. Die lateinischen Autoren haben uns die Erinnerung an zahlreiche heilige Eichen überliefert. So waren die sieben Hügel Roms ursprünglich mit Eichenwäldern bedeckt, die Jupiter geweiht waren. Dort tummelten sich nach Vergil wilde Männer, «die noch aus Baumstümpfen sproßten und knorrigen Eichen»[67]. Auf dem Kapitol wurde der erste Jupitertempel von Romulus in der Nähe einer seit langer Zeit von den Schäfern verehrten Eiche errichtet. An ihre Äste hängte Romulus die Trophäen, die er dem Feind abgenommen hatte.[68] Zum Kapitol stiegen anläßlich triumphaler Siegesfeiern würdevoll die heldenhaften Generale *(imperatores)* empor, dann die Kaiser; sie trugen das Gewand Jupiters, das für diesen Zweck aus seinem großen Tempel auf dem Kapitol entliehen wurde, und ein Sklave hielt über ihrem Kopf eine schwere Krone aus dem Laub von Eichen, die dem Jupiter Capitolinus geweiht waren.[69] In alten Zeiten stiegen auch die adligen Matronen zum Kapitol, barfuß und mit gelöstem Haar, um den Gott des Blitzes um Regen zu bitten. Und augenblicklich, so berichtet Petronius, fing es mit Sicherheit in Strömen zu regnen an.[70] Ein anderer Hügel von Rom, der *mons Caelius,* hieß ursprünglich «Berg des Eichenwaldes»[71], und man betete dort zu Jupiter als dem Gott der Eiche.[72] Nicht weit entfernt erhob sich ein kleiner Tempel, der den Hamadryaden geweiht war.[73] Der Tempel der Vesta war von einem kleinen Eichengehölz umgeben, und das ewige Feuer, das die Vestalinnen unterhielten, durfte nur mit Eichenholz genährt werden. 1904 entdeckten Archäologen unter dem Forum eine prähistorische Begräbnisstätte, wo die Gebeine kleiner Kinder in grob zugehauenen Eichenstämmen bestattet waren; dies bestätigt gleichzeitig, wie uralt der Kult der Eiche war und welche Hoffnung man hegte, daß diese Kinder, denen nur ein so kurzes Leben beschieden war, wiedergeboren würden. In Praeneste (dem heutigen Palestrina, 37 km von Rom entfernt), einer der ältesten Städte Latiums, von der man glaubte, sie sei von Telegonos, dem Sohn des Odysseus, gegründet worden, gab es einen berühmten Fortunatempel, dessen Ruinen erhalten sind und wo man eine «Höhle der Schicksalsbefragung» besichtigen kann. Die Weissagungen wurden mittels der Blätter einer heiligen Eiche gegeben, auf denen man die Vorschriften des Orakels eingeritzt fand.

Der Eichenkult in Europa

In vorchristlichen Zeiten war der Eichenkult in ganz Europa verbreitet. Er war in den Sitten gewisser Völker so tief verankert, daß er bei ihnen noch lange nach der Bekehrung zum Christentum weiterlebte. Diese heiligen Eichen waren mit Sicherheit sehr alte Bäume; möglicherweise waren sie auch größer als unsere heutigen Eichen. Man hat, konserviert in den Torfmooren von Frankreich, Deutschland und England, wahre Riesen gefunden. Noch in historischen Zeiten erwähnen Naturforscher Eichen von ganz außergewöhnlichen Ausmaßen. In der *Histoire naturelle* spricht Oxfort von einer Eiche, unter deren Krone dreihundert berittene Männer Platz hatten. In seiner 1686–1704 veröffentlichten *Historia plantarum* berichtet der berühmte englische Botaniker John Ray von einer Eiche, deren Stamm einen Durchmesser von zehn Metern hatte, was bedeuten würde, daß sie weit über 2000 Jahre alt war.

Die riesigen Eichenwälder Germaniens erstaunten die Römer, die in sie eindrangen, erweckten in ihnen aber auch eine gewisse Unruhe, ja sogar heilige Furcht, von der man einen Widerhall bei Plinius und Tacitus findet. In seiner *Naturgeschichte*[74] schreibt ersterer: Die Wälder «bedecken das ganze übrige Germanien und fügen ihren Schatten der Kälte hinzu, die höchsten stehen bei den Chauken, vor allem um zwei Seen herum.[75] Die Küste ist besetzt von ungeduldig emporwachsenden Eichen; unterspült von den Fluten und vom Wind geschoben, nehmen sie große Inseln mit, die sie mit ihren Wurzeln umklammern, und schwimmen so aufrecht im Gleichgewicht. Riesige Äste, die wie Takelwerk aussehen, haben unsere Flotten oft erschreckt, wenn die Wogen sie wie absichtlich auf den Bug der nachts vor Anker liegenden Schiffe zuschoben und diese, nicht

wissend, wie sie sich helfen könnten, eine Seeschlacht gegen die Bäume anfin-
gen. In denselben nördlichen Gebieten übertreffen die enormen Eichen des Herzynischen Waldes[76], die die Zeit unberührt gelassen hat und die die Zeitgenossen
des Ursprungs der Welt sind, jedes Wunder, da sie fast unsterblich sind. Ohne
von anderen unglaublichen Besonderheiten zu sprechen, ist es eine Tatsache, daß
die Wurzeln, die einander begegnen und stoßen, richtige kleine Hügel aufwerfen
oder, wenn die Erde ihnen nicht behagt, sich wie Ringer emporstemmen und Bö-
gen bilden, die so hoch sind wie die Äste und aussehen wie riesige Tore, durch
die ganze Schwadronen reiten könnten.»

Wenn die Römer bei ihrem bloßen Anblick dachten, diese Rieseneichen sei-
en «Zeitgenossen des Ursprungs der Welt» und «fast unsterblich», so galt das
um so mehr für die Germanen, die in ihnen göttliche, ja absolute Vorfahren sahen, waren sie doch die ältesten Wesen, die noch auf der Erde lebten und bis zur
Schöpfung zurückreichten. Bei ihnen war die Esche Odin geweiht, aber die Eiche
war der Baum Donar-Thors, des Donnergottes, der Zeus-Jupiter entsprach. Die
heilige Eiche, die der heilige Bonifaz im 8. Jahrhundert bei Geismar in Hessen
fällte, wird von Willibald, seinem Biographen, als ein dem Donar geweihter
Baum bezeichnet, der, nach Adam von Bremen, die Lüfte regierte und Herr des
Donners und des Blitzes, des Regens, des schönen Wetters und der Ernten war.[77]
Mit anderen Worten, dieser Gott der atmosphärischen Erscheinungen spielte
eine derjenigen von Zeus-Jupiter sehr ähnliche Rolle.

Dasselbe gilt für Perkunas, dessen Name sich von der indoeuropäischen Wurzel für «Eiche» ableitet. Diesem Donnergott, der Hauptgottheit der Litauer, waren natürlich die Eichen geweiht; ihm zu Ehren wurden ewige Feuer unterhalten, die man nur mit dem Holz bestimmter Eichen nährte. Die Letten, Nachbarn
der Litauer, verehrten ebenfalls die «goldene Eiche» des Perkun, des Blitzgottes.
Die lettischen Legenden, die Mannhardt gesammelt hat[78], erwähnen den Streit
zwischen Perkun und der Sonne, die ihm entgegen ihrem Versprechen die Hand
ihrer Tochter verweigerte und sie schließlich dem Mond gab. Während der
Hochzeitsfeier rächt sich Perkun, indem er die Eiche schlägt, so daß ihr «Blut»
auf das Gewand der Braut fällt. In diesen Berichten kommt wie ein Leitmotiv die
Zahl neun vor, die, wie wir gesehen haben, die Zahl des Weltenbaumes ist. Bei
den Esten im Norden Litauens, die nicht wie die Litauer und Letten ein indoeu-
ropäisches, sondern ein finno-ugrisches Volk sind, wurden ebenfalls die Eichen
verehrt, als der obersten Gottheit Taara gehörend, dem Gott des Donners, den
sie den «Alten Vater» oder den «Gott des Himmels» nannten.[79] Ihn findet man
an der gegenüberliegenden Küste des Baltikums bei den Finnen wieder, für die
Taaras, die Eiche, noch eindeutiger der kosmische Baum ist. Ihre goldenen Zweige füllen den Himmel aus; von ihr kommt aller irdische Überfluß.

Bei den Slawen scheint die Eiche der heilige Baum des Perun gewesen zu sein, des Donnergottes, dessen Name ebenfalls vom indoeuropäischen Wort für «Eiche» kommt und mit dem Blitz in Verbindung gebracht wird, der im Polnischen *piorun* heißt. Nach Prokop glaubten die alten Slawen, daß ein einziger Gott, der Schöpfer des Blitzes, über alle Dinge herrschte[80], und sie brachten ihm Ochsen und alle möglichen anderen Opfer dar. Man unterhielt zu seinen Ehren ein Feuer aus Eichenholz; wenn es erlosch, wurden die Verantwortlichen hingerichtet. In Pron in Weißrußland stand früher ein Wald, wo die Perun geweihten Eichen von einer Art Freilufttempel eingeschlossen waren. Rund um diese Einfriedung versammelte sich das Volk um den Priester, der dort die Opferfeiern abhielt; aber nur er und seine Hilfspriester hatten Zutritt zum Heiligtum. Außerdem durften vom Tode bedrohte Menschen dort Asyl suchen. Waren die Zeremonien beendet, so sprach der Richter unter einer Eiche Recht. Nach dem Vorbild der Götter, die unter der Esche Yggdrasil Rat hielten, wurde das Gericht der alten Slawen wie auch der Kelten und Germanen im Schatten einer alten heiligen Eiche abgehalten. Der Brauch hielt sich sehr lange, denn der allerchristlichste König Ludwig IX. befolgte ihn noch. Dem byzantinischen Kaiser und Historiker Konstantin Porphyrogennetos[81] zufolge kamen die christianisierten Russen noch zu seiner Zeit (im 10. Jahrhundert) zu einer großen Eiche auf der St.-Georgs-Insel, um zu opfern. Die Priester sangen ein *Te Deum* und verteilten Zweige des Baumes an die Anwesenden.

Die Mistel der Druiden und der Gott Baldur

Diese Tradition ging bis auf die Kelten zurück, die nach Maximus von Tyrus, einem griechischen Schriftsteller des 2. Jahrhunderts n. Chr., Zeus anbeteten; für sie war das keltische Bild des Zeus eine große Eiche.[82] Von der Religion der Kelten kennen wir nur Bruchstücke; jeder Versuch einer Synthese muß auf Vermutungen beruhen; auch können die Historiker nicht mit Sicherheit bestimmen, wer dieser höchste, zur Eiche gehörende Gott war.

Man muß ihn zweifellos unter den fünf großen Göttern suchen, die, allerdings mit lateinischen Namen versehen, Cäsar[83] aufgezählt hat: Merkur, Apollo, Mars, Jupiter und Minerva, oder eher noch in der von Lukian genannten Triade: Der grausame Teutates, den das Blut besänftigt, der schreckliche Hesus mit den wilden Altären und der nicht weniger fürchterliche Taran.[84]

Von den dreien scheint Hesus die direkteste Beziehung zu dem heiligen Baum gehabt zu haben. Die sehr spärlichen Darstellungen dieses Gottes zeigen ihn als Arbeiter gekleidet, in kurzer, die rechte Seite des Oberkörpers freilassender Tunika, wie er einen Baum bearbeitet. Auf dem Flachrelief des Altars der *nautae parisiaci*[85] haut er mit einer Hippe Zweige ab; auf einem anderen Flachrelief, das in Trier entdeckt wurde, scheint er mit einem geraden, schwer zu erkennenden Werkzeug auf einen Baumstamm einzuschlagen, in dessen Blattwerk der Kopf eines Stieres und drei große Vögel, die auf den Zweigen sitzen, erkennbar sind. Eine Seite des Altars im Museum von Cluny zeigt den ganzen Stier, hinter dem Baum stehend; auf seinem Kopf und seiner Kruppe sitzen drei Vögel, die die in halb latinisiertem Gallisch gehaltene Inschrift zu identifizieren erlaubt: *Tarvos Trigranus*, «Der Stier mit den drei Kranichen». Leider wissen wir nichts über diese offensichtlich heiligen Vögel, ebensowenig kennen wir die Bedeutung des Namens Hesus, obwohl verschiedene, aber gleich ungewisse etymologische Erklärungsversuche vorliegen. Von diesem Gott wissen wir eigentlich nur, wie seine Opfer getötet wurden. Die Scholien, die Lukians Verse kommentieren, berichten, daß sie an einen Baum gehängt und zerstückelt wurden[86], was an die Odin im heiligen Wald von Uppsala dargebrachten Opfer erinnert. Mehrere andere Züge, die dem keltischen und dem germanischen Gott gemeinsam sind, führen J. de Vries zum Schluß, daß Hesus wahrscheinlich mit Odin identisch ist.

Wer auch immer der von den Kelten in Gestalt der Eiche verehrte Zeus gewesen sein mag: der Kult dieses Baumes war schon bei ihnen sehr alt. Sie hatten ihn von ihren langen Wanderungen mitgebracht. Die keltischen Stämme, die sich im 3. Jahrhundert v. Chr. in Kleinasien niederließen, die Galater, bildeten einen Bund, der von einem Senat und einer Volksversammlung regiert wurde, die sich, wie Strabo[87] berichtet, in einem gemeinsamen Heiligtum versammelten, das «Dunemeton», «Heiliges Eichengehölz», hieß. Claudian spricht im 4. Jahrhundert n. Chr. von einem heiligen Hain im Herzynischen Wald, in dem die Rituale eines sehr alten Eichenkults vollzogen wurden.[88] In Gallien selbst gab es, gemäß einem Abschnitt der *Aulularia* von Plautus, weissagende Eichen. Nach Lukian nahm man in Gallien an, das Kauen von Eicheln fördere die hellseherischen Fähigkeiten.

Alles Vorausgehende ermöglicht nun ein besseres Verständnis der berühmten Stelle[89] aus Plinius:

«Bei der Behandlung dieses Themas sollte die Bewunderung, welche man in ganz Gallien dem Mistelzweige entgegenbringt, nicht übersehen werden. Die Druiden, denn so nennt die Bevölkerung dort ihre Zauberer, achten nichts heiliger als die Mistel und den Baum, auf dem sie wächst, vorausgesetzt, daß dies eine Eiche ist. Abgesehen davon wählen sie jedoch Eichenwälder zu ihren heiligen Hainen und vollziehen keine Kulthandlung ohne Eichenlaub, so daß schon der Name der Druiden als eine griechische Bezeichnung gelten könnte, die ihrer Verehrung der Eiche entnommen ist. Sie glauben nämlich, was auf diesen Bäumen wächst, sei vom Himmel gesandt[90] und ein Zeichen, daß der Baum vom Gotte selbst erwählt sei. Die Mistel ist sehr selten anzutreffen, wird sie aber gefunden, dann pflückt man sie mit aller Feierlichkeit. Dies geschieht vor allem am sechsten Tage des Mondes, von dem die Gallier den Beginn der Monate datieren sowie des dreißigjährigen Zyklus, weil am sechsten Tage der Mond schon große Kraft besitzt und noch nicht die Hälfte seiner Bahn zurückgelegt hat.[91] Nach genügenden Vorbereitungen für ein Opfer und ein Fest unter dem Baum, begrüßen sie den Mistelzweig als das Allheilmittel und führen zwei weiße Stiere, deren Hörner noch nie gebunden waren, an die Stelle.[92] Ein weißgekleideter Priester klettert auf den Baum und schneidet mit einer goldenen Sichel die Mistel ab, die in einem weißen Tuche aufgefangen wird. Dann opfern sie die Tiere und beten, Gott möge sein eigenes Geschenk bei denen gedeihen lassen, denen er es zuteil werden ließ. Sie glauben, ein aus der Mistel hergestellter Trank bewirke, daß unfruchtbare Tiere zeugen, und daß die Pflanze ein Mittel gegen alles Gift sei.»

In einem anderen Buch seiner *Naturgeschichte*[93], das von pflanzlichen Heilmitteln handelt, berichtet uns Plinius, daß in der Arzneikunst die Mistel, die auf einer Eiche gewachsen war, als die wirksamste galt, und daß ihre Wirkung nach Ansicht einiger Leute noch erhöht werde, wenn die Pflanze am ersten Tage des Mondes ohne die Verwendung von Eisen gepflückt werde, und wenn sie nach dem Pflücken nicht die Erde berühre. Die auf diese Weise erworbene Eichenmistel galt als Heilmittel gegen Epilepsie. Wenn Frauen sie herumtrugen, verhalf sie ihnen zu einer leichten Niederkunft, und sie heilte Geschwüre am besten, wenn der Kranke ein Stück davon kaute und ein zweites auf die Wunde legte.

Halten wir zunächst fest, daß Plinius im Gegensatz zu einer oft gehörten Meinung durchaus nicht auf der etymologischen Ableitung des Wortes «Druide» von *drus*, «Eiche», besteht. Nach ihm «könnte» es nur «griechisch sein». Diese unselige Fehlinterpretation hat den Zorn der Spezialisten hervorgerufen, und wie immer war die Reaktion übertrieben. Ein Gelehrter ging so weit zu behaupten, die Druiden seien Priester eines Volkes gewesen, das den Kult der Eiche nicht kannte.[94] De Vries, der diesen Autor zitiert, tadelt zwar seine extreme Haltung, kommt aber dennoch zu dem Schluß, daß das Band zwischen den Druiden und der Eiche ziemlich fragwürdig bleibe. Zu schreiben – wie er es tut –, daß der Passus aus dem XVI. Buch von Plinius, den wir oben wiedergegeben haben, uns nichts über den Kult der Eiche sage, scheint ziemlich überspitzt. Nach den Keltenspezialisten Le Roux und Guyonvarch bedeutet das Wort «Druide» *(dru-(u)-id)* «sehr gelehrt», «sehr weise», aber es bestehe eine «wichtige semantische Äquivalenz mit dem Namen für Holz und Baum *(-vid)*… Das nimmt die analogische Etymologie des Plinius, der den Namen des Druiden mit dem griechischen Wort für ‹Eiche›, *drus,* in Verbindung bringt, wieder auf.»[95] Folgt man der linguistischen Erklärung von Le Roux und Guyonvarch, könnte man ebensogut sagen, das Wort «Druide» bedeute «Weisheit des Baumes», selbst wenn das keltische *dru-* nicht dem griechischen *dru* entspricht. Nach einem anderen Spezialisten der keltischen Kultur[96] setzt sich der Name der Druiden aus zwei Wurzeln zusammen, nämlich *dru-* und *vid,* die «Kraft» und «Weisheit» oder «Erkenntnis» bedeuten und deren Sinnbilder die Eiche beziehungsweise die Mistel sind.

Ein so skeptischer Historiker wie De Vries bemerkt immerhin: «Man sieht manchmal (in den Druiden) eine Art von Schamanen, die die Zauberei mit Lehre und Einweihung verbinden», aber wir haben bereits gezeigt, daß gerade die Schamanen keineswegs Zauberer waren und daß sie ihre Kräfte vom Weltenbaum bezogen. Die Druiden waren jedenfalls Propheten, was selbst Cicero bestätigt.[97] Das war auch vor allem die Funktion der *ovateis,* von denen insbesondere Strabo[98] spricht und die er neben den Druiden und den Barden als dritte der Gruppen bezeichnet, die bei den Galliern hohes Ansehen genossen. Die *ovateis* waren, wie die lateinischen *vates* – das Wort ist dem Gallischen entlehnt – Wahrsager oder Hellseher. Man weiß nicht mit Sicherheit, welche Art von Mantik sie dazu benutzten, aber es ist kaum vermessen zu vermuten, daß es sich auch hier um die weissagende Eiche handelte.

Plinius sagt, die Gallier hätten die Mistel ein universales Heilmittel genannt; diese Bezeichnung hat sich in gewissen keltischen Dialekten gehalten. Auf irisch heißt die Mistel *utile i ceadh* und auf walisisch *oll-iach,* das heißt «Allheilmittel». Um die Mitte des 19. Jahrhunderts galt nach dem Botaniker P. Lesson in Saintonge die Mistel, als Tee eingenommen, ebenfalls als Mittel gegen alle Beschwerden. «Mehr als 2600 Jahre haben die Kräfte, die ihr die Gallier zuschrieben, nicht gemindert, und täglich wird das Kraut gegen die schwersten Krankheiten gebraucht. Ich sah, wie es bei Vergiftungen und gegen Wassersucht sowie gegen verschiedene chronische Leiden angewendet wurde. Bedauerlicherweise», fügt der Kommentator hinzu[99], «sagt dieser ausgezeichnete Arzt nicht – oder er wagt nicht zu sagen –, ob mit Erfolg oder nicht.»

Der Glaube, die Mistel könne Epilepsie heilen, hat fast bis in unsere Tage in Schweden, Deutschland, England und gewissen Provinzen Frankreichs überlebt. Man findet sogar eine Spur davon im «Veitstanz», einer «pathologischen Erscheinung, die sich in unwillkürlichen Muskelkontraktionen selbst im Ruhezustand äußert und bei der die willkürlichen Bewegungen nicht koordiniert sind. Man beobachtet sie vor allem in der späteren Kindheit und besonders bei Mädchen.» Man glaubte, diese an sich ungefährliche Krankheit, die mit den Schwierigkeiten der Pubertät zusammenhängt, so daß die heutige Medizin sie wohl psychosomatisch nennen würde, könne mit dem Beistand des heiligen Vitus – *vit* ist der alte Name der Mistel – geheilt werden. Dieser aus Sizilien stammende Schutzheilige der Epileptiker, der unter der Herrschaft Diokletians gefoltert, aber von einem Engel gerettet wurde, erlitt nach der *Legenda Aurea*[100] mit zwölf Jahren den Märtyrertod. Sein Vater pflegte ihn zu schlagen, weil er sich weigerte, Götzenbilder anzubeten, und erblindete, nachdem er sieben Engel gesehen hatte, die Vitus schützten. Dieser gab ihm die Sehkraft zurück, doch da dieses Wunder nicht genügte, den Vater zu bekehren, floh der Knabe, begleitet von seinem Lehrer Modestus und seiner Amme Crescentia (lateinisch «Wachstum»). In der Folge gelang es Vitus, den Sohn des Kaisers Diokletian zu heilen, in den ein Teufel gefahren war, der ihn schüttelte. Ein moderner Psychotherapeut würde diese Legende als jugendliches Aufbegehren gegen den Vater erklären (eine Parallele dazu wäre die Geschichte vom Präfekten Valerian, dessen Hand verdorrte, als er Anstalten machte, das Kind, das dem Gott nicht opfern wollte, mit Ruten zu schlagen). Ein solcher Aufstand kann durchaus Störungen wie den Veitstanz hervorrufen, die ihre Ursache in gestauter Aggression haben.

Tatsache ist, daß die Mistel bis ins 18. Jahrhundert hinein in den Arzneibüchern Englands und Hollands als Mittel gegen Epilepsie aufgeführt wurde. Ihre Wirkung wird von Frazer wie folgt erklärt: «Da die Mistel nicht auf der Erde wurzelt, so scheint daraus zu folgen, daß ein Epileptiker unmöglich hinfallen kann, solange er ein Stück Mistel in der Tasche mit sich herumträgt oder Abkochung aus Mistel im Magen hat.» Der Umstand, daß die Mistel beim Ernten nicht auf den Boden fallen darf, unterstützt diese Ansicht ebenso wie das Verbot, ein Werkzeug aus Eisen zu benützen, das in den meisten Riten vorkommt, nicht nur weil das Eisen (verhältnismäßig) neu war, sondern weil es angeblich die Geister, damit aber auch die magischen Kräfte der Pflanze vertrieb. Frazer wußte allerdings nicht, daß seine ironisch gemeinte Erklärung mit den Prinzipien der «Lehre von der Signatur» vollkommen übereinstimmt, die während des ganzen Mittelalters die Heilkunst beeinflußte; sie wurde Ende des 16. Jahrhunderts von Giambattista Della Porte, einem berühmten italienischen Arzt, in seinem Werk *Magia naturalis*, das die modernen Phytotherapeuten heute wieder mit Gewinn konsultieren, systematisch dargestellt.

In Übereinstimmung mit den Vorschriften der *ovateis*, für die die Mistel ein Heilmittel bei Störungen war, die wir heute mit Bluthochdruck in Verbindung bringen[101], setzt die Phytotherapie ihre spannungslösenden, gefäßerweiternden und herzstärkenden Eigenschaften ein; äußerlich verwendet sie es gegen bestimmte Tumore, auf die die Mistel hemmend und abtötend wirkt[102]; das wußten schon die *ovateis*, die Geschwüre auf diese Weise heilten.

Wenn im Gegensatz dazu die Mistel nicht mehr bei Unfruchtbarkeit eingesetzt wird, so deshalb, weil es sich um einen Akt magischer Sympathie handelte, der eng mit dem verbunden war, was die Kelten für das Wesen der Mistel hielten. Sie galt generell als Bringerin der Fruchtbarkeit, bei Frauen wie auch beim Vieh, weil sie den allmächtigen Samen des Gottes darstellte und somit dessen Gegenwart auf der Eiche bestätigte; die zähflüssige Konsistenz und die weißliche Farbe des Fruchtfleisches lassen tatsächlich an Sperma denken. Die Mistel *(Viscum album)*, die nur sehr selten auf Eichen wuchs, wurde von den Druiden, wie Plinius schreibt, als Zeichen dafür angesehen, daß der Baum durch den Gott auserwählt war. Sie war vom Himmel herabgekommen wie der Blitz und vielleicht sogar mit dem Blitz, was auf dem Land lange Zeit geglaubt wurde. Man wußte, daß in Wirklichkeit der Mistelsamen von Vögeln auf die Zweige gebracht wurde, aber das widerlegte ihren himmlischen Ursprung keineswegs.

Wendet man sich der natürlichen Beziehung zwischen Mistel und Baum zu, so ergeben sich einige Überraschungen. Während der Baum tot erscheint, trägt die Mistel Blätter von leuchtend grüngoldener Farbe, und dann – im November und Dezember – werden auch ihre kugeligen, weißlichen und durchsichtigen Früchte reif. Es scheint, als ob das ganze Leben des Baumes sich in die Pflanze zurückgezogen hätte, die für Botaniker nur ein Parasit ist; das Leben hängt da, konzentriert, zwischen Himmel und Erde. «Im Winter», schreibt Frazer, «muß der Anblick ihres frischen Laubes an den kahlen Zweigen von den Gläubigen als Zeichen angesehen worden sein, daß das göttliche Leben, das aufgehört hatte, die Zweige zu beleben, doch noch in der Mistel fortbestand, wie das Herz eines Schlafenden noch weiter schlägt, wenn auch sein Körper unbeweglich ist. Wenn der Gott daher getötet, der heilige Baum verbrannt werden mußte, war es notwendig, daß man damit anfing, die Mistel abzubrechen. Denn solange die Mistel unzerstört blieb, war, so konnten die Leute meinen, die Eiche unverwundbar. Alle Stöße mit ihren Messern und Äxten würden unversehrt an der Oberfläche des Baumes abprallen. Riß man der Eiche aber ihr geheiligtes Herz, die Mistel aus, dann neigte sich der Baum und fiel.»[103] Man sieht hieraus, daß die Mistel ein Symbol der Regeneration war.

In dieser Funktion begegnen wir ihr auch an Neujahr. Der Brauch des *Guil'an-neuf* (Neujahrsmistel) ist in ganz Frankreich lebendig geblieben. In der Silvesternacht tauscht man genau um Mitternacht, wenn das neue Jahr beginnt, unter Büscheln von mit Früchten reich geschmückten Misteln gute Wünsche aus. Der Name Silvester, den ein heiliger Papst des 4. Jahrhunderts trug, scheint übrigens äußerst passend für ein Fest, das in der Gestalt der Mistel das Überleben des Waldgeistes feiert. Am letzten Tag des Jahres brachten die Jungen oder die Untergebenen den Älteren, Eltern oder Vorgesetzten Misteln und bekamen dafür ihrerseits Geschenke. Man sagte dazu den Spruch: «Salut a l'An neuf, donnez-moi du Gui l'An Neuf» («Gruß dem neuen Jahr, gebt mir Neujahrsmisteln»).

Dieser Brauch ließ den Glauben aufkommen, die Druiden hätten Misteln nur zur Wintersonnwende geerntet, aber Plinius, unser einziger Gewährsmann, sagt nur, daß sie «am sechsten Tag des Mondes», also gleich welchen Monats, gepflückt wurden.

Als Pfand für die Wiederauferstehung, für den Sieg über den Tod, spielt die Mistel in der Schilderung, die Vergil in der *Äneis* vom Abstieg des Äneas in die Unterwelt gibt, eine wichtige Rolle. Für unsere Zwecke müssen wir dem Leser diesen Passus der *Äneis* in Erinnerung rufen, denn es wimmelt darin von wertvollen Einzelheiten: Ein Zweig, dessen biegsamer Stengel und dessen Blätter aus Gold sind, verbirgt sich in einem dicht belaubten Baum, der der Juno der Unterwelt gehört. Ein ganzes Gehölz schützt ihn, und ein düsteres Tal umhüllt ihn mit seinem Schatten. Aber es ist unmöglich, in die Tiefen der Erde zu gelangen, ehe man vom Baum den Zweig mit dem goldenen Laub gepflückt hat, sagt die Seherin. Äneas macht sich, geführt von zwei Tauben, in den großen Wäldern auf die Suche nach dem Baum mit dem goldenen Zweig und entdeckt ihn plötzlich in tiefen Klüften. Angekommen bei den verpesteten Schluchten des Avernus, erheben sich die Tauben mit einem Flügelschlag und schweben beide bis zur gesuchten Stelle, zu der Baumkrone, in der das Gold funkelt und auf den Blättern glänzt. Wie tief im Wald unter den Nebeln des Winters die Mistel, fremd dem Baum, der sie trägt, mit ihren frischen Blättern neu geboren wird und dessen runden Stamm mit ihren safranfarbigen Früchten umgibt, erschien goldener Glanz im Laub in der Steineiche, und die glänzenden Blätter raschelten im sanften Wind.[104] Der Baum, auf dem der goldene Zweig gepflückt wurde, ist eine Steineiche; sie wurde als ein Baum der Unterwelt betrachtet, der mit Hekate und den Parzen in Beziehung stand, aber auch als Baum der Auferstehung.[105] Er ermöglichte den Zugang zur Unterwelt, aber auch die Rückkehr, wie im Fall des Äneas. In der *Äneis* handelt es sich offensichtlich um einen weissagenden Baum, da sein Laub raschelt.

Die poetische Beschreibung Vergils beruht auf alten Glaubensinhalten, und dieser Umstand macht sie vielleicht, ohne daß man sich dessen bewußt ist, heute noch packend. Sehr klug bemerkt Jean Beaujeu, daß die in Italien sehr spärliche Mythologie der Mistel in den keltischen und germanischen Ländern sehr reich war; die Mistel solle magische Kräfte haben; sie mache die Öffnung der Unterwelt möglich, vertreibe die Dämonen, verleihe Unsterblichkeit und – dies nur bei den lateinischen Völkern – widerstehe dem Feuer. Es sehe ganz so aus, als habe Vergil ein Thema seiner Heimat aufgegriffen (die Poebene war mehrere Jahrhunderte lang von den Kelten besetzt) und es latinisiert, indem er es Proserpina widmete.[106]

Der goldene Zweig, von Frazer beschrieben, der ihn zum Leitmotiv und zum

Titel seiner meisterlichen Studie machte, ist das Symbol des initiatischen Lichtes, das es gestattet, die Schatten des Reichs Plutos zu besiegen und sie hinter sich zu lassen, also aufzuerstehen.

Dies ist nun der Schlüssel zum Verständnis des schönen Baldur-Mythos in der germanischen Mythologie. Als Sohn Odins und der Göttin Frigg ist Baldur der Gott des Lichtes und der Schönheit; große Klarheit strahlt von seinem ganzen Körper aus. Keiner der Asen kommt ihm an Weisheit, Reinheit und Barmherzigkeit gleich, und alle Götter lieben ein so außergewöhnliches Wesen in einem Pantheon, wo die Gewalt herrscht; alle außer Loki, dem *enfant terrible* unter den Asen, dem Unheilstifter, dem «Trickster», dem Dämon des zerstörerischen Feuers. Loki haßt Baldur, seinen Widerpart, dessen bloßes Dasein einen Vorwurf an ihn darstellt, und beschließt, ihn mit Hilfe seiner Ränke endgültig aus dem Weg zu schaffen.

Einst hatte Baldur schwere Träume, die seinen Tod vorauszusagen schienen. Darauf hielten die Götter einen Rat und beschlossen, ihn gegen alle Gefahr zu sichern. Deshalb nahm die Göttin Frigg dem Feuer und dem Wasser, Eisen und allen Metallen, den Steinen und der Erde, den Bäumen, Krankheiten und Giften sowie allen vierfüßigen Tieren, Vögeln und kriechenden Geschöpfen einen Eid ab, daß sie Baldur nich schaden würden. Als dies geschehen war, galt Baldur für unverwundbar. Deshalb belustigten sich die Götter damit, ihn in ihre Mitte zu nehmen; einige schossen dann auf ihn, andere schlugen auf ihn ein und wieder andere steinigten ihn. Was sie aber auch taten, nichts konnte ihm schaden, und hierüber waren alle froh. Nur Loki, der Unheilstifter, war unzufrieden, und er ging in Gestalt einer alten Frau zu Frigg, die ihm sagte, die Waffen der Götter könnten Baldur nicht verwunden, da sie alle hätte schwören lassen, ihm nicht zu schaden. Da fragte Loki: «Haben alle Dinge geschworen, den Baldur zu schonen?» Sie antwortete: «Ostwärts von Walhall wächst eine Pflanze, Mistel geheißen. Sie schien mir zu jung zu schwören.» Da ging Loki hin, riß die Mistel ab und brachte sie in die Versammlung der Götter. Dort fand er den blinden Gott Hödur (Baldurs Bruder) außerhalb des Kreises stehen. Loki fragte ihn: «Warum schießt du nicht auf Baldur?» Hödur antwortete: «Weil ich nicht sehe, wo er steht, außerdem habe ich keine Waffe.» Da sprach Loki: «Tu' wie die übrigen und erweise Baldur die Ehre, wie sie es alle tun. Ich will dir zeigen, wo er steht, und schieße nach ihm mit diesem Zweig.» Hödur nahm den Mistelzweig und warf ihn nach Baldur, wie Loki ihn anwies. Der Mistelzweig traf Baldur und durchbohrte ihn, so daß er tot umfiel. Und dies war das größte Unglück, das jemals über Götter und Menschen kam.[107]

Wenn die Mistel das Leben aus Baldurs Leib reißt, so deshalb, weil sie selbst vom Weltenbaum getrennt wurde, dessen Herz und Lebensprinzip sie ist. Baldur, der Sohn Odins, der wiedrum durch Yggdrasil vertreten wird, ist aus dem Samen des Gottes geboren, aus der Mistel des Baumes. Das Abreißen der Mistel mußte, wie wir gesehen haben, unbedingt vorgenommen werden, ehe man den heiligen Baum fällte, denn sonst war er so unverwundbar wie Baldur. Aber die Mistel steht auch und vor allem für ein Versprechen der Heilung, der Erneuerung und hier der Wiederauferstehung. Baldur stirbt, weil er in einer von Gewalt regierten und daher dem Untergang verfallenen Welt einzigartig ist. In einer korrumpierten und entehrten Welt, einer Welt, die sich in gewisser Weise selbst verurteilt hat, ist das Prinzip des Guten, der Güte und der Schönheit nicht lebensfähig.[108]

Der Tod Baldurs, des einzigen positiven Elements in dieser Welt, hat die Bestrafung Lokis, des Prinzips des Bösen, zur Folge, aber auch *Ragnarök,* die Weltenkatastrophe, die wir schon beschrieben haben. Wie die Germanen glaubten auch die Kelten, die Welt werde eines Tages untergehen. Die Katastrophe werde eintreten, wenn der Himmel auf die Köpfe der Menschen falle, das heißt, wenn die ihn tragende Säule in der Mitte der Erde einstürze. Diese Säule war der kosmische Baum, dessen Stellvertreter jede heilige Eiche war, die sich in der Mitte eines *nemeton* erhob. Nach der großen Zerstörung kommen Baldur und Hödur, sein Bruder und unfreiwilliger Mörder, aus Hel auf die Erde zurück, aber es ist eine neue Erde, «aus dem Meer gestiegen... grün und schön», wo «die Felder Früchte tragen, ohne daß sie gesät worden wären». Baldur und Hödur werden sich in der großen Festhalle, in der einst Odin thronte, niedersetzen und miteinander reden, «sich die Runen zurückrufen und von den alten Ereignissen erzählen... dann werden sie im Gras die goldenen Tafeln finden, die den Asen gehört hatten...»[109] Es sind die Tafeln, auf denen die heiligen Runen eingeritzt sind, diejenigen, die Odin am Fuß des kosmischen Baumes gefunden hatte – Odin, der sich an Yggdrasils Äste hängte, von sich selbst für sich selbst geopfert.

Viertes Kapitel

Die Magie der Säfte

Dionysos Dendrites – Rituelles Erhängen und Fruchtbarkeit – Efeu und dionysischer Rausch – Bacchus, der Gott der Rebe – Dionysos und das Mysterium des Saftes

In der vorhellenischen ägäischen Welt stand Rhea, die Göttin der Eiche und der Tauben, mit ihrem Sohn und Geliebten, dem jungen kretischen Zeus, im Mittelpunkt des Baumkults, der ein grundlegender Bestandteil der minoischen Religion war. Die Archäologen haben viele, manchmal von kleinen Gebäuden flankierte Umfriedungen zutage gefördert, die den heiligen Baum umgaben. Vor einer Einfriedung, vor den Ästen, die über eine Mauer und einen Altar hängen, wurde mit Beschwörungen und rituellen Tänzen die Gottheit angerufen.[1] Eine frappierende Darstellung einer solchen Theophanie besitzen wir auf einem Ring aus Knossos. Der Gott ist aus dem Baum herausgekommen, schwebt aufrecht in den Lüften und zeigt sich der Priesterin, die ihn beschworen hat.[2] Diese Baumverehrung, die, wie es scheint, den Frauen vorbehalten war – bis in verhältnismäßig junge Zeit gab es in Kreta nur Dienerinnen des Kults –, war nicht die einzige Art der Anbetung; es gab auch ekstatische Tänze[3], die dazu bestimmt waren, das Wachstum der Pflanzen zu fördern, das magische Begießen[4], das den befruchtenden Regen herbeiholen sollte, und schließlich das Ausreißen des heiligen Baumes. Diese Zeremonie feierte den Tod der Vegetation, die winterliche Trauer der Natur[5], aber sie sollte auch, dank den Beschwörungen und Riten, die Energie, die im Baum enthalten war, freisetzen, damit sie den Bäumen und Pflanzen, die im Frühjahr wiedergeboren würden, zugute käme.

Die Tötung des Baumes trug manchmal Züge delirierender Raserei; in den Szenen, die auf den Ringen von Mykene und Vaphio abgebildet sind, umarmt eine Frau leidenschaftlich den Stamm eines Baumes, während ihn ein Offiziant mit abgewendetem Kopf ausreißt und eine andere Frau kauernd auf einem Grab seufzt – was an die Zeremonien erinnert, die in Phrygien den Tod des Attis, des sich selbst opfernden und wieder auferstehenden Gottes, feierten.

Dieser Kult, bei dem der Tanz dem das Weltall bewegenden Rhythmus folgt, um die Teilnehmer damit in Einklang zu bringen, erhält diesen Rhythmus aufrecht oder stellt ihn wieder her, wenn er sich abschwächt. Er spielte in Kreta und wahrscheinlich in der ganzen vorhellenischen Welt eine lebenswichtige Rolle. Wie vor allem Charles Picard betont, hatte er einen orgiastischen und sogar ekstatischen Charakter. Sein geheimer Zweck war, in Übereinstimmung mit der Periodizität des aufkeimenden, sterbenden und wieder auferstehenden Pflanzenlebens, die starken Gefühle, die das Leben und der Tod in allen denkenden Wesen hervorruft, auszudrücken.[6] Das vorhellenische Kreta wurde von den Griechen stets als das Heimatland der Exorzisten und der Magier, die Schule der Sühnerituale und mystischen Praktiken betrachtet und hat als solches die griechische Religiosität besonders geprägt.[7]

Das minoische Vordringen in das ganze Mittelmeerbecken, bis nach Ägypten, Phrygien und Anatolien, hat das gefühlsbetonte und leidenschaftliche Wesen des auf der Vorherrschaft der Muttergöttinnen beruhenden kretischen Kults verbreitet, eines Kults, der sich im Orient allmählich durch den Kontakt mit den asiatischen Religionen beeinflussen ließ.[8] Auch mußten die von den Hellenen mitgebrachten Neuerungen mit einer intakt gebliebenen, widerstandsfähigen Mittelmeer-Zivilisation verschmelzen, die selbst noch in der Niederlage und in der heimlichen Ausübung stark konservativ blieb. Neben den städtischen Religionen, die vom Rationalismus besessen und von der Dominanz der patriarchalischen Prioritäten geprägt waren, die schon die ritterliche Gesellschaft der homerischen Helden kennzeichneten[9], überlebten archaische Glaubensinhalte. Sie boten die spontaneren, intuitiveren Gefühle auf, die aus einer tiefen Übereinstimmung mit den Kräften der Natur erwachsen – ein verborgener Strom, den der unwiderstehliche dionysische Schwung neu belebte. Aber wenn auch der kretische Ursprung solcher Relikte leicht zu erkennen ist, sind sie doch viel älter; sie reichen bis in den Urgrund zurück, den die Griechen pelasgisch nennen. Das Orakel von Dodona ist eins der charakteristischsten und dauerhaftesten dieser Überbleibsel, insofern es noch kurz vor dem Siegeszug des Christentums konsultiert wurde.

Auf jeden Fall sind solche Beharrungstendenzen viel häufiger, als man bei der Lektüre der mythographischen Werke glauben könnte. In der klassischen Mythologie erscheint, schlecht maskiert durch die anthropomorphen Gottheiten des hellenischen Pantheons, der Schatten des heiligen Baumes, oft individualisiert und lokalisiert und im Lauf der Zeit zu einem bloß sekundären Attribut des Gottes geworden, das die meisten Mythologen zwar noch erwähnen, aber nicht für wichtig halten. Man könnte daher fast meinen, die Verteilung der Baumarten unter den Olympiern ergebe keinen Sinn und sei lediglich der Ausdruck poetischer Phantasie, außer vielleicht in ein paar bestimmten Beispielen, die so eindeutig sind, daß man sie nicht bestreiten kann, wie im Fall von Zeus und der Eiche oder von Athene und dem Olivenbaum. Aber wenn man diese Pflanzenzuordnungen aufmerksam untersucht, stellt man fest, daß sie immer sinnvoll sind; der jeweilige Baum stimmt mit der Persönlichkeit des Gottes überein, mit seiner

Rolle in der strukturierten Gesamtheit kosmischer Erklärungen, die ein Pantheon darstellt. So hat fast im Verborgenen ein ganzes System der Klassifizierung überlebt, das zwar nicht leicht zu entwirren ist, weil es zum Teil schon die klassischen Autoren nicht mehr verstanden, von dem aber genügend Spuren erhalten sind, um den Versuch einer Rekonstruktion möglich erscheinen zu lassen.

Wenn die Religionshistoriker mit wenigen Ausnahmen – zu den bedeutendsten davon zählen ein bereits etwas älterer Autor, J. G. Frazer[10], und ein moderner, Robert von Ranke-Graves[11] – dieses Thema vernachlässigten, so größtenteils deswegen, weil sie, im Bann der tatsächlich einschneidenden Veränderungen, die das Aufkommen des Getreideanbaus mit sich brachte, vergessen hatten, wie wichtig für den Menschen in einem früheren Stadium das Sammeln gewesen war, das weit weniger als die Jagd dem Zufall unterlag. Der Baum mit seinen Früchten und eßbaren Samen wurde als nährende Gottheit, als eigentliche Lebensquelle aufgefaßt.[12]

Dies traf auf das minoische Kreta zu, wie die Archäologen mit verhältnismäßig reichlichem Material dokumentieren konnten. Von dem hier besonders ausgeprägten Baumkult legen viele Kunstwerke Zeugnis ab, was bei einer größtenteils entwaldeten Insel überraschen mag. Aber wie Paul Faure, der die Insel kreuz und quer durchforscht hat, richtig sagt, war diese von den Göttern gesegnete Erde in der Antike grüner als heute; eine viel üppigere Flora bedeckte die Kalkmassive.[13] Seither wurde sie durch die Haltung von Ziegen und Schafen verwüstet, das ungezügelte Nomadentum oder Halbnomadentum der Eroberer, der arabischen Besatzer oder, im Mittelalter, der slawischen Siedler tat ein übriges. In der minoischen Epoche war Kreta von Wäldern[14] bedeckt, von denen nur noch bescheidene Überreste vorhanden sind. Es gab zahlreiche fruchttragende Bäume: Olivenbaum, Birnbaum, Granatapfelbaum, Mandelbaum, Mispel, Kastanienbaum, Nußbaum, Quittenbaum, Zürgelbaum, Jujube, Eberesche, Pinie, deren Mandeln man aß. Manche wurden kultiviert, von anderen, die wild geblieben sind, erntet man heute noch die Früchte.

Derselbe Autor präzisiert weiter, daß die minoische Zivilisation im Gegensatz zu dem, was man heute annehmen möchte, von den bewaldeten Bergen ausgegangen zu sein scheint; ein guter Teil der Nahrung der Kreter stammte damals und stammt heute aus der Sammeltätigkeit. Die Bergwälder bieten immer noch alle möglichen Heilmittel, die nach wie vor in Gebrauch sind. Diese vegetarische Diät wurde nur gelegentlich durch tierische Nahrung ergänzt, die die Jagd oder der Fischfang, kaum aber die Viehzucht lieferten; es scheint, daß Rinder – wie übrigens auch bei anderen Völkern – nur Opferzwecken dienten. Diese Abhängigkeit von wildem Gemüse und vor allem von Baumprodukten, die viel größer war, als man sich vorstellen kann, erklärt die magischen Praktiken der or-

94

giastischen Kulte, die das Pflanzenleben stärken und wieder auferstehen lassen sollten. Später, als sich der Getreideanbau ausbreitete, überlebten sie als Mysterien, die nur Initiierten zugänglich waren; nur die Verehrung der Rebe im Kult des Dionysos oder Bacchus hielt sich trotz vieler Widerstände noch lange, und seine öffentlichen Winterzeremonien verfolgten nach wie vor den Zweck, das Leben aus dem Todesschlaf zu erwecken, es aus den düsteren Abgründen hervorzuholen, in denen es verschwunden ist.

Man versteht jetzt besser, warum die große Göttin, die Weltenmutter, so oft von einem Baum begleitet wird und warum sie sich meistens in einem solchen zeigt. Der Baum wächst aus den Tiefen hervor und schöpft aus ihnen seine Existenz. Er erscheint als das eindrucksvollste Emporstreben des überbordenden chthonischen Lebens, das sich, von der Sonne angezogen, zum Himmel erhebt.

Was stellt in diesem Zusammenhang der kleine männliche Gott dar, der einen Stock oder ein Zepter in Händen hält und aus dem Laub eines heiligen Gehölzes hervortritt, wenn nicht den Geist des Baumes? In der kretischen Religion sind die Göttinnen häufig dargestellt, die Götter aber, als weniger bedeutende und aus jenen hervorgegangene Gottheiten, sehr selten. Die kretischen Götter sind anscheinend nur Befruchter, ihre Rolle gleicht der der Drohnen bei der Bienenkönigin. Selbst wenn sie wiedergeboren werden, sterben sie aufs neue. Es sind Sohn-Götter und auch Liebhaber-Götter, wie dies im Ursprung der Zeiten Uranos im Verhältnis zu Gäa, seiner Mutter, war[15] und ebenso Zeus Kretagenes, von dem gewisse archaische Züge als Anachronismen in der Gestalt des olympischen Zeus weiterlebten.[16]

Aber wenn es einen Gott gibt, der zum orgiastischen und ekstatischen Kult der heiligen Bäume gehört, zu den frenetischen Tänzen, die ihn begleiten, wenn es einen Gott gibt, der das Emporsteigen und Brodeln der Säfte, aber auch den winterlichen Tod der Bäume feiert, dann ist das in der klassischen Epoche nicht mehr Zeus, sondern sein Sohn Dionysos.

Dionysos Dendrites

Lange hat man diesen rätselhaften Gott mit den vielen Gesichtern und Namen, diesen «zweimal geborenen Gott», der stirbt und ins Leben zurückkehrt, der erscheint und verschwindet, für einen Gott der Rebe gehalten, einen Fremden in der griechischen Welt, von anderswoher gekommen, etwa aus Thrakien oder Phrygien. Aber die jüngsten Forschungen deuten darauf hin, daß es sich bei ihm um eine sehr archaische Gottheit handelt und ihr Kult, dem heftiger Widerstand entgegengesetzt wurde, wie man seiner mythischen Biographie entnehmen kann, und der über lange Zeiträume verschwunden war – zum Beispiel zu Zeiten Homers, der seinen nebensächlichen und sogar fast skandalösen Charakter unterstreicht –, die älteste Religion darstellt, die sich mit einzigartiger Lebenskraft erhalten hat.[17]

Seitdem man entdeckt hat, daß der Name des Dionysos sogar schon in mykenischen Inschriften auftaucht, sprechen sich die meisten Autoren für den ägäischen oder sogar kretischen Ursprung des Zeussohnes aus. Wir wollen nicht zu weit auf ein Gebiet vordringen, das seit nahezu einem Jahrhundert von den Religionshistorikern erforscht wird, deren Arbeit in den Werken H. Jeanmaires[18] und W. F. Ottos[19] gipfelt, und begnügen uns deshalb mit der Bemerkung, daß der phrygische Pseudo-Ursprung des Dionysos sich mit der Völkerwanderung hinlänglich erklären läßt. Die aufeinanderfolgenden Wellen von Einwanderern, die Kreta kolonisierten, kamen wahrscheinlich aus Westanatolien, wo Phrygien lag. Später sind einige dieser Eroberer, die mit der Zeit zu Kretern geworden waren, in ihr erstes Vaterland zurückgekehrt und haben dort Troja gegründet. Der archaische Gott Dionysos hat sehr wohl dieser zweifachen Reise folgen können, die somit auch ihn von Kreta nach Phrygien zurückgeführt hätte. Dies würde, wenigstens teilweise, das Hin und Her, das in der dionysischen Legende so oft vorkommt, begründen. Dionysos ist ein Reisegott *par excellence,* und zwar von Anfang an.

Der Kult eines kindlichen Dionysos ist tatsächlich in Kreta bezeugt, wo er mit Zagreus vom Ida-Gebirge verschmolz, der selbst wiederum nur ein Doppelgänger des Zeus Kretagenes vom Berg Dikte war. Außerdem scheint der Gott selbst – wenn auch der Name des Dionysos mit der Rebe so eng verbunden war, daß alle andern Züge seiner Gestalt in den Hintergrund traten – viel älter zu sein als der Rebbau, der aus Westasien nach Kreta eingeführt wurde, somit aus dem Ursprungsland der minoischen Kreter, die ihn vielleicht mit sich brachten.

Es gibt viele andere Facetten des Gottes, die sicher weit älter sind. Dionysos ist selbst in der klassischen Zeit nicht nur ein Gott der Rebe, sondern auch des Feigenbaumes wie Priapos, der Myrte wie Hades und vor allem des Efeus, des Granatapfelbaumes und der Pinie wie Attis; dies deutet auf seine verschiedenen Wesenszüge hin: den phallischen Aspekt und die Sterblichkeit als Gott der Vegetation und Hüter der Toten, die für kurze Zeit auf die Erde zurückkehren.

Wenn Dionysos uns bis zur Widersprüchlichkeit komplex erscheint, so deshalb, weil seine Persönlichkeit sich allmählich aus der Verschmelzung verschiedener Gestalten herausbildete, wie auch die Vielzahl seiner Namen zeigt. Manche davon bezeichnen die verschiedenen Gottheiten, mit denen er sich vereinte und von denen jede seine Persönlichkeit beeinflußte. Zagreus ist der «erste Dionysos», kretischen und vielleicht noch mehr ägäischen Ursprungs. Er ist der

Sohn der Persephone, der Göttin der Unterwelt, und des Zeus, der sich ihr in Gestalt einer Schlange genähert hatte; diese doppelte Herkunft zeigt also eine düstere und gefährliche chthonische Macht an.[20] Der «Große Jäger» – dies ist die Bedeutung seines Namens – führt die «wilde Jagd» an; dieses Thema (das sich durch die gesamte europäische Folklore zieht) betrifft das winterliche Zurückkehren der Toten, eine Wiederkehr, die gleichzeitig gefürchtet und erhofft wird, da mit ihr das Wiederaufsteigen der Lebenskräfte, die scheinbar von der Erde verschlungen waren, eingeleitet wird. Zagreus, den die Titanen in Gestalt eines Stieres lebendig zerrissen und fraßen, ist selbst ein Esser rohen Fleisches *(omestes)*, wie es dann auch, seinem Beispiel folgend, die Mänaden waren, die lebende Opfer zerstückelten *(diasparagmos)* und das Fleisch samt dem Blut sofort verschlangen (Homophagie). Diese kannibalistische Praktik scheint mit unserem Thema nichts zu tun zu haben, steht damit aber in engem Zusammenhang, denn Menschenopfer, die das Wiederaufleben und das Wachsen der Pflanzenwelt herbeiführen sollten, finden sich überall in der Vorgeschichte. Sie sind in Kreta nachgewiesen, wo das Schlachten von menschlichen Opfern wahrscheinlich das Ausreißen des heiligen Baumes begleitete. Nach R. Graves bezieht sich der Mythos des Zagreus auf «die alljährliche Opferung eines Knaben, der im alten Kreta anstelle des Minos, des Stierkönigs, getötet wurde. Der Knabe regierte einen einzigen Tag, nahm an einem Tanz teil, der die fünf Jahreszeiten – Löwe, Ziege, Pferd, Schlange und Stierkalb – illustrierte, und wurde dann roh verzehrt»[21]. Diese Tiergestalten entsprachen den Metamorphosen, mit deren Hilfe sich Zagreus dem Angriff der Titanen zu entziehen versuchte; er verwandelte sich nacheinander in Zeus (seinen Vater), der mit einem Ziegenfell bekleidet war (ein Hinweis auf die Schutzmacht), in Kronos, seinen Großvater, der es regnen ließ, hierauf in einen Löwen, ein Pferd, eine gehörnte Schlange und zuletzt in einen Stier[22], als welcher er getötet wurde. Aber Dionysos-Zagreus[23], der von den Titanen verschlungene Stier, war als Symbol der Kraft und Fruchtbarkeit, die der Erde zurückgegeben wurden und auf deren Wiedergeburt man hoffte, selbst ein «Stier-Esser»[24]. Er erscheint hier also als ein Gott, der sich selbst sich selbst opfert[25] – wie Odin, der sich an den Ästen des Weltenbaumes erhängte.[26]

Die Tötung eines menschlichen Opfers und seine Zerstückelung, die dazu dient, der Erde die Fruchtbarkeit wiederzugeben, kommt im dionysischen Legendenkomplex in der Geschichte Lykurgs, des Königs von Lydien, vor, der auf den Berg Pangäos geführt wurde, wo ihn auf Befehl des Dionysos, den die Lydier angefleht hatten, einer katastrophalen Dürre ein Ende zu bereiten, wilde Pferde in Stücke reißen. Der Gott hatte auf die Bitten geantwortet, die Dürre sei auf einen wegen des Mordes an Dryas (die Eiche)[27], das heißt wegen der Fällung des heiligen Baumes verhängten Fluch zurückzuführen. Diese Erzählung illustriert übrigens den wohlbekannten Brauch, den König zu töten, wenn er seine Macht über die Elemente, die das Wohlergehen des Reiches gewährleisten sollte, verlor, eine Macht, die er von seinem Vater, der heiligen Eiche, erhalten hatte.

In den dionysischen Legenden sind die Menschenopfer meistens Kinder – wie der junge Knabe, der Minos darstellte – oder junge Mädchen.[28]

Eine andere Erscheinungsform des Dionysos, Sabazios, war vielleicht nicht, wie man in der Antike mitunter glaubte, eine unter ihrem ursprünglichen Namen bekannte thrakische Gottheit[29], sondern ein großer Gott der phrygischen Welt.[30] Man meinte, sein Name bedeute auf griechisch «der in Stücke reißt»; diese Deutung entspricht der Zerstückelung, die der Homophagie voranging, einem Brauch, der in Thrakien bezeugt ist und Sabazios in die Nähe von Zagreus rückt. Vor allem aber war es der orgiastische, von Reinigungsriten begleitete Kult des phrygischen Gottes, der ihn Dionysos ähnlich erscheinen ließ und in Kreta sehr beliebt machte. Die Griechen sahen in ihm einen Sohn des Kronos und der Kybele, das heißt Rheas, was ihn wiederum näher zu Zeus als zu Dionysos rückte. Die Schlange war das ihm heilige Tier, und dieser Umstand beweist, daß es sich um eine chthonische Gottheit handelte. Einige Autoren behaupteten, Sabazios sei wie Zagreus aus der Liebe zwischen Persephone und dem in eine Schlange verwandelten Zeus entsprungen.

Aber was entscheidend zur Gleichsetzung von Sabazios mit Dionysos beitrug, war vor allem der Charakter der ihn ehrenden Mysterien. Jedenfalls zur Zeit des Demosthenes, der sie beschreibt[31], gehörte der Weingenuß dazu. In alten Zeiten hatte man statt des Weines eine Art Bier[32] getrunken, ein Geschenk des Sabazios, des Gottes der Gerste, an die Menschen. Sabazios war wie Dionysos auch mit dem Efeu verbunden, der in der thrakischen Religion eine wichtige Rolle spielte; die Verehrer des Gottes ließen sich ein Efeublatt in die Haut tätowieren.

Außer diesen beiden Namen, die für Naturgottheiten standen, die verschiedenen Ursprungs waren und zur klassischen Dionysosfigur verschmolzen, gab man ihm auch noch den vielleicht thrakischen Namen von Bacchus, dem Weingott, und den mystisch-eleusinischen von Iakkhos, der sich von *iakke* herleitet, dem «großen Schrei», mit dem in den Feiern der kindliche Gott begrüßt wurde. Diesem griechischen Namen gesellte man als lateinische Entsprechung den des Liber bei, der auch Dionysos galt. Liber war eine alte italische Fruchtbarkeitsgottheit, vor allem bekannt durch ihr Fest, die *Liberalia,* die am 17. März gefeiert wurden und bei denen die Jugendlichen ihre Praetexta gegen die Toga der Männer eintauschten. Erinnern wir uns in diesem Zusammenhang daran, daß die Kureten, die das Zeuskind und dann den kleinen Dionysos großzogen, eine Gruppe junger Initiierter waren, die ihr Haupthaar der Großen Göttin geopfert hatten, und daß der Aufenthalt der jungen Götter auf den bewaldeten Bergen, in direktem Kontakt mit den Kräften der wilden Natur, der Waldeinsamkeit entsprach, die die Heranwachsenden bei den Übertrittsriten, welche die Pubertät kennzeichnen, ertragen mußten. Im Lateinischen bedeutet *liber* «Baumrinde», genauer das, was die Botaniker heute noch als *Liber* bezeichnen, die innere, lebendige Schicht der Rinde, die den in den Blättern entstehenden Saft bis zu den Wurzeln transportiert.[33] Daraus ist klar zu ersehen: Dionysos ist im wesentlichen ein Gott des Saftes.

Doch vor allem durch die vielfachen ihn kennzeichnenden Beinamen tritt die archaische Gestalt eines Vegetationsgottes deutlich hervor. Nahezu überall, in Griechenland und anderswo, wurde Dionysos als *Dendrites*, der junge Beschützer der Bäume, verehrt. In Böotien, wo er nach Auffassung der Griechen geboren wurde, nannte man ihn noch treffender *Endendros*, «der im Baum Lebende und Wirkende», wie W. F. Otto[34] übersetzt, oder «der im Baum ist» – das drückt die Legende aus Magnesia am Mäander auf ihre Weise aus; sie erzählt, eine Dionysos-Statue sei im Stamm einer vom Wind umgestürzten Platane gefunden worden –; oder, noch besser, «der im Baum erscheint» wie der kleine Gott, der aus dem heiligen Hain hervorkommt und von dem wir weiter oben berichtet haben. Ein Fragment von Pindar enthält die folgende Anrufung: «Der freudenreiche Dionysos möge der Baumpflanzung Gedeihen geben, heiligen Glanz der Reife.» Vier Jahrhunderte später erwähnt Diodorus Siculus, man schreibe dem Gott das Wachsen der Obstbäume zu; man nannte ihn den, «der die Früchte wachsen läßt». In den Obstgärten zeugte ein Wildbaum von der aktiven Gegenwart ihres Beschützers. Dionysos, der über die Bäume wacht, verdankte ihnen schon seine Rettung, als er sich, noch nicht geboren, in Todesgefahr befand. Der griechischen Legende zufolge kam Semele in den von Zeus ausgehenden Flammen um, und der Fötus, den sie trug, wäre zugrunde gegangen, wenn sich nicht wunderbarerweise dichter Efeu zwischen ihn und das himmlische Feuer gesetzt hätte. Als Dionysos später seinen Zufluchtsort, den Schenkel seines Vaters, verließ, wurde das kleine «zweimal geborene» Kind auf Betreiben der eifersüchtigen Hera von den Titanen entführt, in Stücke geschnitten und in einem Kessel gekocht. Aber aus dem verspritzten Blut wuchs ein Baum, der Granatapfelbaum. Schließlich griff Rhea ein, die Großmutter des Dionysos; sie setzte seinen Körper wieder zusammen – wie Isis den ihres Gatten – und erweckte ihn zu neuem Leben.

Die ältesten Darstellungen des Gottes waren senkrechte Stangen ohne Arme, aber mit einem Mantel sowie einer Maske und einem Bart als Gesicht versehen; kleine belaubte Zweige, die aus Kopf und Körper sprossen, waren ein Hinweis auf das Wesen der Gottheit. Manchmal, wie in Theben, wo Dionysos herstammen sollte, handelte es sich einfach um einen von Efeu umwucherten Pfeiler; dieser Pfeiler, sagte man, sei alles, was vom Palast des Kadmos übriggeblieben sei; ein Brand, in dem auch die Tochter des Königs umgekommen war, hatte den Bau verwüstet. In Theben zeigte man außerdem eine Statue, die mit dem Blitz, der Semele traf, vom Himmel heruntergefallen sein soll, doch es war nur ein mit Metall umkleideter Holzklotz.[35] Das delphische Orakel befahl den Korinthern, eine bestimmte Pinie «gleich einem Gott» anzubeten; so fertigten sie aus dem Holz dieses Baumes zwei Statuen von Dionysos «mit roten Gesichtern und goldenen Leibern»[36] an. Im attischen Acharnai verehrte man einen Efeu-Dionysos, in Lakedämonien einen Feigenbaum-Dionysos, in Naxos gab es einen Dionysos Baccheus und einen Dionysos Meilichios, die aus Reben- bzw. Feigenbaumholz geschnitzt waren. Schließlich war in klassischer Zeit der Thyrsus der Bacchantinnen ein mit einer Efeuranke und Rebenblättern umwundener und mit einem Pinienzapfen gekrönter Stock.

Ein anderes Beiwort des Dionysos, *Bromios,* ist ebenfalls recht vielsagend, wenn man es nämlich nicht mit «lärmend» übersetzt, sondern – genauer – mit «raschelnd» oder «erschauernd». Es gehörte zum Wesen des Gottes, dessen Gegenwart man in der Bewegung des Laubs und im Murmeln des Waldes zu fühlen glaubte, und noch mehr im – zweifellos von Röcheln und dumpfem Brüllen begleiteten – Erzittern, das die Trance einleitete, in die das Nahen des Gottes seine Anhänger versetzte.[37] Das stimmt zu genau mit dem überein, was wir bereits im Zusammenhang mit Dodona berichtet haben, als daß wir nicht in Versuchung kämen, im Bromios einen Orakelbaum zu sehen. Tatsächlich war, wie noch zu zeigen ist, Dionysos auch Wahrsager.

Was den geheimnisvollen Berg Nysa angeht, den antike wie auch moderne Autoren an etwa zehn verschiedenen Orten lokalisieren wollten – in Böotien und Thrakien, in Libyen, Arabien, Äthiopien und sogar an der Meeresküste gegenüber den Kanarischen Inseln, also im mythischen Atlantis –, ohne je einen Beweis erbringen zu können, so sollte man sich fragen, ob *Nysa,* das trotz so ausgedehnten Suchens unauffindbar blieb, überhaupt der Name eines Ortes war. Nysa war eine Nymphe des Berges Helikon, die von Hermes das Kind Dionysos empfing, anders gesagt, sie war eine der Hyaden[38], die ihn mit Honig nährten. Auf demselben Berg, der wie die Nymphe ebenfalls Nysa hieß, sagt man, habe der Gott den Wein erfunden. Aber der Wein wurde anfänglich gar nicht mit ihm in Verbindung gebracht, und die griechische Legende verrät uns die Namen seiner «Erfinder». Könnte es sich nicht eher um Met handeln, den vergorenen Honig, der die Grundlage des Nektars bildete, des Tranks der olympischen Götter, der den wenigen Sterblichen, die davon kosten durften, Unsterblichkeit verlieh? Met war wahrscheinlich neben Efeu (der Helikon ist der Berg des Efeus) in dem erregenden Getränk enthalten, das die Mänaden zu sich nahmen. Nysa, schreibt R. Graves, bedeute «Baum», und da «Dionysos» eine Bezeichnung für den «Gott von Nysa» sei, kennzeichne ihn schon sein Name als Baumgott. Leider lieferte Graves keinerlei Beweise für seine Behauptung. Allerdings ist es vielleicht nicht unerheblich, daß eine Baumart ausgerechnet Nyssa genannt wurde. Sie erhielt diesen Namen von Gronovius, der im 17. Jahrhundert als Professor an der Universität von Leyden wirkte und dazu sagte, es handle sich um den Namen einer Nymphe. Und Gronovius mußte als Philologe und Verfasser gelehrter Abhandlungen über die römische Antike wohl wissen, wovon er sprach.[39]

Wie der kretische Zeus ist also der archaische Dionysos eine Baumgottheit; dieser Aspekt verbindet alle seine oft widersprüchlichen Gestalten, aber viel mehr als der Kretagenes ist er ein Sohn-Gott. Er wurde von Zeus mit der Mutter Erde, der Großen Göttin, gezeugt. Dank Kretschmers[40] Arbeiten weiß man heute, daß in Semele wahrscheinlich Semelo, die phrygische Erdgöttin[41], zu sehen ist. Trifft dies zu, so ist ein Teil des griechischen Mythos hinfällig, wonach Dionysos der Sohn einer Sterblichen wäre, die, von Hera in hinterhältiger Weise angestachelt, ihren Liebhaber in seiner olympischen Majestät betrachten wollte und in Flammen umkam. Hier widerspricht W. F. Otto als einziger der Interpretation Kretschmers. Er macht darauf aufmerksam, daß Semele schon bei Hesiod als Tochter Kadmos', des Königs von Theben, und als Sterbliche, die einen unsterblichen Sohn hatte, bezeichnet wird. Der Einspruch ist sicher gewichtig, aber man kann ihm entgegenhalten, daß es sich vielleicht um zwei verschiedene Stadien der dionysischen Biographie handelt. Der kretische Gott der Bäume unterlag, wie sein Vater Zeus Kretagenes und wie alle Vegetationsgottheiten, dem Zyklus von Tod und Auferstehung, war also sterblich. Bei ihm allein ist es dabei geblieben, was seine besondere Stellung unter den Olympiern als eine Art Randfigur erklärt. Um diese Sterblichkeit, die aber in Wirklichkeit keine ist, zu erklären, wandten die rationalistischen Griechen einen Kunstgriff an, der das scheinbar Unvereinbare vereinte: Dionysos ist Sohn eines unsterblichen Vaters und einer sterblichen Mutter. Gewisse Skrupel hatten sie dabei trotzdem: Dank ihrem Sohn, der sie dem Hades entreißt, wird Semele unsterblich, übrigens unter einem neuen Namen, Thyone. Die Verwandtschaft dieses Namens mit dem der auch als Bacchantinnen bezeichneten Thyiaden wurde schon von den Alten erkannt.[42] Die auferstandene Semele-Thyone wird die erste unter ihnen, ihr Vorbild, weil sie aufgrund ihrer Mutterschaft als erste Frau vom bacchischen Rausch ergriffen war, der von dem Kind ausging, das sie in ihrem Schoß trug.[43] Aber in der Antike setzte man Thyone mit Dione gleich, der Gattin des Zeus in Dodona, das heißt, mit Rhea, der Mutter Erde.

All dies führt uns also zum Zeus des Dikte, dem Vater des kretischen Dionysos, zurück. Doch neben den Verschiedenheiten, die wir hervorgehoben haben, gibt es auch auffällige Ähnlichkeiten zwischen den Erzählungen über die Kindheit der beiden: Beide werden durch den Vater tödlich bedroht, von der Mutter, die verschwindet, verlassen, wachsen auf einem bewaldeten Berg heran – bei Zeus dem Dikte oder dem Ida-Gebirge, dem Ida oder Helikon bei Dionysos-Zagreus –, erzogen von jungen Initiierten – den Kureten, Söhnen der Rhea – oder von Korybanten oder auch Nymphen, den Hyaden, denselben, die nach der dodonischen Legende Zeus großgezogen hatten. Nur hören hier die Parallelen auf. In der Kindheit des Dionysos folgt die Episode der Zerstückelung durch die Titanen, die Zeus hingegen besiegt hatte. Und dann vor allem muß Dionysos, im Gegensatz zu seinem Vater, ein Kind oder eher ein Jugendlicher bleiben, den sein Lehrer Silen niemals verläßt. Als Hermes den Neugeborenen auf Befehl des Zeus Ino, seiner Tante mütterlicherseits, anvertraut, empfiehlt er ihr, ihn wie ein Mädchen aufzuziehen[44]; die Persönlichkeit des Gottes wird hiervon mitgeprägt sein. Für Äschylos[45] und Euripides[46] ist er weibisch, man betrachtet ihn oft auch als androgyn. Diese Zweideutigkeit zeigt sich sogar in seinen Beziehungen zu Frauen, sein weibliches Naturell enthüllt sich auch in seiner Art zu lieben. Vielmehr als Geliebte sind die ihn umgebenden Frauen Ammen oder Mütter; selbst die Bacchantinnen spielen diese Rolle.[47] Dazu bemerkt W.F.Otto, «daß Vornehmheit und Unnahbarkeit zum Charakter der Mänade gehören und daß ihre Wildheit mit der wollüstigen Erregung jener halbtierischen Gesellen, die sie umkreisen, nichts zu tun hat»[48]. Niemals nimmt Dionysos an ihren sexuellen Exzessen teil; er scheint ihre ungehemmte Sinnenlust nicht wahrzunehmen. Ein Zug, der ihn von allen wirklich maskulinen Göttern unterscheidet, deren Liebesleidenschaft durch flüchtige Umarmungen gestillt wird, besteht darin, daß seine Liebe ekstatisch ist und ihn für immer an das geliebte Wesen bindet. Das zeigen uns die Vasenmalereien in großartiger Weise. Es ist nicht willkürlich, wenn man in Ariadne die Auserwählte sieht, denn es ist bemerkenswert, daß der Mythus sehr wenig andere Liebesverbindungen kennt. Dionysos beträgt sich also eher wie ein Jüngling als wie ein «gestandener» Mann. Weit mehr als sie von ihm wird er von den Frauen beherrscht und selbst von den Mänaden als Kind behandelt.

Rituelles Erhängen und Fruchtbarkeit

Betrachtet man die Persönlichkeiten der Frauengestalten, die seine Geliebten waren, so entdeckt man ein anderes Element. Erigone war die Tochter des Ikarios, nach dem ein Demos von Winzern in Attika benannt ist. Als Dank für seine Gastfreundschaft enthüllte ihm Dionysos die berauschenden Eigenschaften der Rebe[49], aber Ikarios beging die Unvorsichtigkeit, die Schäfer von dem Trank kosten zu lassen, und sie ermordeten ihn, weil sie sich verhext glaubten. Erigone, die ihn auffand, erhängte sich an einem Baum, nicht ohne von den Göttern verlangt zu haben, daß den Mädchen von Athen das gleiche Schicksal widerfahren möge, solange ihr Vater nicht gerächt sei. Tatsächlich erhängten sich die jungen Athenerinnen reihenweise an Pinien, bis das Orakel von Delphi erklärte, daß Erigone ihr Leben gefordert hatte; daraufhin wurden Ikarios' Mörder gesucht, gefunden und gehängt. Diese kleine, scheinbar banale Geschichte bedarf einiger Erklärungen. «Erigone» bedeutet «die im Frühling geboren wird», aber der erste Teil dieses Wortes, *er* für *ear,* bezeichnet nicht nur den Frühling und den Morgen, sondern auch den Saft und das warme Blut des Mordes, was der Todesart des jungen Mädchens einen besonderen Sinn verleiht. Übrigens war Erigone dafür bekannt, daß sie die Aiorien einführte, in deren Verlauf man, um ihre Fruchtbarkeit sicherzustellen, Puppen und Masken in die Bäume hängte, während die jungen Mädchen, mit den Füßen auf einem kleinen, an den Ästen aufgehängten Brett stehend, schaukelten. So entstand, sagt man, die Schaukel. Dieses Schaukeln hat die Neugier der Autoren nicht geweckt. Sie haben offenbar nicht erkannt, daß es sich um eine Nachahmung des sexuellen Spasmus und insbesondere des weiblichen Orgasmus handelte; diese Nachahmung rührt die Mädchen so stark auf, weil sie dabei noch ungeahnte Freuden entdecken. Im übrigen ist das Schaukeln ein ritueller Akt, der so gut wie überall in der Welt ausgeübt wird, besonders in Indien, wo sein Rhythmus mit dem der Zeit, mit dem Wechsel von Tag und Nacht und dem der Jahreszeiten gleichgesetzt wird. Wirksam vor allem im Frühling, da er die Erneuerung feiert und fördert, trägt er angeblich auch dazu bei, befruchtenden Regen herbeizurufen.[50]

Der Brauch, kleine Figuren an die Äste der Obstbäume zu hängen, war in Griechenland und Kreta allgemein verbreitet. Meistens stellten sie Ariadne dar, denn letztere war ursprünglich die Tochter des Minos, eine minoische Urgöttin, ein Geist der Pflanzen oder des Baumes.[51] Ihr Name, Ariadne oder eigentlich Ariagne, gewöhnlich mit «die Heiligste» übersetzt, würde viel besser mit «die Unberührte» oder «Unberührbare» wiedergegeben.[52] Die Jungfrau Ariadne zahlte teuer dafür, daß sie keine mehr war, denn in Naxos verließ sie der wankelmütige Theseus. Sie wurde später von Dionysos getröstet, als er auf diese Insel kam. Ariadne starb eines gewaltsamen Todes; sie wurde auf Verlangen des Dionysos, der letztlich doch auf Theseus, ihren einstigen göttlichen Liebhaber, eifersüchtig wurde, von Artemis verbrannt; oder aber sie hat sich, nachdem sie verlassen worden war, auf Zypern erhängt. Auf Zypern zeigte man sogar ihr Grab in einer Höhle in einem Wald, der Ariadne-Aphrodite geheiligt war. Bei diesem Grab führte man eine seltsame Zeremonie durch: Ein junger Mann imitierte Geburtswehen, und das göttliche Kind, das hierauf angeblich geboren werden sollte, förderte das Wachstum der Pflanzen. So merkwürdig diese «Entbindung» anmutet, so leicht ist sie zu erklären. Auf Zypern soll die von Theseus getrennte Ariadne in den Wehen gestorben sein, ohne ein Kind zur Welt gebracht zu haben. Der junge Mann setzte das begonnene, aber nicht vollendete Werk in gewisser Weise genau so fort, wie Zeus in seinem Schenkel den Fötus des Dionysos barg, der lebend aus dem Leichnam seiner Mutter gezogen worden war.

Das Erhängen Ariadnes auf Zypern erinnert an Erigones Los in Ikarion, aber auch ihre Schwester Phädra, «die Glänzende», beendete ihr Leben, indem sie sich erhängte, als ihr Schwiegersohn Hippolyt sie abgewiesen hatte – und Phädra wird manchmal auf einer Schaukel dargestellt. Andererseits ist ihre inzestuöse Liebe zu Hippolyt – die einer reifen Frau zu einem jungen Mann – gleichzustellen mit dem Paar, das die kretische Große Mutter und ihr jugendlicher Sohn-Mann bildeten. Auf Rhodos, also nicht weit von Zypern, wo Helena sich erhängt haben soll, trug sie den Beinamen *Dendritis,* wie Dionysos. Sie war also eine Baumgöttin. Wir können sogar präzisieren: eine Göttin der Platane, denn diese Baumart war ihr geweiht. Wie alle Bäume, deren Blätter fünflappig sind und deshalb an Hände erinnern, gehörte die Platane – wie auch der Feigenbaum, die Rebe und der Efeu – der Großen Göttin. Und schließlich gab es in Arkadien einen Kult der Artemis Apankhomene oder Artemis Condyleatis, der «Erhängten», der «Erwürgten». Artemis, die Jungfrau, die mit ihren Gefährten die wilden Wälder durchstreift, war ebenfalls eine Baumgottheit; der Nußbaum, die Zeder und wahrscheinlich auch die Rottanne waren ihr geweiht.

Was mögen diese vielen Fälle des Erhängens, für das auch das Schaukeln oder das Aufhängen von Puppen in den Bäumen nur Ersatzhandlungen sind, bedeuten? Wir haben gesehen, daß das rituelle Schaukeln in der ganzen Welt mit der Erneuerung der Vegetation in Verbindung stand und daß die Puppen das Wachstum der Bäume, in denen sie aufgehängt waren, begünstigen sollten. Geht man einen Schritt zurück, so kann der Sinn des Erhängens – nicht mehr symbolisch, sondern real gesehen – nur derselbe sein. Und hier begegnen wir wieder der Selbstopferung, der von Dionysos-Zagreus und der Odins. Was soll das besagen, wenn nicht, daß die Selbstopferung überall dasselbe bedeutet: Sie ist das totale Geschenk, denn der sich Opfernde gibt sich für das Gemeinwohl hin; aber wenn das Opfer vollbracht ist, folgt die Auferstehung. Im Fall des Erhängens an Bäumen ist das Ziel angegeben; es handelt sich darum, rechtzeitig das Wiederaufleben der Vegetation anzuregen. Ariadne ist, wie wir gesehen haben, eine Göttin des Frühlingswachstums. Vielleicht kann man sogar noch weiter gehen. Erigone erhängt sich an einer Pinie, dem Baum des Dionysos, Helena an einer Platane, die ihr selbst geweiht ist. Heißt das nicht, daß die Gottheit, indem sie ihr Leben ihrem eigenen Baum gibt, sozusagen in die Wohnung zurückkehrt, aus der sie im Frühling hervorgegangen ist? Das Opfer entspricht dem scheinbaren Wintertod des Baumes, der seine Vitalität damit nach innen zurückzieht, dessen Saft die Zweige verläßt und sich im Innern des Stamms konzentriert, also in der Erde, von wo aus er beim Frühlingserwachen aufs neue aufsteigt, um den ganzen Baum zu bewässern. Auch hier sehen wir uns wieder dem Mysterium des Baumlebens gegenüber, das alle tief bewegen muß, die ihren Lebensunterhalt vom Baum bezogen und die in seiner Wiedergeburt ein Versprechen der eigenen Auferstehung sahen.

Wenn die göttlichen Selbst-Erhängungen, von denen in den Legenden die Rede ist, wie auch die einstigen Menschenopfer, die sie widerspiegeln (und die übrigens erwiesen sind), Riten darstellten, die das Wachstum, das Gedeihen und die Fruchtbarkeit der Vegetation sicherstellen sollten, so versprachen beide dem Opfer ein besseres Los, nämlich die Unsterblichkeit. Man darf daher durchaus annehmen, daß es sich zumindest anfänglich um freiwillige Opfer handelte.[53] Eine seltsame Reminiszenz davon besitzen wir in Form der Karte XII des Tarot, «Der Gehenkte», auch «Das Opfer» genannt. Sie zeigt einen schaukelnden jungen Mann, der mit einem Fuß an einem quer über zwei Bäumen liegenden Balken hängt; sein Haar berührt beinahe die Erde, es sieht aus, als wolle der Kopf sich zwischen den beiden Erhebungen am Fuß der Bäume in den Boden versenken. Nach der überlieferten Symbolik des Tarot versinnbildlicht der Gehenkte die Fruchtbarkeit des freiwilligen Selbstopfers, der Selbstlosigkeit; er stellt die Seele des Mystikers dar, die sich von der Materie loslöst, um sich wieder mit der geistigen Welt zu vereinen, aus der sie hervorgegangen ist.[54] Der Mystiker «hat auf die Steigerung seiner eigenen Energien verzichtet und tilgt sich aus, um die kosmischen Einflüsse besser empfangen zu können», mit dem Ziel, «die chthonische Wiedergeburt» zu befördern. «Der Gehenkte ist das Arkanum der endgültigen Wiederherstellung... Aber diese Wiederherstellung ist die Vorbedingung der Wiedergeburt.»[55] Wird hier nicht recht eigentlich die geistige Bedeutung des rituellen Erhängens zum Ausdruck gebracht, der Sinn, den es ursprünglich haben mußte? In unserem Zusammenhang ist noch folgendes wichtig: Die gebundenen Arme des Gehenkten halten Säcke, aus denen Gold- und Silbermünzen auf die Erde fallen; die Bäume, auf denen der Balken ruht, sind entlaubt, gekappt und beschnitten, und entlang ihren Stämmen öffnen sich die Narben, die von den sechs abgeschnittenen Ästen herrühren und an denen noch blutfarbener Saft zu sehen ist. Der Baum wird also verletzt, nicht der Gehenkte selbst. Vom archaischen Glauben an die befruchtende und regenerierende Wirkung des Erhängens findet sich noch eine andere Spur: die mittelalterliche Legende von der Alraune (Mandragora), deren Wurzel die Form eines Homunkulus hat. Als eine Art Allheilmittel verwendet, sollte sie den Schlaf bringen, Schmerzen beseitigen und die Liebesfähigkeit steigern. Alraunen wuchsen, so meinte man, unter Galgen aus dem Samen der Gehängten. Schließlich: wie könnte man sich durch das Bild des mit dem Kopf nach unten hängenden Menschen nicht an den umgekehrten Weltenbaum erinnert fühlen? In der Symbolik des Tarot korrespondiert der Gehängte mit dem Gaukler der ersten Karte; letzterer ist der Demiurg, das heißt der Schöpfer.

Da Ariadne tot war, erhängt auf Zypern oder verbrannt von Artemis, hat Dionysos sie als wieder zum Leben Erweckte geheiratet. Man versteht jetzt besser, warum die Legende behauptet, Artemis habe Ariadne auf Verlangen des Dionysos selbst getötet. Ariadne mußte sterben – wie Semele –, um unsterblich zu werden und sich mit einem Gott vereinen zu können, der selbst, wie alle Vegetationsgottheiten, stirbt und aufersteht.

Efeu und dionysischer Rausch

Die meisten der von uns wiedergegebenen Legenden haben eine gemeinsame Struktur. Es handelt sich jedesmal um ein von der Muttergöttin und ihrem Sohn und Geliebten, dem jugendlichen Gott der Vegetation, gebildetes Paar. Dionysos ist, wie Zeus Kretagenes, ein göttlicher Sohn, auch im Verhältnis zu Zeus selbst. Er hat, kurz gesagt, den Status des Königssohnes, der in alten Zeiten geopfert wurde. Zeus ist, wie wir gesehen haben, die Eiche, der König der Bäume; Dionysos ist nur die Pinie, die weit davon entfernt ist, die Majestät der Eiche zu besitzen und ähnlich lange zu leben. Vor allem aber ist er der Gott der doppeldeutigen Pflanzen, die Bäume sind und doch nicht sind – des Efeus und des Weinstocks. Zwar bilden sie hölzerne Stämme, doch beide brauchen eine Stütze. Efeu und wilde Rebe halten sich an den Bäumen fest, die sie mit ihren kletternden Ranken umschlingen. Der Efeu wächst zuerst auf der Erde, der Mutter Erde, als werde er von ihr ausgestrahlt, und er bedeckt sie im Winter mit seinen zähen Blättern, bis er auf einen Baumstamm trifft, an dem er sich dann spiralförmig emporwindet. Er kann das Leben seiner Stütze in Gefahr bringen, denn allmählich erstickt er sie, und sie geht zugrunde.

Nun ist aber der Efeu neben der Weinrebe «das Lieblingsgewächs des Dionysos»[36]. Man nannte ihn oft «den Efeugeschmückten» oder einfach *Kissos,* «Efeu». Diese Ranke, erinnern wir uns, hatte ihn in Kadmos zweimal gerettet. Kurz nach seiner Geburt badeten ihn die Nymphen in der Quelle Kissusa, der «Efeuquelle», und auf dem Berg Helikon (*helix* ist ein anderer Name für Efeu) wurde er großgezogen.

«Wein und Efeu», schreibt W. F. Otto, «sind wie Geschwister, die sich nach entgegengesetzter Richtung entwickelt haben und dennoch ihre Verwandtschaft nicht verleugnen können.» Sie sehen sich tatsächlich ähnlich, aber ihr jahreszeitlicher Lebenszyklus ist unterschiedlich. Am Anfang des Winters scheint die abgeerntete Rebe tot, sie existiert nur noch in Form eines ausgetrockneten Rebstocks; der Efeu aber strahlt und blüht, was die Bienen wissen, die bei ihm die letzte Ernte des Jahres einsammeln. Früchte bildet er ganz zu Beginn des Frühlings, lange bevor die neuen Triebe der Rebe erscheinen, und sie enthalten einen rötlichen Saft, der den Vögeln als Nahrung dient. Zwischen seiner Blütezeit und seinen Früchten liegen die Wintermonate, während denen die dionysische Epiphanie stattfindet. Der Efeu liebt nicht nur die Kälte, sondern auch den Schatten; der Weinstock hingegen braucht Licht und Sonne. Mit seinen Ranken, die über den Boden kriechen und sich spiralförmig[57] um die Bäume winden, erinnerte der Efeu die Alten an die Schlangen, die chthonische Macht *par excellence*. Im dionysischen Kult wurden die Pflanzen sogar mit den Schlangen gleichgesetzt, die das Haar der Mänaden schmückten und die sie in den Händen hielten; das zeigt die Anekdote, die von Nonnos aus Panopolis[58] berichtet wurde: «Die Schlangen, die die Mänaden auf einen Baumstumpf geworfen hatten, wanden sich um ihn und verwandelten sich in Efeuranken.» Efeuranken waren für die Gefährtinnen des Gottes nicht nur Schmuck; sie rissen sie ab und verzehrten sie.

In der klassischen Epoche stellte man dem feurigen Charakter des Weines die feuchte Frische des Efeus gegenüber, und man glaubte, er könne dessen berauschende Wirkung neutralisieren. Aus diesem Grund soll Dionysos selbst denjenigen, die zu «bacchischer Raserei» neigen, geraten haben, sich für die Festmähler Kränze aus Efeu zu flechten.[59] Das scheint aber nicht immer so gewesen zu sein, denn bestimmt hat der Gott den Efeu nicht als Beruhigungsmittel verwendet, wenn er Frauen antraf, die seinem Kult widerstanden, denn, alsbald von Raserei erfaßt, liefen sie in die Berge, um sich den Mänaden anzuschließen. Nach Arrian hatte sich die Eskorte Alexanders des Großen, als sie den Berg Meros in Indien erreichte, mit Efeu bekränzt; man war sehr erstaunt darüber gewesen, diese Pflanze, der man bisher in Indien nicht begegnet war, hier vorzufinden. Die griechischen Soldaten seien hierauf von einer wilden Fröhlichkeit erfaßt worden, die der Geist des Dionysos hervorgerufen habe. Nach Auffassung der Alten machte der Efeu einerseits unfruchtbar, was für die delirierenden Frauen nützlich sein konnte, und andererseits glaubte man, er könne eine Art von Wahnsinn verursachen.

Manche sagen, so berichtet Plutarch, er enthalte gewalttätige Geister, die Ausbrüche, gefolgt von Krämpfen, wecken, erregen und hervorbringen. Kurz, er erzeuge eine Berauschtheit ohne Wein, eine Art Besessenheit bei Menschen, die eine natürliche Neigung zur Ekstase haben.[60] An einer anderen Stelle sagt der gleiche Autor über dem Wein beigemischten Efeu, die Wirkung dieser Mischung auf die Trinker sei nicht eigentlich ein Rausch, sondern eine Verwirrung, ein Delirium, wie vom Bilsenkraut und vielen anderen Pflanzen, die das Gehirn heftig bewegen, verursacht.[61] Nun entspricht die im Altertum wohl bekannte Wirkung des Bilsenkrauts dem, was wir von der dionysischen Besessenheit wissen. Das Bilsenkraut verursacht Delirien, die mit Visionen und Halluzinationen durchsetzt sind und sich bis zu heftigen Wahnsinnsanfällen steigern können; anschließend stellt sich ein unwiderstehliches Schlafbedürfnis ein, das zu sehr tiefem Schlummer führt. Daß das Verzehren von Efeu gefährlich ist, davon zeugt ein hellenischer Mythos, demzufolge Kissos, der Efeu, der als Sohn des Dionysos bezeichnet wird, vor seinem Vater tanzt und daran stirbt.[62] Das Bilsenkraut ist ein Narkotikum, aber auch ein Aphrodisiakum – wie das auch der Efeu gewesen zu sein scheint.[63] Die Hexen des Mittelalters verwendeten dieses Nachtschattengewächs, wenn sie Liebestränke brauten, vor allem aber war es ein Bestandteil der Tinktur, mit dem sie ihren Körper einölten, ehe sie sich zum Sabbat begaben.[64]

Seltsamerweise haben sich die Autoren, die das Phänomen des Mänadismus untersuchten, kaum je mit der Frage beschäftigt, was ihn verursachte, wohl deshalb, weil das Bild des Weingottes Bacchus, das zwar alt, aber nicht urtümlich ist, für sie den archaischen Dionysos verdeckte. Aber die wohlbekannten Symptome des dionysischen Deliriums haben nichts mit dem Weinrausch zu tun; dagegen gleichen sie stark den vom Bilsenkraut hervorgerufenen Zuständen, dessen Wirkung Plutarch mit der des Efeus vergleicht. Die Nutzung der halluzinogenen Eigenschaften des Efeus ist wahrscheinlich sehr alt, älter als der Weinbau.

In den europäischen Mythologien gibt es noch Spuren einer engen Verbindung zwischen dem Efeu und dem göttlichen Blitz. Die Litauer, ein sehr archaisches Volk, das in alten Zeiten ein viel ausgedehnteres Gebiet besiedelte als heute und bei dem sich der Baumkult lange hielt, nannten den Efeu *Perkunas;* dies war aber der Name des Blitzgottes und Herrschers über die Natur, den alte Chroniken mit Zeus vergleichen.[65] Auch die Germanen glaubten, der Efeu sei dem Donar geweiht, dem Gott des Donners und Sohn der Göttin Jord, «die Erde». Ferner haben wir bereits gesehen, daß der Efeu erschien, um das Kind Dionysos vor dem Blitz zu retten; die Geburt des Gottes und der Pflanze scheint gleichzeitig stattgefunden zu haben. Wir können also jetzt ergänzen, daß die Pflanze, die aus der Berührung von Blitz (Zeus) und Erde (Semelo) hervorging, keine andere war als der Efeu, Kissos, einer der Namen des Dionysos. «Man sagt, Kissos sei der Name des Kindes Bacchus gewesen, das, von seiner Mutter Semele verlassen, sich unter Efeu versteckt und ihm seinen Namen gegeben habe.»[66]

Als einziger von allen Autoren hat Robert Graves das Rätsel des Trankes, der das dionysische Delirium verursachte, zu lösen versucht. Für ihn handelte es sich um «Kiefernbier, verstärkt mit Efeu und mit Met gesüßt. Met war ‹Nektar›. Er wurde aus gärendem Honig gebraut und war das Lieblingsgetränk der Götter des homerischen Olymp.»[67] Zur Untermauerung dieser These könnte man geltend machen, daß der «aus Efeuholz» gefertigte – oder mit Efeu umwundene – Thyrsos von Honig troff.[68] Es wäre ohne Zweifel genauer zu sagen, daß der von den Menschen hergestellte Met als dem Göttertrank gleichwertig angesehen wurde. Der Nektar, wie die Ambrosia, verlieh denen, die ihn zu sich nahmen, die Unsterblichkeit; wurde das Getränk aber ohne das Wissen der Götter genossen, so folgte die härteste Strafe. Andererseits wurde Aristaios, der die Menschen die Bienenzucht gelehrt hatte, durch göttliche Gunst mit Ambrosia und Nektar genährt und erlangte deshalb Unsterblichkeit. Nun war aber Aristaios einer der Erzieher des Dionysos. Wir fügen hinzu, daß anfänglich Nektar ein Getränk und Ambrosia eine Speise gewesen war; beides hat sich später vermischt. Und Ambrosia ist der Name einer der Nymphen, der Hyaden, die das Kind Dionysos betreuten.

Das dionysische Getränk war eine Nachahmung des Nektars. Wenn man Efeu hineingab, so wegen seiner halluzinogenen Wirkung, die bei den Mänaden die Illusion hervorrief, sie seien den Göttern gleich. Aber wurde zu diesem Zweck wirklich Efeu verwendet? Da man nicht daran gedacht hat, dies zu überprüfen, ist diese Frage schwer zu beantworten.[69] Es bleibt schließlich nur die spätere Aussage Plutarchs. Wenn der Trank der Bacchantinnen von den älteren Autoren nicht erwähnt wird, so wohl deshalb, weil die Zusammensetzung geheimgehalten wurde; sie hat sich im Lauf der Zeit auch durchaus verändern können.

Den Bacchantinnen wurde in entrücktem Zustand die Gabe der Weissagung zuteil; die Zukunft wie auch das Unsichtbare lagen enthüllt vor ihnen, denn «der Gott ist auch ein Seher; denn Verzückung und Begeistrung sind mit Sehergabe nah verwandt»[70]. Der vermeintliche Wahnsinn war demnach im Grunde genommen ein Wissen um Geheimnisse wie etwa der Einblick in das Mysterium des Lebens. Plutarch[71] sagt ausdrücklich, Dionysos habe nach Meinung der «Alten» eine wichtige Rolle in der Mantik gespielt. Nach Herodot[72] gab es in Thrakien ein Orakelheiligtum des Dionysos mit einer Prophetin, und es war bekannt, daß Dionysos selbst in Delphi noch vor Apollo geweissagt hatte. Als die Bacchanalien in Rom eingeführt waren, machten in Ekstase geratene Personen dort Voraussagen.[73] Und nach Plutarch[74] gehörte in Rom unter anderem der Efeu zu den dem Priester Jupiters, dem *Flamen Dialis,* verbotenen Dingen, denn es hätte ihn ein prophetisches Delirium erfassen können.

Für die vom Gott ergriffenen Mänaden enthielt die Gegenwart die ganze Vergangenheit und die ganze Zukunft. Sie waren unvermittelt in den undifferenzierten Zustand, der jeder Inkarnation, jeder Individuation vorausgeht, versetzt worden, in einen Zustand, den die Initiierten in allen Kulturen durch die Einnahme von Drogen zu erreichen versuchen, besonders bei den Völkern, die am Rand der Zivilisation – der unseren – geblieben sind, die solches verbietet. Die Mänaden drangen in das ursprüngliche, schöpferische Chaos ein, in dessen Mitte jede Ordnung aufgehoben ist und alles neu beginnen kann. «Der Wahnsinn, der Dionysos heißt, ist keine Erkrankung, kein Verfall des Lebens», sondern dessen aufs höchste gesteigerte Ekstase. «Es ist der Wahnsinn des Mutterschoßes, der allem Schöpfertum beiwohnt, die geordnete Existenz immer wieder zum Chaos macht, die Ur-Seligkeit und den Ur-Schmerz herauführt, und in beiden die Ur-Wildheit des Seins.»[75]

Den Nektar kann man als Entsprechung des indischen *Soma* betrachten, des Göttertranks, der selbst vergöttlicht war und mit dem Saft und dem Honig verglichen wurde, aber wahrscheinlich aus dem Saft gepreßter Fliegenpilze bestand.[76] Das dionysische Getränk aber und später der Wein des Bacchus korrespondieren mit dem *sura,* einem berauschenden, weltlichen Trank, der den Soma ersetzte, als man in Indien dessen Geheimnis verloren hatte. Kurz, der Wein ist nur die Endstation einer Entwicklung, die vom göttlichen Nektar ausging und dann zum heiligen Getränk der Bacchantinnen führte.

Bacchus, der Gott der Rebe

Daß Bacchus selbst ebenfalls nur die letzte Erscheinungsform des Dionysos ist, wird durch die Tatsache bestätigt, daß die Mythologie der Rebe in Griechenland letztendlich ziemlich arm blieb, selbst als man Dionysos darin einen Platz eingeräumt hatte.[77] Der Rebbau und die Weinherstellung legen als eine Kunst und sogar eine Wissenschaft vom hohen Stand überlieferter Kultur Zeugnis ab, stammen aber weder aus Griechenland noch aus Kreta, sondern sind aus Kleinasien auf diese Insel eingeführt worden. *Staphylos* – das Wort bedeutet «reife Weintraube» – gilt als Sohn des Dionysos; Ampelos, «die Rebe», spielte bei ihm die Rolle, die später Hyazinth bei Apollo zukam. Als die Rebe sich verbreitete und an Beliebtheit gewann, hat man die Schirmherrschaft über ein Getränk, das profane Trunkenheit hervorruft, einem Gott des heiligen Rausches übertragen. Aber wenn Dionysos sich dieser neuen Rolle so stark angepaßt hat, daß sie mit der Zeit zu seiner wichtigsten wurde, so vielleicht deshalb, weil er bereits als Zagreus ein Gott war, der zerstückelt und in einen Kessel geworfen wurde, dazu eine Gottheit, die sich für alle opfert, die stirbt und wiedergeboren wird. Sein Leidensweg entspricht der Behandlung, der die Traube im Herbst unterworfen wird, wenn man sie abschneidet und mit Füßen tritt, und dem Zurückschneiden der Reben im Frühling. Zweifellos ist der Wein zum Blut des Gottes geworden, und als solches feierte man ihn bei den dionysischen Festen.

Offensichtlich spürten die Alten das göttliche Wesen natürlicher Phänomene deutlicher als wir. «Der geheimnisvolle Prozeß der Gärung und Reifung des Weines vermag selbst heute noch bei Weinbauern und Kennern Vorstellungen hervorzurufen, die von ferne an Mythisches erinnern. Sie sehen ihn wie ein lebendes Wesen an, das sich aus dem chaotischen Brausen des Jugendalters stufenweise zur Klarheit und Kraft durchbildet. Dabei kommt es vor, daß, wenn die Reifung beendet und der höchste Grad der Güte erreicht scheint, die chaotische Bewegung von neuem einsetzt, wie bei einem Menschen, der in die Pubertät zurückfiele, um den Weg der Entwicklung noch einmal zu durchlaufen, und nun zu noch edlerer Klärung emporzusteigen. Man glaubt sogar an eine geheimnisvolle Sympathie zwischen den der Reife entgegengehenden Weinen und hält es für unvorsichtig, sie wahllos miteinander in Berührung zu bringen, weil die individuelle Entwicklung durch die Nachbarschaft befördert oder gestört werden könne. Durch seine Wandlung scheint der Wein die draußen empfangene Sonnenglut wieder hervorzubringen, und ein alter Volksglaube meint, daß er mit dem Leben der Natur in Zusammenhang bleibe. Daher soll die erneute Bewegung des reifenden Weines im Frühjahr, wenn die Reben blühen, zu erklären sein.»[78]

Mit diesen wunderbaren Worten scheint W. F. Otto das Los des Weines, also das des Dionysos, mit dem des Initiierten zu vergleichen, der auch zweimal geboren wird und sich nach dem schmerzhaften Prozeß der Einweihung verwandelt findet. Wie Dionysos stirbt er, um wiedergeboren zu werden und einen noch höheren Grad der Klarheit zu erreichen.

Für die Griechen war der neue Wein, der so lebendig, so wechselhaft ist und im Winter Fröhlichkeit bringt, mit Sicherheit das Blut des Gottes, aber auch der Saft, der sich in der kalten Jahreszeit in den Wurzelstock der Bäume, in die Tiefen der Erde, in die Welt der Toten zurückgezogen hat. So gesehen, war der Wein auch das Blut der Toten, die für eine Weile, geheimnisvoll wiederbelebt, erschienen. Davon zeugen auch die verschiedenen Dionysosfeste in Athen, der Stadt, die «den Gott am innigsten in ihre offizielle Religion aufgenommen hatte»[79]. Sie lösten einander den ganzen Winter hindurch ab und stellten eine enge Verbindung zwischen dem neuen Wein und den Toten her.

Unter den ersten dieser Feste, die im Dezember stattfanden, waren die «Dionysien der Felder». Wenn die Prozession des Phallos hier die Hauptsache war, so deshalb, weil es sich um einen sehr alten Fruchtbarkeitsritus handelte, der zunächst mit Dionysos, der erst in zweiter Linie und spät ein phallischer Gott wurde[80], nichts zu tun hatte. Von den Lenäen, die im Januar folgten, wissen wir fast nichts. Vielleicht waren sie ein Fest der Mänaden, die dann nicht Dionysos, sondern Iakchos anriefen, den jungen mystischen Gott, den Geist der eleusinischen Prozessionen. Man hat hier eine Verbindung mit der Zeremonie gesehen, die von den Thyiaden, das heißt den Bacchantinnen des Parnassos, im Winter in Delphi abgehalten wurde; sie weckten zu dieser Zeit ein in der Wiege liegendes Kind, den «likinites», der wahrscheinlich einen kleinen Dionysos vorstellte. Bedenkt man, daß Iakchos in Rom Liber war, der Gott der lebendigen Baumrinde, also des Saftes, so kann man sich fragen, ob die Lenäen nicht hauptsächlich den Zweck hatten, das unterirdische Leben des Saftes zu erhalten und mitten in der schlechten Jahreszeit sein erneutes Aufsteigen im Frühling vorzubereiten. Gewiß trägt Dionysos, den man damals in Athen feierte, den Beinamen Lenaios, «Gott der Presse», und man wollte deshalb in den Lenäen ein Fest des Weinkelterns sehen. Aber das Keltern geschieht ja viel früher, bald nach der Ernte, Ende Oktober oder in den ersten Novembertagen. In diesen Monaten feierte man aber traditionsgemäß und, wie es scheint, von jeher die Rückkehr der Toten auf die Erde.[81] Es ist seltsam, daß in Griechenland das Fest des neuen Weines und der Toten nicht im November – während des *Maemakterion,* vom Verb *maemao,* «springen», «sich aufschwingen», «sich heftig erregen», «von Wünschen befeuert sein» – stattfand.

Dieses kombinierte Fest des Abstichs des neuen Weines und der Rückkehr der Toten wurde erst viel später, Ende Februar, mit den Anthesterien begangen, deren Name von *antheo,* «wachsen», «blühen», kommt. Die Anthesterien sollten die Entfaltung der Vegetation anregen, als hätte man Zeremonien, die eigentlich viel früher hätten stattfinden müssen, zeitlich so weit verschoben, um ihre Wirkung zu intensivieren.

Jedenfalls feierten die Anthesterien, die Thukydides als das älteste Dionysosfest in Athen[82] bezeichnet, den Wein der letzten Ernte, der zum zweitenmal gegoren hatte und bei der Öffnung der *pithoi,* der Fässer, «entheiligt» wurde. Am Tag darauf schloß sich das Fest der Choen, der Krüge, an – ein Wettstreit der Trinker. Ohne Zweifel gab es den dionysischen Rausch, der seinem Wesen nach zu den steil ansteigenden Wäldern gehört, in dieser Form bei den Anthesterien nicht[83], aber diese Festlichkeiten riefen doch, wenn auch zahmer, zivilisierter und urbaner, die Erinnerung an die mänadischen Orgien zurück.

Sobald die Sonne untergegangen war, verfiel man aus zügelloser Freude in düstere Unruhe, die während des ganzen dritten Tages, dem 13. Anthesterion, herrschte; an diesem Tag kamen die Seelen der Toten, um die Welt der Lebenden heimzusuchen. Bezeichnenderweise pflückte man dann Unheil abwehrende Weißdornzweige, die man bei sich trug[84], und bot den Toten die «Panspermie» an, die angeblich alle Samen enthielt und aus verschiedenen Körnern gekocht war; sie galt als Pfand des Überflusses und mußte vor der Nacht gegessen werden. Hierauf schickte man die herumirrenden Seelen fort: «Hinaus, ihr Keren, die Anth ... sind beendet!»

Dieses Fest des Weines und der Toten war auch ein Ritus, der das Keimen der den Verstorbenen angebotenen und damit der Erde zurückgegebenen Samen und die Erneuerung der Pflanzenwelt sicherstellen sollte. Der beste Beweis hierfür ist die feierliche Rückkehr des Dionysos, die man am zweiten Tag, also in der Mitte der Anthesterien, festlich beging, denn der Höhepunkt der Zeremonien war die Hierogamie, die heilige Hochzeit; sie vereinte den Gott – in der Abgeschiedenheit des Bukoleion, der alten königlichen Residenz – mit der Gemahlin des Archontenkönigs und war die einzige Veranstaltung dieser Art, die im klassischen Griechenland noch existierte. Zweifellos konnte man schreiben, Dionysos habe sich damals auf diese Weise mit der Stadt vermählt[85], – aber sollte man darin nicht auch und vor allem die jährliche Erneuerung der Vereinigung des Gott-Sohnes mit der Erdmutter sehen, die der Wiedergeburt im Frühling vorausgehen muß?

Dionysos und das Mysterium des Saftes

Wenn Dionysos ein Gott des Weines werden konnte, so deshalb, weil er – wahrscheinlich von Anfang an – eine Gottheit des Saftes, des Bluts der Pflanzen war, das jeden Frühling aus der Erde aufsteigt, die Bäume neu belebt und sich mit Blättern und Blüten bedecken läßt. Er war der Herr der Früchte, in denen sich der Saft konzentriert; die saftigsten von ihnen, offenkundig von Sonnenwärme und Süße ganz erfüllt, die Feige und der Granatapfel, waren ihm geweiht. Doch Dionysos folgt auch der Bewegung des Saftes, wenn er sich im Herbst ins Innere der Erde zurückzieht, ins Reich der Toten, und sein Feuer mußte daher im Winter – während der ihm geweihten Monate – unterhalten werden, damit es im Frühling wieder aufleben konnte. Dies erklärt die Übereinstimmung zwischen Persephone, der Göttin des Korns, und Dionysos sowie ihre enge Verbindung in Eleusis.

Man nannte Dionysos *Phleos* oder *Phlios*, was man gewöhnlich mit «grünend» übersetzt; das ist jedoch unkorrekt, denn dieses Beiwort kommt von *phloios*, «die Rinde», oder genauer dem «Liber», der zarten, feuchten, lebendigen Schicht direkt unter der Rinde.

In diesem Zusammenhang erscheint der Wein gewiß als der Saft schlechthin, der im Winter weiterlebt, und sogar noch intensiver, denn er gärt und brodelt. Dieses nächtliche Arbeiten des Weines, das sich im Dunkel der Fässer und Krüge abspielt, ist wie ein Garant des Frühlingserwachens, das sich übrigens in gewisser Weise auch beim Wein selbst vollzieht. Die Weinbereitung, ein geheimnisumwobenes Verfahren, das ein Gott den Menschen beigebracht hatte, wirkt auf alle andern Säfte mit einer mächtigen Magie, die ihr Überleben im Dunkeln sichert. Wenn man das Verbot, das über ihn verhängt war, aufhob und den neuen Wein aus dem Faß nahm, um ihn im hellen Tageslicht zu betrachten, ehe man rituell und feierlich davon trank, weckte er die eingeschlafenen Säfte; er versetzte sie Ende Februar, wenn in Griechenland tatsächlich die Natur aus dem Winterschlaf erwacht, wieder in Zirkulation. Varro, der große römische Gelehrte aus dem 1. Jahrhundert v. Chr., verstand das noch recht gut, als er erklärte, die Herrschaft des Dionysos sei nicht nur an der Saftigkeit der Früchte erkennbar, die im Wein gipfelt, sondern am Samen aller Lebewesen.[86] Aus diesem allgemeinen und grundlegenden Wirken des Gottes entstand der Brauch, seinen Namen mit einem keineswegs nur zufällig aus Feigenbaumholz geschnitzten Phallus zu ehren, der bei seinen Festen in der Prozession mitgetragen und gekrönt wurde. Tatsächlich ist das Leben als eine die Materie dynamisierende Energie für alle Wesen, die durch es miteinander verbunden sind, dasselbe, seien sie nun Pflanzen, Tiere, Menschen, oder in diesem Fall auch Götter. Wir haben das vergessen, aber die Griechen wußten es noch.

Dem Brodeln des Saftes, insbesondere des in Wein verwandelten Saftes – dem ein magisch konservierender Prozeß erlaubt, vom Herbst bis zum Frühling «zu arbeiten», während in der Natur die anderen Säfte unter der Erde ruhen – entspricht das Überschäumen des Lebens selbst, das im Winter durch die dionysischen Riten erweckt und dann zu Beginn des Frühlings nochmals gesteigert und angeregt wird, sich zu offenbaren. Als Gott des Saftes, aber auch des befruchtenden Pollens und des Nektars der Blüten regiert Dionysos ebenfalls über Blut und Sperma, die man als ihr Äquivalent im Reich der Tiere und Menschen ansah. Der Orgie der Menschen und der Brunst der Tiere entspricht das große Ausschwärmen des männlichen Samens der Pflanzen, des Pollens. Im Frühling bildet er manchmal regelrechte Wolken feinen gelblichen Staubs, der überall hindringt. Interessant ist, daß zu den Arten, bei denen diese Erscheinung am ausgeprägtesten ist, der Weinstock und die Pinie zählen, die beide dem Dionysos geweiht sind. Durch das Regulieren des Kreislaufs dieser Flüssigkeiten, dieser vielfältigen Emanationen, gewährleistet der Gott ihre Verbindung untereinander; er vereinigt sie in der undifferenzierten Kraft, die die ganze Natur belebt, und läßt sie so zu ihrem Ursprung zurückkehren. Für das mythische Denken, aber auch für den Naturforscher ist dieser Ursprung pflanzlicher Art, denn schließlich beziehen alle Tiere ihre Energie aus Pflanzen – selbst fleischfressende, denn sie ernähren sich von Pflanzenfressern; ihre Existenz ist ohne pflanzliche Gewächse, die notwendigerweise vor ihm auf der Erde erschienen sein müssen, gar nicht denkbar.

Das blutige Opfer – ob es sich dabei um Menschen, Tiere oder den Gott selbst handelt – bedeutet also eine Rückerstattung, ein Wieder-in-den-Kreislauf-Einfügen der Energien, die nur geborgt sind und eines Tages zurückgegeben werden müssen. Die Tiere, die man Dionysos zu Ehren opferte, waren solche, bei denen die Energie des Blutes und die Zeugungskraft einen möglichst deutlich sichtbaren, strotzenden Höhepunkt erreicht hatten. Das typischste dionysische Opfer war der Stier als Erzeuger, aber auch Zerstörer, als Symbol der Fruchtbarkeit in ihrer unbezähmbaren Gewalt, selbst dem Gott in seinem Rausch gleichend.[87] In Gestalt eines Stiers riefen ihn die Bacchantinnen an und erschien er ihnen. Auf Kreta hat man im Gedenken an Zagreus, der als Stier zerstückelt wurde, einen lebenden Stier zerrissen, dessen blutige Reste, wie auch die der menschlichen Opfer, auf die Felder verstreut wurden, um sie fruchtbar zu machen. Als getreuer Gefährte des Gottes – in Gestalt der Bockmenschen, den Satyrn – wurde der Ziegenbock unter die Opfertiere für Dionysos eingereiht. Plutarch nennt als Utensilien der einfachen ersten Feste, die zu Ehren des Gottes abgehalten wurden, einen Krug Wein, einen Rebstock, einen Ziegenbock, einen Korb voll Feigen und schließlich den Phallus. Der Bock war als Opfer für Dionysos auch besonders gut geeignet. Noch mehr als der Stier verkörpert er die Beharrlichkeit des sexuellen Instinkts[88], aber er besaß auch noch eine andere Bedeutung, denn für die Alten gehörte er zum Reich der Finsternis und des Todes, zu den unterirdischen Tiefen, die er auf der Erde repräsentierte. Daher war er bei den Olympiern sehr unbeliebt, vor allem Zeus verabscheute ihn. In Rom durfte der Flamen Dialis, der Priester Jupiters, den Namen des Bocks ebensowenig aussprechen, wie er Efeu berühren durfte.

Dieser Überschwang hat in der Natur seinen Grund darin, daß die Keimdrüsen angeregt sind, handle es sich nun um Brunst oder Baumblüte; in beiden Fällen kommt es zu einer plötzlichen und gewaltigen Verschwendung. Er trat auch nicht nur in den phantastischen Leistungen der Mänaden zutage, die, vom Gott besucht, aus den Flüssen Milch und Honig schöpften, mit einem Schlag ihres Thyrsos Wasser aus den Felsen und Wein aus dem Boden hervorquellen ließen, sondern mehr noch in den Wundertaten, die man Dionysos selbst zuschrieb. In mehreren Orten Griechenlands sprudelten während seiner Feste Weinquellen, so auf der Insel Teos oder in Andros. In Elis wurden drei leere Becken in einem verschlossenen und versiegelten Saal aufgestellt, und am nächsten Morgen waren sie mit Wein gefüllt. Pausanias versichert, daß die Bürger und die in der Stadt anwesenden Fremden, die das Ereignis mit eigenen Augen gesehen hatten, es unter Eid bezeugten.[89] Noch erstaunlicher waren die «Eintagsreben», die binnen weniger Stunden blühten und reife Trauben hervorbrachten, so daß man sie noch am selben Abend keltern konnte. Dieses Wunder vollzog sich stets während der Feste, die dem Erscheinen des Bacchus gewidmet waren, und zwar an mehreren Orten Griechenlands und vor zahlreichen Zuschauern. Weder Sophokles noch Euripides zweifeln daran; für sie, wie für alle Griechen, war die dionysische Welt «verzaubert»[90]. Der Gott war ein Magier und, so könnte man sagen, sogar ein Schamane; obwohl dieses Wort in der griechischen Welt mißtönend klingt, benutzen es moderne Autoren trotzdem, um sein Wesen zu charakterisieren. Die Zerstückelung und die Feuerprobe, denen das Dionysos-Kind unterzogen wird, sind Kennzeichen der schamanischen Initiation[91], und wir haben mehrfach darauf hingewiesen, daß sich das Verhalten des Gottes in mancher Hinsicht mit dem eines Initiierten vergleichen läßt, der selbst Initiator geworden ist.

Im klassischen Griechenland konnte dieser Zauberer und Verzauberer nur Skandale verursachen, und man gab das nicht ohne Zögern zu. Seine Macht, die unvorhersehbare Plötzlichkeit seiner Auftritte, der Zustand der Besessenheit, in den seine Anhänger verfielen, die unwiderstehliche Gewalt der wilden Energien, die er entfesselte, führten zu allen möglichen Exzessen. In der griechischen Stadt, in der Gesetz und Ordnung herrschen sollten, war dieser ungestüme archaische Naturgott Anlaß für Tumult und Verwirrung, und die dionysische Biographie ist auch die Geschichte des Widerstands, den man ihm lange Zeit entgegensetzte. Wenn Dionysos schließlich triumphierte, so gerade deswegen, weil er die etablierte Ordnung in Frage stellte, weil er einen Maßstab für ihre Künstlichkeit und die Relativität ihrer Geltung aufzeigte. Er erlaubte es, das wiederzufinden, was man aus einer Zivilisation, in der Maß und Gelassenheit dominierten, nur allzu erfolgreich verdrängt hatte: die Zugehörigkeit des Menschen zur Natur, die Identität der ihn belebenden Energien mit denen der Pflanzen und Tiere. Der dionysische Rausch «riß die Schranken des Selbst nieder, ließ das Individuum erneut in die Natur eintauchen, ermöglichte ihm die Verbindung mit dem pflanzlichen und tierischen Leben»[92].

Den offiziellen Kulten der Stadt, die, rational und unpersönlich geworden, an Olympier gerichtet waren, die sich in den Himmel zurückgezogen hatten und nur von fern an den irdischen Angelegenheiten teilnahmen, stellte sich derjenige eines Gottes gegenüber, der dem Menschen so nahe war, daß dieser sich mit ihm identifizieren, damit aber über sich selbst hinauswachsen und gleichzeitig seine Widersprüche akzeptieren konnte. Dank Dionysos, dem «Befreier», vereinten sich erneut der ferne Ursprung und die Gegenwart, das Bewußte und das Unbewußte, die Ordnung und das Chaos, das Leben und der Tod. Durch ihn fand der Mensch das universelle und erste Urbild des heiligen Baumes wieder, der der Gott gewesen war und nie aufgehört hatte zu sein. Der Anhänger des Dionysos verstand aufs neue, daß er seine Wurzeln in die tiefsten Tiefen senken, sich unter Schmerzen einen gefährlichen Weg ins Innere der nährenden Erde bahnen mußte, in die Welt der Keime und der Toten, der Vergangenheit, aber auch aller Zukunftsmöglichkeiten; denn erst wenn sein Fundament gesichert war, konnte er sich zum Himmel erheben wie der Baum, wie der dem Zyklus von Tod und Wiedergeburt unterworfene Gott, und nach dem Winter einen immer wieder neuen Frühling erleben.

Das ist der Sinn des dionysischen «Erwachens», dieses Wiederauflebens einer Strömung in historischer Zeit, die aus den Tiefen der Vorgeschichte kam und, als sie einmal im spirituellen Universum der Griechen integriert war, ständig neue religiöse Werte geschaffen hat, eine neue Mystik, eine Mystik der «wiedergefundenen Glückseligkeiten»[93].

Wir haben dieses Thema so ausführlich behandelt, weil einzig die Geschichte des Dionysos uns gestattet, die langsame Evolution des Kults, der die Verehrung des heiligen Baumes und der göttlichen Natur zum Gegenstand hat, weiter zurückzuverfolgen, eines Kults, der bald akzeptiert und bald abgelehnt wurde, bis er schließlich siegte, weil man seiner wieder bedurfte. Und außerdem haben die Lehren, die man aus diesen Baumgeschichten ziehen kann, nichts von ihrer Gültigkeit und Aktualität verloren.

Fünftes Kapitel

Tod und Auferstehung des göttlichen Baumes

Das Fest der heiligen Pinie – Attis, oder das Uropfer – Pinus pinea –
Marsyas, der gehängte Gott – Adonis oder die Myrrhe – Phönix, die Dattelpalme –
Die Bäume des Osiris

Im letzten Kapitel haben wir Attis erwähnt und bemerkt, daß ihm – wie Dionysos – die Pinie, der Granatapfelbaum und der Efeu geweiht waren. Trotzdem sind die Persönlichkeiten dieser beiden Götter in der Mythologie der klassischen Zeit sehr unterschiedlich. Dionysos wurde, nachdem mehrere neue Aspekte seine Facetten vermehrt hatten, zu einem schillernden, typisch griechischen Gott und zu einem Objekt mystischer Spekulationen. Attis hingegen, dessen Kult in Griechenland erst lange nach dem seiner Mutter Kybele und dann auch nur in stark veränderter Form eingeführt wurde (die Griechen hatten die ihm ähnliche, aber viel weniger beunruhigende Gestalt des Adonis vorgezogen), blieb zunächst ein rein phrygischer Gott. Er hat deshalb seine ursprüngliche Einfachheit, seinen Charakter als Beherrscher des Baumes und sogar des göttlichen Baumes, bewahrt. Wenn er schließlich in Rom adaptiert wurde, so nur als eine östliche Gottheit, die anfänglich im Schatten Kybeles stand.

Tatsächlich hatten die Römer gegen Ende ihres langen Kampfes gegen Hannibal die Sibyllinischen Bücher konsultiert und dort den Rat gefunden, sie sollten – erstmals – eine asiatische Göttin bei sich aufnehmen, Kybele; sie war in Phrygien die Mutter der Götter, die in Rom übrigens später mit Rhea verschmolz. Nach der Prophezeiung würde der fremde Eindringling dann aus Italien vertrieben werden. Es wurden Boten nach Pessinonte entsandt, und sie brachten vom dortigen Zentrum des Kybele-Kults einen schwarzen Stein mit, der die Göttin symbolisierte. Im Jahr 204 v. Chr. wurde Kybele feierlich in Ostia empfangen und in den Victoriatempel auf dem Palatin gebracht. Einige Wochen nach ihrer Ankunft zeigte sich, daß die Ernte ungewöhnlich reich war, und Hannibal schiffte sich mit seinen Truppen ein, um nach Karthago zurückzusegeln. Die Römer wollten natürlich gerne von den Kräften einer fremden Gottheit profitieren, die sich als so tüchtig erwiesen hatte, aber sie wünschten auch die Kontrolle über den orgiastischen Kult zu behalten, der mit seinen Eunuchen-Priestern allzu stark von den eigenen Gebräuchen abwich. Der Senat verfügte daher, die Opfer dürften nur innerhalb des Tempels und nur von einem begrenzten

Kreis aus Asien gekommener Personen vollzogen werden; den Bürgern war die Teilnahme verboten. Man konnte allerdings die jährliche Prozession, die den schwarzen Stein zu seinem rituellen Bad führte, nicht unterbinden. Als man weniger als zwanzig Jahre später entdeckte, daß in Rom heimlich dionysische Mysterienfeiern abgehalten wurden, kam es zu einer weiter verschärften Unterdrückung. Vor dem Ende der Republik war der Umzug der Kybele dennoch zu einem Volksfest geworden. Die Zuschauer, die von den in prächtige orientalische Kostüme gekleideten Gallen fasziniert und von ihrer seltsamen Musik ergriffen waren, warfen ihnen Almosen zu und ließen einen Regen von Rosenblättern auf sie niedergehen. Immer mehr Fremde strömten nach Rom, und unter den Römern selbst gab es viele, die sich auf der Suche nach persönlichen religiösen Erfahrungen von den alten Kulten der Stadt abwendeten. Dieser unaufhaltsamen Bewegung konnten sich die Behörden auf die Dauer nicht widersetzen. Claudius, der vierte römische Kaiser, integrierte den bisher nicht öffentlich ausgeübten Attiskult in die bestehende Staatsreligion. Von da an nahm er an Bedeutung immer mehr zu. In ihrer Blütezeit im 3. und 4. nachchristlichen Jahrhundert waren die Feste der Kybele und des Attis, die in Rom zur Zeit des Frühlingsäquinoktiums (vom 15. bis zum 27. März) gefeiert wurden, lateinischen Autoren zufolge mit denen identisch, die seit alters in Phrygien stattfanden.[1]

Das Fest der heiligen Pinie

Das Fest begann mit dem «Einzug des Schilfs». An diesem ersten Tag legte die Bruderschaft der Cannophoren («Schilfträger») abgeschnittene Schilfrohre im Tempel nieder, die an das Schilf am Ufer des Flusses Sangarios erinnerten, wo Kybele den kleinen Attis gefunden hatte. Eine Woche später brachten die Dendrophoren («Baumträger») die heilige Pinie aus dem Wald, in dem sie sie gefällt hatten; ihr Stamm war mit wollenen Bändern umwickelt wie ein Leichnam – wie der des toten Gottes, den sein an die Rinde geheftetes Bild repräsentierte. Es war mit einer Girlande aus Veilchen geschmückt, die aus dem Blut des Gottes entsprossen waren wie die Anemonen aus dem Blut des Adonis.

Am 23. März erklangen die Trompeten, die man vorher gereinigt hatte; sie kündigten wahrscheinlich den «Tag des Blutes» an. Am 24. März schnitt sich der Hohepriester des Attis, der Archigallus, in den Arm und bot der heiligen Pinie sein Blut als Opfer an, während Zimbeln und Tamburine lärmten und die von grellen Flöten begleiteten Hörner dröhnten. Auf dieses Signal hatten die anderen Priester gewartet; mit flatterndem Haar stürzten sie sich nun in einen wild wirbelnden Tanz, geißelten sich bis aufs Blut und schnitten sich mit Messern. Die

Raserei erfaßte dann manche Neophyten, die sich in äußerster Erregung ihr männliches Glied amputierten und es als Opfer gegen Kybeles Statue schleuderten. Diese Organe der Fruchtbarkeit wurden später sorgsam eingehüllt und in der Erde oder in unterirdischen Gemächern begraben, die der Göttin geweiht waren. Das vergossene Blut, diese vom Körper der Männer abgetrennten Energien erweckten den toten Gott und mit ihm die ganze in der Frühlingssonne knospende Natur wieder zum Leben.

In der Nacht vom 24. auf den 25. März erklangen noch Totenklagelieder, aber mit der Morgendämmerung der Tagundnachtgleiche erhoben sich die Jubelrufe der *Hilaria,* des Tages der Freude, der die göttliche Auferstehung feierte. An diesem Tag herrschte allgemeine Ausgelassenheit; man zog verkleidet durch die Straßen, jeder konnte ungestraft die höchsten und heiligsten Würden beanspruchen, alles tun oder sagen, was ihm beliebte. Der nächste Tag, der 26. März, war der Erholung von diesen Ausschweifungen gewidmet. Die offiziellen Feierlichkeiten endeten am 27. März mit einer großen Prozession, die unter Musikbegleitung die silberne Statue der Kybele auf einem von Ochsen gezogenen Wagen zum Fluß Almo führte, wo der Archigallus sie und die heiligen Gegenstände wusch. Nach diesem Bad schmückte man den Wagen und die Ochsen mit frischen Blumen und brachte die Göttin in ihren Tempel zurück.

Einigen Autoren zufolge wurden am nächsten Tag, dem 28. März, die geheimen Rituale durchgeführt, in deren Verlauf der Neophyt, der zuvor gefastet hatte, «aus dem Tamburin essen und aus der Zimbel trinken» durfte, also aus den der Göttin geweihten Instrumenten. Dieses rituelle Mahl war eine wirkliche Kommunion mit dem Gott, dessen Körper in Gestalt des Brotes verzehrt (Attis war die «unreif geerntete Ähre») und dessen Blut in Gestalt des Weines getrunken wurden. Der Novize erhielt anschließend die Blutstaufe.[2] Eine goldene Krone auf dem Kopf, den Körper mit Bandagen umwunden wie der tote Gott, stieg er in eine mit einem Holzgitter zugedeckte Grube. Auf das Gitter trieb man einen mit Blumengirlanden geschmückten Stier, dessen Kehle man mit einer geweihten Lanze durchbohrte.[3] Das heiße, dampfende Blut ergoß sich in einem Sturzbach auf den Neophyten, der sorgsam darauf achtete, daß es jede Stelle seines Körpers erreichte. Von Kopf bis Fuß rot und triefend kam er aus der Grube hervor und wurde von den Anwesenden als Inkarnation des Gottes begrüßt und angebetet. Nun war er «neugeboren zu ewigem Leben»[4]; zum Zeichen dieser neuen Geburt durfte der Initiierte einige Tage lang nur Milch zu sich nehmen. Den *kernos* tragend, das Gefäß, das der Göttin dargeboten wurde und wahrscheinlich die Geschlechtsteile des geopferten Stieres enthielt[5], geleitete man den neuen Eingeweihten schließlich «unter den Baldachin» oder «in das Hochzeitszimmer» zur Hierogamie, die ihn mit Kybele vereinte, deren mystischer Gatte er nun wurde.[6] Offensichtlich waren das blutige Opfer und die Verstümmelung des Stieres Ersatzhandlungen für den Neophyten, der nicht den Mut gehabt hatte, sie an sich selbst auszuführen.

Obwohl der Kult der Göttermutter und ihres göttlichen Sohnes in Rom nur allmählich Fuß fassen konnte, gewann er sehr viele Anhänger und verbreitete sich bald bis in die entferntesten Provinzen, nach Afrika, Spanien, Gallien und sogar Germanien.[7] Auch als unter Konstantin das Christentum zur offiziellen Religion des Reiches[8] erhoben wurde, lebte er noch weiter. In Karthago konnte man noch zu Zeiten des heiligen Augustinus[9] Prozessionen von Gallen begegnen, die sich wie Frauen gebärdeten, das Gesicht weiß gepudert und die Haare parfümiert. Man hat heute Mühe, die Anziehungskraft zu verstehen, die dermaßen exotische und blutige Riten ausübten, doch sollte man sich an das erinnern, was früher in der griechischen Welt das «dionysische Erwachen» gewesen war.[10] Noch strenger staatlich reglementiert als die griechische, ließ die römische Religion der Mystik überhaupt keinen Platz; vor allem auch hatte sie keine positive Lösung für das Problem des Todes zu bieten, während die östlich-orientalischen Religionen (und darunter ist hier das Christentum zu zählen) ihren Anhängern die Unsterblichkeit versprachen. Sie versicherten, das persönliche Heil sei in der Identifizierung mit dem Gott zu finden, anders gesagt, sie erfüllten Wünsche und Bedürfnisse, die die Religion der Stadt nicht oder nicht mehr befriedigte. Mit den asiatischen Ritualen kehrten spontane, aus der Verbindung mit seit langem ausgeschalteten Kräften der Natur erwachsene Erfahrungen mit Macht zurück; und gerade weil darin eine mentale Verfassung überlebte, die man meinte für überholt halten zu dürfen, riefen sie eine solche Begeisterung hervor: Durch sie fand man wieder, was man vergessen hatte; das Leben bekam einen Sinn, den es verloren hatte.

Wir stoßen uns heute daran, daß es sich bei den Ritualen um derart blutrünstige Spektakel handelte, doch konnte dies die Römer kaum schockieren, da fast jede ihrer Zeremonien von Blutvergießen begleitet war und manchmal darin gipfelte. Auch die Tatsache, daß Männer ihre Männlichkeit opferten, erweckte nicht den Schrecken und den Ekel, den wir Heutigen empfinden. Die Kastration war in der Antike häufig. Zwar wurde sie meist unter Zwang an sehr jungen Kindern durchgeführt, aber in den Ländern an den Gestaden des östlichen Mittelmeers, die zu römischen Provinzen wurden, geschah sie manchmal freiwillig. Die Priester der großen Artemis von Ephesos waren Eunuchen; entmannt und weibisch war auch die «Priesterschaft in den Tempeln der Großen Göttin zu Tyros, Joppe, Hierapolis und in Jerusalem bis kurz vor der Zeit des Exils»[11]. Im syrischen Hierapolis glich das große, zu Beginn des Frühlings gefeierte Fest der Astarte, dessen Teilnehmer ihr eigenes Blut vergossen und sich mitunter sogar kastrierten, so sehr dem der Kybele, daß die antiken Autoren sie oft verwechselten. Was die Zurschaustellung der weibischen Art der Gallen angeht, so konnte sie die Römer kaum überraschen, wenigstens nicht seit dem Beginn des 3. Jahrhunderts, denn sie hatten gesehen, wie einer ihrer Kaiser, der aus Syrien stammende Elagabal, sich wie der kastrierte und ausschweifende Hohepriester des schwarzen Steines von Emesa benahm.

Attis oder das Uropfer

Um den tiefen Sinn dieses anscheinend so ungewöhnlichen Rituals zu verstehen, muß man die verschiedenen Episoden der Geschichte des Attis betrachten, die es veranschaulichte.[12] Seine Geschichte beginnt eigentlich mit derjenigen seiner Mutter Kybele. Aus einem Stein, der von dem Samen, den Zeus während des Schlafes hatte auf die Erde fallen lassen, befruchtet worden war, entstand ein hermaphroditisches Ungeheuer namens Agditis. Es erfüllte die Götter mit Schrecken, und sie beschlossen, es zu kastrieren. So wurde aus Agditis die Göttin Kybele. Das vergossene Blut ließ aus der Erde einen Mandel- oder einen Granatapfelbaum hervorwachsen. Indem sie eine Mandel aß oder indem sie einen reifen Granatapfel in ihrem Busen barg, der oder die von dem einen oder anderen dieser Bäumen stammte, wurde Nana, die Tochter des Flusses Sangarios, schwanger und empfing Attis. Da sie sich des vaterlosen Kindes schämte, ließ Nana es am Flußufer zurück, wo eine Ziege es säugte. Da fand Kybele-Agditis den Knaben im Schilf. Er wurde, als er heranwuchs, so schön, daß Agditis sich in ihn verliebte. Aber entweder wollte der Jüngling dieser inzestuösen Liebe entgehen, oder seine besorgten Eltern schickten ihn nach Pessinonte, sagt uns Pausanias (aber welche Eltern? Nana, die ihren Sohn wieder zu sich genommen hatte? Sein Großvater Sangarios? Pausanias schweigt sich hierüber aus). Der junge Mann sollte dort Atta, die Tochter des Königs, heiraten. Aber während der Hochzeitsfeier drang Agditis, der seinen Geliebten verfolgte, in den Festsaal ein. Augenblicklich verfällt die Gesellschaft in wilde Raserei, der König verstümmelt sich, Attis flieht, kastriert sich unter einer Pinie und stirbt. Verzweifelt versucht Agditis, ihn wieder zum Leben zu erwecken, aber Zeus widersetzt sich. Er gestattet lediglich, daß Attis, in eine Pinie verwandelt, stets unverändert grün, also unsterblich bleibt, aber die einzigen äußeren Zeichen seines Lebens sollen das Wachsen seiner Haare und die Bewegung seines kleinen Fingers sein.[13] Manche Autoren fügen hinzu, Kybele habe die Pinie in ihre Höhle entführt, um ihren Sohn zu beweinen – eine Szene, die man bei den Attisfesten nachspielte.

Eine andere Version vom Tod dieses Gottes[14], die Pausanias neben der obigen, die in Pessinonte umlief, wiedergibt, erzählt, daß Attis von einem Eber getötet wurde. Herodot macht daraus ein altes historisches Ereignis. Es handelte sich also um eine Tradition, die weiter zurückreicht als bis ins 5. Jahrhundert. Dem Autor der *Historien* zufolge war Attis der Sohn des Krösus, des Königs der Lydier, der einen großen Teils Kleinasiens, somit auch Phrygien erobert hatte. Der junge Mann wurde während der Jagd nach einem Eber, einer «monströsen Kreatur», die die Gefilde Lydiens verwüstete, versehentlich ums Leben gebracht, und zwar durch Adrast (der Name bedeutet «der Unentrinnbare»). Letzterer, der Sohn des Gordias und Enkel des Midas, hatte schon früher, ohne es zu wollen, seinen eigenen Bruder ermordet und sich zu Krösus geflüchtet, der ihn von diesem Mord reinigte.[15] Nun war aber Midas selbst der Sohn, den Kybele mit einem andern Gordias, einem phrygischen König, gehabt hatte, und Adrasts Vater, der ebenfalls den Namen Gordias trug, war dessen Enkel, so daß wir selbst in der verkürzten Version der Legende hinter diesem Mord Kybele finden. Als Attis übrigens auf die Jagd geht, tut er es gegen den Willen seines Vaters, dem ein Traum das tragische Ende des Sohnes vorausgesagt hatte; der Vater läßt ihn deshalb nur ziehen, weil Adrast den frisch vermählten Attis begleitet, um ihn zu beschützen. Schieben wir nun diese recht oberflächliche Version beiseite; interessant ist sie aber doch, insofern sie die Elemente einer weit älteren Legende durchscheinen läßt; dieser Tod des Attis gleicht dem des Adonis, dessen Geschichte wohl abgefärbt hat.

Die Fäden dieses Knäuels, der so wirr ist, daß man nicht mehr weiß, wer wer ist, gilt es nun zu entflechten. Er enthält jedoch wenigstens einen bereits bekannten Aspekt: Der Gott wird nach der Geburt von seiner Mutter verlassen, was schon bei der Kindheit des Dionysos und des kretischen Zeus der Fall war. Mit beiden verbindet Attis noch ein weiterer Umstand: Er wird von einer Ziege gesäugt. Dieses Verlassenwerden ist charakteristisch für die männlichen Baumgottheiten, die Kinder der Mutter Erde sind, ob sie sich nun Rhea, Semele oder Kybele nennt, nur wird letztere hier als Ergebnis der Kastration eines ursprünglich hermaphroditischen Wesens dargestellt, und diese erste Amputation scheint ansteckend zu sein. Sie ist sogar das wesentliche Motiv des Mythos.

Diese aufeinanderfolgenden Verstümmelungen haben nicht alle denselben Sinn. Kybele ist in Phrygien die Große Göttin, die Mutter Erde, wie Gäa und Rhea es in Griechenland sind. Nun ist aber in der griechischen Theogonie, wie auch in anderen, die Urgottheit notwendigerweise zweigeschlechtlich, da sie allein zeugt und aus sich selbst heraus, ohne Hilfe, die andern Götter und die Welt gebiert, die ihre Kinder sind. Sie ist die ursprüngliche Totalität und vereint in sich alle Kräfte und damit alle Gegensatzpaare. Wenn also Gäa aus der Leere, aus dem Urchaos[16] emporsteigt, wird gleichzeitig die Liebe geboren, der

Wunsch, Kinder zu zeugen, andere Wesen zu erschaffen. Und Gäa bringt ein Kind zur Welt, das so groß ist wie sie selbst, Uranos, den gestirnten Himmel, damit er sie ganz bedecke.[17] In den von Hesiod gebrauchten Ausdrücken finden wir die Urgestalt, den Prototyp der Göttinnen, die einen Sohn zeugen, damit er ihr Liebhaber und der Vater ihrer künftigen Kinder werde, eben weil dieser Sohn keinen Vater hat und keinen Vater haben kann. Die Gottheit ist am Anfang allein. Ihr Schöpfungsakt ist die an sich selbst vorgenommene Zweiteilung, die man als Selbstverstümmelung auffassen kann.

So war es am Beginn der Zeiten in der phrygischen Kosmogonie bei Kybele. Wenn es in der griechischen Version der Legende die Götter sind, die sie zu kastrieren beschließen, so nur deshalb, weil die Griechen Kybele in ihre Mythologie integriert hatten und sie ihren Olympiern unterstellten.[18] In der ursprünglichen Kosmogonie kastrierte Kybele, die ja allein war, sich selbst, und das Ergebnis dieser Verstümmelung ist nichts anderes als die Schöpfung.

Die Geburt der Kybele aus dem Samen des Zeus, der sich über einen Stein ergossen hatte, stellt im übrigen eine ganz und gar archaische Form der Kosmogonie dar, denn der Fels ist das älteste Symbol der Mutter Erde[19]; «der rohe Stein gilt als androgyn, und diese Androgynität macht die Vollkommenheit des Urzustandes aus»[20]. Kybele, als Fels, ist hohl wie der Bauch einer Mutter, sie ist eine Höhle. Unterirdisch, in einer Grotte, werden ihre geheimen Riten vollzogen. Die Urhöhle, aus der die Lebewesen ans Tageslicht kommen, ist auch der Ort, wo man die Toten bestattet. Die Toten gehen dort hinein, die Lebenden kommen dort heraus. Die Höhle ist ein Mikrokosmos, der den Makrokosmos zusammenfaßt, ihr Boden entspricht der Erde und ihre Wölbung dem Himmel; sie ist das dämmerdunkle Reservoir der tellurischen Energien, das chthonische Heiligtum. Aus dem androgynen und unfruchtbaren Felsen wird die (weibliche) Erde geboren; sie ist das Resultat seiner Verwitterung, aus der erst die Pflanzen hervorgehen und wachsen können, die wiederum ihn dank dem Humus, der aus der Verwesung ihrer Blätter entsteht, fruchtbar machen.

In den Mythologien wird der Urzustand des Lebens auf der Erde durch die Verbindung des Felsens mit dem Baum dargestellt. Der heilige Stein, der als *Betylos*, als «Haus Gottes», als Zentrum oder Nabel der Welt verehrt wird wie in Delphi der *omphalos*, ist der Aufenthaltsort der göttlichen Macht, das Gefäß des noch nicht manifestierten Lebens, dessen erste Gestaltwerdung der kosmische Baum ist. Der Baum erscheint als Sohn des Steins.

Das phrygische Paar Kybele–Attis stellt in seiner naiven Brutalität eine weniger sanfte, urtümlichere Form der inzestuösen Vereinigungen von Rhea und Zeus, von dem archaischen Dionysos und Semelo dar, welch letztere in Phrygien die Mutter Erde symbolisiert.

Im Mythos von Agditis-Kybele und Attis finden wir den antiken Glauben wieder, die Welt sei aus dem Selbstopfer eines androgynen Gottes entstanden, aus einem Vorgang, der sich in jeder Phase der Schöpfung wiederholt. So wird in der griechischen Theogonie Uranos, der Sohn und Liebhaber Gäas, der, nachdem er die Titanen und die Zyklopen, die Urriesen[21], gezeugt hatte, mit Entsetzen diesen inzestuösen Nachwuchs anschaut und ihn in die Erde einschließt (also versucht, ihn ungeschehen zu machen), schließlich auf Betreiben Gäas kastriert, und zwar von seinem Sohn Kronos, der vermutlich nun selbst zum jugendlichen Liebhaber seiner Mutter wurde. Und bei Kronos wiederholt sich die Prozedur, nur, das Beispiel seines Vaters vor Augen, läßt er seine Kinder nicht im Schoß seiner Mutter verschwinden, sondern in seinem eigenen Körper: auch er wird kastriert, und zwar von Zeus, dem letzten seiner Söhne, der ebenfalls zum Liebhaber seiner Mutter geworden war. Schließlich gibt es Legenden, denen zufolge Zeus selbst sich Kybele – sie ist mit Rhea, also seiner eigenen Mutter, identisch – genähert haben soll; den Konsequenzen des Inzests entging er jedoch durch eine List, indem er Kybele in dem Augenblick, in dem er ihr sein Geschlecht schenken sollte, betrog und ihr die Hoden eines Stiers präsentierte, ein Beispiel, das von den Initiierten des Attiskults nachgeahmt wurde.

Die Kastration erscheint wie eine Bestrafung für den Inzest, der allerdings unvermeidlich ist, da es ohne ihn keine Schöpfung gäbe, die ursprünglich ein Selbstopfer war. Die Menschen wiederholen also die göttliche Tat selbst, wenn sie sich den Göttern opfern. Im minoischen Kreta wurden die zerstückelten Leichen über die Erde gestreut, um sie fruchtbar zu machen. Zu diesem Zweck war das Zeugungsorgan von allen Körperteilen der weitaus wirkungsvollste. Statt das Opfer zu töten, konnte man sich auch damit begnügen, es zu kastrieren, das heißt, es lediglich an der Fortpflanzung zu hindern. Die letzte Stufe der Reduktion dieses Vorgangs ist die Beschneidung, ein milder Ersatz der Kastration.

Attis selber ist aus der Kastration von Agditis hervorgegangen, denn die Mandel, die Nana verzehrte, ist die Frucht des Baumes, der nach der Legende aus dem bei der Verstümmelung von Agditis vergossenen Blut hervorwuchs. Der reife Granatapfel, den die Tochter des Flusses Sangarios in ihrem Busen barg, ist ein noch sprechenderes Symbol, denn wenn man ihn öffnet, findet man mitten im blutfarbenen Fruchtfleisch eine Vielzahl von Kernen; auch ist er ein symbolischer Garant einer zahlreichen Nachkommenschaft.[22] Für die Mythographen ist die Jungfrau Nana jedoch nichts anderes als eine Erscheinungsform der Kybele. Mit anderen Worten: Agditis hat sich in zwei Gestalten geteilt und ist gleichzeitig Vater und Mutter des Attis. Es handelt sich hier also um eine besonders deutlich ausgeprägte parthenogenetische Geburt, wie sie bei den alten Göttern häufig vorkommt. Außerdem schildert uns die Legende – als läge ein Versehen oder

eine Verwechslung vor –, nicht Kybele, die Mutter, sondern Agditis, den Hermaphroditen, der nach seiner Kastration logischerweise nicht mehr hätte existieren
sollen, als Liebhaber des eigenen Sohnes. Um die Dinge noch mehr zu verwirren,
versichern schließlich manche antike Autoren, Agditis sei eine Art Doppelgänger des Attis[23], was nur einen Sinn haben kann: Attis war dazu bestimmt, das
Schicksal seiner Vater-Mutter zu teilen, denn er war selbst Hermaphrodit und
mußte deshalb kastriert werden.

Anders gesagt, die anfänglich hermaphroditischen Götter mußten auf ihre
Männlichkeit verzichten, um fruchtbar zu werden, um zu zeugen, um zu erschaffen, um Kinder haben zu können, um – im Fall von Agditis-Kybele – die Welt
zu gebären und um – im Fall des Attis – die Vegetation, vor allem die Bäume,
hervorzubringen.

Wenn Attis sich kastriert und stirbt, so keineswegs wegen eines Inzests, dem
er sich ja entzogen hat, sondern vielmehr deswegen, weil er ihn nicht begangen
hat. Er verriet seine Mutter, er wollte sogar eine Sterbliche heiraten, und die Strafe folgte auf dem Fuß. Wir treffen hier auf ein Thema, das den Psychoanalyti-
kern sehr vertraut ist, nämlich das der «phallischen Mutter» – in Phrygien wurde
Kybele manchmal in Gestalt einer bärtigen Göttin verehrt –, das der kastrierenden Vater-Mutter, die ihren Sohn für immer für sich behalten will; diese Beziehung wird im Mythos zur höchsten Intensität gesteigert, da Kybele als Frau auch
die kastrierende Gattin ist. Auf dem Berg Ida in Phrygien[24] wurde Kybele, «Mutter des Ida» genannt, als «Bienenkönigin» verehrt. Die Befruchtung dieser Haut-
flügler geht auf sehr merkwürdige Weise vonstatten: Im Lauf des Hochzeitsflugs
läßt das Männchen seine Zeugungsorgane im Körper des Weibchens zurück, es
kastriert sich also und stirbt. Von ihm überleben nur die abgetrennten Organe,
die der Königin Spermien für ihr ganzes Leben liefern.[25]

Der Ida von Mysien war vor allem in der klassischen Antike berühmt, weil
Ganymed von dort entführt wurde. «Der Mythos von Zeus und Ganymedes gewann in Griechenland und Rom große Popularität, denn er gab der leidenschaftlichen Liebe erwachsener Männer zu Knaben eine religiöse Berechtigung»,
schreibt R. Graves, und er fährt fort: «Bis dahin wurde Sodomie nur als eine extreme Form der Göttinnenanbetung geduldet. Kybeles männliche Anbeter versuchten, mit ihr in ekstatische Einheit zu gelangen, indem sie sich entmannten
und als Frauen kleideten.»[26] In Labranda in Karien, also ebenfalls in Kleinasien,
verehrte man einen bärtigen Zeus, der aber auf seiner Brust sechs im Dreieck an-
geordnete Zitzen trug.[27]

Wie dem auch sei, die letzte Folge der Entmannung des Attis bestand darin,
daß er unsterblich wurde. Wie Ariadne[28] starb er jungfräulich; er hatte darauf
verzichtet, das Leben weiterzugeben, und behielt es deshalb ganz. Kybele trug

den Toten in ihr unterirdisches Reich, in die Höhle, in der die Keime, die zukünftigen Lebewesen enthalten waren. Dort wurde er wieder lebendig und konnte sich, nun den menschlichen Gesetzen nicht mehr unterworfen, mit seiner Mutter vereinigen, also die Erde befruchten.[29]

Pinus pinea

Nach diesem langen Exkurs können wir zur heiligen Pinie zurückkehren, in die Attis sich verwandelte. Man muß sich nun fragen: Welche Beziehung bestand in der Anschauung der Alten zwischen der Pinie und der Persönlichkeit des Attis, wie sie aus dem Mythos hervorgeht? Es muß zweifellos eine solche Beziehung geben, denn wie wir gesehen haben, sind die Verbindungen zwischen einer gegebenen Baumart und einem Gott stets sinnvoll. Wir können sogar hinzufügen, daß es sich um eine botanisch bestimmte Spezies und nicht um die Gattung handelt, zu der sie gehört.

Im Fall von Attis handelt es sich vermutlich um die Pinie (*Pinus pinea* L.). Für die lateinische Welt ist sie die fruchttragende und damit wichtigste Pinie, denn sie als einzige der Gattung liefert Nahrung in Form von eßbaren Kernen, die von allen Mittelmeervölkern sehr geschätzt werden. Diese Kerne spielten wahrscheinlich bei der prähistorischen Wirtschaftsweise der Sammler keine geringe Rolle. Man erntet sie im Herbst; bei kleinem Volumen haben sie hohen Nährwert, denn sie sind gleichzeitig stärke- und ölhaltig, und man kann sie den Winter über gut aufbewahren.

Der Pinienzapfen, besonders der von *Pinus pinea,* stand bei den Griechen stets für Vermehrung und Fruchtbarkeit. Er war also ein Emblem, das nicht nur zu Attis, sondern auch zu Dionysos besonders gut paßte, worauf wir schon hingewiesen haben. Die Orphiker identifizierten den Pinienzapfen mit dem von den Titanen zerrissenen Herzen des Zagreus, was eigentlich kein Widerspruch ist.

Wir haben bereits gesehen, daß die Attisfeste zwischen dem 15. und 27. März stattfanden. Genau zu dieser Zeit des Jahres treiben die anderen Bäume im mediterranen Klima neue Blätter und Blüten, die Pinien aber schweigen und scheinen an der allgemeinen Fröhlichkeit nicht teilzuhaben. Wir fragen uns deshalb, ob die Rituale nicht den Zweck hatten, sie aus ihrer scheinbaren Lethargie und Starre aufzuwecken, denn einige Wochen später senden die wie der Gott selbst «auferstandenen» Pinien den feinen Pollenstaub aus. Es wäre außerdem möglich, daß die Attisfeste ursprünglich mit der praktischen Arbeit des Pinienbeschneidens zusammenfielen; da es sich um die einzige Pinienart mit eßbaren Früchten handelte, wurden nur ihr die Zweige gestutzt, um die Bildung von Kernen anzuregen. Das Beschneiden entspricht aber einer Verstümmelung, und da man in diesem Fall die überzähligen Blütenknospen entfernte, einer Verstümmelung der Geschlechtszellen, also einer Kastration, die aber letztlich eine Steigerung der Fruchtbarkeit zum Ziel hatte. Die auf diesen Scheintod folgende Aussendung des Pollens, der wie eine befruchtende Wolke auf die Erde niedersinkt, ist Ausdruck des Wiedererwachens der Pinie. Daß die Pinie als Inbegriff andauernder Produktivität und sogar der Verschwendung galt, beweist ein Text von Plinius: «Aber am bewundernswertesten ist die Pinie: Sie trägt (gleichzeitig) eine reifende Frucht, eine, die erst im folgenden Jahr reif wird, und eine, die das erst im dritten Jahr tut. Kein anderer Baum ist so verschwenderisch: im selben Monat, da man einen Zapfen pflückt, reift ein anderer; die Verteilung ist so gleichmäßig, daß es keinen Monat gibt, in dem kein Zapfen reift.»[30] Diese Schilderung ist zwar sehr übertrieben, aber man sieht, wie hoch die Pinie geschätzt wurde. Man spricht der Pinie einen Reichtum zu, den sie nicht besitzt, weil ihre Fruchtbarkeit tatsächlich außergewöhnlich ist und weil sie Symbolwert hat.

Marsyas, der gehängte Gott

Im Gefolge der den Tod ihres Sohnes und Liebhabers betrauernden, umherirrenden Kybele befand sich Marsyas, der Freund der Göttin, der versuchte, ihren Kummer mit Flötenspiel zu lindern. Man sagt, er sei ein Satyr oder Silen aus Phrygien gewesen, und die Bewohner von Kelänä schrieben ihm die Komposition der «Mutterweise» zu, einer Melodie, die man zu Ehren der Großen Göttin auf der Flöte spielte.[31] Der Musiker entzückte die unwissenden Bauern mit seinem Spiel so sehr, daß sie ausriefen, seine Flöte klinge noch schöner als selbst Apollos Leier. Marsyas wurde daraufhin hochmütig und wagte es, den Gott zu einem Wettbewerb aufzufordern. Apollo wurde sehr zornig über diese Prahlerei und wählte die Musen als Schiedsrichterinnen für den Kampf; der Sieger sollte das Recht haben, den Unterlegenen nach Gutdünken zu bestrafen. Aber die Musen, von dem einen wie dem anderen gleichermaßen bezaubert, wollten kein Urteil fällen. Schließlich gewann Apollo, weil er zu einer hinterhältigen List griff. Er forderte Marsyas heraus, zu tun, was er selber tat: sein Instrument umdrehen, es verkehrt herum spielen und gleichzeitig singen, was bei einer Flöte natürlich nicht möglich war. Der triumphierende Apollo sang dann wunderbare Hymnen zu Ehren der Olympier, und die Musen konnten nicht umhin, ihn zum Sieger zu erklären.

Die Rache des beleidigten Gottes war entsetzlich grausam. Er zog dem Vermessenen bei lebendigem Leib die Haut ab und nagelte sie an eine Pinie, den

Baum der Göttin. Noch zu historischer Zeit zeigte man die Haut des Marsyas, die am Fuß der Akropolis von Kelänä in Südphrygien in einer Höhle aufgehängt war, aus der ungestüm tosend[32] der Fluß Marsyas hervorbrauste, ein Nebenfluß des Mäander.[33] Diese Haut, die einen Schlauch bildete, war lebendig geblieben und erzitterte, wenn man in ihrer Nähe alte phrygische Melodien spielte, regte sich aber nicht, wenn man eine Weise zu Ehren Apollos intonierte.

Wie auch J. G. Frazer bemerkte, gibt es eine starke Ähnlichkeit zwischen Marsyas und Attis, «dem Lieblingsschäfer oder Hirten der Göttin, der selbst als Pfeifer geschildert wird» und den man alljährlich in Form eines Bildnisses darstellte, das wie Marsyas an eine Pinie gehängt wurde.[34] Der Autor des *Goldenen Zweigs* sagt weiter: «Wir dürfen wohl annehmen, daß in alter Zeit der Priester, der den Namen des Attis auf dem Frühlingsfest der Cybele führte und seine Rolle spielte, an dem heiligen Baum regelrecht aufgehängt oder sonst erschlagen wurde, und daß diese barbarische Sitte späterhin zu der Form gemildert wurde, unter der wir sie in späterer Zeit kennen, daß der Priester nämlich seinem Körper unter einem Baum nur Blut entzog und an Stelle seiner selbst nur ein Bild an seinen Stamm befestigte.»[35] Zur Unterstützung dieser Hypothese hätte Frazer eine wichtige Übereinstimmung anführen können: Die Grotte, in der die Überreste von Marsyas ruhen, erinnert an die Höhle, in der die Göttin jene ihres toten Geliebten aufnimmt.

Für uns liegt der wesentliche Unterschied zwischen diesen beiden Gestalten darin, daß Attis sich selbst opfert, Marsyas aber geopfert wird. In diesem Opfer kann man eine Erinnerung an den alten Brauch der Menschenopfer sehen, von dem in der Mythologie Spuren zu erkennen sind, die wir bereits erwähnt haben (beispielsweise die Zerstückelung des Dionysos-Zagreus durch die Titanen). Wenn es sich also, wie man mit gutem Grund glauben darf, tasächlich um die Erinnerung an einen archaischen Ritus handelt, so vervollständigt die Legende von Marsyas unsere Dokumentation. Wie der unglückliche Flötenspieler wurde das Opfer lebendig zerrissen, so der Stier von Knossos, sein Körper dann zerstückelt wie der des Zagreus und schließlich über die Felder verstreut, während die Haut an den heiligen Baum gehängt wurde. Dieses Beispiel der Zerstückelung ist einmalig in der griechischen Welt und darum so beeindruckend, was auch erklärt, daß es von den verschiedensten Autoren erwähnt wird. Man denkt unwillkürlich an fernliegende, aber wohlbekannte Parallelen, an die Opfer, welche die Azteken «gewissen *Göttern der Erde und der Vegetation*»[36] darbrachten, wobei Männer und Frauen im allgemeinen enthäutet wurden. Es kam vor, daß man die vom Körper gezogene menschliche Haut verwendete, um Priester oder Götterstatuen damit einzukleiden. Es gab in Mexiko sogar einen Gott, Xipe Totec, der über seiner eigenen eine zweite, menschliche Haut trug. Die Azteken nannten ihn «unseren Herrn, den Gehäuteten». Für sie war er eine Gottheit des Erwachens der Natur im Frühling, weil sie in der abgezogenen Haut das neue Kleid sahen, das die Erde anlegt und das der jungen Vegetation entspricht.[37] Xipe Totec war ein Gott der Blumen und der Jugend, aber auch der Musik wie Marsyas und wie Apollo. Jedenfalls muß man aber Marsyas und Attis, die an Pinien gehängt wurden, der eine in Wirklichkeit und der andere als Bildnis, mit den Göttinnen in Verbindung bringen, die, wie im vorausgehenden Kapitel dargestellt, an Bäumen hingen.

Marsyas, der nach den überlieferten Texten ein Satyr war, erinnert an Pan, der Apollo in einem musikalischen Wettstreit auch besiegte. Pan soll eine Flöte erfunden haben, diejenige, die seinen Namen trägt, und es ist recht interessant, sich daran zu erinnern, wie er inmitten des Pflanzenreichs diese Entdeckung machte. Als großer Liebhaber der Nymphen, die sein Gebiet, Arkadien, bevölkerten – dort hielten sich wie in Phrygien die archaischen Sitten und Legenden lange Zeit, weil beide Länder erst spät hellenisiert wurden –, verfolgte Pan eines Tages die keusche Syrinx. Als er sie fast schon erreicht hatte, lief sie zu ihrem Vater, dem Fluß Ladon, und flehte ihn an, sie in ein Schilfrohr zu verwandeln.[38] Ihr Wunsch wurde ihr erfüllt, und Pan konnte sie in dem Schilf, das den Fluß säumte, nicht mehr erkennen. Er schnitt nun mehrere Rohre ab und fertigte daraus die Syrinx, die Panflöte. Nun steht auch Marsyas in Beziehung zu einem Fluß, nämlich zu dem, der er nach seinem Tod selbst wurde; er hatte seine Flöte aber nicht von einer einfachen Nymphe bekommen, sondern von Athene persönlich. Sie hatte das Instrument erfunden, aber weggeworfen, weil die Götter über ihre aufgeblasenen Backen lachten, wenn sie spielte, und Marsyas hob es auf.

Die Entstehung der Panflöte entspricht einer Verwandlung und einem Opfer, nämlich der Syrinx. Man könnte behaupten, das treffe auch auf Marsyas zu, der ein stattlicher Baum gewesen sein könnte, den man rituell schälte, oder die Rinde eines Zweiges, den man ausgehöhlt hatte, um aus ihm eine Pfeife zu machen. In diesem Fall hätte es sich um eine Erle[39] gehandelt, die in der Nähe von Flüssen wächst und früher zu diesem Zweck verwendet wurde; wir finden Spuren davon im Mythos von Phoroneus, dem Geist der Erle und weissagenden Helden, dem Sohn des Flusses Inachos und der Eschennymphe Melia. Orpheus, der thrakische Musiker, der wahrscheinlich ein Flötenspieler war, ehe Apollo ihm die Leier schenkte[40], stand auch in Verbindung mit einem Baum, denn sein Vater hieß Oiagros, was nach R. Graves «von der wilden Vogelbeere» bedeutet; diese Baumart, sagt Graves in seiner *Griechischen Mythologie,* werde praktisch mit der Erle gleichgesetzt.[41] Auch Orpheus wurde in Stücke gerissen, aber von den Mänaden.[42] Man sieht, daß die Musik, diese göttliche Gabe, offenbar niemals ohne

Mühen erworben wurde. Bemerkenswert ist, daß diese drei Flötenspieler immer von Apollo mit seinem Instrument besiegt wurden. Im Fall von Orpheus ging dies äußerst friedlich vor sich, denn der Gott schenkte ihm eine Leier und galt mitunter sogar als sein Vater. Mit Pan ging der Gott gewissermaßen vorsichtig um, und der Grund wird auch genannt: Er strafte ihn nicht, weil er von ihm die Kunst der Prophezeiung erlernen wollte, was er durch seine Schmeicheleien erreichte. Übrigens wurde der einfältige Satyr auch von Hermes übertölpelt; letzterer hatte dessen fallen gelassene Flöte aufgehoben, sie nachgebaut und das Instrument, prahlend, er selbst hätte es erfunden, an Apollo verkauft. An diesem Tag wurde Apollo also übervorteilt, aber das Geschäft war trotzdem lohnend, weil ihm das ganze Erbe Pans zufiel. Nur Marsyas wurde auf schreckliche Weise bestraft.

Diese unterschiedliche Behandlung läßt sich vielleicht durch eine Hypothese von R. Graves erklären, nach der die Siege Apollos über Marsyas und Pan die Eroberung Phrygiens und Arkadiens durch die Hellenen versinnbildlichen; eine der Folgen der Invasion war der Ersatz einer Musik durch eine andere und sogar ein Wechsel des Instruments, was aus der Legende von Marsyas klar hervorgeht. Man darf daraus also wohl sicher schließen, daß die Eroberung Phrygiens auf starken Widerstand der Bevölkerung stieß – das beweist der Umstand, daß die Bauern die Kunst des Marsyas für schöner hielten als die Apollos –; daß diejenige Arkadiens leichter vonstatten ging, doch Pan dann Apollo alle seine alten Privilegien überließ; daß es schließlich in Thrakien wohl überhaupt keinen Widerstand gab, wie die Beziehung zwischen Apollo und Orpheus vermuten läßt. Wir begegnen also wieder einmal dem Phänomen der religiösen Vereinnahmung, das wir im Zusammenhang mit Dodona erläutert haben. In allen drei genannten Fällen tritt der neu angekommene, aber von den Siegern mitgebrachte Gott an die Stelle der einheimischen Götter und übernimmt ihre angestammten Funktionen; so mußte Apollo über die Herden der Götter in Pierien wachen, das von Thrakern – Landsleuten des Orpheus – bewohnt war. Die entmachteten lokalen Götter wurden fortan nur noch als Helden der Legende angesehen.

Adonis oder die Myrrhe

Wenn der phrygische Gott Attis von den Griechen, die sein blutiges Ritual abstieß, niemals angenommen wurde, so hießen sie doch Adonis willkommen, dessen Feste selbst im Athen des 5. und vor allem des 4. Jahrhunderts sehr beliebt waren. Adonis kam aus Phönizien, sein Kult wurde im ganzen Land, am feierlichsten aber in Byblos begangen, das die Griechen «die Stadt des Adonis» nannten. Der Name, den sie ihm gaben, ist vom semitischen *Adon,* «Herr», abgeleitet. Dies war die respektvolle Anrede des Gottes, die seine Gläubigen gebrauchten[43]; im Phönizischen hieß er vielleicht Eshmun oder Aleyin und im Syrischen aber sicher Tammuz. Es handelt sich um eine sehr alte präsemitische Gottheit, denn «Tammuz» ist die akkadische Form des sumerischen «Dumu-zi».

Der Mythos von Adonis ist uns vor allem in der Schilderung bekannt, die Panyassis aus Halikarnassos, ein Verwandter Herodots, in der ersten Hälfte des 5. Jahrhunderts v. Chr. gab: König Theias von Assyrien hatte eine Tochter namens Smyrna (oder Myrrha[44]). Aphrodite nahm ihr übel, daß sie ihr nicht die gebührende Ehre erwies, und sie erfüllte das junge Mädchen mit leidenschaftlicher Liebe zu ihrem Vater. Mit Hilfe ihrer Amme gelang es Smyrna, ihren Vater zu täuschen und zwölf Nächte in Folge mit ihm zu schlafen. Als Theias begriff, was er getan hatte, zog er seinen Dolch und machte sich an Smyrnas Verfolgung. Er war eben im Begriff, sie einzuholen, als sie die Götter anflehte, sie unsichtbar zu machen. Sie erbarmten sich ihrer und verwandelten sie in einen Baum, der *smurna* (oder *myrrha,* «Myrrhenstrauch») genannt wird. Neun Monate später brach die Rinde des Baumes auf, und das Adonis genannte Kind kam heraus. Obwohl noch ganz klein, war es so schön, daß Aphrodite es in einer Truhe versteckte, um es den Blicken der Götter zu entziehen, und es Persephone anvertraute. Kaum hatte diese Adonis gesehen, weigerte sie sich, ihn Aphrodite zurückzugeben. Zeus mußte den Streit schlichten; er teilte das Jahr in drei Teile: Adonis sollte ein Drittel allein verbringen, das zweite gehörte Persephone, das letzte war Aphrodite vorbehalten. Aber Adonis widmete dieser Göttin auch sein eigenes Drittel. Später, im Verlauf einer Jagd, starb Adonis unter den Hauern eines Ebers.[45]

Diese sehr geraffte Zusammenfassung muß man mit den aus anderen Quellen bekannten Einzelheiten ergänzen, da sie zum Verständnis des Mythos nötig sind.[46] So war für manche Autoren Myrrhas Vater nicht König Theias von Assyrien (sein Name bedeutet «Seher» oder «Prophet»), sondern Kinyras, der König von Zypern. Diese Insel war aber Aphrodite-Kypris geweiht, von der sie ihren Namen hatte, und Kinyras stammte von der Göttin ab. Der Vater seiner Mutter war Pygmalion, der sich in die Statue Aphrodites so heftig verliebt hatte, daß die Göttin sich erweichen ließ und ihm in Gestalt der Galatea diese Tochter schenkte. Nach Hygin war Aphrodites Eifersucht durch die Unverschämtheit der Kenchreis, Myrrhas Mutter, geweckt worden, die sich rühmte, jene sei schöner als selbst die Göttin. Eine andere Einzelheit ist von Bedeutung: Der Inzest zwischen Vater und Tochter geschah, als die Königin an den Thesmophorien teilnahm, einem Fest, das an Demeters Trauer erinnerte, die den Verlust ihrer Tochter Persephone beklagte. Nur legitime Gattinnen durften die Thesmophorien feiern, die von Fasten und sexueller Enthaltsamkeit gekennzeichnet waren; Männer waren ausgeschlossen.

In der dramatisch ausgeschmückten Schilderung Ovids versucht Myrrha, ehe sie ihr Verbrechen begeht, nicht nur, sich mit ihrem Gürtel an einer Tür zu erdrosseln – was an die erhängten Göttinnen erinnert –, sondern und vor allem flieht sie vor ihrem Vater, der sie mit gezücktem Schwert verfolgt; neun Monate lang irrt sie «durch die weiten Gefilde, hinter sich läßt sie Arabien, wo Palmen gedeihn» (wir werden noch sehen, warum dieses Detail so bedeutsam ist), und erst am Ende ihres Weges verwandelt sie sich in den Myrrhenbaum, in dem Moment, da sie die ersten Wehen spürt. «... es rinnen vom Baum die Tränen, die warmen. Ehre verdienen auch Tränen: die Myrrhe, dem Baume entquellend, trägt der Spenderin Namen...»[47] Die Myrrhe ist also aus einem Selbstopfer entstanden, aber diesmal hat sich eine Schuldige selbst bestraft. Nach einer anderen Version holt ihr Vater sie ein und spaltet mit seinem Schwert den Baum, in den Aphrodite aus Reue über die Folgen ihrer Vergeltung sie verwandelt hatte und aus dem der kleine Adonis kam.

Nach Ovid bezauberte das Kind die Göttin, die es aufgenommen hatte: «So rächt er der Mutter Verführung.»[48] Aber nachdem das Urteil gefällt war, das ihr ein Drittel vom Jahr des Jünglings zusprach, überschritt die verliebte Aphrodite ihre Rechte; sie trug jeden Tag den Gürtel, der sie unwiderstehlich machte, und überredete ihren Geliebten, ihr auch die Zeit zu widmen, die ihm selbst zur Verfügung stand.[49] Aber die Liebe der Göttin ist überschattet von dem Wissen, daß Adonis im blühenden Alter wird sterben müssen, und sie versucht ihn zu warnen. Das Unvermeidliche geschieht dennoch. Persephone ist erbost über die Ränke Aphrodites und verklagt sie beim Vater ihrer Kinder. Ares nimmt, rasend vor Eifersucht, die Gestalt eines wilden Ebers an und durchbohrt die Lenden des Jünglings. Was den Vater Myrrhas, Theias oder Kinyras, angeht, so scheint er die Verwandlung seiner Tochter nicht lange überlebt, sondern sich kurz danach entleibt zu haben. Nach anderen Autoren[50] aber wurde er bei einem musikalischen Wettbewerb, in dem er Apollo beleidigt hatte, besiegt und wie Marsyas vom Gott getötet. Ihm wäre demnach bei lebendigem Leib die Haut abgezogen, diese dann an einen Baum gehängt worden, aller Wahrscheinlichkeit nach an eine Palme, die ihm geweiht war.[51]

Einen Tagesmarsch von Byblos entfernt, in einer wunderbaren Gegend im Libanongebirge, die von allen Reisenden gerühmt wird, entsprang der Fluß Adonis. Dort gab es einen Tempel der von den Griechen Aphrodite-Aphaka genannten Astarte; dieser Name stammt von dem Ort, den Konstantin wegen des abscheulichen Kults, der hier gefeiert wurde, zerstört hatte.[52] Von der Terrasse des Tempels konnte man den großartigen Kreis der hohen Felsklippen bewundern, wo sich eine Höhle öffnete. Der Fluß strömte aus ihr hervor und rauschte inmitten üppiger, frischer Vegetation von Wasserfall zu Wasserfall, bis er sich in eine tiefe Schlucht hinabstürzte. Hier war nach Auffassung der Phönizier der Gott gestorben. Jedes Jahr, so schildert Lukian[33], verwandelt sich das Wasser des Flusses in Blut, es verbreitet sich im Meer, eine große Fläche rot färbend. Dies zeigt den Bewohnern von Byblos an, daß der Augenblick gekommen ist, um Adonis zu trauern. Zur Erinnerung an dieses Ereignis feiern sie Orgien, bei denen sie sich auf die Brust schlagen, weinen und große Trauer zur Schau stellen. Wenn der Klagen und Tränen genug sind, schicken sie Adonis Totengeschenke; aber am folgenden Tag erklären sie, er lebe und sei im Himmel. Außerdem rasieren sie den Kopf wie die Ägypter beim Tod des Stieres Apis. Die Frauen, die ihr Haar nicht opfern wollen, entrichten eine Buße, die darin besteht, daß sie ihre Reize einen Tag lang feilbieten müssen. Aber nur Fremde haben das Recht auf ihre Gunst, und das Geld, das sie auf diese Weise einnehmen, wird Venus (Aphrodite) geweiht.[34] Wegen dieser religiösen Prostitution fand Konstantin den Ritus so abstoßend.

Lukian, dieser griechische Autor des 2. Jahrhunderts n. Chr. erklärt, er habe seine Angaben an Ort und Stelle gesammelt[35]; kommentierend sagt J. G. Frazer, diese Feier habe wohl im Frühling stattgefunden, wenn in Syrien die rote Anemone blühte, die Pflanze des Gottes.[36] Aber diese Ranunculacee – die Gärtner kennen sie unter dem Namen «Adonisröschen» oder «Sommerblutströpfchen» *(Adonis autumnalis)* – ist eben nicht wie andere Anemonen eine Frühlingsblume, sondern blüht, wie ihr lateinischer Name besagt, später, im Juni und Juli. Lukian erwähnt die Jahreszeit nicht, in der die Adonienfeiern abgehalten wurden; Frazer glaubt, sie hätten im Frühjahr stattgefunden, weil er in Adonis – wie in vielen anderen von ihm studierten Gottheiten – einen Gott des Frühlingserwachens sieht.[37] An dieser bequemen Passepartout-Deutung ließ die anthropologische Schule der Mytheninterpretation, die sich auf die Arbeiten von Georges Dumezil und Claude Lévy-Strauss gründet, Zweifel aufkommen. Für sie bleibt von der Argumentation Frazers nichts übrig, derzufolge Adonis aus einem Baum entsprungen ist, also einen Vegetationsgeist verkörpert; er verbringt einen Drittel seines Lebens unter der Erde, den Rest, mit Aphrodite, im Sonnenlicht; also verkörpert er wie Persephone den Geist des Getreides. Solche Ausführungen klingen in der Tat veraltet, und wäre es nur deshalb, weil sie auf alle Arten von Mythen zutreffen könnten, als ginge es in den Mythologien um nichts anderes, als ewig die gleichen Dinge wiederzukäuen. M. Detienne setzt ihnen in seiner Studie *Les Jardins d'Adonis* nicht nur eine weit treffendere Analyse des Mythos selbst, sondern auch einen Reichtum von Erkenntnissen entgegen, der die Unzulänglichkeit des Frazerschen Vorgehens bloßlegt; sie ist ein glänzender Beweis für die Überlegenheit der von ihm angewendeten Methode der Strukturanalyse, für die «jeder Gott durch das Beziehungsnetz definiert wird, das ihn in ein bestimmtes Pantheon eingliedert und innerhalb desselben anderen gegenüberstellt; ein Element bekommt nur durch die Stelle einen Sinn, die es in einem geordneten System einnimmt, von dem der dazugehörige Mythos einen Teil bildet»[58]. In *Les Jardins d'Adonis* wird demnach gleichzeitig ein botanischer, ideologischer und soziologischer Code zu entziffern versucht.

Wir können mit unserer Untersuchung nicht fortfahren, ohne kurz die Schlußfolgerungen zusammenzufassen, zu denen M. Detienne in seiner beispielhaften Analyse gelangt. Aufgrund seiner Forschungen legt er das lange Zeit unsichere Datum der Adonien keineswegs auf den Frühling, sondern auf die Hundstage fest, etwa den 20. Juli, die trockenste und heißeste Jahreszeit. Die berühmten «Gärten des Adonis», einfache irdene Töpfe, in denen man außerhalb ihrer Zeit und in wenigen Tagen Samen von Fenchel, Weizen, Gerste und Lattich keimen ließ, wirken nun eher lächerlich. Es handelte sich um einen «sterilen», einen «frivolen» Anbau, der zu den flüchtigen Vereinigungen paßte, die während des Festes erlaubt waren, «wo die Schamlosigkeit der Frauen und ihr sexueller Appetit den Höhepunkt[59] erreichten, so daß sie sich Beziehungen von Geliebtem und Geliebter gestatteten, wie sie zwischen Adonis und Aphrodite bestanden hatten». Vor allem die Kurtisanen feierten den Gott, und die Ausschweifungen – sie äußerten sich unter anderem in der zeitweiligen Prostitution, zu der die Frauen, die ihr Haar nicht opfern wollten, genötigt waren –, die als unumgängliches Ritual die Adonien begleiteten, konnten durchaus die Gesellschaftsordnung gefährden.

M. Detienne hebt hervor, daß das Fest in zwei Phasen verlief: «Zuerst steigen die Frauen (die Leiter) hinauf, um die ‹Gärten› der brennenden Sonne auszusetzen, und später steigen sie die Leitern hinunter, um die Erzeugnisse des Sirius (der dann seinen Höchststand erreichte) zu sammeln, die Gewürze, die in den Hundstagen zur Reife kommen, die man in Räuchergefäßen zu Ehren Aphrodites und ihres Geliebten verbrannte und die den Anhängern des Adonis verführerische Parfums und Salben bescherten.»[60]

Was für eine Persönlichkeit war Adonis für die Griechen? Ein allzu frühreifer Jugendlicher, ein allzu junger Verführer, der zwischen seinen zwei göttlichen Geliebten stand, für die er im Grunde nur ein williges Opfer war, und sich ganz dem verschrieben hatte, was schon die griechische Medizin verurteilte: dem vorzeitigen und ausschließlichen Genuß sexueller Beziehungen?[61] Derartige Beziehungen galten überdies als unfruchtbar, denn für die Griechen war der so verschwenderisch und übereilt verwendete Samen feucht und kühl, statt die Wärme und Konsistenz des reifen Samens zu haben, also seinem Wesen nach weiblich.[62]

Durch den Mißbrauch der Sexualität wurde Adonis schließlich zu einem weibischen Mann und vorzeitig impotent wie der Lattich, der in Griechenland ein Symbol für «die sexuelle Impotenz und den Mangel an Lebenskraft» war; deshalb verwendete man ihn auch als Mittel gegen übermäßige Erregung. Lattichkeime, die, kaum grün geworden, schon wieder vertrockneten, zog man in den «Gärten» zur Feier des toten Gottes. Plutarch sagt, im Mythos und für die Griechen sei Adonis weder ein Gatte noch auch nur ein Mann, sondern nur ein weibischer Liebhaber, ein Symbol dessen, was nicht männlich ist, und seine Anhänger seien nur Frauen oder Zwitter.[63] Der junge Knabe mit dem reichlichen Samen gehöre zum selben Sternbild wie die lüsterne Gattin des Sirius.[64] Anders gesagt, unter diesem Aspekt – aber nur unter diesem – gleicht Adonis Attis; er stirbt kastriert – in der Lendengegend verletzt – durch Ares, den eifersüchtigen Gatten, und als Opfer einer besitzergreifenden Mutter, die hier verdoppelt erscheint, denn der einen Kybele entsprechen zwei Göttinnen, wovon eine wie sie eine Gottheit der Unterwelt ist.

Für die Griechen bleibt Adonis auch der Typ des orientalischen Verführers, die Verkörperung eines Orients, der gleichzeitig nah und fern ist und vor dem man sich zu hüten hat, «einer Welt, in der die Verfeinerungen der Kultur und das Schwelgen in sittenlosesten Genüssen zu einem verweichlichten und wollüstigen Leben führen... Nur ein fremder Gott konnte innerhalb des griechischen Systems so offen das Andere darstellen, nur eine orientalische Macht konnte auf diese Weise für die totale Negation der von Demeter repräsentierten politischen und religiösen Werte stehen.»[65] So bildeten die Adonien einen Gegenpol zu den Thesmophorien; die Schamlosigkeit des inzestuösen Mädchens beleidigte nicht nur die Mutter, sondern auch Demeter selbst, die Beschützerin der legitimen, von den Göttern ratifizierten Ehen, an deren Trauerfeier Kenchreis eben teilnahm, als das Verbrechen geschah.

M. Detienne hat, als er sich auf sein Thema, «die Mythologie der Gewürze in Griechenland», konzentrierte, absichtlich gewisse Aspekte des Mythos übergangen, die für ihn sekundär waren, aber im Zusammenhang mit einer Mythologie der Bäume sehr wichtig sind. Sie führen uns zu einem neuen Deutungsvorschlag, der keineswegs der Interpretation von M. Detienne widerspricht, der wir uns vorbehaltlos anschließen; uns geht es lediglich – auf einer anderen Ebene – um eine zeitliche und räumliche Ausweitung. M. Detienne untersucht die Version des Mythos, die im 5. und 4. Jahrhundert bei den Griechen gängig war, denn in dieser Form konnten sie einen viel älteren orientalischen Mythos in ihre Weltanschauung integrieren. Auch behandelt er nicht Adonis an sich, sondern die Rolle, die er im klassischen Griechenland gespielt hat. Auf diese Weise können aber weder der phönizische Eshmun noch der syrische Tammuz und noch viel weniger der sumerische Dumuzi auch nur annähernd die Züge erklären, die die griechische Mythologie dem aus einem Myrrhenbaum geborenen Kind gegeben hat.[66]

Wir betrachten die Sache nun aus einer ganz anderen Perspektive. Für uns ist es keineswegs gleichgültig, daß die Myrrhe nicht nur zur Herstellung von Parfum, sondern – vielleicht in noch größerem Umfang – zur Einbalsamierung von Toten verwendet wurde, zwar nicht in Griechenland, wo dieser Brauch nicht bestand, aber in Ägypten und im Orient. Dieser Umstand erklärt nämlich die Reisen des Adonis zu Persephone, also zu den Toten. Übrigens ist Smyrna, Myrrha geworden, gleichsam auch einbalsamiert in dem Baum, der den Balsam liefert, in dem ihr Blut sich in Saft verwandelt und wo ihre Tränen durch sein Mark zur «dem Baume entquellenden» Myrrhe werden.[67] Und der aus dem Baum geborene Adonis ist gewissermaßen dessen Produkt: die Myrrhe selbst in ihrer Vieldeutigkeit, denn sie ist gleichzeitig Aphrodisiakum, Totenbalsam und Weihrauch, der zu Ehren der Götter verbrannt wird.

Im Vergleich mit allen Bäumen, denen wir begegnet sind, einschließlich der Pinie des Attis, weist der Myrrhenbaum eine wichtige Besonderheit auf. Es handelt sich um eine Art, die kein Grieche jemals gesehen hat und auch – was paradox erscheinen mag – keiner der Adonis treu ergebenen Phönizier. Sie kannten nur das Erzeugnis, das über verschiedene Zwischenstationen aus einem fernen, legendären Land kam, dem Königreich von Saba. Für sie stammten Myrrhe und Weihrauch vom selben Baum, man wußte nicht, von welchem, und die Ernte dieser Substanzen war Gegenstand außergewöhnlicher Geschichten, in denen in schrecklichen Gegenden alle möglichen gefährlichen Fabelwesen auftraten.[68]

Phönix, die Dattelpalme

Ein scheinbar nebensächliches Detail, der Tod von Myrrhas Vater im Vergleich zu dem des Marsyas, ist ebenfalls zu beachten, denn es enthält einen aufschlußreichen Hinweis. Myrrhas Vater, der in anderen Versionen desselben Mythos bald Theias, der Wahrsager, der König Assyriens heißt, bald Kinyras, König von Zypern – dorthin kam der Mythos aus Phönizien, bevor er Griechenland erreichte –, wird auch Phönix, König von Byblos, genannt, und in dieser Stadt beging man sein Fest mit großem Pomp.

Das griechische *phoinix* bedeutet nicht nur «phönizisch», sondern auch «Purpur» (Königspurpur) und bezeichnet gleichzeitig die Dattelpalme und den Phönix. Dieser legendäre Vogel spielte nun in der griechischen Mythologie der Gewürze eine große Rolle: «Er verfügt über Myrrhe und Weihrauch, er baut damit sein Nest, er trägt sie sogar mit sich (im Schnabel), bevor er sich auf seinem Scheiterhaufen verbrennt, den er aufgeschichtet und mit wohlriechenden Essenzen aller Art versehen hat». Auf dem Scheiterhaufen verbrennt er sich, bevor er aus sich heraus für einen neuen Zyklus von 1461 Jahren wiedergeboren wird. Dieser Zeitraum korrespondiert mit der Gleichzeitigkeit des «heliakischen Aufgangs des Sirius (Sothis) einerseits und des Erscheinens der Sonne und des Beginns der Nil-Überschwemmungen andererseits»[69]. Es handelte sich um die Rückkehr des Großen Jahres, anders gesagt, um die Wiedergeburt, die zyklische Regeneration des Kosmos. Als Purpurreiher dargestellt – wir sahen eben, daß *phoenix* auf griechisch auch «Purpur» heißt –, gehörte der ägyptische Phönix oder der Vogel Bennu zu Heliopolis, der Sonnenstadt schlechthin. «Möglicherweise liegt aber diese *Sonnenstadt* zunächst gar nicht in Ägypten, sondern bezeichnet das ursprüngliche *Sonnenland,* das Syrien Homers»[70]; damit wären wir schließlich wieder an der syrischen Küste angekommen, das heißt in Phönizien.[71]

Von allem, was das griechische *phoenix* bezeichnete, hat nur die Dattelpalme *(Phoenix dactylifera)* diesen Namen bis heute behalten.[72] In Mesopotamien bauten sie die Sumerer vor 5000 bis 6000 Jahren an; sehr wahrscheinlich war diese Palme der erste fruchttragende Baum, der von Menschen gepflanzt, gepflegt und gezüchtet wurde. Dattelpalmen sind rund um das Mittelmeerbecken und vor allem in Nordafrika sehr verbreitet, wo sie die Oasen schützen, aber die größte Dichte erreichen sie in den Tälern von Euphrat und Tigris; 30 Millionen Dattelpalmen – ein Drittel des Weltbestandes – sind jetzt im Irak angepflanzt.[73]

Die Dattelpalme scheint seit sumerischer Zeit ein wesentliches Element der Ikonographie des Lebensbaumes zu sein. Sie lieferte tatsächlich ein äußerst wichtiges Grundnahrungsmittel. Im Nahen Orient wie auch in Nordafrika wird die Dattel zu vielerlei Eßwaren verarbeitet. Man kann aus ihr einen sehr süßen Saft gewinnen, den «Dattelhonig», und daraus eine Art von Brot machen. Nach Plinius soll man in der Antike sogar Dattelwein hergestellt haben. Die sehr nahrhafte Dattel hat auch eine höhere biologische Energiewertigkeit als alle anderen Früchte. Je nach Sorte staffelt sich die Ernte von Juli-August bis November-Dezember, und sogenannte harte Datteln lassen sich nach dem Pflücken ohne spezielle Konservierung zwei oder drei Jahre lang aufbewahren. Ein gut gepflegter Palmenhain bringt zwölf bis fünfzehn Jahre nach dem Pflanzen seinen vollen Ertrag und kann 60 bis 80 Jahre lang genutzt werden; pro Baum können im Schnitt 20 bis 50 kg Früchte, bei besten Bedingungen bis zu 100 oder mitunter sogar 200 kg geerntet werden. In Wüstengebieten, zum Beispiel in den Oasen der Sahara, ist die Dattel als Grundnahrungsmittel noch immer unersetzlich.[74] Die Wohltaten der Dattelpalme, von denen man sagt, es seien 360 – soviel wie Tage im Jahr, da man die Früchte zu jeder Jahreszeit essen kann –, wurden in heiligen Gesängen gefeiert; Strabo zitiert eine persische[75] und Plutarch eine babylonische[76] Hymne zu ihren Ehren.

Die Dattelpalme war in den Augen der Alten nicht nur ein Inbegriff der Fruchtbarkeit; für sie war es auch bedeutsam, daß sich die Palme aus sich selbst heraus erneuert. Tatsächlich vermehrte man sie durch Schößlinge, die an der Basis des Stammes wachsen, weniger durch Samen; das ist heute noch so, und deshalb verglich man sie mit dem Vogel Phönix. Plinius berichtet, er habe Wundersames von einer dieser Dattelpalmen in der Gegend von Chora (in der Nähe Alexandriens in Ägypten) gehört, die zur gleichen Zeit wie der Phönix sterbe und neu aus sich selbst entstehe; letzterer verdanke seinen Namen dieser Übereinstimmung, und der Baum trage reichliche Frucht. Man glaubte in der Tat, Dattelpalmen würden sehr alt, da der Zyklus des Phönix 1461 Jahre beträgt. Zu Plinius' Zeiten zeigte man in Delos noch die Palme, in dessen Schutz angeblich Apollo geboren wurde.[77] Die Orphiker betrachteten den Baum als unsterblich und nie alternd und brachten ihm große Verehrung entgegen. Ein anderes Charakteristikum erstaunte Griechen und Römer sehr: seine Sexualität.

Ihnen war durchaus bekannt, daß es bei den Palmen männliche und weibliche Pflanzen gibt und die letzteren befruchtet werden müssen, sollen sie Früchte tragen. Nach Plinius bringen in einem natürlichen Wald die weiblichen Palmen, die keine männliche Palme haben, nicht spontan Früchte hervor, und wenn mehrere weibliche Dattelpalmen einen männlichen Baum umringen, neigen sie sich gegen ihn, um ihn mit ihrer Blätterkrone zu streicheln, während er seine Blätter stachlig aufstellt und sie alle mit seinem Atem, seinem bloßen Anblick und auch seinem Staub (Pollen) befruchtete. Fällt man ihn, so werden die weiblichen Bäume Witwen und unfruchtbar. *Sie besitzen eine so starke Sexualität,* daß der Mensch ein Mittel erfunden hat, sie zu befruchten, indem er die weiblichen Bäume mit den Blüten, dem Flaum und manchmal einfach mit dem Staub der männlichen Bäume bestreut.[78] Diese künstliche Befruchtung der Dattelpalmen wurde offenbar seit ältesten Zeiten praktiziert, von Beginn des Palmenanbaus an, und wird auch heute noch genau gleich gehandhabt. Diese Arbeit, die sich über viele Wochen hinzieht, besteht darin, männliche Zweige über die weiblichen Blüten zu hängen.[79] Sie wurde nötig, als man dazu überging, Palmenhaine anzulegen und aus Gründen der Produktivität versuchte, die Anzahl der männlichen Bäume so gering wie möglich zu halten.

Hier kommt es uns vor allem auf diese auffällige, überbordende Sexualität an, von der die Alten so beeindruckt waren. Die verschwenderische Sexualität des Adonis war also eine Erbe dessen, der gleichzeitig sein Großvater und sein Vater war. Da Myrrha, der Myrrhenbaum, als Tochter der Palme Phönix betrachtet wurde, kann man sich fragen, ob die Szene der Verführung der männlichen Palme durch die sie umgebenden weiblichen Bäume, von der Plinius erzählt – der nichts erfindet, sondern nur wiedergibt, was verbreitete Anschauung war –, nicht in diesen Zusammenhang, also zum Inzest von Myrrha gehört. Die erwähnten zwölf Nächte entsprechen vielleicht der Zeit, die man zur Befruchtung der Bäume für nötig hielt. Wenn, wie die Alten glaubten, der «Myrrhenbaum» eine Art Palme war, so konnte er nur durch seinen eigenen Vater befruchtet worden sein.

Die Dattelpalme wurde stets als anthropomorpher Baum betrachtet. Das Wort «Palme» kommt von *palma (manus)*, «Handfläche», nicht umgekehrt. Im Griechischen hat es ausschließlich diese Bedeutung, und die Datteln werden im Griechischen und im Lateinischen «Finger» genannt. Schließlich gibt es bei der Dattelpalme das, was Plinius unter Berufung auf Theophrast[80] und Xenophon[81] ein «Gehirn» nennt und als «süßes Mark»[82] beschreibt, das «Palmenherz», das man in der Antike aß und auch heute noch (als Palmkohl) verzehrt. Allerdings schreiben die antiken Autoren der Palme ein Regenerationsvermögen zu, das sie nicht besitzt, denn sie behaupten, sie gehe nicht zugrunde, wenn man das «Gehirn» entferne, in Wirklichkeit aber stirbt sie daran.

Ein Inbegriff wunderbarer und unerschöpflicher Fruchtbarkeit, wurde die Palme als phallisches Symbol betrachtet – man sah in ihr einen aufgerichteten, zottigen Riesenphallus –, aber auch als Pflanze, die aus der Verbindung des himmlischen Feuers mit den unterirdischen Wassern entsprungen ist. Für die Araber hat sie heute noch den Kopf «im Himmelsfeuer und den Fuß im Wasser», und eines der ersten Schöpfräder im sumerischen Mesopotamien hatte den Zweck, die Palmfüße mit ausreichenden Wassermengen zu versorgen.

In der griechisch-römischen Mythologie gab es eine Göttin der Palme, die Leto oder Latona hieß, doch eine Datteln tragende Art wächst weder in Griechenland noch in Italien. Es handelte sich um Lat, eine archaisch-orientalische Gottheit der Fruchtbarkeit, der Palme und des Olivenbaumes. Dieser Umstand erklärt, warum die Titanentochter Leto, nachdem sie wie Dione verführt worden war – hinter diesem Vorfall verbirgt sich, wie wir gesehen haben, eine politische und religiöse Eroberung durch die Hellenen –, Artemis (die Mondgöttin) und Apollo (den Sonnengott) gebar: auf der Insel Ortygia, zwischen einem Olivenbaum und einer Palme – beide Bäume sind asiatischen Ursprungs –, wobei sie ihren Arm um die Palme schlang.[83] In der Legende von Leto wird eine Episode geschildert, die auf seltsame Weise dem Konflikt gleicht, der zwischen Aphrodite und Kenchreis, Myrrhas Mutter, entbrannte. Niobe spottete, allzu stolz auf die sieben Söhne und sieben Töchter, die sie von Amphion, dem König von Theben, hatte, über Leto mit ihren nur zwei Kindern. Die Göttin rächte sich, indem sie

Tantalos, Niobes Vater, in seine Tochter verliebt machte. Von ihr abgewiesen, ließ er seine Kinder durch Feuer umkommen; Amphion wurde darauf von einem wilden Eber zerrissen.[84]

Die Bäume des Osiris

Am Anfang seiner Studie über Osiris, die in seinem Werk *Der Goldene Zweig* auf die Untersuchungen zu Adonis und Attis folgt, bemerkt J. G. Frazer: «Es bestehen hinlängliche Gründe, ihn in einer seiner Erscheinungsformen mit Adonis und Attis einzureihen als Personifikation der großen alljährlichen Veränderungen der Natur, insbesondere des Getreides.»[85] Da weder Attis und noch weniger Adonis mit dem Getreideanbau, sondern vielmehr mit ganz bestimmten Baumarten in Verbindung zu bringen sind, erhebt sich die Frage, ob das bei Osiris nicht auch der Fall sein könnte. Gewiß galt Osiris in einer bestimmten Epoche «in einer seiner Erscheinungsformen» wenn nicht als Personifikation des Getreides, wie Frazer behauptet, so doch der Gerste – aber war das immer so? Wenn wir bei dieser Gottheit die Methode anwenden, die uns bei den andern erlaubt hat, unter den Ablagerungsschichten der Zeiten eine viel archaischere Gestalt freizulegen, so sollte es im Prinzip möglich sein, auch hier die Spuren eines sehr alten Baumkults zu finden.

Die Geschichte des Osiris wird in Form eines zusammenhängenden Berichts nur von Plutarch überliefert, also einem späten Schriftsteller, der im 1. Jahrhundert unserer Zeitrechnung lebte.[86] Zum Glück wird das lange und sehr faktenreiche Kapitel «Über Isis und Osiris» der *Moralia* durch in die Pyramiden eingeritzte Texte, die wenigstens bis ins Jahr 2500 v. Chr. und mitunter noch viel weiter zurückgehen, nicht nur inhaltlich bestätigt, sondern auch ergänzt.[87]

Nach der Enneade von Heliopolis gehörte Osiris zur dritten von Atum abstammenden Generation. Atum war ein noch unbestimmter Geist, der in sich die Gesamtheit aller möglichen Daseinsformen trug; er ruhte in Nun, dem Ur-Ozean. Der androgyne Gott Atum verkörperte sich als Re, die schöpferische Sonne. Aus ihr hervorgegangen, zeugte das erste göttliche Paar, Shu und Tefnut (die Luft und die Feuchtigkeit), Geb (die Erde) und Nut (den Himmel). Die beiden letzteren identifizierte Plutarch mit Rhea und Kronos, obschon man für eine solche Parallele eine Umkehrung vornehmen muß, denn in Griechenland ist der Himmel ein Gott – Kronos oder besser Uranos, sein Vater –, in Ägypten eine Göttin; Nut aber, die Erde, ist ein Gott[88] – Geb oder Ptah, der als «der Höchste» gilt.[89] Gebs Zwillingsschwester Nut vereinte sich mit ihm gegen den Willen Atum-Res, der sie zur Strafe durch Shu, ihren Vater, trennen ließ und verfügte, daß die Göttin «in keinem Monat und in keinem Jahre niederkommen solle».

Zum Glück, sagt Plutarch, hatte der Gott Thot Erbarmen mit Nut, er spielte mit der Mondgöttin ein Brettspiel und gewann von ihr ein Zweiundsiebzigstel jedes Tages.[90] Aus diesen Teilen stellte er fünf ganze Tage zusammen, die in der regulären Zeitrechnung nicht erschienen und daher vom Fluch des Sonnengottes nicht betroffen waren; so konnte Nut nacheinander ihre fünf Kinder – Osiris, Haroeris, Seth, Isis und Nephthis – zur Welt bringen. Am ersten Tag wurde Osiris geboren, und im Augenblick seiner Geburt «erklang eine Stimme, die da sprach, der Herr des Alls sei auf die Welt gekommen». Später heiratete Seth seine Schwester Nephthis und Osiris seine Schwester Isis.

Osiris regierte als König auf Erden, befreite die Ägypter aus der Barbarei, gab ihnen Gesetze und lehrte sie, die Götter zu ehren. Isis hatte die wilde Gerste entdeckt und brachte dem Volk bei, sie anzubauen und daraus Brot zu backen und Bier zu brauen. Osiris «verbreitete die Segnungen der Zivilisation und des Akkerbaus» in der ganzen Welt und wurde als der geehrt, «der die Götter und nach ihnen alle lebenden Kreaturen nährt»[91]. Er soll der erste gewesen sein, «der die Früchte von den Bäumen pflückte, den Wein an Stöcken emporzog und die Trauben kelterte». Osiris' Erfolge weckten die Eifersucht Seths, des Gottes der unfruchtbaren Erde und der Wüste – Osiris stand für den durch Bewässerung fruchtbar gemachten Humus. Im Verein mit zweiundsiebzig anderen Verschwörern lud Seth seinen Bruder zu einem Festmahl ein. Er hatte einen prächtigen Koffer von der Größe des Osiris anfertigen lassen, an dem er heimlich Maß genommen hatte. Der Koffer erweckte allgemeine Bewunderung, und Seth versprach scherzend, ihn demjenigen zu schenken, der genau hineinpasse. Die Gäste versuchten es alle hintereinander, aber er war stets zu groß, nur Osiris paßte er. Kaum hatte er sich darin ausgestreckt, «liefen die Verschwörer herzu, schlugen den Deckel zu, nagelten ihn fest, löteten ihn mit geschmolzenem Blei zu und schleuderten den Koffer in den Nil».

Er trieb den Fluß hinunter, erreichte das Meer und gelangte bis nach Byblos an der phönizischen Küste, wo er sich in einem Erikabusch verfing, der plötzlich wunderbar wuchs und die Lade in seinem Stamm einschloß. Höchst erstaunt über das rasche Wachstum, befahl der König des Landes, den Stamm zu fällen, und machte daraus eine Säule, um das Dach seines Palasts zu stützen. Isis, die auf der Suche nach dem Leichnam ihres Gatten die ganze Welt durcheilte, erfuhr endlich, wo er sich befand. Sie ließ sich im Palast als Amme des Königskindes anstellen, enthüllte jedoch bald ihre wahre Identität, und auf ihre Bitten erhielt sie die Säule, aus der sie den Sarg herausschälte.

Wieder nach Ägypten zurückgekehrt, suchte Isis ihren Sohn Horus auf, den sie vom bereits toten Osiris empfangen hatte, als sie in Gestalt eines Falken oder einer Schwalbe über seiner Leiche gekreist war. Sie beging die Unvorsichtigkeit, die Lade unbeaufsichtigt zu lassen. Seth entdeckte sie und zerriß den Körper in vierzehn Stücke, die er verstreute. Isis fand alle wieder außer dem Phallus, der von den Fischen aufgefressen worden war. Osiris war zum König der Toten geworden und verließ sein neues Reich, um seinen Sohn für den Kampf vorzubereiten. Horus besiegte Seth und brachte ihn zu seiner Mutter, die ihn, von Mitleid bewegt, freigab. Horus warf wütend Isis' Krone auf die Erde oder enthauptete sie, aber Thot ersetzte die Krone oder den Kopf durch den Kopf einer Kuh, was bedeutet, daß Isis mit Hathor gleichgestellt wurde. Nach anderen Texten soll Seth seine Mutter, die als Hathor seine Frau wurde, vergewaltigt haben. Kaum war er frei, beschuldigte Seth seinen Überwinder, ein uneheliches Kind zu sein und die Königswürde zu Unrecht zu tragen. Es waren noch zwei Kämpfe nötig, um Horus die Macht zu sichern.

Soweit also, für unsere Zwecke zusammengefaßt, die Legende von Osiris. Glücklicherweise enthalten die ägyptischen Texte noch weitere Elemente, die jedoch schwer zu integrieren sind, denn die Persönlichkeit des Osiris ist so komplex, daß die Deutungen der Ägyptologen auf den ersten Blick oft widersprüchlich erscheinen. Die meisten heutigen Forscher, die sich mit der ägyptischen Religion befassen, unterscheiden drei verschiedene Aspekte des Gottes: den König der Toten, den Gott des Getreides und den der Nil-Überschwemmungen. Für einige von ihnen war Osiris ursprünglich ein ermordeter König, der zum Gott wurde und mit einem alten Gott, der in der Gegend um Busiris im Nildelta verehrt wurde, verschmolz. Dieser Gott, Andjeti oder Andjty mit Namen und in menschlicher Gestalt dargestellt – das einzige alte Symbol in anthropomorpher Form –, trug auf dem Kopf zwei Federn und in der Hand den Hirtenstab, das künftige Zepter, *heka*, und dazu eine Geißel, *flagellum*, Attribute, die später Osiris übernahm. Der griechische Name für Busiris bedeutet übrigens «Haus des Osiris», und der Gott trug noch den Titel des «Herrn von Busiris», der noch früher als die Bezeichnung «Herr von Abydos» üblich war; Abydos war von der Zeit des Mittleren Reiches an sein bedeutendstes Heiligtum. Busiris war deshalb wohl seine erste Kultstätte.[92] Selbst die Historiker, die diese Identifikation bezweifeln, vermuten, «Osiris sei von dem Haus, aus dem Menes, der Begründer der 1. Dynastie, stammte, als Totenkönig anerkannt und angebetet worden; man nannte sie die thinitische, weil sie über die Provinz von This regierte, in der Abydos liegt»[93]. Damit wäre Osiris, wes Ursprungs auch immer, einer der Gründerkönige und Zivilisatoren gewesen, der von einem Rivalen umgebracht wurde, dessen Sohn jedoch die Einigung Ägyptens bewerkstelligte. Horus, auf wunderbare Weise von ihm gezeugt, vollendete das Werk seines Vaters, aber er nahm auch seine Identität an, indem er seine eigene Mutter heiratete. Horus wurde zum Vorbild für alle seine Nachfolger, die historischen Herrschergestalten, die selbst «Horusse» waren und als solche handelten; nach ihrem Tod wurden sie in Osiris verwandelt, identifizierten sich also mit demjenigen, der zum König der Toten geworden war.[94]

Nur sekundäre Bedeutung hat der zweite Aspekt des Osiris, der eines Gottes des Getreides und der Vegetation. Wie H. Frankfort bemerkt, regierte Osiris im Unterschied zu den großen Göttern Ägyptens, die in der Natur je eigene Herrschaftsbereiche hatten, keinen solchen ganz für sich. Nicht ihm gehörte die Erde, sondern Geb, seinem Vater. «Der Nil hatte seinen eigenen Gott, Hapi, und der Weizen seine Göttin, Ernutet, oder seinen Gott, den des Getreides, Nepri.»[95] Und wir haben gesehen, daß nicht Osiris, sondern Isis den Menschen den Anbau der Gerste beibrachte; selbst die Fortpflanzungskraft, die einfache Fruchtbarkeit der Pflanzen und der Tiere, unterstand einem anderen Gott, Min.

Schließlich nimmt Osiris, weil er ein Gott der Toten, ein toter Gott ist – der aber den Tod besiegt hat, da er lebend ins Jenseits ging –, obwohl er nicht auf die Erde zurückkehrt, als Beschützer der Lebenden immer wieder Einfluß auf das irdische Geschehen und wirkt auf die ganze Natur so ein, wie das Leben aus dem Tod hervorgeht. Die Auferstehung des Osiris versinnbildlicht eine Metaphysik des Todes, die von Naturerscheinungen illustriert wird, die «einen gemeinsamen Zug haben: Wachstum und Zerfall»[96]; Nil-Überschwemmung und Wiedergeburt der Vegetation, die «neuen Wasser», von denen die Pyramidentexte sprechen, und auch der Saft – alles kommt wieder aus der Unterwelt herauf, wo es vorübergehend Zuflucht gesucht hat.

Die Historiker haben fleißig und sorgsam die Kräfte des Osiris analysiert, dabei aber offenbar nicht beachtet, daß sie in der Legende über das Leben des Osiris verzeichnet und sogar durch sie begründet sind. Wenn Osiris den Nil beeinflußt, so deshalb, weil seine Leiche in den Fluß geworfen wurde; wenn er die Erde fruchtbar macht, so deshalb, weil die Stücke seines Leichnams über sie verstreut wurden, wie das im archaischen Kreta mit den Körperteilen des rituell geopferten Königs und später mit denen eines an seiner Statt getöteten Menschen geschah. Wir finden hier eine Situation, der wir schon mehrmals begegnet sind, in Uppsala ebenso wie in Knossos: Jedesmal ging es um den König des heiligen Baumes. Ist diese offenkundige Ähnlichkeit nur ein Zufall? In Plutarchs Erzählung könnte der Erikastrauch, der in Byblos wächst und den Sarg schützend umfaßt, an die kretischen Epiphanien eines Gottes erinnern, der aus einem Baum kommt, oder an die griechischen Legenden von Götterstatuen, die in vom Blitz gespaltenen oder vom Wind geknickten Bäumen gefunden wurden. Das Gewächs von Byblos könnte zwar ein baumartiges Heidekraut *(Erica arborea)* sein, das fünf bis sechs Meter hoch wird, doch der Stamm wird nie dick genug, um einen menschlichen Körper bergen zu können. Tatsächlich liegt hier, wie K. Sethe gezeigt hat, eine Verwechslung zwischen dem griechischen Wort, das «Heidekraut» bedeutet, und dem semitischen Wort für «Zeder» vor. Andererseits findet man in den Pyramidentexten ein altes Wort, das soviel wie «ächzen», «seufzen» bedeutet und offenbar von *ash*, «Zeder», abgeleitet ist, und dieses Wort wird stets für Osiris gebraucht.[97] Die Zeder soll von den ersten ägyptischen Reisenden aus Phönizien mitgebracht worden sein; sie hatten im Rauschen des Windes im Zedernwald eine Art Klage vernommen, die sie dem nach der Legende in einem Zedernstamm eingeschlossenen Osiris zuschrieben. In Wirklichkeit hat sich dieser Akt der osirischen Tragödie aber in Byblos, nicht in Ägypten abgespielt, und ein König dieses Landes verwendete den Wunderstamm, um das Dach seines Palastes zu stützen. Außerdem ist bekannt, daß Zedernholz für den Bau von Tempeln und Palästen allem anderen vorgezogen wurde. Ein ägyptischer Text, die «Erzählung von den zwei Brüdern», gibt eine popularisierte und sehr entstellte Version der osirischen Legende wieder.[98] Ihr Held, Bata, identifiziert sich mit einer Zeder. Zu Unrecht von der Frau seines Bruders Anup angeklagt, er habe sie verführt, obschon er ihre Annäherungsversuche abgewiesen hatte, «schnitt sich Bata sein Glied ab, warf es ins Wasser, und ein Wels verschlang es». Diese Geschichte entspricht sowohl der des Osiris als auch der des Attis, wie G. Lefebvre bemerkt. Dann flüchtet sich Bata, bedroht durch die Verleumdungen seiner Schwägerin, in einen Wald, in das Zedern- oder das Piniental (die Pinie ist, erinnern wir uns, der Baum des Attis); dort zieht er sich das Herz aus der Brust und legt es an die höchste Stelle der Blüte einer Zeder oder, will man G. Lefebvre folgen, einer Pinie, und er sagt seinem Bruder, wie er ins Leben zurückgebracht werden könnte, falls der Baum gefällt würde. Anders gesagt, ist sein Leben von nun an im Baum eingeschlossen wie der Sarg des Osiris. Wir beschäftigen uns hier nicht mit dem weiteren Verlauf dieser an Höhen und Tiefen reichen Geschichte. Sie interessiert uns nur, insoweit sie die Episode der osirischen Legende aufklären hilft, die sich in Phönizien abspielt, denn die «Erzählung von den zwei Brüdern» hat tatsächlich dieses Land als Schauplatz.[99] Andererseits kommt der in Frage stehende Baum, sei es nun eine Zeder oder eine Pinie, in Ägypten nicht vor. Unseres Erachtens handelt es sich übrigens nicht um die Pinie, wie G. Lefebvre in Anlehnung an V. Loret ohne überzeugenden Beweis behauptet; vielleicht ließ er sich durch die Pinie des Attis, aber eher noch durch die Zeder (dasselbe ägyptische Wort kann beide Bäume bezeichnen) beeinflussen, die, wie wir gesehen haben, mit dem fragwürdigen osirischen Heidekraut gleichgesetzt wird. Die Zeder wurde in der Antike tatsächlich als Symbol der Unsterblichkeit angesehen; aus ihrem nie verrottenden Holz, das man aus Syrien bezog, fertigte man in Ägypten die Götterstatuen, aber auch die Särge, denn durch seinen Duft sollte es die Insekten und das aasfressende Gewürm vertreiben. Außerdem galt die Zeder als Orakelbaum, was ihr ägyptischer Name bezeugt, der, wie wir wissen, «seufzen» bedeutet.

Im 6. Jahrhundert n. Chr. beschrieb Firmicus Maternus eine Zeremonie, die zum Isiskult gehörte; man fällte dabei eine Konifere, höhlte sie aus und machte aus dem herausgeschälten Holz eine Statue von Osiris, die man wie eine Leiche in der Höhlung des Baumes begrub.[100] «Dieses Bild von Osiris wurde ein Jahr aufgehoben und dann verbrannt, genau wie es mit dem Bild des Attis geschehen war», das an der Pinie befestigt wurde.[101] Ohne Zweifel handelte es sich hier um eine Erinnerung an den Sarg des Osiris, der im Baum in Byblos verborgen war, aber die Ähnlichkeit mit dem Attiskult ist trotzdem beunruhigend. Die Verbindung des Osiris mit Bäumen, die nicht in Ägypten, sondern in Syrien vorkommen, könnte darauf hindeuten, daß er, dessen Name nicht ägyptischen Ursprungs zu sein scheint, am Anfang vielleicht kein einheimischer, sondern ein in vorhistorischer Zeit aus Asien gekommener Gott war. Dies würde erklären, warum sein Leichnam in sein eigentliches Heimatland zurückkehrte, und vielleicht auch, warum er, wie verschiedene Ägyptologen darlegen, einerseits in Ägypten keinen eigenen Herrschaftsbereich hatte und andererseits manchmal als Nachfahre seines Sohnes Horus galt.[102]

Gewisse Phasen des Rituals, das am Ende des Monats Khoiak an Tod und Auferstehung des Osiris erinnerte, können nur als Feiern zu Ehren der Bäume gedeutet werden. Die Herstellung tragbarer Gärten, in denen man Gerste keimen ließ, spielte sich vor einer aus Sykomorenholz geschnitzten Kuh ab, in deren Innerem sich eine menschliche Gestalt ohne Kopf befand; sie stellte die Göttin Shenti, also Hathor dar, die mit Isis verwechselt wurde. Einige Tage später legte man nach Sonnenuntergang das in einen Sarg aus Maulbeerholz eingeschlossene Bildnis des Osiris ins Grab, und um die neunte Stunde der Nacht (das heißt bei Anbruch des nächsten Tages) «wurde das Bild, das im vorhergehenden Jahr verfertigt und hineingelegt worden war, entfernt und auf Sykomorenzweige gelegt»[103]. Schließlich begab man sich «an das heilige Grab, eine unterirdische Kammer, über der eine Gruppe Perseabäume wuchs», also fruchttragende Bäume.[104] Nach J. Vandier waren die zahlreichen Gräber des Osiris, die es fast überall in Ägypten gab, alle auf einer Insel gelegen und von Bäumen umgeben. Dieser Brauch soll, zumindest was die das Grab des Gottes umgebenden Bäume angeht, sehr alt sein.[105]

Bald nach der Feier der Osiris-Mysterien in den letzten Tagen der Überschwemmungszeit, am ersten Tag des ersten Monats der «Jahreszeit des Kommens» – das heißt, wenn die befruchtete Erde sich zeigte und die ersten Schößlinge aus dem Humus trieben –, beging man das Fest Sed; es fand in unterschiedlichen Zeitabständen statt, die jedoch dreißig Jahre nicht übersteigen durften, dreißig Jahre der Herrschaft desselben Herrschers. Es handelte sich dabei um kein Jubiläum, sein Zweck war vielmehr eine wahrhafte Erneuerung der königlichen Macht, eine Verjüngung der ausgeübten Macht. An diesem Tag begann eine neue Herrschaftszeit. Die Unregelmäßigkeit des Datums, die bei den Historikern für Verwirrung gesorgt hat, erklärt sich recht einfach – wenn man das Fest mit anderen bekannten Beispielen vergleicht – durch die Tatsache, daß man es feierte, wenn man es für geboten hielt, wenn man den Eindruck hatte, daß die in der Person des Königs wirkenden Kräfte schwach geworden waren, wenn man also glaubte, daß ein Zyklus beendet und ein neuer zu beginnen war. Mit anderen Worten, an diesem ersten Tag des ersten Monats mußte nach einem Schema, dem wir schon mehrmals begegnet sind, der König sterben, um neu geboren zu werden. Nimmt man dieses wesentliche Motiv nicht zur Kenntnis, so bleiben die verschiedenen im Verlauf des Festes vollzogenen Riten unverständlich.

Eine der auffallendsten Zeremonien ist sicher die Aufstellung der Säule *djed*. Der Herrscher zog, unterstützt von einigen Priestern, seiner Königin und der königlichen Familie, an Seilen, um eine große, am Boden liegende Säule aufzurichten. Wie H. Frankfort bemerkt, stand diese Zeremonie, während der sechzehn Prinzessinnen ein Halsband – *menat* – hielten und mit Rasseln, Symbolen der Göttin, lärmten, unter dem Zeichen Hathors.[106] Die zahlreichen Darstellungen der Säule *djed,* die kunstvoll aus Papyrusstengeln gefertigt war[107], zeigen sie als schematisierten Baum, dessen Stamm in vier übereinanderliegenden Etagen endet; die drei ersten sind durch horizontale Streifen getrennt und erinnern an Astansätze. Es handelt sich also um einen Baum, dessen Äste entfernt wurden. Seine Ornamente identifizieren ihn eindeutig als Osiris selbst. Die Säule ist mit Augen versehen, die an der mittleren der oberen Etagen aufgemalt sind[108], und sie hält Zepter und Krone des Osiris. Manchmal ist die Figur von den Flügeln Nuts, der Mutter des Osiris, umgeben, was in direktem Zusammenhang mit seiner Wiedergeburt steht, denn solche Zeichnungen entsprechen genau den Texten, die man auf den königlichen Sarkophagen des Alten Reiches liest. In beiden Fällen haben diese Anordnungen den Zweck, den Verstorbenen in den mütterlichen Körper zurückzubringen; man weiß, daß es dann zu einer neuen Geburt kommen wird.[109] Der Unterschied zwischen dem ersten und dem zweiten dieser Bräuche (in ihrer ursprünglichen Anwendung bei königlichen Begräbnissen) kann als Unterschied der Perspektive aufgefaßt werden; der Leichnam, der im Sarg – der Nut ist – liegt, wird im Hinblick auf die Überlebenden betrachtet; es ist der gestorbene König Osiris. Der Körper, der sich einige Tage später in den Stengeln der Säule *djed* befinden soll, wird als Horus, der Sohn (und Gatte) Hathors, angesehen. Die beiden Betrachtungsweisen sind nicht klar voneinander abgegrenzt, aber wozu auch? In beiden Fällen kehrt der tote König zur Quelle seines

Wesens zurück und wird von neuem geboren.[110] Anders gesagt, der lebendige König – der Horus, den man manchmal in seiner göttlichen Gestalt als Falken sieht, der die Säule von beiden Seiten mit dem Schlag seiner Flügel fächelt –, der menschliche Horus, muß, am Ende seiner Erdenbahn angelangt, Osiris werden, also bei den Toten verweilen, um dort die Kräfte wiederzugewinnen, die ihm erlauben, ein neuer Horus zu werden.

Denken wir an das, was wir sagten, als Horus seine Mutter Isis vergewaltigte und dann heiratete: Die geköpfte Isis war zu Hathor geworden, während sie zuvor mit Nut, der Mutter des Osiris, gleichgesetzt war. Nachdem er seine eigene Mutter geheiratet hat, nennt Horus sich *Kamutef,* «der Stier seiner Mutter»; er hat die Unsterblichkeit erlangt, weil er sich selbst erneuern kann.[111] Der Inzest, der Bruch des unverletzlichsten aller Tabus, führt zur Selbstbestimmung des Lebenden, zu seiner Unsterblichkeit. Und sicher ist ein schwacher Abglanz dieses Glaubens in der Tatsache zu sehen, daß die Pharaonen gewöhnlich ihre eigene Schwester heirateten. Jedenfalls zeigt die Aufrichtung der Säule *djed,* die natürlich auch ein phallisches Symbol ist, daß dem Herrscher (Horus) seine versiegende Lebenskraft in dem Maß wiedergeschenkt wird, wie er in den mütterlichen Schoß zurückkehrt.[112] Dieser Vorgang der Auferstehung wird universell, wie das Totenbuch[113] bezeugt, demzufolge es die Säule *djed* den Verstorbenen erlaubt, dank dem Schutz des Osiris im Reich der Schatten lebendig zu bleiben.

Ein letztes Detail ist für uns von tieferem Sinn, obschon die Ägyptologen ihm kaum Beachtung geschenkt haben, wahrscheinlich weil sie nichts damit anfangen konnten. In den ägyptischen Texten wird der obere Teil der Säule *djed,* der aus vier übereinanderliegenden Elementen besteht, als Sacrum (Kreuzbein) des Gottes bezeichnet, die Basis des Rückgrats, die aus den vier letzten Wirbeln besteht (in Wirklichkeit sind es fünf, doch der fünfte ist verkümmert). Zusammengewachsen und mit den Hüftknochen verbunden, bilden sie das Becken. Der Ausdruck «Sacrum» ist darauf zurückzuführen, daß in der Antike dieser Körperteil der getöteten Menschenopfer den Göttern angeboten wurde. Dieses Knochenstück, in dem das Rückenmark endet, galt als Sitz der Lebenskraft des Osiris; als Kanal oder als Fundament des göttlichen Lebens sollte es die Wärme der Iris wieder zunehmen lassen und zurückgewinnen; in ihm konzentrierte sich das magische Fluidum der Seele.[114] Scheinbar glaubten die Ägypter, die Lebensenergie ströme aus einer Quelle, die an der Basis des Rumpfes liegt; und wenn man auf gewissen Darstellungen[115] die Muttergöttin Nut als geflügelte Schlange sieht, die die Säule *djed* umfächelt, kann man nicht umhin, an die *Kundalini* des indischen Yoga zu denken, an die Schlange, die als Inkarnation der kosmischen Energie am unteren Ende des Rückgrats aufgerollt ist und, wenn sie sich erhebt, den ganzen Körper durchdringt.

148

Die Art des Baumes, den die Säule *djed* darstellt, steht nicht fest, da es sich offenbar anfänglich um einen Baum handelte, den es in Ägypten nicht gab. Aber es kann schließlich nur der kosmische Baum sein, nämlich die Sykomore, auf der sich die Seelen in Gestalt von Vögeln niederlassen und die Hathor geweiht ist, der göttlichen Kuh, die im Totenreich die neu Angekommenen mit Speise und Trank empfängt.[116] Man kann sich nun fragen, ob der obere Säulenteil wirklich das Sacrum des Gottes oder nicht vielmehr das Becken seiner Mutter symbolisiert, in das er zurückkehrt, um wiedergeboren zu werden; diese Annahme legt übrigens auch das Hörnerpaar nahe, das Attribut der Hathor-Nut-Isis, das die dreifache osirische Krone stützt. Im Grunde genommen versinnbildlicht die Säule *djed* gleichzeitig die – phallische – Lebenskraft des Gottes, die man für eine neue Regierungszeit aufrichtet, und die Anwesenheit des Osiris oder Horus im Leib seiner Mutter. So gleicht die Geschichte des Osiris in vielen Zügen, die seit der fernsten Antike bezeugt sind, jener des Attis, ist aber doch nicht mit ihr identisch. Daß Osiris mindestens ursprünglich wie Attis ein sterblicher Baumgott und der Sohn-Liebhaber seiner Mutter war, ist wahrscheinlich; dieser Ursprung lag, wie wir gesagt haben, wohl nicht in Ägypten. Ägyptisch aber, und zwar von Grund auf, ist das, was er im Land des Nils geworden ist: ein Gott der Überschwemmungen und des fruchtbaren Humus, der stets durch Seth, die Wüste, bedroht wird, ein Gott der Gerste und vor allem ein Gott der Toten; diese Funktionen stehen mit der Persönlichkeit eines Baumgottes nicht im Widerspruch, sondern stammen im Gegenteil aus seinem eigenen Wesen.

Ohne Zweifel gibt es deutliche Unterschiede zwischen den Geschichten dieser drei Götter – des phrygischen, des phönizischen, des ägyptischen, der aber vielleicht aus Phönizien stammt – und noch mehr zwischen ihren jeweiligen Charakterzügen. Trotzdem sind sie letztlich Ausdrucksformen des Baumkults, der hier allerdings andere Aspekte aufweist als all die Varianten, die wir bisher untersucht haben, denn diesen drei Mythen ist ein deutlich sexueller, genauer gesagt phallischer Akzent gemeinsam, aber hier ist die Sexualität vieldeutiger.

Attis verdankt sein Dasein der Trennung des Hermaphroditen Agditis; er ist dessen abgeschnittener Phallus, wie Kybele dessen verstümmelter Körper ist. Da er sich nicht mit dem ursprünglichen, vollständigen Wesen, man könnte sagen seinem Vater, identifiziert, sondern mit seiner Mutter, deren Wesen er lediglich ergänzt, kann er nur kastriert enden. Attis stirbt sehr jung, ebenso Adonis, der aus dem unverzeihlichsten Inzest hervorgegangen ist. Kaum dem Knabenalter entwachsen, wird er der Geliebte seiner anspruchsvollen, besitzergreifenden Adoptivmutter Aphrodite, und er stirbt entmannt – zwar nicht durch sie, aber doch wegen ihr, denn sein Mörder Ares ist der eifersüchtige Liebhaber der Göttin –, und seiner Männlichkeit beraubt, gelangt er zu Persephone ins Reich der

Toten. Osiris scheint diesem fatalen Los zu entgehen, er heiratet seine Schwester Isis. Nur ist er schon tot, als er mit ihr seinen einzigen Sohn, Horus, zeugt. Von seinem Bruder getötet und zerstückelt, wird er zwar von Iris wieder zusammengesetzt, doch fehlt diesem Körper ein Teil: der auf immer verlorene Phallus. Und auch er steigt kastriert zu den Toten hinab, deren Herrscher er wird.

Welche Lehre konnten die Phrygier, Phönizier und Ägypter aus diesen Mythen ziehen? Dieselbe, ohne Zweifel. Das Zeugungsorgan, das Symbol des Lebens, hat bei den Toten keinen Platz mehr. Man muß darauf verzichten, wenn man die Grenze lebend überschreiten will. Aber wenn das die Lehre ist, warum bedient sie sich der Symbole der göttlichen Bäume?

Wie Attis opfert sich auch Odin, aber weder kastriert er sich, noch stirbt er; außerdem sucht er, als er sich an die Esche Yggdrasil hängt, nicht die Unsterblichkeit, sondern Erkenntnis. Bei den Göttinnen wiederum, die sich an Bäumen erhängten, handelte es sich, wie wir gesehen haben, um ein Fruchtbarkeitsritual. Die Riten des Attis, des Adonis und des Osiris scheinen durchaus diesen Sinn gehabt zu haben. Für die Völker, die sie feierten, sollte der Untergang des Gottes dazu dienen, der Natur nach ihrem scheinbaren Tod, nach der Winterkälte oder der sommerlichen Dürre die verlorene Fruchtbarkeit wiederzubringen und die Gefahr der ihnen drohenden Hungersnot abzuwenden. Doch während es in den zuvor analysierten Fällen einerseits die geopferte Gottheit und anderseits das Opferwerkzeug gab, verschmelzen sie hier und sind nur noch eins. Der Baum selbst ist es, der geopfert wird oder sich selbst opfert. Wir haben es demnach mit einer archaischeren Schicht zu tun, derjenigen, die wir in Kreta durch das Paar der Göttin-Mutter (Erde) und des Sohn-Liebhabers (Baum) dargestellt haben. Sollte man nun das kretische Ritual des Baumtötens nicht in Verbindung bringen mit der delirierenden Begeisterung, wie sie an den Attis- und Adonisfesten herrschte? Dieser Rausch verband in dem aufreizenden und frevelhaften Übertreten insbesondere der sexuellen Verbote – das mit den von Inzest und Ehebruch beherrschten Mythen übereinstimmte – schmerzerfüllte Trauer und irrationale Hoffnung auf ein Wunder; im Vergleich dazu waren die Osirisfeste nur ein schwaches Echo, das, nach ägyptischer Art durch Vorschriften reguliert, feierlich und steif wurde. Durch diese orgiastischen Feste scheint jedoch ein primitiver Naturkult hindurch, bei dem das Opfer der Bäume, die sich den Menschen ganz schenkten, mit Notwendigkeit durch das Opfer eines Menschen ergänzt werden mußte.

Daß diese Bäume in den beiden Fällen, in denen sie identifiziert werden konnten – Attis ist die Pinie, Osiris wahrscheinlich die Zeder oder eine nahe verwandte Art – Koniferen waren, sollte unserer Aufmerksamkeit nicht entgehen. Koniferen bleiben im Winter tatsächlich unverändert, während die anderen Bäume wie tot scheinen; will man ihnen aber das entnehmen, was das Kostbarste an ihnen ist, das Blut, den Saft oder das Harz, so muß man sie töten; dasselbe trifft auf den Myrrhenbaum des Adonis zu. Da aus ihrem Wurzelstock keine Schöß-linge wachsen, haben sie keine «Kinder»; weder Attis noch Adonis haben Nach-kommen, und Osiris zeugte erst nach seinem Tod. Dafür sind sie Hermaphro-diten, die sich scheinbar selbst befruchten.[117]

Diese Götter-Bäume, die den Tod besiegten und deren Auferstehung eine bis zur Raserei gehende Begeisterung hervorrief, stellten im Jenseits den ursprüngli-chen androgynen Zustand wieder her. Vielleicht war dies der offenkundige und gleichzeitig verborgene Sinn dieser geheimnisvollen, mysteriösen Religionen.

Sechstes Kapitel

Der heilige Wald und die Seelen der Bäume

Der heilige Wald – Seine Feinde – Im Wald von Brocéliande –
Merlin, der Waldmensch – Die Seelen der Bäume – Daphne, der Lorbeerbaum –
Leuke, die Silberpappel – Philyra, die Linde – Pitys, die Schwarzkiefer –
Karya, der Nußbaum – Phyllis, der Mandelbaum – Kyparissos, die Zypresse –
Pyramus und Thisbe oder der Maulbeerbaum – Philemon und Baucis – Heidnische Relikte

Aus dem bisher Gesagten geht hervor, daß die Bäume gemäß den archaischen oder traditionellen Vorstellungen, die dem entsprechen, was man in Anlehnung an Claude Lévy-Strauss «das wilde Denken»[1] nennen kann, bewohnt sind, daß sie eine «Seele» haben. Ein solcher Glaube, der nur in verblichenen Spuren in der Folklore überlebt hat und im Verschwinden begriffen ist, scheint für uns in die Kategorie des überholten Aberglaubens zu gehören. Aber könnte eine so radikale Skepsis nicht ihrerseits binnen kurzem überholt sein? Ab 1900 führte ein bedeutender indischer Forscher, der wichtige Werke über die Physiologie der Pflanzen verfaßt hat, dreißig Jahre lang Experimente durch, deren Schlußfolgerungen G. B. Shaw und Henri Bergson begeisterten.[2] Seine Forschungen haben in der Tat gezeigt, daß die Pflanzen Empfindungsfähigkeit und sogar ein gewisses Erinnerungsvermögen besitzen – also eine sehr elementare Form des Seelenlebens –, so daß dieser Physiologe postulierte, bei den Pflanzen gebe es so etwas wie einen «nervösen Mechanismus»[3]. Inzwischen wurden die Experimente Jagadis Chandra Boses durch amerikanische und vor allem sowjetische Wissenschaftler bestätigt und ergänzt.[4] Gewiß ist es noch zu früh, um derart revolutionäre Entdeckungen als definitiv bewiesen anzuerkennen, aber im Grunde ist eine solche Hypothese nur dann inakzeptabel, wenn man die sakrosankten «Reiche» der Natur als radikal voneinander isoliert betrachtet. Schon längst hat jedoch die Paläobiologie nachgewiesen, daß die Tiere aus Pflanzen hervorgehen, den ersten Organismen, die auf der Erde und zuvor im Meer gelebt haben, und daß tierische Zellen nur verwandelte pflanzliche Zellen sind. Jede Zelle, gleich welcher Art, genießt ein gewisses Maß von Autonomie, besitzt ihr eigenes Gleichgewichts- und Abwehrsystem und damit, im Prinzip und potentiell, auch ein Seelenleben. Daß die Pflanzen über ein reaktives Empfindungsvermögen verfügen, das die Form von Erinnerungen annehmen kann, daß es ihnen anzusehen ist, wenn sie sich wohlfühlen, oder daß sie, wie in Experimenten wiederholt gezeigt wurde,

Angst haben können, also eine Art Gedächtnisfunktion besitzen, ist das nicht das, was das «wilde Denken» auf die ihm eigene, allegorische Weise ausgedrückt hat? Daß insbesondere die Bäume mit einer gewissen Art Gedächtnis begabt sind, zeigt sich ganz konkret an den «Ringen», den konzentrischen Wachstumsschichten, die es, wenn ein Baum gefällt wird, erlauben, nicht nur sein Alter zu bestimmen, sondern auch seine verschiedenen Reaktionen auf klimatische Bedingungen festzustellen, die von ihm und in ihm Jahr für Jahr aufgezeichnet wurden.[5]

Jedenfalls stattete die traditionelle Denkweise die Bäume, wie alle anderen Lebewesen auch, mit einer «Seele» aus, die sich unter bestimmten Bedingungen offenbaren konnte. Alle Bäume hatten also eine Seele, aber manche eine ganz besondere; diese Bäume waren heilig in dem Sinn, daß sie nicht wie die andern von anonymen Wesen, sondern von einer bekannten Gottheit, die sie als ihren Aufenthaltsort erwählt hatte, bewohnt und deshalb Gegenstand der Verehrung wurden. Wie konnte man diese sehr seltenen Bäume von der Menge der anderen unterscheiden? Die Überlieferung besagt, daß diese Erkenntnis stets infolge einer Offenbarung, eines Traumes oder einer Vision auftrat oder nach einer plötzlichen Heilung, wenn sie berührt wurden, oder durch einen Orakelspruch; aber auch gewisse äußere Anzeichen, zum Beispiel ungewöhnliche Größe oder irgendeine morphologische Besonderheit, konnten die Aufmerksamkeit der Menschen auf sie lenken.[6] Man deutete solche Merkmale als Hinweis darauf, daß der Baum von einem leicht erkennbaren Gott erwählt war, selbst wenn dieser seine Identität nicht enthüllte, denn die Arten waren verschiedenen Gottheiten zugeordnet und sozusagen unter ihnen aufgeteilt. Dann wurde der Baum isoliert, durch strenge Verbote geschützt, manchmal mit einer Einfriedung umgeben, und an seinem Fuß stand ein einfacher Altar für Opfergaben bereit. Erinnern wir uns, daß dieser ländliche Brauch sich in Indien bis heute unverändert erhalten hat. Unter solchen Umständen konnte sich der Baum ungehindert entfalten und ein sehr hohes Alter erreichen. Wahrscheinlich ließ man um einen solchen auf übernatürliche Weise ausgezeichneten Baum den heiligen Wald wachsen.

Der heilige Wald

In den früheren Kapiteln sind wir einigen heiligen Wäldern begegnet, so dem von Uppsala in Schweden[7], den indischen Hainen, die Buddhas Geburt, Erleuchtung und Tod schützten[8], und dem heiligen Wald von Nemi[9]. Letzterer hieß *Nemus Dianae* oder einfach *Nemus*. Das lateinische Wort *nemus* bezeichnet wie das griechische *nemos* einen Weideland umschließenden Wald, einen Hain und vor

153

allem einen heiligen Wald. Der *nemus* war von Lichtungen durchsetzt, auf die man die Tiere zum Grasen führte. Der heilige Wald selbst bildete auch eine Lichtung, denn man sorgte dafür, daß die kultisch verehrten Bäume frei standen, damit die Gläubigen mit ihren Opfergaben leichteren Zugang hatten. Man durfte sie nicht berühren, auch nicht versehentlich, ohne schwere Strafen, manchmal den Tod, befürchten zu müssen. War es aus dem einen oder andern Grund unumgänglich, dort Bäume zu fällen, so mußte der Besitzer-Gottheit ein Sühneopfer dargebracht werden. Bei einer solchen Gelegenheit opferte Cato ein Schwein.[10]

Nemus und *nemos* haben als Wurzel die Silbe *nem-*, die «verteilen», «teilen», «abschneiden» bedeutet. Außer dieser allgemeinen Bedeutung enthält das griechische Verb *nemo* die Begriffe «beiseite legen», «isolieren» und auch «bewohnen, in Besitz nehmen»; dies entspricht durchaus der Vorstellung von einem heiligen Wald, der ja ein reservierter, geschützter und von einem Gott bewohnter Bereich ist. Aus der selben Wurzel *nem-* leitet sich der Name der Nemesis ab, einer Göttin der Verteilung und Teilung dessen, was den Göttern zusteht, und dessen, was den Menschen belassen bleibt, die jeden Übergriff, jede Verletzung dieser Grenze bestraft. Aber Nemesis ist auch – unter dem Namen Adrasteia – eine Göttin der Bäume, eine Eschennymphe und Amme des Zeus. Zudem sprachen zunächst die Götter, dann die Könige Recht unter den Bäumen, vor allem unter den Zeus geweihten Eichen. Auf lateinisch wurde der heilige Wald auch *lucus* genannt. Das Wort stammt von der indoeuropäischen Wurzel *leuk-*, die im Sanskrit zu *lokah,* «freier Raum», wurde; der *lucus* ist zunächst eine Waldlichtung, dann ein heiliger Wald. Wir finden hier wieder die Idee einer Waldlichtung, die wir im Zusammenhang mit *nemus* bzw. *nemos* erwähnten, doch ist sie im Fall von *lucus* noch ausgeprägter, da die gleiche Wurzel *leuk* den Wörtern *lux-lucis* («das Licht»), *luna* (von *leuk-sna,* «die Leuchtende»), der Mond, *lustrare (leuk-strare),* «durch ein Opfer reinigen», *lustrum,* «steiler, wilder Ort», sowie *luxuria* zugrunde liegt, das im Lateinischen «Überfluß, üppige Vegetation» bedeutet. Diese scheinbar so verschiedenen Begriffe bezeichnen sämtlich Besonderheiten oder besser Funktionen des heiligen Waldes.

Sicher waren es die ältesten Heiligtümer, die sich, lange bevor Tempel gebaut wurden, oft mitten in diesen heiligen Hainen erhoben oder, wie in Dodona, zu dem Bezirk gehörten, der den Göttern geweihte Bäume schützend einschloß. Auf Kreta lagen die *nemoi* anscheinend meist auf Berggipfeln, die auch als göttlich galten; die «Höhenheiligtümer werden uns von den Künstlern aus Knossos und Zakro ganz mit Bäumen bepflanzt dargestellt»[11]. Im homerischen Griechenland, wo es noch sehr wenige Kultgebäude gab, versammelten sich die Gläubigen stets unter freiem Himmel um einen Altar in einem heiligen Wald; Homer erwähnt dies mehrmals.[12] In einem dieser Wälder, unter einer schönen Platane, an deren Fuß ein glitzernder Bach floß, werden Odysseus und seine Gefährten Zeugen einer phantastischen, von Zeus geschickten Erscheinung, die vom Seher Kalchas als Vorhersage des künftigen Sieges der Achäer über die Trojaner gedeutet wird.[13]

Bei den Kelten hieß der heilige Wald *nemeton;* das Wort leitet sich von der gleichen Wurzel ab wie *nemus.* Für die Keltologen bezeichnet *nem-* den Himmel «im religiösen Sinn»; es scheint also, daß das *nemeton* eine «ideale Projektion eines Teils des Himmels auf die Erde war, eine Art von Paradies oder eher von ‹wunderbarem Obstgarten›, wie man sie in den keltischen oder aus dem Keltischen stammenden Legenden antrifft»[14]. Dieses Wort hat in den Ortsnamen in Frankreich, England und sogar im südpolnischen Galizien zahlreiche Spuren hinterlassen.[15] In der ganzen keltischen Welt und ebenso bei den Griechen und Römern bekannt, hat das Wort *nemeton* sogar die Sprachgrenze überschritten, denn im Altsächsischen gibt es das Wort *nimidas,* das offenbar dem Keltischen entlehnt ist. Das *nemeton* war zunächst ein offener Wiesenfleck in einem Wald, also eine Waldlichtung wie *nemus, nemos.* Diesem keltischen *nemeton* sind wir schon im Wort *drunemeton* begegnet, dem «heiligen Eichenhain», dem Versammlungsort und der Kultstätte der kelto-galatischen Stämme. Allgemeiner gesagt war dieser Ort «der druidische Tempel inmitten des Waldes, weit abgelegen von der gesellschaftlichen Gruppe, deren unentbehrliche geistige Ergänzung er dennoch war»[16]. Hier hielten initiierte Priester die Zeremonien ab, die notwendig waren, um für alle den Segen der Götter, deren privilegierte und spezialisierte Vermittler sie waren, zu sichern. Und hier, in den entlegenen Wäldern verborgen, lehrten die Druiden die Edlen des Volkes im Lauf von zwanzig Jahren viele Dinge.[17] Dabei war eine Unzahl von Versen auswendig zu lernen, denn der Unterricht erfolgte nur mündlich. Aber Cäsar sagt, was in der Tat wahrscheinlich ist, daß die Druiden zwar viele Schüler hatten, aber nur wenige zwanzig Jahre bei ihnen aushielten.[18] Diese wenigen waren diejenigen, die sich auf das Priestertum vorbereiteten.

Wir besitzen die packende Beschreibung eines in der Nähe von Marseille gelegenen gallischen *nemeton,* die bewußt Schrecken hervorrufen soll, um die Zerstörung durch Cäsar zu rechtfertigen; sie ist in den *Pharsalia* Lukians enthalten: Es gab dort einen heiligen Wald, der seit sehr langer Zeit niemals entweiht worden war und mit seinen ineinander verfilzten Zweigen finstere Luft und eisige Schatten umschloß, die die Sonne nicht durchdringen konnte. Keine Faune, die Bewohner der Felder, sind dort zu finden, keine Silvanen, die Herren des Waldes, und keine Nymphen, nur Tempel von Göttern mit barbarischen Kulten: Altäre erheben sich auf düsteren Hügeln, und alle Bäume sind mit Menschenblut gewaschen. Die Vögel fürchten sich, sich auf die Zweige dieses Waldes zu setzen, und die wilden Tiere, sich darin zu lagern, der Wind fährt nicht durch die Baumkronen noch der Blitz, der den dunklen Wolken entspringt. Diese Bäume, deren Laub kein Windzug bewegt, sind ganz besonders schrecklich. Reichliches Wasser fließt aus schwarzen Quellen, und unförmige, traurige Götterstatuen stehen kunstlos auf Baumstümpfen; der Schimmel und die Blässe auf den Bäumen wekken Bestürzung. Das Volk kommt nicht hierher, um kultische Handlungen auszuführen; es hat den Ort den Göttern überlassen. Ob Phöbus die Höhe seiner Bahn erreicht hat oder schwarze Nacht den Himmel bedeckt, selbst der Priester fürchtet sich, dorthin zu gehen, aus Angst, dem Herrn dieses Waldes zu begegnen. Dieses Walddickicht erhebt sich inmitten kahler Hügel...[19]

Lukian erzählt weiter, daß es auf den Befehl, den heiligen Wald zu zerstören, keiner der Soldaten wagte, den ersten Schlag gegen die gefürchteten Bäume zu führen; «die Hände der Tapfersten zitterten». Als Cäsar sah, daß selbst die rauhesten Veteranen vor Furcht wie gelähmt waren, ergriff er eine Axt, holte aus und hieb eine jahrhundertealte Eiche, deren Wipfel sich in den Wolken verlor, entzwei. Darauf erklärte er, niemand solle mehr zögern, den Wald zu fällen, denn er sei es, der das Sakrileg begangen habe. Die Soldaten gehorchten schließlich nicht, weil sie keine Angst mehr hatten, sondern weil sie den Zorn der Götter und denjenigen Cäsars gegeneinander abwogen. Vielleicht erinnerten sich einige von ihnen des Schreckens, der die Legionen erfaßt hatte, als sie in den ungeheuren Herzynischen Wald eindrangen. Die römische Geschichte berichtete über die Gefahren, die überall drohten, wenn man es wagte, in diese dunklen Gefilde einzudringen – seit dem legendären Abenteuer des Konsuls Postumius, der, wie Livius erzählt, sein Heer im zisalpinen Gallien in einen wahrscheinlich heiligen Wald entsandte und zusehen mußte, wie die Bäume sich über seine Soldaten warfen und alle töteten.

Durch Tacitus und Cassius Dio wissen wir von der Existenz heiliger Wälder in Britannien, insbesondere des Waldes, der einer Göttin namens Andrasta geweiht war. Bouddica (*Boudicea* auf lateinisch), die Königin der *Icener* (im heutigen Norfolk und Suffolk), bat 61 n.Chr. um ihren Schutz und bot ihr als Opfergabe Römerinnen an, bevor sie in der Ebene von London die Schlacht gegen die römischen Legionen begann.[20] Tacitus berichtet, daß ein Jahr früher der Konsul Suetonius Paulinus auf der Insel Mona (Anglesey) «unmenschlichem Aberglauben geweihte Haine» niederhauen ließ, denn für die Briten war es heiliges Recht, «mit dem Blute der Gefangenen Brandopfer zu bringen auf den Altären und in Menscheneingeweiden die Götter zu befragen»[21].

Durch die griechischen und lateinischen Geschichtsschreiber und Geographen wissen wir, daß die heiligen Wälder die einzigen Heiligtümer der Inselbriten und der Germanen waren. Tacitus erwähnt, welche Vorschriften im Hain der Semnonen, denen wir schon begegnet sind, zu beachten waren. «Auch auf eine andere Weise noch bezeugt man dem Haine seine Ehrerbietung: niemand tritt anders als mit einer Fessel angetan hinein, sich als unterwürfig und der Gottheit Allmacht zu bekennen. Ist er etwa einmal hingefallen, so ist ihm nicht erlaubt, sich aufhelfen zu lassen und aufzustehen; auf dem Boden wälzt man sich hinaus.»[22]

Noch heute gibt es heilige Wälder, und die dort geltenden Verbote sagen viel über diejenigen aus, die früher bestanden. So ist es zum Beispiel bei den Berbern, deren noch lebendige Gebräuche Jean Servier erforscht hat. Die Heiligtümer sind «von Hainen aus Olivenbäumen, Zen-Eichen und Mastixbäumen umgeben»; sie «verbergen nicht nur das Heiligtum selbst, in dem sich das Grab des Ahnherrn der Sippe befindet, sondern auch die Gräber aller Toten derselben Familie, deren Nachkommen nicht weit von dort im Schutz des heiligen Waldes leben». Einst waren auch unsere Friedhöfe heilige Wälder, und dieser Brauch hat sich in der Bretagne lange gehalten. Im heutigen Berberland werden, wie in der alten semitischen, der lateinischen, der griechischen, der gegenwärtigen iranischen und der ältesten asiatischen Tradition, dort keine Früchte geerntet; «das Johannisbrot, die Oliven und die Eicheln bringen dem den Tod, der davon ißt, und wenn sie manchmal Heilkräfte haben, sind es ungewöhnliche Früchte, die nur während einer gemeinsamen oder einzelnen Pilgerreise verzehrt werden dürfen. Totes Holz darf nicht zusammengelesen werden, Vieh darf keine jungen Blätter oder das Gras der Lichtungen fressen. Der ganze Ort ist verboten.»[23] Die Tradition der heiligen Haine, die die Tempel umgeben, ist bis heute in China und vor allem in Japan lebendig.

Seine Feinde

Als die christlichen Missionare sich anschickten, die heidnischen Völker zu bekehren, war es eine ihrer ersten Aufgaben, den Baumkult abzuschaffen und die heiligen Wälder zu zerstören. Die Hagiographien dieser Bekehrer erzählen von diesen nicht immer gefahrlosen Unternehmungen. Noch im 10. Jahrhundert wurde der heilige Adalbert von Prag von den Preußen, die er zu christianisieren suchte, in einem ihrer heiligen Wälder (in Fischhausen unweit von Königsberg) ermordet. Schon lange vorher, im 5. und 6. Jahrhundert, hatten die Provinzialkonzile die Christen vor solchem Aberglauben gewarnt; das Konzil von Arles erließ im Jahr 452 Gesetze gegen die Anbetung von Bäumen, Brunnen und Steinen, und die von Tours (567) und Nantes (568) wetterten gegen die Menschen, die «an wilden Orten, tief im Wald verborgen», einen gotteslästerlichen Kult betrieben, und gegen die «den Dämonen geweihten Bäume»[24]. Anfang des 11. Jahrhunderts vermerkt Raoul Glaber in seiner *Chronik:* «Man hüte sich vor den so vielfältigen Formen der teuflischen und menschlichen Betrügereien, von denen die Welt voll ist und die sich gerne bei den Quellen und Bäumen aufhalten, die die Kranken ohne Unterschied verehren.» Häufig tadelten im Mittelalter die Geistlichen in ihren Predigten öffentlich manche ihrer Pfarrkinder, «die allerlei Altäre auf Wurzeln errichteten, den Bäumen Opfer brachten und sie jammernd um Schutz für ihre Kinder, ihre Häuser, ihre Felder, ihre Familie und ihren Besitz anflehten»[25]. Und dabei hatten die ersten Bekehrer in Gallien seit dem 4. und 5. Jahrhundert versucht, diese Bräuche auszumerzen.

Sulpice Sévère berichtet, daß der berühmteste unter diesen Missionaren, der heilige Martin (ca. 315–397), auf seiner Durchreise in Autun einen sehr alten Tempel zerstört hatte und sich anschickte, eine in der Nähe des Heiligtums stehende Kiefer zu fällen. Der Priester des Ortes und die Menge der Heiden widersetzten sich. Einer von ihnen, mutiger als die anderen, sagte zu ihm: «Wenn du Vertrauen hast zu dem Gott, den du verehrst, werden wir diesen Baum selbst umhauen, und du wirst ihn im Fall auffangen; wenn dein Herr, wie du sagst, mit dir ist, kommst du mit dem Leben davon.» Martin ließ sich da festbinden, wohin der Baum fallen würde. Im Augenblick des Sturzes machte er das Kreuzzeichen, und der Baum ging neben ihm zu Boden, ohne ihn zu berühren, aber nur um ein weniges die Bauern verfehlend, die sich sicher geglaubt hatten. «Besiegt von diesem Wunder, bekehrten sie sich auf der Stelle.»[26] Ein Schüler Martins, der heilige Maurille, Bischof von Angers, setzte dessen Werk fort. Als er in Comminges das Evangelium verkündete, mußte er, um die Bacchanalien abzubrechen, die sich dort auf einem hohen, baumbestandenen Felsen abspielten und in Totschlag ausarteten, die Bäume in der Nacht in Brand stecken. Der niedergebrannte heilige Wald wurde hierauf St. Peter geweiht.[27]

Weniger eindeutig ist die Geschichte des heiligen Germain, des Bischofs von Auxerre (ca. 389–448). In dieser Stadt geboren und Christ, reiste er nach Rom, um Rhetorik und Recht zu studieren, und er erwarb sich dort solches Ansehen, daß Kaiser Honorius ihn zum Gouverneur Burgunds ernannte, dessen Hauptstadt damals Auxerre war. Mitten in der Stadt stand eine sehr schöne Kiefer, an deren Ästen Germain die Köpfe der Wildtiere aufhängte, die er auf der Jagd erlegt hatte. Der heilige Bischof Amator warf ihm das häufig vor: «Laß ab, ich bitte dich, berühmter, edler Mann, von diesen Scherzen, die die Christen abstoßen und für die Heiden ein schlechtes Beispiel sind: Das ist Götzendienst.»[28] Da Germain starrsinnig blieb, ließ der Bischof «den gotteslästerlichen Baum fällen und seinen Stumpf verbrennen». Daraufhin vergaß Germain sein Christentum, rückte mit seinen Truppen an und drohte den Bischof zu töten. Vor seiner Wut zog sich Amator nach Autun zurück. Später kam er jedoch wieder nach Auxerre, «schloß Germain durch eine List in seiner Kirche ein, schor ihm eine Tonsur und sagte ihm voraus, er werde sein Nachfolger sein; das habe ihm der Heilige Geist enthüllt». Und so kam es auch. Nach dieser exemplarischen Geschichte übten gewisse Christen noch heidnische Bräuche aus, und darauf zu verzichten, konnte zur Heiligkeit führen.

So lagen die Verhältnisse im 5. Jahrhundert in einer großen Stadt Galliens, und man kann sich vorstellen, daß die Christianisierung der Heiden, also der Bauern, sehr langsam fortschritt, und bei den Völkern im Norden hatten die Bekehrer große Mühe, den Baumkult auszurotten. Wir haben gesehen, wie der angelsächsische Missionar St. Bonifaz die dem Thor geweihte Eiche von Geismar fällen ließ, als er den Germanen das Evangelium verkündete. Etwa fünfzig Jahre später, im Jahr 772, zerstörte Karl der Große anläßlich einer ersten Strafexpedition gegen das nach Hessen eingedrungene germanisch-sächsische Volk der Angrivarier das Heiligtum, in dem man die «Irminsul» verehrte, einen gigantischen Baumstamm, der angeblich das Himmelsgewölbe stützte. Die Kapitel des Jahres 789 schelten «die Verrückten, die Kerzen anzünden und bei Bäumen, Steinen und Quellen alle möglichen abergläubischen Bräuche ausüben». Im Zuge der Ausbreitung des Christentums wurde der Kampf gegen solche Praktiken in den Ländern, wo sie sich hartnäckig hielten, manchmal sehr lange weitergeführt, so etwa in Litauen, wo die Heiden erstaunt waren, weil aus den von den Christen verstümmelten Bäumen kein Blut floß. Im Jahr 1258 gab in Sventaniestis der Bischof Anselm den Befehl, eine heilige Eiche zu fällen. Die Axt verletzte den mit dieser Aufgabe betrauten Holzfäller tödlich. Darauf legte der Bischof selbst Hand an, aber auch seinen Bemühungen waren vergeblich, und man mußte den Baum, dem das Eisen nichts anhaben konnte, verbrennen. Ein Jahrhundert später, zwischen 1351 und 1355, ließ Johannes I., der Hochmeister der Ritter des Deutschen Ordens in Romove in Preußen, auf Verlangen des Bischofs eine heilige Eiche zersägen, unter der sich das Volk zum Beten versammelte.

Schließlich sollten wir nicht vergessen, daß die Errichtung von Klöstern tief im Wald nicht nur den Zweck hatte, die für die Meditation unabdingbare friedliche Stille zu sichern, sondern auch dazu dienten, die teuflischen Kräfte zu bannen, die sich dorthin geflüchtet hatten. Die von den Mönchen vorgenommenen Rodungen und die Pflege und Nutzung der Wälder entsprachen gewiß wirtschaftlichen Interessen, reinigten aber auch die Atmosphäre, denn nun wurden die Verbrecher und bösartigen übernatürliche Kreaturen, die sich noch dort befanden, vertrieben.

Im Wald von Brocéliande

Die Kirche hatte sich in der Tat eine schwere Aufgabe gestellt. Die heiligen Wälder waren in Germanien und in Gallien ebenso zahlreich wie ausgedehnt. Jahrhundertelang hatten sie in ihrem Inneren die Heiligtümer, aber auch die Versammlungsorte und Lehrstätten der Kelten geborgen, so zum Beispiel die *sylva carnuta,* wo sich nach Cäsar jährlich die Druiden aus dem ganzen Land versammelten.[29] Die Wälder bedeckten eine gewaltige Fläche: das Orléanais, das Gâtinais, das Blésois, das Perche und sogar die heutige Beauce. Manche Wälder waren personifiziert und vergöttlicht, so die Vogesen, der Schwarzwald – er war der *Dea Adnoba* geweiht – und der Ardenner Wald, das Reich der *Arduinna,* der Göttin mit dem Eber, die mit Diana gleichgesetzt worden war und deren Kult wahrscheinlich bis in die Steinzeit zurückging.[30] Reminiszenzen dieser Heiligkeit der Wälder lebten bis ins späte Mittelalter weiter. Die Beamten von Veyne in den Hautes-Alpes mußten bei Amtsantritt schwören, die Unversehrtheit eines kleinen am Fluß Gleizettes gelegenen Wäldchens, das als altes gallisches *nemeton* galt, zu respektieren und zu bewahren.[31] Im 13. Jahrhundert sagte man vom verlassenen Schloß von Vauvert, das in einem grünen, von dichtem Wald umgebenen Tal in Gentilly bei Paris lag, es sei ein Zufluchtsort für böse Geister, die jeden quälten, der in die Nähe komme, bis im Mai 1259 die Kartäuser von Ludwig dem Heiligen die Erlaubnis erhielten, sich dort niederzulassen. Seitdem hörte man vom «Teufel von Vauvert» nichts mehr.

Ehemals heilige Bäume wurden mitunter nicht gefällt, sondern christianisiert und der Heiligen Jungfrau oder einem Heiligen geweiht; gleiches galt auch für die Naturgottheiten, die entweder zu Dämonen wurden oder sich in Heilige verwandelten, die ihren Anhängern dieselben Dienste erwiesen wie ihre heidnischen Vorgänger.[32] Obschon die Geistlichen ihr Bestes taten, um die Spuren solcher Metamorphosen zu verwischen, kann man einige davon noch entdecken. Offensichtlich überlebten die alten Glaubensinhalte am längsten in der Bretagne, auf keltischem Boden. Hinter vielen Heiligen, die dafür bekannt sind, daß sie Krankheiten heilen, verbergen sich alte Quell- und Waldgottheiten; darauf läßt oft schon der Ort schließen, an dem sie verehrt werden. Angeblich war das Land in alten Zeiten von einen immensen, undurchdringlichen Eichenwald, den man den «tiefen Wald» *(Douna)* nannte, fast vollständig bedeckt gewesen. Trotz der Rodungen gab es ihn noch, als die Heiligen aus Großbritannien mit den Flüchtlingen, die sich vor den heidnischen Eroberern, den Angeln und Sachsen, in Sicherheit bringen wollten, in Armorica, der Bretagne, an Land gingen. «Die Legenden schildern, wie sie von dem Augenblick an, da sie ihre Schiffe verließen, von dem geheimnisvoll faszinierenden Schrecken der Wälder angezogen waren;

einige von ihnen – Ronan, Hervé, Herbot, Efflam, Envel – stürzten sich in einer Art von Einsiedlerrausch hinein und begruben sich darin, um fern der Welt an ihrem Seelenheil zu arbeiten.»[33] Wenn auch die Persönlichkeiten dieser Einsiedler unscharf bleiben, wissen wir zumindest, daß die meisten von ihnen *fili* waren, Erben der Druiden und gleichzeitig auch der Barden. Zur Zeit St. Patricks, des im 5. Jahrhundert in Irland wirkenden Verkünders des Evangeliums, der mit ihnen einen regelrechten Bund geschlossen und manche zu Priestern oder sogar Bischöfen geweiht hatte – worin seine Nachfolger ihn nachahmten –, waren die Druiden und Barden nahezu allmächtig. Die *fili* waren zwar bekehrt, hielten aber trotzdem an der druidischen Tradition und sogar an der alten keltischen Mythologie fest.[34]

Mit dem Namen St. Envel meinte man eigentlich Zwillinge, die denselben Namen trugen und im 6. Jahrhundert aus England gekommen waren. Der eine ließ sich im Wald der Nacht *(Coat an Noz)*, der andere im Wald des Tages *(Coat an Hay)* nieder, wo sie die Bäume und die wilden Tiere zähmten. Herbot wurde als Beschützer der gehörnten Tiere verehrt, desgleichen sein *alter ego*, St. Cornély, der kein anderer war als Cernunnos, der keltische Gott mit dem Hirschgeweih, den man an einem Altar in Paris und auf dem berühmten Kessel von Gundestrup «in der Haltung eines Buddha» sehen kann[35]; dort ist er von vier wilden Tieren umringt, als deren Herr er demnach erscheint.[36] Der Ursprung dieser geheimnisvollen Gestalt verliert sich in der dunkelsten Prähistorie; sie erinnert durchaus an das halb menschliche, halb tierische Wesen mit großem Geweih, das man im allgemeinen als den Zauberer der Grotte «Trois Frères» (in der Nähe von Montesquieu-Avantès im Ariège) bezeichnet. Warum das Geweih, wenn nicht, wie De Vries bemerkt, deshalb, weil die Hirschgeweihe im Herbst abgeworfen werden und im Frühjahr neu und größer erscheinen, was «eine Anspielung auf das Motiv der regelmäßigen Verjüngung der Natur sein könnte»?[37] Im übrigen ist Cernunnos auch ein Gott der Fruchtbarkeit, wie gewisse Darstellungen erkennen lassen, auf denen aus einem neben ihm stehenden Sack Geldstücke fallen. Was nun aber der Hirsch verliert, wenn der Baum kahl wird, und was zur gleichen Zeit wiederwächst wie die Blätter, sind keine Hörner, sondern «Stangen» (im Französischen «bois», «Hölzer»). Wie könnte man einen Gott des Baumes, einen Gott des Todes und der Wiedergeburt der Pflanzenwelt treffender abbilden? Dies ist wohl auch der Grund, warum Edern, ein weiterer bretonischer Heiliger aus jener Zeit, stets in Begleitung eines Hirsches gezeigt wird, denn der Hirsch war aufgrund seines *Gezweigs* ein Gleichnis für den Lebensbaum und in der keltischen Tradition ein Symbol des Lebens und der Auferstehung. Dieser Edern soll dem *Mabinogion* «und vor allem den *Mabinogi* von Kulwch und Owen» zufolge ein Krieger des Königs Artus und ein Sohn Nudds gewesen sein;

Nudd war der irische Gottes Nuadu mit der silbernen Hand, dem man in Gallien unter dem Namen Nodens wiederbegegnet. «Nudd aber hatte einen anderen Sohn, Gwynn, der die Gabe besaß, alles voraussagen zu können, was man wissen wollte, und der einer der Meister des Totenreiches war.»[38] Auch wenn man zunächst nichts Genaueres weiß, muß man zugeben, daß diese Einzelheiten recht eigenartig sind.

Der alte keltische Urgrund kommt in der Persönlichkeit und dem Kult des heiligen Ronan, der mit dem heiligen Wald direkt in Verbindung steht, deutlicher zum Vorschein.

Dieser irische Mönch und Bischof kam gegen Ende des 5. Jahrhunderts nach Armorica, um dort ein Einsiedlerleben zu führen. Er ließ sich zuerst im Bas-Léon nieder, da, wo später die Stadt Saint-Renan entstand, und verlegte dann seinen Zufluchtsort in den Wald von Nevet, das heißt in ein ehemaliges *nemeton*. Der im 13. Jahrhundert lebende Hagiograph Albert Legrand, ein Dominikaner aus Morlaix, beschreibt Aktivitäten und Wundertaten Ronans, die eher an einen Magier als an einen Geistlichen denken lassen. «Man sagte, er sei ein Zauberer und Schwarzmagier, er treibe es wie die alten Werwölfe, die sich durch teuflische Künste und Hexerei in wilde Bestien verwandelten, umherzogen und tausend Übel im Land anrichteten.» Ronan wird auch durch eine rivalisierende Zauberin, Kéban, verfolgt, vor deren übler Hexenkunst er schließlich fliehen muß. Die Zeremonien, die bis heute in Locronan durchgeführt werden, enthalten noch Reste unbestreitbar heidnischer Rituale. So führt die kleine «Troménie» (vom bretonischen *tro minihy,* «Klosterrundgang»), die jedes Jahr am zweiten Sonntag im Juli stattfindet, die Pilger auf den Gipfel des Berges von Locronan, dessen Hänge der ehemals heilige Wald, der «Forêt du Duc» genannt wird, bedeckt. Man vollzieht dabei den täglichen Rundgang St. Ronans nach, der die Glocke läutete, sein Reich exorzierte und die Wölfe verscheuchte. Die große Troménie hingegen findet nur alle sechs Jahre statt – nach einem Rhythmus, der schon in der Antike die feierlichen Prozessionen der Naturkulte bestimmte.[39] Die kleine wie auch die große Troménie führen an einem ehemaligen gallischen Heerlager vorbei. Zuerst wird dann der heilige Berg erstiegen, und auf dem Rückweg umrundet man einen großen Felsen, der *Gazek Ven* («Steinerne Stute») genannt wird. Auf ihre granitene Kruppe, die in «St. Ronans Stuhl» umgetauft wurde, setzten sich die Frauen, die Mütter werden wollten, und verrichteten beim Vorüberziehen der Troménie ihre Gebete. In der Perity-Kapelle, die von Anna von der Bretagne errichtet wurde und neben der Kirche von Locronan steht, wird der Heilige liegend dargestellt, so wie er nach seinem Tod auf einem von Ochsen gezogenen Wagen von Hillion zurückkam, begleitet von den drei Grafen, die sich um die Reliquien stritten. Die Ochsen marschierten geradewegs bis zum Wald von Nevet, hielten aber vor «Trou Balan» *(Trobalo)* an, dessen Name verrät, daß er dem keltischen Gott Belen gehörte. Ernest Renan, der aus einer Familie stammt, «die unter der Führung von Fragan um das Jahr 480 aus Cardigan in Wales gekommen war», fühlte sich seinem Namensvetter sehr nahe – er weist darauf hin, «Renan» sei die moderne Form von «Ronan» – und sagte, dieser sei «eher ein Erdgeist als ein Heiliger» gewesen, dessen «Macht über die Elemente erschreckend war». Er schildert die Szene folgendermaßen: «Die Ochsen, von der unsichtbaren Hand Ronans geführt, gingen gerade vor sich hin in den dichtesten Wald hinein. Die Bäume neigten sich oder brachen unter ihren Füßen mit furchtbarem Krachen. Schließlich in der Mitte des Waldes angekommen, wo die größten Eichen standen, hielt der Wagen an. Man verstand; man begrub den Heiligen und errichtete ihm an diesem Ort eine Kirche.»[40]

Der Liegende, der auf den Schultern von sechs Engeln getragen wird, erlaubte es einst den Gläubigen, kniend und mit gekrümmtem Rücken unter dem Stein hindurchzukriechen; dieses sehr alte Ritual, von dem es in der Bretagne weitere Beispiele gibt, ist heidnischen Ursprungs.

Wenn auch die Züge der keltischen Vorgänger dieser Heiligen von den Kirchenmännern, die über ihr Leben berichteten, soweit wie möglich getilgt worden sind, so gilt das nicht für ihren Zeitgenossen, den Iren Columba oder Columcille (521–597), von dem man mit Sicherheit weiß, daß er ein ehemaliger *file* war, also ein Druide und Barde. Obschon von königlichem Blut, wählte er das Priestertum. Als er sein erstes Kloster auf der Lichtung eines heiligen Waldes auf der Halbinsel Derry im Norden Irlands gegründet hatte, weigerte er sich – im Gegensatz zu zahlreichen anderen Missionaren –, die alten, von den Heiden verehrten Eichen zu fällen. Columba versuchte mit allen Mitteln, die alten Überlieferungen der Druiden zu bewahren; er ging sogar soweit, daß er deren Mysterien in die Regeln des von ihm begründeten Klosters integrierte. Seine Bemühungen, die offizielle christliche Religion zu verändern, riefen solche Konflikte hervor, daß er exkommuniziert und aus Irland vertrieben wurde. Mit zwölf Gefährten zog er sich im Jahr 563 auf die Insel Iona an der Südwestküste Schottlands zurück; Iona war aber ein sehr altes und heiliges Zentrum der Heiden. Columba kehrte dennoch 574 nach Irland zurück, um an der Synode von Drumceatt teilzunehmen und sich dort der Abschaffung des Ordens der Barden zu widersetzen, den die Geistlichkeit ausstoßen wollten, weil er ihr Schwierigkeiten bereitete. Man weiß übrigens, daß in Schottland Verhandlungen mit piktischen Druiden stattfanden. Es ist wahrscheinlich, daß eine solche Toleranz oder gar das beharrliche Bestreben, von den heidnischen Traditionen diejenigen zu retten, die mit dem Christentum vereinbar waren, häufiger vorkamen, als die zensurierten Berichte, die auf uns gekommen sind, vermuten lassen.[41]

Die «Douna», der «tiefe Wald» früherer Zeiten, ist gewiß seit langem so gut wie verschwunden. Aber sie lebt trotzdem in den bretonischen Legenden als Zauberwald von Brocéliande weiter. Einst bedeckte er die ganze Mitte der Halbinsel Armorica, von den Bergen von Arrée bis zum Fluß Meu. Die Briten, die in die Bretagne geflohen waren, brachten die Sagen um die Ritter des Königs Artus und seine Tafelrunde mit, deren ursprünglicher Schauplatz das Land war, das sie hatten verlassen müssen. Zwar besteht der Wald von Brocéliande nur noch in der Erinnerung, doch ist sie sehr lebendig und reich geblieben. Im Wald von Paimpont, dem bedeutendsten Reststück Brocéliandes, gibt es noch die Orts- und Flurnamen «Barenton», «Fontaine de Jouvence» («Jungbrunnen»), «Butte aux plaintes» («Klagehügel») und «Val sans Retour» («Tal ohne Wiederkehr»); letzteres hat mit der Geschichte des Zauberers Merlin zu tun.

Merlin, der Waldmensch

Diese rätselhafte Gestalt erscheint im Licht der neueren Forschung[42] als ein «Waldmensch», der sogar mit dem «Baumkult» verbunden war. Als Barde und Hellseher hatte Merlin an der Seite des Königs Artus, dem er zur Einrichtung des Ritterordens der Tafelrunde geraten hatte, tapfer gegen die barbarischen Eroberer der Bretagne gekämpft. Wegen des Todes seiner Brüder dem Wahnsinn verfallen und vor allem der Gesellschaft der Menschen überdrüssig, zog er sich jedoch in den Wald von Brocéliande zurück, den er nur noch verließ, um düstere Prophezeiungen über diese dem Bösen verfallene Welt zu machen. Dieses Böse kannte er nur allzu gut, er, dem man nachsagte, er sei das Kind einer Jungfrau und des Teufels, aber er hatte es seit dem Tag, an dem er der Fee Viviane begegnet war, in sich besiegt. Freiwillig lehrte er sie alles, was er wußte, und übertrug all seine Kräfte auf sie; er unterwarf sich ihr voll und ganz, bis er sich zuletzt sogar tief im Wald in «ein Glashaus» einschließen ließ. Nach Jean Markale ist dieses Glashaus eine geschlossene Welt *in der Mitte des Waldes,* die in ihren unsichtbaren Mauern eine jenseitige Welt einschließt, einen Obstgarten. In diesem Obstgarten findet die Dyade, die heilige Vereinigung des göttlichen Bruders mit der göttlichen Schwester, ihre Erfüllung. Fern der Welt leben sie eine vollkommene Liebe, die sie ihrem Wesen nach von der Gesellschaft trennt, genügen Merlin und Viviane sich selbst. Sie stellen die ursprüngliche Situation Adams und Evas *vor dem Sündenfall* wieder her, das heißt, bevor sie sich der äußeren Welt bewußt wurden.[43] Mit anderen Worten: Merlin und Viviane ziehen sich von einer profanisierten, unwiderruflich dem Untergang verfallenen menschlichen Welt zurück und kehren miteinander zum Ursprung, zum Naturzustand zurück, in diesen Obstgarten, wo sie als Herren der Pflanzen und der Tiere regieren, schützen, was noch zu retten ist, und, unsichtbar geworden, die Wiedergeburt des Heiligen vorbereiten. Ihre Geschichte kennen wir nur aus konfusen und oft widersprüchlichen Berichten, in denen sich aber doch alte keltische und sogar präkeltische, wenn nicht prähistorische Glaubensinhalte widerspiegeln; dieser Umstand erklärt einerseits die Verlegenheit der mittelalterlichen Schriftsteller, die deren Bedeutung nicht mehr verstanden, und andererseits die Schwierigkeiten der Keltenforscher, einen nach Gutdünken verknäuelten Strang zu entwirren. In unserem Zusammenhang brauchen wir aber nur zwei wichtige Elemente festzuhalten: das sehr enge Band, das Merlin mit den Bäumen verbindet, und die Rolle, die er in den Wäldern spielt, nämlich die eines Initiierten, Druiden, Magiers, Propheten und Schamanen, der sich in den «Garten der Glückseligkeit» zurückgezogen hat, in den urbildlichen Obstgarten, der zweifellos ein *nemeton* ist. Merlin folgte dem Beispiel der heiligen Einsiedler, die wie er von den Britischen Inseln kamen und, als Nachkömmlinge der Druiden, wie er in deren Fußstapfen traten.

Schon in den Merlin zugeschriebenen prophetischen Gedichten, die vor seiner Einschließung im Wald entstanden sein sollen, sagt der Zauberer das künftige Unglück der Bretonen voraus; für seine Prophezeiungen benutzt er die Bäume: die Birken, die typischsten schamanischen Bäume, und die Apfelbäume, mit deren Zweigen die Feen Sterbliche in ihr Reich, die jenseitige Welt, locken. Manche Texte präzisieren, daß Merlin gewöhnlich unter einem Apfelbaum lehrte.[44] Noch wichtiger in seiner Geschichte ist die Kiefer, die sich oberhalb des Brunnens von Barenton in der Mitte der Lichtung des *nemeton* erhebt. Dieser Brunnen ist die Wohnstätte Vivianes, die also eigentlich eine Nymphe ist. Viviane, die Verkörperung der Quelle, hat magische Kräfte: Sie läßt es regnen, mehr noch, wenn man Wasser auf die Treppe gießt, die den Brunnen umgibt, kann man ein entsetzliches Gewitter heraufbeschwören; im übrigen heilt das Wasser des Brunnens die Tollheit, wie Viviane Merlin von seinem Wahn befreit hatte. J. Markale betont, daß der Brunnen von Barenton niemals wie die Mehrheit der bretonischen Quellen christianisiert worden, sondern durch die Jahrhunderte heidnisch geblieben ist, was die Bewohner der Gegend allerdings nicht daran hindert, sich in Dürrejahren dorthin zu begeben, und Geistliche schreiten den Prozessionszügen voran.

Die Kiefer von Barenton hat Merlin nach Art der Schamanen bestiegen; in ihrem Wipfel hat er die höchste Erkenntnis erlangt, und hier wohnte er seitdem, denn das «Glashaus» ist nichts anderes als die Spitze des grünen Baumes[45], wo Merlin schließlich die Gesamtheit all seiner Kräfte zuteil wurde: die Gabe des Hellsehens, der Verwandlung, der Unsichtbarkeit, der Allgegenwart, der Macht über die Elemente, die Gabe, die Sprache der Tiere (und der Orakelbäume) zu verstehen und ihnen zu befehlen, die Gabe der Heilkunst und manchmal der Wiedererweckung vom Tod, die Gabe, Quellen hervorzurufen, Wesen und Dinge erscheinen zu lassen, die nicht existieren, auf das Pflanzenreich einzuwirken und sich fliegend durch die Luft zu bewegen. Dieselben Kräfte schreibt aber die literarische Überlieferung in Irland und Wales auch den Druiden zu[46], und die sibirischen Schamanen nehmen sie ebenso für sich in Anspruch.

Merlins Kiefer ist also bestimmt ein Weltenbaum, verbunden mit der Quelle, aus der die unterirdischen, aus dem Reich der Toten und der Keime kommenden Wasser aufsteigen; sie ist die notwendige Ergänzung des Baumes. Die Glaubensvorstellungen, die sich auf die Waldlichtung von Barenton beziehen und so lange Zeit lebendig geblieben sind, legen Zeugnis ab von der Bedeutung, die einst den keltischen *nemeton* zukam. Barenton ist übrigens eine Verschleifung von *Belenton*, genauer *Belnemeton*, «der heilige Wald des Belen» oder Belenos; dieser gallische Sonnengott gilt als Vater Gargans, der wiederum ein Waldgott ist, mit dem Merlin nach der Legende in so enger Verbindung steht, daß man ihn gelegentlich als den Schöpfer unseres Gargantua ansah.[47] Wenn auch die Kiefer von Barenton längst verschwunden ist, so gibt es doch noch einen «heiligen Baum Merlins» in der walisischen Stadt Carmarthen. Zwar handelt es sich dabei nur um eine Zementsäule, aus der ein paar geschwärzte Äste einer alten Eiche ragen, aber das Gebilde wird erhalten, weil der Zauberer selbst prophezeit haben soll, daß mit dem Baum auch die Stadt fallen würde. Man hat also nicht nur darauf verzichtet, ihn zu zerstören, sondern auch darauf, ihn an einen anderen Platz zu versetzen, obschon er, an einer sehr belebten Kreuzung stehend, den Verkehr erheblich behindert.[48]

Unter den verschiedenen Schichten von Verkleidungen, die eine Bedeutung verschleiern, die nicht mehr geduldet oder verstanden werden konnte, lassen sich aus der Merlin-Legende noch die meisten Elemente herausschälen, die für den kosmischen Baum charakteristisch sind und die wir bereits in anderen Zusammenhängen entdeckt haben: Die mit der Quelle verbundene Kiefer von Barenton hat Macht über den Regen; sie ist ein Orakelbaum – und das Paar Merlin–Viviane erinnert an das Paar Numa–Egeria im heiligen Wald von Nemi –, und vor allem läßt sie demjenigen, der seinen Wipfel ersteigt, umfassende Erkenntnis zuteil werden. J. Markale hebt hervor, daß dieses Wissen etymologisch mit dem Namen des Baumes *(vidu)* zusammenhängt und die gleiche Wurzel dem Lateinischen *videre* zugrunde liegt, dem Englischen *wood* («Wald»), dem Wort *Druide* (*dru-wid*, «der sehr Hellsichtige») und schließlich dem Namen Wotan-Odins, des Gottes der Esche, der die höchste Erkenntnis gewinnt, indem er sich an den Baum hängt. Wir sind bei den Baumgottheiten auf eine einzigartige und viel archaischere Besonderheit gestoßen, nämlich ihre inzestuösen Verbindungen. Wir finden sie im Geschwisterpaar Merlin–Viviane wieder – wie es scheint, waren solche Beziehungen im alten Armorica nicht eben selten[49] – und ebenso in der Legende von Yvain, der am Brunnen von Barenton den Inzest mit der großen Mutter als der Verkörperung der Urfrau sucht. Dieser Inzest ist den gewöhnlichen Sterblichen verboten, aber für den Helden, der furchtbare Gefahren zu bestehen imstande ist, wird er zu einem Schlüsselelement seiner Initiation.[50]

Man kann sich deshalb fragen, ob man in Merlin (der ein Vogel ist – das französische *merle,* «Amsel», ist wahrscheinlich von seinem Namen abgeleitet, eine andere Etymologie ist nicht bekannt) nicht doch eine sehr alte Baumgottheit sehen muß, als deren letzte, durch zahlreiche Verzerrungen im Lauf mehrerer Jahrhunderte oder vielleicht gar Jahrtausende fast unkenntlich gewordene Erscheinungsform er uns entgegentritt. Unter diesem Gesichtspunkt ist er für uns eines der dauerhaftesten, deshalb kostbarsten der mehr oder weniger entstellten Relikte, die wir hier zu freizulegen versuchen.

Die Seelen der Bäume

In der Antike wurden nur die auffälligsten und durch übernatürliche Zeichen[51] erkenntlichen Bäume Gegenstand eines Kults, aber jeder Baum besaß trotzdem eine Seele, die seiner Art entsprach. Manchmal handelte es sich um ein halbgöttliches Wesen, das sie geschaffen haben sollte und dessen Namen die Art dann trug; am häufigsten aber war es eine Nymphe, die eine Verwandlung durchgemacht hatte. Einige haben wir schon erwähnt, etwa Syrinx, die zum Schilfrohr und zur Panflöte wurde, und wir haben am Beispiel Myrrhas, des Myrrhenbaumes, geschildert, wie sich – nach Ovid – diese Transformation vollzog. Diese Geschichten waren im Altertum sehr beliebt, und Ovid, der ihnen ein ganzes Werk, die *Metamorphosen,* gewidmet hat, war nicht der erste, der aus einem reichhaltigen Schatz von Überlieferungen geschöpft hat.[52] Zu seiner Zeit war dieser Schatz bereits nur noch in Form von Fabeln bekannt, die als literarische Vorlagen für poetische Ausschmückungen dienten, aber trotzdem sehr alte Glaubensinhalte widerspiegelten. Meist stellte die Verwandlung das einzige Mittel dar, einem drohenden Mißgeschick zu entrinnen. Von einem Gott verfolgt und in Gefahr, von ihm vergewaltigt zu werden, rief die Nymphe ihren Vater an, den Fluß, der ihr sofort ein anderes Aussehen verlieh. Sie enttäuschte die Erwartungen ihres Verehrers, als sie plötzlich ihre fleischliche Gestalt verlor, und war für immer vor seinen Nachstellungen sicher. Der Fall Myrrhas bildet nur insofern eine Ausnahme, als hier der – menschliche – Vater im Gefolge des Inzests, den er ungewollt begangen hat, nicht die Rolle des Beschützers spielt, sondern im Gegenteil die des Angreifers.

Keine Nymphe konnte sich nach Belieben in irgendeine Baumart verwandeln. In den von Ovid und seinen griechischen Vorgängern beschriebenen Metamorphosen besteht eine sehr klare Beziehung zwischen dem Baum einerseits und der Nymphe und ihrem Vater andererseits – als ob sie der gleichen Familie angehörten, als befände die Nymphe bereits in der Gewalt des Baumes, zu dem sie werden wird –, so daß man sich fragen kann, ob das fleischliche Wesen nicht nur eine provisorische Verkörperung der Baumgeistes in menschlicher Gestalt war.

Die Identifikation bestimmter Bäume mit Nymphen, deren Beziehungen zu einer Gottheit und schließlich die Umstände ihrer Verwandlung gestatten es, die Eigenschaften und, wenn man so sagen darf, die Persönlichkeit zu erfassen, die die Alten den entsprechenden Baumarten zuschrieben. Die Metamorphosen sind also durchaus nicht ohne Sinn, den es zu erkennen gilt, denn sie sind Ausdruck einer Betrachtungsweise, einer Deutung der Natur, in deren Kontext alles einen genau umrissenen Sinn hat und die Beziehung des Menschen zu den verschiedenen Baumarten und damit auch die richtige Art, mit ihnen umzugehen, definiert sind.

Die berühmteste der Verwandlungen in eine Pflanze ist die Metamorphose, die aus Daphne den Lorbeerbaum Apollos machte, den heiligen Busch, der bei allen religiösen und weltlich-städtischen Veranstaltungen eine herausragende Rolle spielte. Daphne war nicht die erste Nymphe, die vom delphischen Apollo verführt wurde, aber die einzige, die es gewagt hatte, sich ihm zu widersetzen, die einzige, so scheint es, die er, ohne Zweifel wegen ihrer Ablehnung jeglicher Liebesaffären, wirklich liebte. Zuvor hatte Aria, die Nymphe der Korkeiche, dem Gott einen Sohn namens Mileto geboren, dann hatte sich Apollo in eine andere Eichennymphe, Dryope, verliebt, mit der er Amphissos zeugte. Beide Geschichten verdienen es, daß man sich eingehender mit ihnen befaßt.

Aria wird auch bald Deione, bald Theia genannt. In Deione darf man bestimmt Dione erkennen, die Göttin der Orakel-Eiche von Dodona, die Tochter des Okeanos und der Thetys, also die Enkelin von Gäa und Uranos. Theia, die «Göttliche», ist in Hesiods *Theogonie* eine der Töchter des unvermeidlicherweise inzestuösen Urpaares, das sich aus Gäa, der Ur-Erdmutter, der allmächtigen Gottheit, die das Universum geschaffen hatte, und ihrem Sohn und Liebhaber Uranos zusammensetzt. Theia gehörte wie Thetys und Rhea zu den sechs Titaninnen; letztere wurde übrigens mit Dione identifiziert.

All dies führt uns zum Kult der heiligen Eiche zurück. Wahrscheinlich handelt es sich wieder um den uns schon bekannten Vorgang: Der Gott der hellenischen Eroberer verführt die einheimische Göttin der Natur und setzt sich damit an ihre Stelle. Was nun gerade Apollo angeht, so haben wir eine Variante dieser Usurpation erwähnt. Der Sohn Letos, der sich nicht mehr mit Göttinnen auseinandersetzen mußte, sondern mit alten einheimischen Göttern, besiegte sie in einem musikalischen Wettstreit. Mit den Nymphen verfuhr er nach der üblichen Methode. Aria war eine Göttin der Korkeiche, gehörte aber nach Arkadien.[53] In der Geschichte Pans sahen wir immer wieder, auf welche Widerstände die Einpflanzung des apollinischen Kults in dieser Gegend gestoßen war, in der man das Alte sehr schätzte und fest an den archaischen Bräuchen hing. Daß die göttliche Strategie den gewünschten Erfolg hatte, beweist uns die Fortsetzung der Geschichte. Miletos, der Sohn Apollos und Arias, verführte seinerseits Minos, Rhadamantys und Sarpedon. Weil er aber Sarpedon den Vorzug gab, vertrieb ihn Minos aus Kreta, worauf er sich nach Karien begab. Dort gründete er die Stadt Milet und führte den Kult seines Vaters ein, in Milet selbst, wo sich das dem delphischen Apollo geweihte Delphion erhob, und vor allem in der Nachbarstadt Didyma, die von Milet annektiert wurde und deren Tempel, der in einem heiligen Wald bei einer Quelle stand, das nach Delphi berühmteste griechische Orakel beherbergte.[54]

Ganz anders gelagert, aber ebenso aufschlußreich ist die Geschichte der Dryope. Sie war eine Nymphe des Berges Oita im Süden Thessaliens, dessen Name auf den Specht hindeutet, den mit der Eiche verbundenen Vogel. Dryope lebte in Gesellschaft der Hamadryaden, der Eichennymphen. Apollo verliebte sich in sie und verwandelte sich in eine Schildkröte – das gleiche Wort *chelus* bezeichnet im Griechischen die Schildkröte und auch Apollos Leier, die ursprünglich aus einem Schildkrötenpanzer gefertigt wurde. Die Nymphen spielten mit dem kleinen Tier, das Dryope im Scherz an ihren Busen nahm. Da «verwandelte er sich in eine zischende Schlange, verjagte die Hamadryaden und ergötzte sich mit Dryope. Sie gebar ihm Amphissos, der die Stadt Oita gründete und einen Tempel zu Ehren seines Vaters baute. Dort diente Dryope als Priesterin, bis sie eines Tages von den Hamadryaden entführt wurde. An ihrer Stelle blieb eine Pappel zurück.»[55] Damit wurde die Eiche, die man zweifellos auf dem Berg Oita verehrte – denn die einheimischen Pelasger hießen «Dryopes» –, zu einer Silberpappel, einem Baum, der dem Gott von Delphi als Sonnengott geweiht war; wir haben es also offenbar mit einem Kultwechsel zu tun.

Daphne, der Lorbeerbaum

Nach diesen Vorbemerkungen, in denen wir zwei andere Baumnymphen kennengelernt haben, werden wir in der Lage sein, die Bedeutung des Daphne-Mythos besser zu verstehen. Daphne war die Tochter des Peneios, eines thessalischen Flusses. Als Sohn von Okeanos und Thetys war Peneios ein Bruder Diones. Daphne nahm sich die keusche Artemis zum Vorbild und wies trotz der betrübten Vorwürfe ihres Vaters beharrlich alle Verehrer ab, die um ihre Hand anhielten, denn sie wollte viel lieber frei und ungebunden leben und die einsamen Forste und «Zufluchtsorte im Wald» durchstreifen. Apollo hatte sich über Eros lustig gemacht, dessen Macht er sich entziehen wollte, und der kindliche Gott bewirkte, daß er sich in Daphne verliebte, die aber nur noch abweisender wurde. Der Gott ist ihr «hart auf den Fersen, schon streift ihr im Nacken sein Atem die Haare», als Daphne in ihrer Verzweiflung Peneios anruft: «Hilfe, o Vater…, ihr Ströme habt göttliches Wesen: O, so verwandle mich! nimm die Gestalt, die der Kränkung mich preisgibt!» Die Metamorphose vollzieht sich auf der Stelle. Phöbus liebt auch den Baum, «unter der Rinde, der neuen, erspürt er noch immer des Herzens flatternden Schlag. Da umschlingt er die Zweige wie Glieder mit seinen Armen und küßt das Holz, das noch jetzt vor den Küssen zurückbebt. ‹Weil es verwehrt ist›, so sagt ihm der Gott, ‹daß du Gattin mir werdest, sollst du doch sicher, ich will es, als Baum mir gehören: für immer wirst du, o Lorbeer, das Haar, die Leier, den Köcher mir schmücken…›»[56]

Ovids Erzählung mag vielleicht banal erscheinen, doch indirekt deutet er an, daß Apollos Liebe inzestuös sein könnte. Er nennt den Gott tatsächlich Phöbus und vergleicht Daphne mit Phöbe, die für ihn Artemis ist, denn einige Verse später nennt er sie Diana. Aber der lateinische Dichter läßt einen Aspekt des Mythos, den seine griechischen Vorläufer ausgestaltet hatten und der eine ganz andere Tiefenschicht durchblicken läßt, unerwähnt.[57] Für die Griechen war Daphne noch eine Priesterin der Erdmutter. «Daphne rief die Mutter Erde an, die sie im letzten Moment nach Kreta hinwegzauberte, wo sie als Pasiphaë bekanntwurde. An ihrer Stelle ließ Mutter Erde einen Lorbeerbaum zurück, aus dessen Blättern Apollon sich zum Troste einen Kranz wand», den ersten Lorbeerkranz.[58] Es ist hier bemerkenswert, daß die Geschichte zuerst in Thessalien, dem Land Arias, spielt und daß sie in Kreta endet. Dort verführt Miletos, der Sohn Arias, den Minos, verläßt ihn und heiratet schließlich Pasiphaë, die ihm eine Tochter gebiert: Ariadne, die ebenfalls eng mit den Bäumen verbunden ist.

Die griechischen Mythographen erzählen uns noch folgendes: Verliebt in Daphne, hatte der Sohn der Leto – die wiederum ursprünglich eine orientalische Baumgöttin, nämlich der Palme war – den Tod seines Rivalen Leukippos, Sohn des Oinomaos, verursacht. Leukippos hatte sich, um den Widerstand der Nymphen zu umgehen, als junges Mädchen verkleidet und unter sie gemischt, als sie die wilden Täler durchstreiften. Um Leukippos aus dem Weg zu schaffen, brauchte Apollo ihn nur in seine eigene Falle tappen zu lassen. Er riet daher den

Hamadryaden, nackt zu baden, um auch sicher zu sein, daß in ihrer Gesellschaft nur Frauen waren; so wurde der Betrüger schnell entlarvt und von diesen schrecklichen Jungfrauen in Stücke gerissen. Diese Episode erinnert an die Rache der Artemis an Akteon, der sie im Bad mit den Nymphen überrascht hatte und von seinen eigenen Hunden zerrissen wurde. Im Fall des Leukippos ist das Vergehen noch schlimmer, weil er sich verkleidet hatte, was nur eines bedeuten kann: Den Männern war die Teilnahme am Lorbeerkult strengstens untersagt. Man versteht jetzt, warum es Apollo nicht gelang, ihn direkt zu übernehmen, sondern den Kult lediglich mit dem Orakelbaum in Verbindung bringen konnte. Übrigens war auch in Delphi das Kauen der Blätter vom heiligen Lorbeerbaum, das angeblich für die bei Weissagungen nötige Ekstase sorgte, jedem außer einer Priesterin, der Pythia, verboten. Jedenfalls handelt es sich auch hier um die Übernahme eines alten Baumkults durch einen neuen Gott. Die Charakteristik des Leukippos erlaubt vielleicht eine Präzision des Vorgangs. Sein Name bedeutet «weißer Hengst», er war der Sohn des Oinomaos, der für seine Liebe zu den Pferden berühmt war und eine Tochter namens Hippodameia, «Pferdebändigerin», hatte. Die Geschichte bezieht sich also wahrscheinlich auf das Eindringen der hellenischen Reiter in das Tal von Tempe, durch das der Peneios fließt; von dort soll Apollo der Legende zufolge den Lorbeerbaum nach Delphi gebracht haben. Wir wissen, daß in dieser Gegend, die lange Zeit ihre Wildheit bewahrt hat und auch heute noch den Reisenden beeindruckt, eine Gruppe von Mänaden, Lorbeerblätter kauend, orgiastische, also bacchische Feste feierte – Oinomaos bedeutet «leidenschaftlicher Weinfreund» – zu Ehren einer Göttin Daphoine, «die Purpurrote», anders gesagt: «die Blutige»[59]. Sie war, wie es scheint, eine Muttergöttin mit dem Kopf einer Stute, und es gab einen heiligen König des Baum- und Pferdekults. Dieser König, der wahrscheinlich Leukippos hieß, regierte nur ein Jahr lang und wurde dann von den rasenden Mänaden in Stücke gerissen[60] – wie Orpheus, der thrakische Baumgott. Nach Plutarch flüchteten die Priesterinnen der Daphoine, aus Thessalien verjagt, nach Kreta und verehrten ihre Göttin dort unter dem Namen Pasiphaë, «die für alle leuchtet»; dies ist auch ein Beiwort des Mondes, mit dem Daphne also in Verbindung stand.[61] Zweifellos mit Recht vergleicht Ovid sie mit Phöbe, dem Mond. Wir haben es hier demnach mit einem urtümlichen Kult zu tun, der den Mond, einen Baum und das Pferd vereint; aber wie wir bereits gesehen haben, ist das Pferd Poseidon geweiht, und die Beharrlichkeit, mit der die Bezeichnung für dieses Tier in den Namen der Kinder des Oinomaos auftaucht, legt den Verdacht nahe, daß sich hinter der dionysischen Schar der verbrecherischen Mänaden ein wahrscheinlich älterer Kult verbirgt.

Leuke, die Silberpappel

Die griechischen und lateinischen Mythographen geben, allerdings viel weniger genau, die Geschichten von drei weiteren Nymphen wieder, die der Begehrlichkeit der Götter nur dadurch entgingen, daß sie sich in Bäume metamorphosierten. Die erste, Leuke, verwandelte sich, verfolgt von Hades, in eine Silberpappel *(leuke)*, aber da Hades niemals von einer Beute abließ, mußte sie an der Schwelle der Unterwelt zurückbleiben, am Ufer des Flusses der Erinnerung, dessen Tochter sie vielleicht war.[62] Dieser Fluß bildete die Grenze zwischen dem Tartaros, der Hades unterstand, und dem von Kronos regierten Elysium, den Gefilden der Seligen. «Leuke» ist auch der Name einer der «Inseln der Glückseligen»; sie stellen eine Art Paradies dar, das von wilden, aber gezähmten Tieren bevölkert ist und in dem sich die Helden nach ihrem Tod ausruhen. Dieser Umstand gibt uns einen Hinweis auf die symbolische Bedeutung, die die Griechen der Silberpappel gaben: Sie war ein Baum des lichten Todes, im Gegensatz zur Schwarzpappel, die als unheilbringend galt.[63]

Philyra, die Linde

Philyras Geschichte bietet eine interessante Variante, denn sie schildert eine doppelte Metamorphose. Die Nymphe, eine Tochter des Okeanos, lebte auf einer Insel des Pontus Euxinus. Diese Insel trug ihren Namen, was bedeutet, daß sie deren Schutzherrin war und dort wahrscheinlich verehrt wurde. Kronos vereinigte sich eines Tages mit ihr, aber, von Hera überrascht, verwandelte er sich in einen weißen Hengst und galoppierte davon, seine Eroberung zurücklassend. Erinnern wir uns daran, daß Kronos der Bruder des Okeanos, Philyra seine Nichte war und daß Hera, die Tochter des Kronos und Göttin der Ehe, Inzest und Ehebruch verabscheute. Als Philyra niederkam, sah sie, daß das göttliche Neugeborene ein Monstrum war, halb Mann, halb Pferd. In Scham und Schrecken wandte sie sich an ihren Vater und erreichte, daß er sie in eine Linde verwandelte.[64] Was ihren Sohn, den Zentauren Chiron, angeht, so erwarb er sich später großen Ruhm wegen seiner prophetischen Gabe und seiner Heilkunst, denn er kannte die Geheimnisse der Pflanzen. Die Linde war in Griechenland und schon auf Kreta – das Wort *philyra* ist kretischen Ursprungs – der heilende Baum schlechthin; ihre Blüten galten als eines der ältesten bekannten Heilmittel. Außerdem nutzte man den Lindenbast oder das Liber – das ebenfalls *philyra* genannt wurde – zur Herstellung von Papier; in Streifen zerrissen, diente der Bast der Weissagung.[65]

Die Geschichte Philyras spielt also auf den sicher sehr alten Kult eines Baumes mit wunderbaren Kräften an, denn er heilt und sagt die Zukunft voraus. Dafür sprechen auch die Hauptfigur, Kronos, die sich in ein Pferd verwandelt, und das von ihm gezeugte Kind, das ein göttliches Tier – man nannte es *ther theios,* das «göttliche wilde Tier» – und zugleich ein künftiger Weiser ist, der seine Kräfte von dem Baum, seiner Mutter, erhielt, und schließlich die Tatsache, daß der Schauplatz der Geschichte in fernen, unbewohnten Gegenden liegt.

Pitys, die Schwarzkiefer

Die keusche Nymphe Pitys, die – wie Syrinx – in Gefahr war, von Pan vergewaltigt zu werden, entging ihm ebenfalls nur durch eine Metamorphose. Sie wurde zur Schwarzkiefer *(Pinus Pinaster),* die im Griechischen den Namen *pitys* behalten hat, nicht zur Pinie *(Pinus Pinea)* des Attis, die auf griechisch *peuke* heißt. Nach einer anderen, ausführlicheren Legende wurde die junge Pitys gleichzeitig von Pan und Boreas, dem Nordwind, begehrt. Da Pitys Pan vorgezogen hatte, blies Boreas mit solchem Zorn, daß er die Unglückliche von einer Klippe stürzte. Pan fand sie dort halbtot und verwandelte sie sogleich in eine Schwarzkiefer. Aus diesem Grund fließt seither, wenn im Herbst Boreas bläst, ein durchsichtiges Harz aus den Kiefernzapfen; es sind die Tränen der Pitys.

Karya, der Nußbaum

Mit Karya treffen wir auf eine Spur ältester Glaubensvorstellungen. Dionysos war Gast des lakonischen Königs Dion und verliebte sich in seine jüngste Tochter Karya; ihre beiden eifersüchtigen Schwestern verrieten sie dem Vater. Der Gott schlug die zwei mit Wahnsinn und verwandelte sie in Felsen. Karya, die plötzlich, vielleicht aus Trauer, gestorben war, wurde von ihm in einen Walnußbaum verwandelt. Artemis selbst überbrachte den Lakoniern die Nachricht, die hierauf für Artemis Karyatis einen Tempel errichteten; seine Säulen aus Nußbaumholz, die Frauengestalten darstellten, wurden Karyatiden genannt. Die Tatsache, daß die Lakonier der Artemis Karyatis einen Tempel errichteten und daß die Göttin selbst die Nachricht vom Tod der Geliebten des Dionysos überbrachte, läßt vermuten, daß es sich auch hier um eine Usurpation, die Ersetzung eines alten Kults durch einen neuen, handelte.

Wir wissen tatsächlich von der Existenz einer pelasgischen, also prähellenischen Gottheit Kar oder Ker, die dem kleinasiatischen Bergland Karien ihren

Namen gegeben hat. Aus derselben Wurzel leitet sich im Griechischen das Wort *Kara,* «der Kopf», aber auch «der Baumwipfel» ab; im Lateinischen wurde daraus *cerebellum,* «das Hirn». Nun erinnert in allen Überlieferungen der eßbare Teil der Walnuß mit seiner Doppelgestalt genau an die beiden Hirnhälften mit ihren Windungen, die im Französischen wie zufällig als *cernaux,* «unreife Nüsse», bezeichnet werden; möglicherweise geht auch das deutsche Wort «Kern» auf diese Wurzel zurück. Wie dem auch sei, die Göttin Kar oder Karya, an deren Stelle in Griechenland Artemis trat, überlebte auf italischem Boden, der zahlreiche alte Traditionen bewahrte. Sie wurde dort unter dem Namen Carmenta, der sich nach den lateinischen Etymologen von *carmen,* «heiliger Gesang, Orakel», ableitet, zu einer wahrsagenden Nymphe, gleichsam zu einer zweiten Egeria. Carmenta soll zuerst in Arkadien gelebt haben, einer Gegend des Peloponnes, die wir der alten Kulte wegen, die sich dort lange hielten, schon öfters aufgesucht haben. Hier hatte sie von Hermes einen Sohn, der Evander hieß, «Wohltäter der Menschen». Er stand einer Kolonie von Pelasgern vor, die sich in Latium niedergelassen hatte, und gründete an den Ufern des Tiber einen Marktflecken, den er nach einer Stadt in seiner arkadischen Heimat, die Pallas Athene geweiht war, Pallantion nannte. Diese Siedlung, lateinisch Pallantium, wurde zum Palatin, einem der Hügel Roms. Evanders Mutter Carmenta schuf das lateinische Alphabet, das aus dem pelasgischen hervorging; und tatsächlich besteht eine exakte Verbindung zwischen dem Alphabet, dem Kalender und dem Baumkult.[66] Carmenta übte lange Zeit ihre Kunst der Prophetie aus, wahrscheinlich mit Hilfe ihres Orakelbaumes, der Walnuß; sie wurde hundertzehn Jahre alt und mit göttlichen Ehren bestattet.

Die Geschichte von Carmenta und Evander enthält vielleicht den Schlüssel zu den zahlreichen Archaismen auf italischem Boden, die alle mit dem Kult des heiligen Baumes zusammenhängen und immer wieder auf die prähellenischen Pelasger zurückgehen, die alten Bewohner Griechenlands. Wir dürfen daher wohl im Namen des Vaters der Walnußbaumnymphe – Dion – den eines Dionysos-Dieners (das Wort *diakon* stammt aus derselben Wurzel) sehen, wie die Legende andeutet, aber auch den eines Dieners des Zeus *(Dios)* und vor allem der Dione, der Göttin der Orakeleiche in Dodona.[67]

Kar ist aber auch Ker, die alte Göttin des Todes, die Homer «Diebin der Menschen» nennt[68], und der Nußbaum wird von den alten Autoren ihrer Nachfolgerin Persephone und überhaupt allen Göttinnen der Unterwelt zugeordnet. Dieser unheilvolle Aspekt des Nußbaumes ist, wie man weiß, noch überall in der Folklore anzutreffen.[69] Die Keren – zur klassischen Zeit waren es mehrere – erscheinen als unerbittliche Gottheiten des Unglücks und des gewaltsamen Todes. Man sah, wie sie sich im Schlachtgetümmel erhoben, mit funkelnden Augen und verzerrtem Mund, sehr spitze weiße Zähne kontrastierten mit ihrer dunklen Gesichtsfarbe. In rote Gewänder gekleidet und schauerliche Schreie ausstoßend, machten sie den Verletzten den Garaus und schlürften gierig ihr Blut. Man nannte sie auch Hündinnen des Hades. Eine davon ist uns wohlbekannt: die Sphinx, die Ödipus befragte[70] und deren prähellenischer Name «die Würgerin» bedeutet.

Phyllis, der Mandelbaum

Nach diesen grausigen Bildern werden wir gerne die unschuldige Phyllis begrüßen. Auch sie ist ein Opfer des Liebeskummers; ihre Legende erinnert an die Geschichte einer anderen Baumgottheit, Ariadne. Phyllis, die thrakische Prinzessin, verliebte sich in Akamas, einen Sohn des Theseus, der nach Troja in den Kampf gezogen war. Als die Flotte der Achäer Segel setzte, um nach Griechenland heimzukehren, hielt Phyllis am Ufer nach dem Schiff des Geliebten Ausschau, das aber wegen eines Lecks verspätet war; die Unglückliche starb vor Kummer. Hera, die Göttin der treuen Liebe, verwandelte sie in einen Mandelbaum. Als Akamas am nächsten Tag an Land ging, konnte er nur noch dessen Rinde umarmen, aber sofort zeigten sich Blüten auf den Zweigen, die noch keine Blätter trugen; dies unterscheidet den Mandelbaum von anderen fruchttragenden Bäumen.[71] Die schöne Geschichte von Phyllis illustriert die jungfräuliche Grazie der frühen Blüten des Mandelbaumes, aber auch deren Zartheit, denn oft welken sie im Frühlingsfrost dahin. «Phyllis» ist nicht der griechische Name dieses Baumes; er lautet *amygdalea* und kommt von *amygdale*, «die Mandel», einem sehr alten Wort aus dem Mittelmeerraum, das älter ist als das griechische. *Phyllis* bedeutet «belaubt», und die Legende gibt zu verstehen, daß der Mandelbaum seine Blüten erst nach dieser Metamorphose vor den Blättern erscheinen ließ.

Kyparissos, die Zypresse

Wieder ist es die Trennung von einem geliebten Wesen, die hier zu einer Verwandlung führt, diesmal aber nicht einer Nymphe, sondern eines Knaben namens Kyparissos. Nach Ovid lebte ein «mächtiger Hirsch, den Nymphen geheiligt» und zahm, auf dem Kyparissos sogar reiten konnte.[72] Aus Versehen traf er «mit spitzem Speere das Tier und sieht es an schrecklicher Wunde verenden. Selber beschloß er zu sterben.» Phöbus Apollo, der den Knaben liebte, versuchte ihn zu trösten, aber er «stöhnte und flehte die Götter als letzte Gabe darum, ihm doch zu erlauben, auf ewig zu trauern». Und von selbst verwandelte er sich in

einen Baum, eine Zypresse. Da sagte Apollo düster: «Ich will dich betrauern...,
und du, du betrauerst die andern, gesellst dich zum Leide.» Seither pflanzt man
diesen immergrünen Baum in die Nähe von Gräbern; er ist zum Symbol der
Trauer, des untröstlichen Leids geworden.[73] Die Tatsache, daß «Kyparissos» kein
griechisches, sondern ein kretisches Wort ist, läßt vermuten, daß es sich um einen Baumgott handelt, dessen heiliges Tier der Hirsch war; der Hirsch aber versinnbildlicht die jährliche Wiedergeburt des Lebensbaumes. Leider kann man bei
der Interpretation eines Mythos nicht weiter gehen, der erst spät von Autoren
aufgezeichnet wurde, die seinen Sinn schon nicht mehr verstanden.

Pyramus und Thisbe, oder der Maulbeerbaum

Bei anderen Baummetamorphosen geht es nicht um einen einzelnen Liebenden,
sondern um zwei, um ein unzertrennliches Liebespaar wie zum Beispiel Pyramus
und Thisbe oder Philemon und Baucis. Die Geschichte von Pyramus und Thisbe
ist, wie die vorausgehenden, die tragische Folge einer Trennung ohne Hoffnung.
Ovid, der erste Schriftsteller, der von diesem Paar berichtet, nennt als Schauplatz
Babylon; seine Vorlage ist also nicht griechischen, sondern asiatischen Ursprungs.[74] Diese beiden schönen jungen Leute liebten sich also zärtlich, aber im
verborgenen, weil die Eltern mit einer Ehe nicht einverstanden waren. Ihre Häuser «waren direkt aneinandergebaut», und sie konnten durch eine Mauerspalte
miteinander sprechen, aber einander weder sehen noch umarmen. Sie beschlossen
zu fliehen und verabredeten sich bei einer Quelle unter einem «Maulbeerbaum,
mit weißen Früchten beladen», dessen Schatten sie vor neugierigen Blicken
schützen sollte. Aber Thisbe bemerkte an diesem Ort eine Löwin, den Rachen
vom Töten eines Rindes noch mit frischem Blut beschmiert, die zum Trinken
gekommen war; sie erschrak, floh und ließ dabei ihren Schleier fallen. Die Löwin
fand ihn, «als sie wieder zum Walde sich kehrte, ... und zerriß ihn mit blutigem
Maule». Nun kam Pyramus, sah die Spuren der Löwin und den blutbefleck-
ten Schleier und glaubte, Thisbe sei tot. Verzweifelt, weil er sich die Schuld an
ihrem Tod gab und weil er ohne seine Geliebte nicht länger leben wollte, stieß
er sich das Schwert in die Brust; sein aufspritzendes Blut färbte die Maulbeeren
dunkelrot. Thisbe, aus ihrem Versteck hervorgekommen und von der Farbe der
Früchte verwirrt, sah «am blutigen Boden die Glieder zittern» und, entschlossen,
dem Geliebten in den Tod zu folgen, sprach sie zum Maulbeerbaum: «‹... du,
Baum, der du jetzt mit den Ästen den kläglichen Körper dieses einzigen deckst
und bald zwei Leiber bedeckest, wahre die Zeichen des Mordes und trage auf
immer nur dunkle Früchte, an Trauer gemahnend, Erinnerung doppelten Blu-

tes.› Sprach's und kehrte die Spitze des Schwertes – es war von dem ersten Morde noch warm – auf die Brust ganz unten und warf sich darüber. Aber es rührte die Bitte die Götter und rührte die Eltern: denn jene Frucht ist schwarz, sobald sie die Reife erlangt hat, und die Reste der Toten umschließt eine einzige Urne.»

Diese dramatische Geschichte, die Théophile de Viau 1617 als Vorlage für eine Tragödie diente, in der das mitleiderregende Ende der Hauptpersonen an Romeo und Julia erinnert, scheint keinen anderen Zweck zu haben als zu erklären, warum Maulbeeren zuerst weiß, dann rot und in der Reife schließlich dunkelviolett sind. Die Maulbeere, *moron* (das Wort stammt aus dem Mittelmeerraum, ist aber nicht griechisch), galt in Griechenland wohl als unheilbringend, da ihr Name ähnlich klingt wie *moros,* «das Unglück».

Philemon und Baucis

Von ganz anderem Interesse ist die beispielhafte Erzählung von Philemon und Baucis. Obwohl griechischen Ursprungs, ist sie uns nur durch die *Metamorphosen* Ovids bekannt; er hat aus dem Stoff eine ergreifende Geschichte gemacht[75], die auch durch eine Fabel von La Fontaine allgemein bekanntwurde; wir können uns deshalb kurz fassen. Philemon («der Liebende») und Baucis («die sehr Bescheidene») hatten von Jugend an bis ins hohe Alter eine ungetrübte Liebe füreinander empfunden. Eines Tages stehen zwei Reisende, die überall abgewiesen worden sind, vor der Tür ihrer Hütte. Die beiden guten Alten bitten sie sofort herein und bereiten ihnen ein Mahl. Sie können in den beiden Gästen nicht Jupiter und Merkur erkennen, die menschliche Gestalt angenommen haben. Bald aber verrät sich Jupiter vor den Gastgebern, die bestürzt sind, ihm eine so karge Kost vorgesetzt zu haben. Die Götter, die die Bewohner des ungastlichen Landes bestrafen wollen, beabsichtigen jedoch, die braven Leute reichlich zu belohnen. Sie lassen die beiden aus ihrer Behausung treten und steigen mit ihnen auf einen nahen Berg. Verwundert stellen Philemon und Baucis fest, daß ein See die Häuser ihrer hochmütigen Nachbarn verschlungen hat und ihre Hütte am Ufer zu einem herrlichen Tempel geworden ist. Gerührt fragt Merkur: «‹Sagt, rechtschaffener Greis, und du, eines solchen Gemahles würdiges Weib, was ihr wünscht.› Mit Baucis bespricht sich Philemon kurz und eröffnet sodann den Himmlischen beider Entscheidung: ‹Priester wollen wir sein und euren Tempel behüten; und, da wir stets in Eintracht die Jahre verlebt, soll dieselbe Stunde uns beide entraffen! Nie möcht' ich das Grab der Gemahlin jemals erblicken, noch sie ihres Gatten Begräbnis vollziehen!›»

Dieser Wunsch wurde ihnen erfüllt. Sie hüteten den Tempel, solange sie lebten. Eines Tages standen sie, vom Alter geschwächt, vor den heiligen Stufen und sprachen über die Ereignisse, die sich hier abgespielt hatten: «Da sah Philemon, wie Baucis sich umlaubte, und Baucis ersah an Philemon dasselbe. Und als schon über beider Gesichter der Wipfel emporwuchs, tauschten sie Worte, solange sie durften: ‹Leb wohl, o mein Gatte!› riefen sie beide zugleich, und zugleich verbarg und umhüllte Laubwerk ihr Antlitz. Noch jetzt zeigt dort der Bewohner von Thynien (Bithynien, das als Teil Phrygiens betrachtet wird) Fremden die Stämme, die einst aus den beiden Körpern entstanden.» Erinnern wir uns daran, daß in Phrygien mehrere Baumkulte lange Zeit überlebten; einige mögen dort entstanden sein.

Philemon wurde in eine Eiche verwandelt, den Baum des Zeus, und Baucis in eine Linde, die, wie wir gesehen haben, der heilkräftige Baum war. In dieser Geschichte erscheint die Metamorphose als göttliche Antwort auf einen Wunsch oder ein Gelübde, als höchste Belohnung, die der Herr der Götter gewährt. Zwillingsbäume, deren Zweige miteinander verwachsen, rufen in der volkstümlichen Phantasie oft das Bild von zwei treuen Liebenden wach, die selbst der Tod nicht trennen konnte. Dieses Thema ist in der Folklore und besonders bei den Kelten recht verbreitet. Eine irische Legende berichtet, daß aus zwei Pflöcken, die in die Körper von Naoise und Deirdre geschlagen wurden, zwei Eiben hervorwuchsen, die über ihrem Grab die Zweige ineinander verflochten.[76] Aber vor allem in der Bretagne werden die verzauberten Bäume von Seelen heimgesucht, die eine Strafe verbüßen müssen; dies geht zum Beispiel aus der «Geschichte von den beiden alten Bäumen» hervor, die Anatole Le Braz von Jacquette Craz aus Lanmeur als verhältnismäßig neue Begebenheit erzählt bekam.[77] Ein Bauer, Hervé Mingam, der eines Nachts ausgegangen war, hörte, wie neben seiner Strohhütte das Laub «seltsam zu rascheln begann». Er schaute auf «und erkannte trotz der Dunkelheit am silbernen Glanz der Rinde, daß die Bäume, von denen das Rauschen herrührte, zwei Buchen ehrwürdigen Alters waren, die sich gegenüberstanden und ihre Zweige ineinander schlangen, als würden sie sich umarmen». Im Murmeln der Bäume vernahm er das Flüstern zweier menschlicher Stimmen. Es waren die seiner toten Eltern, die sich über die Kälte beklagten. Als er im Bett lag, hörte Hervé, wie die zwei Buchen mit schweren Schritten um das Anwesen herumgingen. Dann traten sie ein, nun in menschlicher Gestalt, und wärmten sich am Herd. Ihrem Gespräch konnte Hervé entnehmen, daß sie auf diese Weise Abbuße taten, wie es ihnen auferlegt worden war, denn sie hatten sich hart gegen die Armen gezeigt. Am folgenden Morgen spendeten Hervé und seine Frau eine Opfergabe für die armen Seelen und bestellten in der Kirche zwei Messen. «Seitdem sprachen die beiden Buchen nicht mehr.» In der Bretagne waren die Toten, die ihre Zuflucht in den Bäumen suchten, «gequälte Seelen», und es war die Aufgabe der Lebenden, denen sie erschienen, sie zu erlösen.

In der griechisch-römischen Antike konnte die Metamorphose ebenfalls eine Strafe sein. Bei Ovid finden wir dafür mehrere Beispiele. Eine solche Strafe erlitt auch eine gewisse Dryope, die er als Tochter des Eurytos, des öchalischen Königs in Thessalien, vorstellt; sie ist nicht mit der Dryope zu verwechseln, die, von Apollo geliebt, zur Pappel wurde.[78] Da Eurytos «mit reichlichem Wasser» bedeutet, ist wohl auch Dryope die Tochter eines Flusses und damit eine Nymphe. Als sie sich am Ufer eines Teiches erging, sah sie einen mit Blüten bedeckten Lotos und pflückte einige davon. Sofort fielen Blutstropfen aus den Blüten, und die Äste rührten sich «in zitterndem Schauder». Die Unglückliche wächst in den Boden und wird selbst zum Lotos. Sie hatte, ohne es zu wissen, die Nymphe Lotis verletzt, die sich in den Baum verwandelt hatte, «aus Furcht vor der Brunst des Priapus».

In diesem Fall könnte man von einer verschachtelten Metamorphose sprechen, denn die erzählte Geschichte enthält den Hinweis auf eine andere, die sie erklärt. Aber was ist das für ein Lotos, den Ovid als Baum mit Stamm und Ästen und Beeren beschreibt? Das Wort *lotos* bezeichnete im Griechischen nicht nur den ägyptischen Lotos *(Nymphea lotus)*, sondern auch die Jujube *(Ziziphus jujuba* oder *Ziziphus lotus)*, ein Kreuzdorngewächs mit dattelähnlichen Früchten, das die Römer zu Ovids Zeiten seit kurzem anbauten; laut Plinius wurde sie erst zu Beginn der christlichen Zeitrechnung aus Syrien eingeführt.[79] Um diese Art handelt es sich hier. Die von Ovid erzählte Geschichte ist in erster Linie als Warnung aufzufassen: Hütet euch, die Zweige eines Baumes zu brechen, vergeßt nicht, daß sie «göttliche Körper» beherbergen können. Diese glühende und respektvolle Liebe zur Natur und vor allem zu den Bäumen ist ein oft verkannter Wesenszug dieses Dichters, der einem Werk, das auf den ersten Blick vielleicht nichtssagend wirken mag, eine gewisse Tiefe gibt.

In den *Metamorphosen* wird eine kurze Anekdote wiedergegeben, die ebenfalls illustriert, wie gefährlich es ist, Nymphen zu beleidigen.[80] «Ein Hirt aus Apulien erschreckte und scheuchte... die Mädchen», aber bald «verachteten sie den Verfolger... und tanzten im Reigen.» Der Hirt «äfft sie mit bäurischen Sprüngen nach und schilt sie dazu mit unflätigem Bauerngeschimpfe. Erst als ein Baum ihm die Kehle umschließt, da endet sein Schreien.» Er wurde in einen wilden Olivenbaum mit bitteren Früchten verwandelt; «in sie ist die Schärfe der Worte gefahren!» Dieses langlebige Motiv wird auch in anderen Geschichten behandelt, etwa in der von Akteon und der von Leukippos. Noch im Mittelalter bestrafen die Feen diejenigen, die es ihnen gegenüber an Respekt fehlen lassen, auf diese Weise.

Eine weitere Straf-Metamorphose ist die durch Lyaeus (ein Name des Diony-sos mit der Bedeutung «der von allen Sorgen erlöst») bewirkte Verwandlung der Mänaden in Bäume; sie hatten Orpheus, «den Sänger, der den Kult ihm besungen», getötet. [81]

Alle diese Fabeln erklären auf ihre Art das Auftauchen bestimmter Baum-arten, die ihren Ursprung auf Nymphen zurückführen, die in den Baum verwan-delt wurden, der nun ihren Namen trägt; von diesem Prototyp stammen alle zur jeweiligen Art gehörenden Bäume ab. Darüber hinaus ist jeder Baum, welcher es auch sei, von Wesen beseelt, die, wenn auch anonym, je nach der Baumart, die sie bewohnen, verschieden sind. Wir haben bereits die Eiche erwähnt, die gleich-zeitig solche Nymphen beherbergt, die fliehen können, wenn ihr Gefahr droht – die Dryaden –, und andere – die Hamadryaden –, die zum Baum gehören und mit ihm sterben. Nur die Eiche besitzt dieses Privileg, wahrscheinlich deshalb, weil sie die Königin der Pflanzen ist und den höchsten Gott vertritt. Die andern Waldnymphen sind den Dryaden ähnlich. Manche unter ihnen waren den Alten wohlbekannt: die Karyatiden des Walnußbaumes, die Meliai (von *melia*, «die Esche»), Eschennymphen, die aus dem Blut des von Kronos kastrierten Uranos entstanden – was darauf hindeutet, daß sie wie Poseidon, der Gott der Esche, seit alters verehrt wurden, sogar vor den Dryaden und Hamadryaden der Eiche des Zeus. Ferner gab es die Meliaden (von *melis*, «Apfelbaum»), die Sophokles er-wähnt[82], und die Heliaden; letztere sind Töchter des Sonnengottes Helios und Schwestern des überheblichen Phaëton. Untröstlich wegen des Verlustes ihres Bruders, der unbefugt den Sonnenwagen bestiegen hatte und vom Himmel ge-stürzt war, wurden sie in Pappeln verwandelt, die noch immer Tränen weinen – «was jetzt von den Ästen herabträuft, härtet die Sonne zu Bernstein»[83]. Nicht ohne Grund haben die Nymphen eine persönliche Identität und Geschichte, denn die Bäume, in denen sie wohnen, sind diejenigen, denen früher kultische Verehrung zuteil wurde.

Heidnische Relikte

Dem Christentum gelang es zwar – nicht ohne Mühe –, den Kult von den Fel-dern zu vertreiben, der den heiligen Bäumen galt, aber nie konnte es die Über-zeugungen, die damit verbunden waren, ganz ausrotten. Noch viel später finden sich in der Folklore Spuren davon: die Geschichten, in denen die Verwandlung von Menschen in Bäume geschildert wird, sind gewiß nicht sehr zahlreich und kommen eher in Märchen als in Tatsachenberichten vor, aber es gibt sie. In der Umgebung von Dinan zeigte man noch um das Jahr 1900 eine majestätische Ei-che, die ein untreuer Liebhaber gewesen sein soll, den eine Fee mit ihrem Zauberstab berührt hatte.[84] In *La Mer* (1861) zitiert Michelet eine Ballade aus Saintonge, in der eine Königstochter ihre Wäsche im Meer wäscht; ein junger Mann von der Küste taucht, um sie heraufzuholen, und ertrinkt, und das junge Mädchen wird aus Kummer zu einem Strauch, dem Rosmarin. Gérard de Nerval erzählt in *La Bohême galante* (1952) eine Legende aus dem Valois nach, die von einem kleinen Waldarbeiter handelt, der an einem bestimmten Wochentag in eine Eiche verwandelt wurde und kein anderer war als der Prinz des Waldes selbst.[85] In einem Märchen vom Ende des 17. Jahrhunderts ist die Rede von einer Fee, die ihre Liebhaber in Bäume verwandelt; sie werden so bleiben bis zu dem Tag, an dem die Fee sich in einen Sterblichen verliebt.

Viel zahlreicher sind die Geschichten von Stöcken, die, in die Erde gesteckt, plötzlich wieder grünen. Solche Begebenheiten waren schon in der Antike häufig, sie wurden aber in neuerer Zeit meist Heiligen zugeschrieben. Rabelais erwähnt in seinem *Gargantua* die hohe und große Ulme, die man allgemein den Baum des heiligen Martin nannte, weil sie aus einem Pilgerstab hervorgewachsen sein soll, den er in den Boden gesteckt hatte. Diese Ulme steht Rabelais zufolge in der Nähe des Waldes von Vède, das heißt in der Gegend von Chinon. Die Lokalgeschichte liefert interessante Einzelheiten. Es war nicht der heilige Martin, sondern sein Schüler, der heilige Brice, der seinen Pilgerstab neben denjenigen des Meisters pflanzte und beide so zum Grünen brachte. Außerdem weist das Leben des heiligen Brice einige merkwürdige Details auf. Er besaß, so sagt man, makellose Kleider, viele Sklaven und einen Stall voller Pferde. Obschon er Martins Diakon war, hörte er nicht auf, seinen ehrwürdigen Bischof zu verspotten, und verstieg sich sogar dazu, ihn öffentlich zu beleidigen, indem er ihn «leeren Aberglaubens, eingebildeter Visionen und lächerlicher Hirngespinste» bezichtigte. Ein Kranker fragte Brice in der Hoffnung, Martin könne ihn heilen, wo er zu finden sei. Brice antwortete: «Wenn du diesen Verrückten suchst, schau, dort unten, da steht er und starrt den Himmel an wie ein Narr.» Martin ertrug diese Demütigungen mit Geduld, aber eines Tages nahm er Brice beiseite und erklärte ihm: «Gott hat mir offenbart, daß du mein Nachfolger als Bischof wirst, aber ich sage dir schon jetzt, daß du viele Prüfungen bestehen müssen wirst.» Brice lachte nur darüber, aber nach dem Tod des heilige Martin wurde er zum Bischof von Tours gewählt, und die Widerwärtigkeiten brachen über ihn herein. Eine davon verdient unsere Aufmerksamkeit: Eine Nonne, die seine Kleider wusch, bekam einen Sohn, und Brice wurde beschuldigt, sie verführt zu haben. Zorn regte sich im Volk. Um seine Unschuld durch ein Gottesurteil beweisen, schritt Brice vor aller Augen über glühende Kohlen, ohne Schaden zu nehmen. Brice ist nun ein keltischer, ein heidnischer Name; er hat dieselbe Wurzel wie der Name Birgits, die eine Heilige wurde, aber eine alte Göttin des heiligen

Feuers war. Man versteht von daher, warum das Feuer ihrem Namensvetter nichts anhatte, denn vielleicht war er einer ihrer Priester, ein Druide, der sich wie diese ganz in Weiß kleidete. In seiner *Lebensbeschreibung* wird Brice als Anführer der Opposition gegen den heiligen Martin geschildert[87]; er war also bestimmt ein Heide, und seine Anhängerschaft in einem Land, wo die Christen im beginnenden 5. Jahrhundert erst eine kleine Minderheit darstellten, muß groß gewesen sein.

Gudwal, im folgenden Jahrhundert einer der ersten Missionare in Armorica, war eingeschlafen, nachdem er seinen Stab in den Boden gesteckt hatte, und fand beim Erwachen an seiner Stelle einen buschigen Baum vor, der lange Zeit an seine Ankunft auf der Insel Locoal erinnerte, wo er bei Auray das Kloster Plécit gründete.[88] Sehr oft werden wundertätige Bäume mit Märtyrern oder Reliquien von Heiligen in Zusammenhang gebracht. So wurden beispielsweise die Lanzen der Arianer, die Volusien, den 496 von den Goten von seinem Sitz vertriebenen Bischof von Tours, enthaupteten, in Eschen verwandelt; sie schlugen Wurzeln und zeugten fortan von den Schandtaten seiner Verfolger. Der Leichnam eines weiteren Missionars, des heiligen Firmin, der im 6. Jahrhundert Bischof von Toulouse war, den Heiden im Norden predigte und in Amiens den Märtyrertod erlitt, gab zu einem anderen Wunder Anlaß; als nämlich ein Heiliger namens Saint Silve (dieser Name ist bezeichnend, denn er kommt von *Silva*, «der Wald») den Leichnam in der Abtei von Saint-Acheul fand, bedeckten sich die Bäume, obwohl im tiefsten Winter, sogleich mit Blättern und Blüten. Dasselbe geschah, als im Jahr 740 die Reliquien des Gründers des Benediktinerordens vom Monte Cassino in die Abtei von Fleury (heute Saint-Benoît-sur-Loire) überführt wurden.[89] Es kommt hier vor allem darauf an, daß es sich stets um Erstbekehrer handelte, die heidnische Kulte bekämpften und ihnen die Wunderkraft ihres eigenen Glaubens entgegenstellten.

Viel verbreiteter ist der Glaube, daß die Seelen der Toten Bäume bewohnen. Wir haben schon einige Beispiele angeführt, doch könnten wir noch viele Geschichten von Gespenstern hinzufügen, die die Bäume auf den Friedhöfen, die gleichsam als die «Lebenskerne» bretonischer Dörfer gelten, bevölkern. In der Bretagne glaubte man früher, die Eiben, die man als die Bäume des Todes betrachtete[90], dürften nur je in einem Exemplar auf einem Friedhof wachsen, da sie ihre Wurzeln in die Münder aller dort begrabenen Toten senkten.[91] In Cornwall in Großbritannien hielt man es für ratsam, niemals die Bäume in einem Friedhof zu berühren; wenn man Zweige oder auch nur Blätter abreiße, werde man unweigerlich in der nächsten Nacht von den Geistern heimgesucht, die sich dort aufhielten.[92] Im Moment des Todes entweicht die Seele in Gestalt eines Schmetterlings (man denke daran, daß das griechische Wort *psyche* sowohl «Seele»,

«Atem» als auch «Schmetterling» bedeutete) oder großer Schmeißfliegen, die man gelegentlich heute noch als «Leichenfliegen» bezeichnet (*Cynomyia mortuorum* L.), aus dem Mund des Sterbenden. Aus den Geschichten, die sich auf solche volkstümlichen Vorstellungen beziehen[93], geht klar hervor, daß die Schmetterlinge gerettete Seelen sind, zumindest aber solche, die auf Rettung hoffen dürfen, denn es handelt sich um ganz graue Schmetterlinge, die sich zuerst auf die Brust des Verstorbenen setzen und dann, wenn er im Sarg liegt, auf seine Füße.[94] Die Schmeißfliegen stellen hingegen die verdammten Seelen dar. Nach der Beerdigung fliegen die einen wie die anderen auf die Bäume, um dort die Zeit der Buße zu verbringen. Manchmal sieht man, wie Jean-René Brélivet, ein Bauer in Trévargan, sogar den Toten selbst. Der Bauer hatte nicht an der Einsegnung seines Nachbarn François Quenquis teilnehmen können. Als die Kirchenglocken läuteten, sah er den Verstorbenen, wie er zwischen den Bäumen umherging und einen nach dem andern sorgenvoll betrachtete. Dann sah er ihn plötzlich «etwa fünf Fuß über dem Boden hocken, auf einem Zweiglein, das kaum die Dicke eines Kinderfingers hatte und dennoch unter seinem Gewicht kein bißchen nachgab». Jean-René war so erstaunt, daß er seinen Schrecken vergaß und sich dem Baum näherte, um seinen Freund zu befragen. Der antwortete ihm: «Ich hatte keine Wahl, Jean-René. Gott bestimmt jedem den Ort und die Dauer seiner Strafe. Mein Los ist es, hier zu bleiben, bis dieser Trieb stark genug ist, um als Holzstiel irgendeines Werkzeugs zu taugen.» Glücklicherweise war Jean-René ebenso einfallsreich wie mitfühlend, und er rief aus: «Gut, warte! Du wirst gleich erlöst sein. Meine Frau hat mir doch kürzlich gesagt, der kleine Schaber, mit dem sie den Crêpe-Teig in der Pfanne ausbreitet, brauche einen neuen Stiel.» Und auf der Stelle schnitt er das Zweiglein vom Stamm. Während er noch damit beschäftigt war, vernahm er ein freudiges «Danke». «Dies geschah genau in dem Augenblick, da man den Sarg des François Quenquis in die Erde senkte.»[95]

Das Benehmen der Bäume ist manchmal sehr seltsam. Manche bluten, wie etwa die Tanne, die man früher im Schloß Clisson (Loire-Atlantique) zeigte, in dem die sterblichen Hüllen der Leute aus der Vendée ruhten, die dort erschossen worden waren.[96] In Maumusson, in der gleichen Region, ließ eine Eiche nachts ihr Stöhnen vernehmen; an ihrem Fuß war der Pfarrer der Gemeinde hingerichtet worden.[97] In Lanmodez, an der Küste der Côtes-du-Nord, blutete auch ein Weißdorn; er wuchs bei einem Felsen, der nach einem Missionar des 6. Jahrhunderts, der auf der Insel Bréhat eine klösterliche Gemeinschaft gegründet hatte, «Stuhl des heiligen Maudez» *(Kador sant Vode)* hieß. Manche Bäume wachen über die Einhaltung eines Schwurs und strafen die Meineidigen; eine Legende aus dem Anjou berichtet von einer Eiche, unter der ein Herr einem jungen Mädchen, das er verführt hatte, ewige Treue schwor. Er vergaß sein Versprechen und ging an dem Tag, an dem die unglückliche Verlassene starb, unter der Eiche hindurch: Der umstürzende Baum erdrückte ihn.[98] Bäume können sich aber auch als hilfreich erweisen. In einer elsässischen Erzählung fragen ein Birnbaum und ein Apfelbaum ein junges Mädchen nach dem Grund seines Kummers und trösten es, indem sie ihm ihre besten Früchte in die Schürze fallen lassen. Andere neigen ihre mit Früchten beladenen Zweige dem Krüppel zu, der sie nicht erreichen konnte. Es gibt auch Bäume, die singen, um die Menschen zu begrüßen, die sie achten. Manche setzen sich mitunter in Bewegung, wie diejenigen, die einst der Dichter Orpheus durch den Klang seiner Leier zum Gehen brachte. Das Motiv des marschierenden Waldes ist typisch keltisch; man findet es in der Erzählung vom Helden Cuchulainn ebenso wie in Shakespeares *Macbeth*. Und dann kommt es auch vor, daß Bäume sich schlagen. Eine berühmte keltische Legende, «Die Schlacht der Bäume» *(Câd Goddeu)*, die im Buch von Taliesin[99] enthalten ist, erzählt, daß die Britannier in einem Gefecht gegen die Eroberer schon vor einer Niederlage standen, als Gwydion sie mit seinem Zauberstab in Bäume verwandelte und ihnen so zum Sieg verhalf.[100] Gwydions Name verweist auf den Baum, denn er enthält die Silbe *Gwydd* oder *Wydd,* die «Wald» bedeutet. Die bretonische Folklore kennt ebenfalls einen Kampf oder eher Streit der Bäume, von dem in einem sehr verbreiteten Märchen mit dem Titel «Die Reise des Iannik»[101] – der Geschichte eines kleinen Hirten, der einen Brief ins Paradies tragen soll – die Rede ist. Unterwegs erlebt er allerlei Erstaunliches, zum Beispiel sieht er zwei Bäume, die einander so heftig stoßen, daß weithin Rinden- und Holzstücke fliegen. An seinem Ziel angekommen, fragt Iannik nach dem Sinn des Gesehenen. Der Kapuziner, für den der Brief bestimmt war, antwortet ihm: «Die streitenden Bäume sind zwei Eheleute, die zu Lebzeiten nicht miteinander auskamen.» Wie man sieht, verflachte das Thema mit der Zeit; es war kein epischer Stoff mehr, sondern bezog sich auf Vertrautes und wurde sogar etwas satirisch behandelt.

Mit ähnlich zwiespältigen Gefühlen begegnen wohl auch wir den meisten dieser übrigens nicht sehr zahlreichen Relikte. Die Seltenheit erklärt Paul Sébillot auf ziemlich einleuchtende Weise. Die Kulte, «die den Steinen und Brunnen gelten, sind noch sehr lebendig» (oder waren es wenigstens im Jahr 1905, als er sein Werk *Folklore de France* verfaßte) «und unter dem christlichen Firnis, der sie bedeckt und oft recht durchsichtig ist, leicht zu erkennen. Die Spuren der Baumverehrung sind viel verborgener, und es scheint auf den ersten Blick, als wäre es dem Christentum nach und nach gelungen, sie auszumerzen. Zu Hilfe kamen ihm dabei vor allem die Rodungsmaßnahmen, die Bäume verschwinden ließen, um Ackerland zu gewinnen, und diese Veränderung, die aus rein wirtschaftlichen Erwägungen erfolgte, erwies sich als wirksamer als alle bischöflichen Bannflüche und Predigten der Missionare. Außerdem ist das Leben der Bäume begrenzt, und es ist leichter, eine Eiche zu entwurzeln als eine Quelle zu verstopfen oder einen größeren Felsblock zu sprengen.» Und der Autor fügt hinzu: «Man hat nicht, wie bei den Quellen, ein Verzeichnis der Bäume angefertigt, die in einer bestimmten Gegend Gegenstand eines mehr oder weniger auffälligen Kults waren. Wahrscheinlich wäre es für viele sehr überraschend, wenn die Zahlen denen glichen, die man in einem unweit von Paris gelegenen Département erhoben hat. Laut der *Notice archéologique de l'Oise,* von Graves 1854 geschrieben, gab es damals in diesem Département 253 Bäume, die verehrt wurden und sich wie folgt verteilten: 74 Ulmen, 27 Eichen, 24 Weißdornsträucher, 15 Nußbäume, 14 Buchen, 14 Linden usw.» Paul Sébillot schließt mit der Feststellung: «Ob die Bäume mitten in einem Wald oder isoliert stehen, die Ehrbezeugungen, die ihnen zuteil werden, sind fast immer individuell verschieden und geschehen meist heimlich; dieser Umstand erklärt, warum die Autoren, die sich mit dieser Art Folklore beschäftigen, relativ selten authentische Beispiele geben können.»[102] Fügen wir unsererseits einen Grund hinzu, den Sébillot nicht nennt: In neuerer Zeit haben sich die Volkskundler eben sehr wenig mit diesem Thema beschäftigt, entweder weil sie diese Reste alten Glaubens für unbedeutend hielten und sie deshalb nicht analysierten – was sich aber, wie man zugeben wird, manchmal durchaus lohnt – oder weil sie weder Kenntnisse der Botanik noch der antiken oder ganz einfach druidischen Kulte besaßen, die sie fast nie erwähnen.

Siebtes Kapitel

Der verzauberte Wald

Vom großen Pan zu Satan – Der Wilde Jäger, Sankt Hubertus und der Erlkönig –
Elfen, Waldgeister, Korrigans – Vom Wesen der Feen – Der Zauberstab, der Hexenbesen
und der Caduceus – Urwald und phantastische Wirklichkeit

Vom großen Pan zu Satan

Das Christentum hat zweifelsohne lange gebraucht, um das Land zu erobern und die bäuerlichen Heiden zu bekehren. Aber schon bald ließen sich Mönche in den Wäldern nieder, die sie durch Rodungen exorzierten, und Klöster wurden auf dem Boden der ehemals heiligen Wälder und Haine gegründet. In der ersten Hälfte des 6. Jahrhunderts richtete sich Benedikt von Nursia mit seinen Gefährten auf dem Monte Cassino ein, auf dessen Gipfel sich mitten in einem buschigen Wald, einem früheren *nemeton,* ein Apollotempel erhob. Wahrscheinlich war der heilige Benedikt nicht der einzige, der das Land «reinigte», indem er dem Kult der «Götzenbilder» und «Idole» den des einen Gottes entgegensetzte. Zur selben Zeit errichtete Columba in Irland auf der Lichtung eines heiligen Waldes sein erstes Kloster.

Tief im Hochwald lebten auch die Eremiten (vom griechischen *eremos,* «verlassener Ort»); sie eiferten den Anachoreten nach («die sich zurückziehen»), den Ahnen des ganzen Mönchstums. St. Paulus, den man den ersten Einsiedler nannte, ein Zeitgenosse Konstantins, floh die Welt, um in der thebaischen Wüste in Oberägypten zu leben; wenig später tat der heilige Antonius, «der Vater der Mönche», ein Gleiches. Paulus hielt sich bei einer Palme auf, an deren Fuß eine Quelle plätscherte, und fertigte sich aus ihren Blättern ein Gewand. Antonius, der durch einen Traum erfahren hatte, daß es einen Vorgänger gab, wollte ihn besuchen. «Da machte Antonius sich auf durch die Wälder, daß er den Menschen finde. Nicht lange, so kam ihm ein Tier entgegen, Hippocentaurus genannt, das war halb ein Pferd und halb ein Mensch, und wies ihn mit stummen Zeichen zur rechten Hand. Darnach begegnete ihm ein Tier, das trug Palmenfrüchte und war oben eines Menschen Bild und unten einer Geiß Gestalt. Antonius beschwor es bei Gott, daß es ihm sage, wer es sei. Es antwortete ‹Ich bin Satyrus, ein Gott der Wälder nach dem Irrglauben der Heiden›. Zuletzt lief ihm ein Wolf entgegen, der leitete ihn zu Sanct Paulus Zelle.»[1] Diese einsamen Gegenden – und im Bericht wird klar gesagt, daß sie bewaldet waren – bevölkerten also nach wie vor heidnische Götter; nur hatten sie hier nichts Feindseliges an sich und zeigten sich sogar hilfsbereit. Und die Versuchung des heiligen Antonius – eine Szene, an der sich die Phantasie vieler Künstler erhitzte – hat vor allem große Ähnlichkeit mit einem Hexensabbat.

Noch im Mittelalter lebten einstmals göttliche Wesen zurückgezogen in den Wäldern. Der Kirche war es keineswegs gelungen, alle zu exorzieren. Gewiß, sie hatte einige von ihnen bekehrt, die mitunter sogar zu Heiligen wurden, und andere mit dem «christlichen Firnis» übermalt und auf diese Weise unkenntlich gemacht; aber immer noch blieben etliche übrig, sie waren zu zahlreich. Manche ließen sich einfach nicht ausrotten und behielten auch ihre frühere Erscheinungsform bei: der Satan des Hexensabbats, gehörnt, mit behaartem Körper und Bocksfuß, war der Gott Pan; Faune, Waldgötter und Satyrn wurden zu minderen Teufeln, Dämonen, die als «Incubus» die Frauen (Hexen) in ihrem Schlaf besitzen. Der heilige Augustinus erwähnt in seinem Werk *Der Gottesstaat* die Waldgötter und die Faune, die das Volk Incubi nennt. Sie hatten im Wald ihre Adepten, die Zauberer und die Hexen. Beide stellten für die Christen eine wirkliche Gefahr dar, insofern sie die instinktiven Kräfte repräsentierten, deren Verdrängung – mehr als deren Disziplinierung – das Christentum forderte. Der Zauberer und die Hexe entstanden in christianisierten Landen aus dem Glauben an Satan, den die kirchliche Lehre propagierte; sie waren seine Agenten. «Die wichtigste Funktion des Zauberers bestand darin, die Leute zu verhexen, denen er aus irgendeinem Grund Böses wünschte. Er rief den Fluch der Hölle auf sie herab, wie der Priester den Segen des Himmels herabrief, und in dieser Hinsicht trat er in krasse Konkurrenz zur kirchlichen Welt.»[2]

Vor allem im Wald – von dem die Geistlichen sagten: *Aures sunt nemoris* («Die Wälder haben Ohren»), wobei sie das Wort *nemus* benutzten, das den heiligen Wald bezeichnet, das keltische *nemeton* – bestand die Möglichkeit, daß man unversehens den alten Göttern begegnete, nicht nur weil sie sich vor dem Vordringen des Christentums dorthin geflüchtet hatten, sondern weil sie von Anfang an Kreaturen des Waldes gewesen waren. Der Schrecken, den ihr überraschendes Erscheinen oder auch nur ein verdächtiges Geräusch oder ein ungewohntes, ihre Gegenwart verratendes Leuchten verbreitete, war nichts anderes als die «Panik», die auch die Alten schon recht gut kannten; das Wort stammt aus dem Griechischen und bezeichnet den plötzlichen und unwiderstehlichen Schrecken, der einen Menschen erfaßte, wenn er sich an einem abgelegenen Ort befand, den er von Pan heimgesucht glaubte. Der gehörnte Gott verwirrte den Geist, denn in ihm verdichtete sich die animalische Sexualität, die keine Hemmungen kannte und zudem noch ansteckend war; Pan war in dieser

Hinsicht zu allem fähig. Sein Name, der «Alles» bedeutet, wurde ihm von den Göttern nicht nur deshalb verliehen, weil ihm alle Wesen in ihrer Gier bis zu einem gewissen Grad gleichen³, sondern auch weil er die genetische Energie verkörpert, die die Welt belebt, die das gesamte Leben und sogar seinen Ursprung ausmacht.⁴

Die Panik, die die römischen Legionen beim Eindringen in die ungeheuren Wälder Germaniens packte, soll auch noch die in Rußland einmarschierende Grande Armée ergriffen haben. «Einer Überlieferung zufolge führte Napoleon sein Heer dreimal nacheinander gegen das Kloster (das Kloster zur Heiligen Dreifaltigkeit bei Moskau) und kam bis zu den Toren von Troitsa. Plötzlich erhob sich ein dichter Wald vor ihm. Panik breitete sich in seinen Truppen aus, die zweimal in Richtung Moskau flohen. Beim drittenmal beschloß er, sich um jeden Preis einen Weg in diesem Wald zu bahnen, aber er verlief sich, irrte drei Tage umher und fand die Straße nach Moskau nur mit großen Schwierigkeiten wieder.»⁵

In christlichen Zeiten war Pan, zum Satan geworden, noch viel fürchterlicher. Zuerst bedrohte er die Eremiten, die in sein Reich eingedrungen waren und sich allein seinen Fallen und Tücken aussetzten. Im Französischen wurde das Wort *embûches* («Tücken») im kirchlichen Vokabular häufig benutzt, um die Hinterlist und die Fallstricke des Gottseibeiuns anzuprangern; es ist in diesem Zusammenhang durchaus angebracht, denn es kommt wie das französische *embuscade* oder das englische *ambush* («Hinterhalt») vom italienischen *imboscare* («im Wald verstecken»), von *bosco,* «der Wald». Auch aus diesem Grund schlossen sich die Anachoreten zu Gruppen zusammen und gründeten Gemeinschaften von Zönobiten, die die Einsiedler im Lauf der Zeit fast gänzlich ersetzten. Völlig verschwunden sind die Eremiten jedoch nicht; es gibt sie noch immer. Viele von ihnen lebten im Wald, manche sogar in hohlen Baumstämmen, den natürlichsten, aber auch winzigsten Schutzhöhlen. Auf dem Berg Athos hat sich diese Lebensweise bis heute erhalten. Emanuele Grassi, der Verfasser eines schönen Buches über den Athos, hat sogar den Stamm eines großen hohlen Baumes fotografiert, in dem ein Eremit hauste, der ein Kreuz auf die Rinde genagelt hatte.⁶ Diese Praktik scheint in der Gegend ziemlich häufig gewesen zu sein; «unzählige Eremiten strömten dorthin, alle von dem einzigen Wunsch beseelt, sich im Gebirge, in den tiefsten Wäldern, auf steilen Felsklippen zu verlieren, um, in Höhlen und Baumstämmen kauernd, die bevorstehende Wiederkunft Christi auf Erden zu erwarten und ihn stark und rein wie die Engel zu begrüßen»⁷. Das Leben in solcher Einsamkeit barg zwar Gefahren, war aber äußerst lehrreich, wie Sankt Bernhard begeistert sagte. «Er sprach auch: was er in der Schrift habe gelernt, das habe er in Wald und Feld durch Betrachtung und Gebet empfangen. Und seinen

Freunden vertrauete`er, daß er nie andere Lehrer habe gehabt denn die Eichen und die Buchen im Wald.»[8]

Mehrere Ritterromane erzählen von der Begegnung eines ihrer Helden mit einem Einsiedler; manche davon scheinen in Wirklichkeit wohl etwas verdächtige Gestalten gewesen zu sein. Im anonymen *Tristan* aus dem Jahr 1230 liest man beispielsweise: «Eines Tages kamen sie zufällig zu einem kleinen Häuschen am Talhang; da hauste Bruder Ogrin, ein Eremit.» Der Name Ogrin ist offensichtlich eine Verkleinerung von *ogre* («Menschenfresser»), einem Geschöpf, das in mittelalterlichen Phantasien herumgeisterte; sein Vorbild war der seine eigenen Nachkommen verschlingende Kronos, und es stand den Göttern nahe, denen die Gallier manchmal Kinder opferten. Wenig christlich wirkt auch der Rat, den Ogrin Tristan gibt, er solle, damit er die blonde Isolde wieder bei sich aufnehme, König Marke belügen, indem er versichere, er habe sie nicht berührt.

Es war sicher nicht angenehm, im Wald von Räubern überrascht zu werden, die sich dort nach vollbrachten Schandtaten versteckten und die Wege belauerten, auf denen Reisende daherkamen, um von ihnen Lösegeld zu erpressen. Die rauhen Holzfäller und Köhler, die dort arbeiteten und während der Saison in Laubhütten wohnten, sahen zuweilen so beängstigend aus, daß man, wenn sie aus dem dichten Unterholz auftauchten, meinen konnte, man habe es mit dem berühmten «Waldmenschen» zu tun, der zwar nicht als besonders gefährlich galt, aber dessen bloßer Anblick Entsetzen hervorrief. Man stelle sich vor: In der Geschichte von *Owein* (Yvain), die ein anonymer walisischer Autor des 8. oder 9. Jahrhunderts erzählt, wird der Held gewarnt, er könne im Wald «einem großen, schwarzen Menschen begegnen, der so groß ist wie wenigstens zwei Männer unserer Welt (er gehört also zur ‹jenseitigen Welt›); er hat nur einen Fuß und ein einziges Auge mitten auf der Stirn; in der Hand trägt er eine eiserne Keule, die, sei versichert, zwei unserer Männer nicht heben könnten. Er ist nicht etwa böse, aber er ist häßlich. Er ist der Hüter des Waldes, und du wirst um ihn herum tausend wilde Tiere sehen.»[9] Dieses Wesen, das der Ritter im Wald trifft, wird von Chrétien de Troyes in seiner Version des *Yvain* wie folgt beschrieben: «Ein garstiger Kerl, einem Mauren gleichend, so häßlich und scheußlich, wie es kaum möglich ist, eine häßlichere Kreatur, als man beschreiben kann, saß er auf einem Baumstrunk, eine Keule in der Hand. Ich näherte mich dem Burschen und sah, daß sein Kopf riesig war, das Haar zerzaust, die Stirn kahl und wenigstens zwei Spannen breit, die Ohren behaart und so groß wie die eines Elefanten, die Augenbrauen groß und das Gesicht flach, Eulenaugen, eine Katzennase, ein Mund weit klaffend wie die Schnauze eines Wolfs, spitze rote Eberzähne, der Bart rot und der Schnurrbart gezwirbelt; sein Kinn lag auf der Brust, und sein Rückgrat war lang, verkrümmt und bucklig. Er stützte sich auf seine Keule, und er trug seltsame Kleidung: weder aus Leinen noch aus Wolle, sondern aus zwei an seinem Hals festgemachten frisch abgezogenen Tierhäuten, entweder von zwei Stieren oder zwei Ochsen.»[10] Zu dieser Begegnung kommt es, als Yvain den Wald von Brocéliande durchquert, um sich zum Brunnen von Barenton zu begeben. Der wilde Mensch ist in diesem Fall also wohl der Zauberer Merlin, von dem Robert de Boron in seinem Werk *Merlin* (im 7. bis 8. Jahrhundert entstanden) sagt, er schreite einher, indem er mit seiner Keule gegen die Eichen schlage, und führe wie ein Hirt eine Herde von Hirschen, Hirschkühen und anderem Rotwild mit sich.[11] Aber der Waldmensch, den die Autoren des Mittelalters beschreiben, ist nicht allein Merlin; er konnte auch einen anderen Namen tragen, an einem anderen Ort und zu anderer Zeit leben, denn es handelte sich eigentlich um den Herrn des Waldes, den Herrn der Bäume wie auch der wilden Tiere, die ihn begleiteten. Diese Gestalt findet man sogar noch in der klassischen Heraldik, wo er nackt und bärtig, mit Laub gekrönt und umhüllt und auf seine Keule gestützt dargestellt ist. So sieht man ihn als Diener des jeweiligen Besitzers bald auf diesem, bald auf jenem Schild, im Wappen des Königreichs Dänemark ebenso wie im Wappen Preußens, wo er aber eine Lanze hält. Die Keule ist diejenige des Herkules, der tatsächlich an einen wilden Menschen erinnert. Mit seinem einzigen Auge ähnelt er dem Zyklopen, und er ist mit gewissen Helden der keltischen Mythologie verwandt, die nicht nur bloß ein Auge haben, sondern auch nur einen einzigen Arm und ein einziges Bein, und zudem unförmige Riesen sind. Fürchterlich sind sie trotzdem, denn der irische Balor oder der walisische Yspaddaden Penkawz können mit einem Blick ihres einzigen Auges ein ganzes Heer lähmen. In der christlichen Tradition wird der Satan des Hexensabbats manchmal auch mit einem einzigen Auge in der Stirnmitte dargestellt. Die einen wie die andern stehen für die Macht dunkler, instinktiver Kräfte, die im tiefen Wald frei regieren. Die einen wie die andern, und auch Pan, an den sie erinnern, sind Personifikationen der ungezähmten Natur, die mit ihren Wäldern die Welt der Menschen umgibt. Der Waldmensch der mittelalterlichen Erzählungen ist die letzte Erscheinungsform des Baumgottes.

Es mag durchaus vorgekommen sein, daß man einen Holzhauer oder Köhler mit ihm verwechselt hat. Aber diese Arbeiter hielten sich nur in einem kleinen Teil des Waldes auf, wo auch die Bauern aus der Umgebung ihre Tiere auf die Weide führten, vor allem die Schweine, die sich von Eicheln und Bucheckern ernährten. Hatte man diese Randsaum durchquert, so befand man sich vor der großen Leere, vor dem Unbekannten. Im Mittelalter unterschied man seit fränkischer Zeit den nahen Wald und den fernen Wald. Nur der erstere wurde genutzt, auf seinen Lichtungen weidete das Vieh, aber der ferne Wald blieb unbetreten. Es ist vielleicht angebracht, daran zu erinnern, daß das Wort *forêt*

(«Forst») zunächst nur das bewaldete Gebiet bezeichnete, das der Herr sich für die eigene Nutzung vorbehielt, im Gegensatz zu *sylva communis,* die ihm zwar auch gehörte, wo aber seine Pächter von ihrem Nutzungsrecht Gebrauch machen durften. Das Wort *forestis* (in Verbindung mit *silva*) erscheint nur im Gesetz der Langobarden und in den Kapiteln Karls des Großen und bezeichnete im eigentlichen Sinn den königlichen Forst. Man hat angenommen, es leite sich von *forum* in der Bedeutung «Gericht», im vorliegenden Fall auch «Gericht des Königs» ab; es kann aber auch vom lateinischen *foris,* «die Türe», herstammen, womit aber auch das, was draußen vor der Türe ist, bezeichnet wird; es läßt sich also mit «im Freien» wiedergeben. *Foris* ergibt im Spätlateinischen *forestare,* «verbannen», und im Französischen *farouche,* «scheu», «ungezähmt», und *forain,* das zuerst «Fremder» hieß, bevor es, wegen der Nähe zu *foire* («Markt», «Messe», von *forum*) die Bedeutung «Jahrmarktshändler» annahm. Das spätlateinische *forestius* bedeutet ebenfalls «Fremder», wie das englische *foreigner* und das italienische *forestiere.* Die beiden möglichen Etymologien des Wortes «Forst», zwischen denen die Linguisten schwanken, sind im Grunde genommen nur eine, denn *forum* bezeichnete im Lateinischen zuerst, was vor der Haustüre liegt, den umfriedeten Platz, den Hof, später dann auch den Markt- und den Gerichtsplatz.

Die Sprache stellte also zwischen dem Wald und den Fremden, den Unbekannten nämlich, die «nicht von hier» sind, eine Verbindung her. Im Französischen des 13. Jahrhunderts nannte man ein schlecht gezähmtes, also wild gebliebenes Tier «forasche». Das französische *sauvage,* «wild», kommt vom lateinischen *silvaticus,* «zum Wald gehörig», und wurde vor allem verwendet, wenn man von Pflanzen sprach. Damit knüpfen wir wieder an das lateinische Wort *silva* an, das sicher sehr alt ist, denn bisher gelang noch keine etymologische Ableitung; vielleicht geht es auf das griechische *ule,* «Wald», «Forst», zurück, dessen Wurzel selbst im dunkeln liegt. Ein wildes Tier ist ein nicht domestiziertes Tier, das noch im Wald lebt, und ein Wilder ist ein Waldmensch, unvertraut und beunruhigend.

Der Wilde Jäger, Sankt Hubertus und der Erlkönig

Wenn man dem Waldmenschen plötzlich gegenübersteht, ist Panik zwar verständlich und nicht ohne Grund, aber er ist zumindest harmlos; der Fall liegt beim gespenstischen, geisterhaften Jäger, einer in ganz Europa verbreiteten Sagengestalt, jedoch anders. Man begegnet diesem Jäger bereits in der prähellenischen Mythologie in der Figur des kretischen Zagreus, des «großen Jägers», einer chthonischen Gottheit; sie führt die «wilde Jagd» an, die zu Beginn der kalten Jahreszeit – Anfang November, am «Tag der Toten», der zu «Allerheiligen» geworden ist – die Rückkehr der Toten auf die Erde begleitet. So deuten es die zahlreichen Sagen der Folklore. Aber das Thema ist gründlich christianisiert worden, denn nun ist stets von einem Jäger die Rede, der die sonntägliche Ruhe nicht respektiert und den Frieden gestört hat. In Lomont-sur-Crête, im Jura bei Baume-les-Dames (diese «Damen» sind Feen, die in einer Höhle, La Baume, wohnen), hat der umherziehende Jäger an einem Sonntag seine Meute auf einen Hirsch gehetzt und dabei nicht einmal das Feld der Witwe verschont, aber diesen Hirsch wird er nie einholen, denn er ist dazu verdammt, ihn in alle Ewigkeit zu verfolgen. In der Umgebung von Vittel, im Wald von Baumes, hat ein gewisser Jean de Baumes, der *wie ein Heide* in Höhlen hauste, unaufhörlich gejagt, auch an Sonn- und Feiertagen. Seither irrt er umher und verfolgt ein Wild, das ihm stets entwischt, und man hört im Wald seine Stimme, wenn er die Hunde anfeuert.[12] In der Bretagne und in der Normandie wie auch im Béarn oder in der Gascogne ist der verwünschte Jäger oft kein anderer als König Artus selbst. Im Fougerais erzählte man die Geschichte seinerzeit wie folgt: Am Ostersonntag verließ «Herr Artu» während der Messe die Kirche, denn er hatte gehört, wie seine Meute einem Hasen nachjagte. Das war an diesem Sonntag, da man die Auferstehung Christi feierte und die Teilnahme an der heiligen Messe und das Empfangen der Kommunion für einen Christen als wichtigste Pflicht galt, eine unverzeihliche Sünde. Artu kümmerte sich in seiner Jagdleidenschaft nicht darum. Er feuerte seine Hunde an und erreichte das Ende des Waldes an der Stelle, wo eine Felsenklippe mehr als hundert Klafter tief hinabstürzte. Er wollte sein Pferd anhalten, aber eine unwiderstehliche Kraft stieß es vorwärts. Der Hase, am Abgrund angekommen, sprang in die Lüfte, Artu mit seiner Meute hinterher, und anstatt zu fallen, setzten Mann und Hunde ihre Bahn durch die Luft fort. Bis zum Ende der Welt werden sie niemals weder anhalten noch die Erde berühren. In der Folklore der Ardennen wird die Begegnung mit der wilden Jagd wie folgt beschrieben: Im Dickicht hat man, besonders wenn das Gewitter grollte, zwischen den Donnerschlägen Hunde bellen und Hörner ertönen gehört, und zu den widerhallenden Fanfaren das Jagdgeschrei der Jäger. Wenn jemand da vorbeikam, wollte er natürlich davonlaufen, aber eine unsichtbare Kraft hat ihn an der Stelle festgenagelt, und dann hat er es gesehen: Zuerst stürzten aus dem Gebüsch tausend kleine weiße Hunde mit Glöckchen am Hals hervor; danach kamen etwa hundert scharfe Hunde von gewaltiger Größe. Dann erschien ein «Hallequin» mit breitem rotem Gürtel, gefolgt von allen seinen Jägern, die einen zu Fuß, die andern zu Pferd, und alle, Hunde wie Menschen, vollführten einen ohrenbetäubenden Lärm. Es war wirklich ein höllischer Troß. Die Bande verfolgte ein unsichtbares Wild. Mit einem Satz sprang sie über einen Bach und überquerte nun einen Fluß, die Hunde schwimmend, die Menschen, als ob sie über Eis gingen. Jenseits des Flusses verschwanden die Gestalten, und man hörte keinen Laut mehr.[13] Im Perigord und im Jura wird diese «fliegende Jagd» von der «weißen Dame» angeführt, «die, mit einem Spieß bewaffnet, ihren Troß befehligt und das Jagdhorn bläst». Es handle sich um eine «richtige Walküre», behauptet Dontenville, aber sie ist auch wie alle anderen «weißen Damen» eine Fee; das Pferd, das sie reitet, ist übrigens «leuchtend weiß, wie alle heiligen Pferde der Gallier und Germanen»[14].

Im Département Loire-Atlantique, zwischen Blain und Châteaubriant, konnte man bis etwa 1835 dem Mau-piqueur («böser Jäger») begegnen, der seinen schwarzen Hund an der Leine führte und Spuren suchte. Man nannte ihn den «Verkünder der Traurigkeit». Aus seinen Augen loderten Flammen, und sein Mund tat eine düstere Botschaft kund: «Raubtiere durch Spuren, Wild durch Fährten, Platz für die verstoßenen Seelen.» So kündigte er die «große Jagd der Verdammten» an. «Wer immer ihm begegnete, konnte seinen Sarg machen lassen: seine Tage waren gezählt.»[15] Wenn diese Erscheinung auch tatsächlich fast immer den Tod des Betreffenden nach sich zog, so erfolgte sie doch nicht zufällig und zeigte sich nicht jedem; es war eine Drohung mit der Verdammnis oder wenigstens eine Ermahnung, seine Verhältnisse schleunigst in Ordnung zu bringen; so verstanden sie auf jeden Fall die mittelalterlichen Autoren. Der anglonormannische Chronist Orderic Vital berichtet in seiner *Histoire ecclésiastique,* der Priester Gauchelin aus der Diözese Lisieux habe während einer Januarnacht des Jahres 1092 dem Vorüberziehen des Höllenritts zugeschaut, einem Zug von Seelen, die Gefangene des Dämons waren und von ihm zur Bestrafung ihrer Sünden geführt wurden; Gauchelin erkannte unter ihnen einige seiner Pfarrkinder und konnte sogar mit ihnen sprechen. Man nennt diese «Artus-Jagd» auch den «Hellequin-Zug». Der Name «Hellequin» oder «Hennequin» – oder «Herne» wie der des Jägers, der in Shakespeares *Die lustigen Weiber von Windsor* durch den Wald galoppiert – wurde dann zu «Harlekin», einem Wort, das erstmals 1275 von Adam de la Halle in seinem Werk *Jeu de la Feuillée* gebraucht wird, wo es eine Art von «Erzdiabolus» bezeichnet. Gegen Ende des 16. Jahrhunderts bemächtigte sich der Possenreißer einer italienischen Schauspieltruppe, die nach Frankreich gekommen war, dieser immer noch populären Figur, um der Rolle des «Zani», die er spielte, ein neues Profil zu geben. Auf diese Weise wurde die Persönlichkeit des Harlekin, die außer vielleicht ihrer schwarzen Maske nichts Furchterregendes mehr an sich hat, sozusagen entzaubert. Der Name «Hellequin» kann nur vom germanischen *Helle,* «Hölle», und vom englischen *king,* «König», kommen; das Wort tauchte erstmals in anglonormannischen Gebieten des 12. oder 13. Jahrhunderts auf (mittelenglisch: *Herle King*). Nach von Wartburg liegt dem Wort «sehr wahrscheinlich einer der Namen des Gottes Wodan zugrunde, der hier als Anführer dieser Dämonenhorde erscheint»[16]. Und wie wir gesehen haben, ist Wodan-Odin ein Baumgott, der Gott des kosmischen Baumes.

Das Gegenbild des dämonischen Jägers ist der bekehrte Jäger, der dem Töten abschwört. Beispiele dafür sind Saint Germain l'Auxerrois und die viel bekannteren Sankt Eustachius und Sankt Hubertus, deren Geschichten sich etwas ähneln. Nach der *Legenda Aurea*[17] befehligte Eustachius, der vorher Placidus geheißen hatte und ein Heide war, die Heere Kaiser Trajans. Er war ein ruhiger und duldsamer Mann, wie sein erster Name andeutet, aber offenbar auch ein ausgezeichneter Krieger und ein großer Jäger. «Es geschah eines Tages, daß er zu der Jagd fuhr; da kam ihm für eine Schar Hirsche, unter denen war einer sonderlich groß und schön, der sprang von den andern und floh in den wildesten Wald. Da ließ Placidus die andern Ritter sich mit den andern Hirschen bekümmern und folgte mit ganzer Kraft einig diesem Hirsche, und suchte wie er ihn finge. Da er ihn also mit aller Macht verfolgte, sprang der Hirsch zujüngst auf einen steilen Felsen; da ging Placidus nahe hinzu und betrachtete begierlich in seinem Geist, wie er den Hirsch fangen möchte. Da er aber den Hirsch also mit Fleiß betrachtete, da ersah er zwischen seinen Hörnern die Gestalt des heiligen Kreuzes, das gab einen Glanz lichter denn die Sonne, daran hing das Bild des Herrn; der hub durch des Hirsches Mund... zu ihm zu reden an und sprach: ‹O Placide, warum verfolgst du mich? Ich bin dir zu Lieb in dieses Tieres Gestalt erschienen, denn ich bin Christus, welchen du unwissend ehrest.›» Placidus, von der Gnade berührt, antwortete: «‹Herr, ich glaube, daß du es bist, der alles erschaffen hat und die Irrenden bekehret›.» Um Mitternacht ging Placidus mit seiner Familie zum Bischof von Rom und ließ sich taufen; der Bischof gab ihm den griechischen Namen Eustachius, «der Mann mit den schönen Ähren», vielleicht weil diese Ähren eben geerntet und gedroschen wurden. Wie er es versprochen hatte, erschien Christus dem heiligen Eustachius stets in Gestalt eines Hirsches und kündigte ihm an, er werde «viel leiden müssen, um die Krone des Siegs zu erlangen», die Krone des Martyriums, zu dem ihn der «böse Hadrian» als Nachfolger des «guten Trajan» verurteilte. Warum eine so harte Strafe, mit der die Vorsehung den «neuen Hiob» peinigt? Vielleicht deshalb, weil die Jagd in seinem Fall ein Verbrechen geworden war, das gesühnt werden mußte.

Die eben erzählte Geschichte spielt gegen Anfang des 2. Jahrhunderts; die von Sankt Hubertus trägt sich mehr als vierhundert Jahre später zu, in der Merowingerzeit und im alten, heiligen Ardenner Wald – was sie für uns doppelt interessant macht. Eine beliebte Legende macht aus Hubertus eine hochgestellte Persönlichkeit, einen Würdenträger im Palast der Könige von Austrasien; eine andere, wahrscheinlich realistischere Übersetzung nennt 658 als sein Geburtsjahr, so daß er bei seiner Bekehrung erst fünfundzwanzig Jahre alt gewesen wäre. Als leidenschaftlicher Jäger jagte Hubertus auch am Karfreitag. An diesem heiligen Tag des Jahres 683 verfolgte er einen sehr großen und sehr schönen Hirsch, den zu erlegen er sich anschickte, als das Tier sich umwandte und ihn geradewegs anschaute; in seinem Geweih sah der Jäger ein leuchtendes Kreuz. Nach dieser Erscheinung gab Hubertus das Jagen auf und wurde bekehrt. Einige Zeit später reiste er nach Rom zum Papst Sergius I. (687–701), der mit all seinen Kräften die Verbreitung des Christentums in den noch heidnischen Ländern förderte. Es überrascht daher nicht, daß er den Austrasier Hubertus herzlich empfing. Er weihte ihn zum Bischof und betraute ihn mit der Aufgabe, die Ardennen zu missionieren. Nach Brabant zurückgekehrt, empfing der neue Apostel vom Himmel einen Stern, der die Tollwut heilen konnte. Dieser «heilige Stern» gehört noch immer zum Kirchenschatz der Basilika Saint-Hubert, die, in einer hügeligen, noch heute stark bewaldeten Gegend Luxemburgs, in einer kleinen Stadt desselben Namens steht. Sie war einer bedeutenden Benediktinerabtei angegliedert, die 687 gegründet wurde, also vier Jahre nach Hubertus' Bekehrung. Auf einer Lichtung des nahegelegenen Waldes von Freyr bezeichnet eine Kapelle den Ort, an dem das Wunder mit dem Hirsch geschah. Historisch gesichert ist die Tatsache, daß Sankt Hubertus von 705 bis 727 Bischof von Tongres-Maastricht-Lüttich war und sich der Bekehrung Ostbelgiens widmete, wo das Heidentum noch vorherrschte.[18]

Die Geschichte von Sankt Hubertus erinnert einerseits an die Bekehrer, die aus der Bretagne gekommen waren und fast alle Krankheiten heilen konnten, und andererseits an die Sage vom verwunschenen Jäger. Sie fängt gleich an – Hubertus jagt am Karfreitag –, vollzieht aber dann eine Wende: Der Jäger entsagt seiner unheilvollen Leidenschaft und wird gleich zum Apostel, der seinen heidnischen Brüdern das Evangelium verkündet. Leider sind Jäger meist unverbesserlich; sie haben ausgerechnet diese Heiligen, die das Leben und selbst das der Wildtiere achteten, zu ihren Schutzpatronen gemacht.

Mit dem Hellequin ist der Erlkönig der germanischen Folklore, der König der Elfen in Goethes gleichnamiger Ballade, so nahe verwandt, daß es sich nur um dieselbe Gestalt handeln kann. Goethe hatte das Thema seines Gedichts einem lyrischen dänischen Lied, «Die Tochter des Elfenkönigs», entnommen, das in einem von J. G. Herder zusammengestellten Volksliederbuch – dort hat es den Titel «Die Tochter des Königs der Erlen» – enthalten ist; die dritte, revidierte Ausgabe der Sammlung erschien 1807 unter dem Titel *Stimmen der Völker in Liedern*. Im dänischen Original geht es also um den König der Elfen. Oluf begegnet bei einem nächtlichen Spaziergang Elfen, die, wie sie es gewohnt sind, auf den

Wiesen tanzen. Die Tochter des Königs lädt Oluf zum Tanz ein, aber er lehnt ab. Da gibt ihm das Mädchen einen Schlag aufs Herz, setzt ihn, leblos und bleich, in den Sattel und schickt ihn heim. Am nächsten Morgen sollte Olufs Hochzeit stattfinden, aber seine Braut findet ihn tot hinter einem scharlachroten Vorhang. Goethe hat dieses Thema sehr frei abgewandelt. In seiner Ballade reitet ein Vater «durch Nacht und Wind» und hält seinen jungen Sohn in den Armen. Er hat den Erlkönig gesehen und erschauert. Sein Vater ist bemüht, ihn zu beruhigen, aber das Kind fährt fort, ihm zu wiederholen, was der Erlkönig ihm zuflüstert. Grauen erfaßt das Kind, das sich von allen Seiten bedroht fühlt und am Ende einen Schmerzensschrei ausstößt, weil es berührt wurde. Dem Vater, der nichts gesehen oder gehört hat, graut nun auch, und er reitet so schnell er kann. Als er endlich sein Haus erreicht, ist das Kind in seinen Armen tot. Die sehr packende und dramatische Ballade Goethes verursacht wegen des geheimnisvoll-heiligen Schreckens, den sie heraufbeschwört und der eben genau der bereits charakterisierten «Panik» entspricht, auch heute noch Herzklopfen.

Zu diesem Thema sagt Michel Tournier, der Autor eines fesselnden Werkes mit dem Titel *Roi des Aulnes* (1970), in einem späteren Buch: «Dieses Gedicht von Goethe, dessen Berühmtheit durch ein Lied von Schubert noch gesteigert wurde, war für den französischen Studenten der deutschen Sprache und Literatur das Gedicht schlechthin, ein Symbol für Deutschland. Das Seltsamste ist, daß dem Gedicht ein Übersetzungsfehler Herders zugrunde liegt, der die dänische Folklore in Deutschland bekanntmachte. Eller, die Elfen, wurden unter seiner Feder zu Erlen, weil die Erle in dem Dialekt, den man in Mohrungen, der Geburtsstadt Herders in Ostpreußen, sprach, Eller genannt wurde. Es ist nämlich nicht sehr wahrscheinlich, daß Goethe sich für den Stoff eines banalen Elfenkönigs interessiert hätte. Aber seine Phantasie entzündete sich an einer so genauen und urtümlichen Darstellung der Erle, denn sie ist der schwarze und unheilbringende Baum der stehenden Wasser, so wie die Weide der grüne und freundliche Baum der fließenden Wasser ist. Die Sumpferle beschwört das Bild der nebelverhangenen Ebenen und des trügerischen Bodens des Nordens herauf, das Bild eben des Erlkönigs, eines über diesen düsteren Gefilden schwebenden Luftgeistes, der Menschen und vor allem Kinder verschlingt.»[19] Es überrascht in der Tat nicht, daß Goethe als Botaniker, der auch für die Volkstraditionen, denen die frühe Romantik wieder zu Ehren verhalf, sehr empfänglich war, sofort sah, wieviel er aus Herders Interpretation machen konnte.

Dreißig Jahre nach Goethes Ballade machten die Elfen nach langem Schweigen wieder von sich reden, denn sie waren im Verein mit den Zwergen, Undinen und Feen die Hauptdarsteller in den Märchen, die nun von bedeutenden Schriftstellern gesammelt und publiziert wurden, seit 1813 von E. T. A. Hoffmann und in den Jahren 1812 bis 1822 von den Brüdern Jacob und Wilhelm Grimm. Jacob Grimm, der Historiker und Philologe, veröffentlichte auch eine bemerkenswerte *Deutsche Mythologie* (1835) und den Band *Deutsche Sagen* (1816–18). Über die Märchen, die die beiden Brüder pietätvoll zusammengetragen hatten, schrieben sie in ihrer Vorrede, daß «von so vielem, was in früherer Zeit geblüht hat, nichts mehr übrig geblieben, selbst die Erinnerung daran fast ganz verloren war, als unter dem Volke Lieder, ein paar Bücher, Sagen und diese unschuldigen Hausmärchen... Es war vielleicht gerade Zeit, diese Märchen festzuhalten, da diejenigen, die sie bewahren sollen, immer seltener werden... Der epische Grund der Volksdichtung gleicht dem durch die ganze Natur in mannigfachen Abstufungen verbreiteten Grün, das sättigt und sänftigt, ohne je zu ermüden.» In Deutschland, wo die gelehrten Romantiker glaubten, in ihnen Bruchstücke einer antiken Weisheit wiederzufinden, nannte man sie «Ammenmärchen»; «Amme» wurde von französischen Übersetzern umsichtig als «Hebamme» gedeutet.[20] «Ehe sie zur Zauberin oder Hexe wurde, hatte die Hebamme wie die griechischen Moiren oder die germanischen Nornen bei der Geburt der Menschen eine wichtige Funktion, und sie stellte das Schicksal des Neugeborenen dar; man bezeichnete sie auch als ‹weise Frau›. (Man wird bemerken, daß die Alte in den Grimmschen Märchen oft am Spinnrad sitzt.) Macht man jedoch aus der Hebamme, der weisen Frau, nach dem üblichen Sprachgebrauch eine Geburtshelferin, so kann man vermuten, daß in der archaischen Gesellschaft, in der der Begriff geprägt wurde, die Fee es ist, die die Kinder zur Welt bringt; dabei wendet sie alle Regeln der ‹Weisheit› an, insofern sie dafür sorgt, daß alle Rituale, die bei der Geburt wie auch bei jedem anderen wichtigen Ereignis im Leben zu beachten sind, genauestens vollzogen werden. Auch wenn ihre Züge heute beträchtlich an Würde verloren haben, konnte die alte Frau in Grimms Märchen zumindest teilweise ihren Charakter als Hüterin der Riten und der Überlieferung bewahren; dies erklärt auch die Furcht und Achtung, die ihr entgegengebracht werden... Als Geburtshelferin, Wissende und, wohl bemerkt, auch Zauberkundige gibt uns die ‹weise Frau› dank ihrer engen Verbindung mit den dunklen Kräften des Lebens besser als jede romantische Fee... Auskunft über die Aufgaben, die ihrem antiken Vorbild wahrscheinlich zufielen: den Menschen, die es am nötigsten haben, den Kindern und Jugendlichen, Kenntnisse der religiösen und sozialen Praktiken zu vermitteln, die es dem Menschen erlauben, sich in die Ordnung der Dinge einzufügen, wahrhaft auf die Welt zu kommen und dort den ihm gebührenden Platz einzunehmen.» Aber vielleicht war das gerade die Rolle, die manche gallische Priesterinnen übernahmen, die bei uns zu Feen geworden sind, wie man bald sehen wird.

Elfen, Kobolde, Waldgeister, Korrigans

In Frankreich haben die Elfen in Märchen und Sagen nie eine so gewichtige Rolle gespielt wie in Deutschland und in England. Im Französischen kam das Wort erst seit 1842 in Gebrauch, nachdem es im 16. Jahrhundert einmal kurz und schüchtern erschienen war, damals jedoch nur die schottischen Feen bezeichnete. Elfen sind leuchtende Geister, etwa wie die Irrlichter, die sich auf Friedhöfen aufhalten. Sie kommen aus der Erde und dem Wasser, schweben im Dunst und werden, wie in Goethes «Erlkönig», meist nur von Jugendlichen gesehen.

Dafür ist die französische Folklore sehr reich an mehr oder weniger phantastischen Wesen, die mit Vorliebe tief im Wald wohnen. Früher traf man dort sogar auf Drachen; so erging es auch St. Marcel, der Ende des 4. Jahrhunderts in Paris Bischof war. Marcel, so berichtet Venance Fortunat, im 6. Jahrhundert Bischof von Poitiers, begab sich in den sumpfigen Wald am Unterlauf der Bièvre, um einen Drachen zu fangen, den er schließlich, seine Stola als Leine benützend, mit sich nahm.[21] Im selben Jahrhundert befreite St. Liphard den Wald von Orléans, die antike *Silva Carnuta,* von einer ungeheuerlichen Schlange.

Fast ebenso furchterregend wie die Drachen waren die menschenfressenden Riesen, die nicht so bald verschwanden wie jene. Sie sahen selbst so ähnlich aus wie Menschen und flößten weniger durch ihre Größe und die dröhnende Stimme als durch ihre unersättliche Gier Schrecken ein; sie konnten von frischem Fleisch, besonders dem von Kindern, nie genug bekommen. Im Perrault-Märchen überlistet der kleine Däumling den gefräßigen Riesen und bringt ihn dazu, seine eigenen Töchter zu fressen; dieser Unhold erinnert unweigerlich an Kronos, der, selbst «ein entstelltes und verdorbenes Bild seines Vaters»[22], eine Gefahr für seine Kinder darstellte, und Kronos diente wohl auch als Vorbild für ihn. Die Sprachforscher führen das französische Wort *ogre,* «Menschenfresser», auf «Orcus», den lateinischen Namen der alten Gottheit des Todes und der Unterwelt zurück.

Viel weniger selten als die Drachen oder die menschenfressenden Riesen waren die Waldgeschöpfe, die mehr oder weniger menschliche Gestalt besaßen. Die Vielfalt ihrer Namen zeigt, daß sie wohl sehr zahlreich waren, jedenfalls aber in gewisse Kategorien eingeteilt wurden. Allerdings gab es vielerlei regional verschiedene Namen für dieselben Wesen. Die meisten Angehörigen dieses bunten Völkleins waren sehr klein, und aus diesem Grund konnten sie sich so leicht verstecken, plötzlich auftauchen und wieder verschwinden. Die Waldzwerge waren stark behaart, was sie offenbar von den anderen unterschied, die, besser bekannt und zahlreicher, die Höhlen der Bergflanken bewohnten und dort angeblich nach Metallen schürften. Sie waren nicht nur Bergleute, sondern auch geschickte Schmiede, und sie waren es, die mit der Hilfe von Elfen zum Beispiel Gungnir, den magischen Speer Odins, schmiedeten, den nichts von seinem Ziel ablenken konnte. Oft sind die Zwerge Hüter von Schätzen, oder sie bewahren mancherlei Geheimnisse, und dieses Privileg haben sie mit den Kobolden und Waldgeistern gemeinsam.

Zwerge und Kobolde sind manchmal gar nicht voneinander zu unterscheiden. Ursprünglich waren letztere boshafte Genien, die ein wenig an die nordafrikanischen *Djinns* erinnern; später sah man in ihnen kleine, schelmische Wesen, die gerne Streiche spielten, aber nicht bösartig waren. Die Etymologen glauben, das französische Wort für diese Wesen, *lutin,* sei von *Neptunus* abgeleitet und von dem Wort *nuit,* «Nacht», beeinflußt, da sich die Kobolde vor allem nachts tummeln. Dies mag auf den ersten Blick überraschen, da die *lutins* nichts Maritimes an sich haben, aber man sollte daran denken, daß Poseidon (Neptun) nur in zweiter Linie ein Gott des Meeres ist; anfänglich regierte er über die Erde, die er noch erbeben läßt, und über die Quellen, die sie fruchtbar machen. In der Bretagne, wo diese Wesen ungleich häufiger vorkommen als irgendwo sonst, sind die Namen, die man ihnen gegeben hat, fast nicht mehr zu zählen. Sie heißen Korrigans, Kérions, Korils, Korrikets, Cornandons und Korrandons, Poulpikans oder Poulpiquets, Boudics, Buget-no*z*, Mait'jean, Follikeds, Dornegans, Crions usw. All diesen kleinen Leutchen hat leider in Frankreich ein so genauer Ethnograph gefehlt, wie es der Deutsche Wilhelm Mannhardt war, der ihnen eine ausführliche Studie widmete, und daher ist nur von wenigen Namen die Etymologie bekannt.[23] Die Poulpikans sind diejenigen, die in unterirdischen Bauen an verlassenen und tiefgelegenen Orten wohnen (*poul,* «tiefer Ort», *pika,* «graben»). Die Korrigans, Korrikets, Cornandons und Korrandons, Korrikaneds und anderen Kornandonnezeds tragen kleine Hörner – nicht immer auf dem Kopf, sondern am Gürtel hängend –, auf denen sie blasen; sie tanzen im Mondlicht, wohnen meist im Wald oder in der Nähe von Bäumen, und man sagt, sie könnten trotz ihrer Kleinheit mühelos die riesigen Felsen der Dolmen und Menhire versetzen; sie sind die verspäteten Nachkommen der heidnischen Bevölkerung. Die alten walisischen Gedichte nennen sie *koridgwen,* und unter dem Namen *garrigenae* werden sie schon in der *Chorographie* des Pomponius Mela, eines lateinischen Autors des 1. Jahrhunderts, erwähnt. Die Hörner bringen sie mit Cernunnos, dem geheimnisvollen Hirsch-Gott der Gallier, in Verbindung, der eine Gottheit des Todes und der Auferstehung gewesen zu sein scheint.[24]

Über die Existenz von Kobolden, Korrigans und Poulpiquets besitzen wir einige Zeugnisse aus verhältnismäßig neuer Zeit. 1880 konnte Le Men in der *Revue celtique* noch schreiben: «Ich bin sehr oft alten Menschen begegnet, die nicht nur angaben, sie gesehen zu haben, sondern auch behaupteten, sie seien von ihnen entführt worden, und nur das rasche Eingreifen der Eltern habe sie gerettet. Wenn jetzt, am Ende des 19. Jahrhunderts, die meisten Bretonen davon überzeugt waren, daß es diese Rasse gab, so meinten sie doch auch, daß sich zwar einige Zwerge noch vereinzelt in den Dörfern und Städten der Bretagne fänden, der Großteil dieses Volkes aber vor vielen Jahren ausgewandert sei und sich in ein ebenso unbekanntes Land wie das, aus dem sie stammten, zurückgezogen habe. Man sieht sie im allgemeinen nur am Abend am Rand dunkler Wälder oder in verlassenen Heidegebieten.» Le Men führte seine Untersuchungen im westlichen Teil der Bretagne durch, aber zur selben Zeit notierte Paul Sébillot, die Bauern seien der Überzeugung, daß die Feen zwar verschwunden, aber die Kobolde und Waldgeister noch da seien. Nur zeigten sie sich kaum noch, einerseits wegen der zunehmenden Bösartigkeit der Menschen und andererseits wegen der geheimnisvollen Wirkung gewisser christlicher Riten: Da die Priester in der Messe das heilige Buch hinter sich vorbeitragen lassen, gehen auch die Waldgeister hinter den Menschen vorbei statt vor ihnen zu erscheinen, und deshalb sieht man sie nicht mehr. Wie über die Feen werden auch über sie Verleumdungen ausgestreut, um Abscheu zu erwecken: Sie sollen einen Pakt mit dem Teufel geschlossen und von ihm ihre übernatürlichen Kräfte empfangen haben. Noch einige Jahre später schreibt Adolphe Orain: «Es gibt kein Dorf, keinen Weiler und keinen Bauernhof im Département, wo man nicht von den Kobolden spricht, die ihre Streiche spielen und manchmal gut, manchmal böse, aber immer launenhaft sind. Jeder hat sie gesehen oder war Opfer ihres Schabernacks.»[25]

Wenn in anderen Gegenden ihre Spur auch früher verwehte, fand man die Waldgeister doch keineswegs ausschließlich in der Bretagne. In der Normandie nannte man sie *gobelin* (dies ist dasselbe Wort wie das deutsche *Kobold*), und der Gobelin von Evreux, ein auf die Dauer harmloser Dämon des «Dianatempels», wurde von Taurin, dem ersten Bischof der Stadt, etwa im 7. Jahrhundert vertrieben.[26] In Berry waren es die *fadets,* und eine gewisse *Kleine Fadette* aus Berry wurde durch George Sand sogar berühmt. In Lothringen nannte man sie *sotrets,* in der Provence *dracs,* in der Dauphiné *servans* und in den Alpen *solèves.* Diese Bezeichnung verdient unsere Aufmerksamkeit, denn die *solèves* sind nichts anderes als die gallischen *Suleviae,* denen wir bald begegnen werden. Dann gab es noch die *huguenots,* die nachts in der Stadt Tours umgingen, und es ist nicht ausgeschlossen, daß sie ihren Namen den Protestanten gaben, die dort ihre nächtlichen Versammlungen abhielten; das Wort *huguenot* soll vom bretonischen *buguel-noz,* «Kind der Nacht», abstammen.[27]

Die Völker germanischen Ursprungs haben außer ihren Elfen, Zwergen und Kobolden auch ihre *skogara* (Schweden), *trolle* (Norwegen), *niss* (Dänemark), *Alben* (Deutschland), die, wie ihr Name andeutet, weiß sind. Als sie in ihre

200

neuen Gebiete vorstießen, mußten sich die Slawen, die lange Zeit Heiden geblieben waren, einen Weg durch endlose, düstere Wälder bahnen, die von ihren jeweiligen Schutzgeistern verteidigt wurden. Sie nannten sie *Lechy* (von *less,* «der Wald»). Jeder Wald hatte seinen Lechy, und daher erscheint diese Gestalt auch in zahlreichen Volkssagen. Er lebt im tiefsten Wald, und wenn er menschliche Form annimmt, ist seine Haut blau wie sein Blut, seine Augen quellen hervor, seine Brauen sind buschig, sein langer Bart und die filzigen Haare, die ihn fast ganz bedecken, sind von grüner Farbe, seine Beine, dünn wie Stelzen, enden in Füßen, die an Raubvogelklauen erinnern. Der Lechy wirft keinen Schatten und ändert ständig seine Größe; am Waldsaum ist er zwergenhaft und kann sich unter einem Blatt verstecken, aber im Hochwald erreicht sein Scheitel die Wipfel der höchsten Bäume. Er bewacht sein Reich sorgsam; wenn ein Jäger sich zu weit hineinwagt, läßt ihn der Lechy im Kreis umherirren und führt ihn immer wieder an dieselbe Stelle. Überall in der Folklore trifft man auf das Motiv des Menschen, der sich im Wald verläuft und seinen Weg nicht mehr findet. Aber der Lechy ist meist gutmütig und läßt schließlich sein Opfer fast immer entkommen. Man muß sich bloß auf einen Baumstumpf setzen, alle Kleider ablegen und verkehrt herum wieder anziehen – auch der Lechy knöpft seinen Kaftan umgekehrt zu –, nur darf man nicht vergessen, den rechten Fuß in den linken Schuh zu stecken.[28]

Man kann den Lechy auch aus den Bäumen, die er bewohnt – meist sind es Birken –, herauslocken, wenn auch nicht mit lauteren Absichten; Mannhardt schildert das Vorgehen: Man schneidet ganz junge Birken ab, legt sie mit dem Wipfel nach innen in einen Kreis, begibt sich in dessen Mitte und ruft den Geist herbei; dieser erscheint auf der Stelle in menschlicher Gestalt und ist bereit, dem, der ihn gerufen hat, jeden beliebigen Dienst zu erweisen, wenn er ihm dafür seine Seele verspricht. Diese Prozedur erinnert sehr lebhaft an die Praktiken der Schamanen.

Als Geist der Bäume muß der Lechy sie alljährlich verlassen, sobald sie die Blätter verlieren. Dieser Tod ist aber nur vorübergehend, denn mit dem neuen Laub wird auch er wiedergeboren. Trotzdem ist der Lechy um diese Zeit sehr reizbar; man begegnet ihm besser nicht im Oktober. Man hört ihn dann pfeifend und mit gellendem Hohngelächter durch die Wälder streifen; er ahmt menschliches Schluchzen, aber auch die Schreie der Raubvögel und Wildtiere nach.

Vor den *Roussalki,* die vor allem als eine Art von Wassernymphen bekannt sind, muß man sich hüten, denn es handelt sich um junge Mädchen, die ertrunken sind und allem Anschein nach nur noch eines im Sinn haben: Unvorsichtigen, die sich nachts am Ufer eines Gewässers ergehen, dasselbe Los zu bereiten. Aber die Roussalki suchen auch Bäume auf. Wenn sich die Flüsse am Sommeranfang erwärmen, verlassen sie das Wasser, um auf einer Weide oder Birke ihren Wohnsitz zu nehmen. Im Schein des Mondes kann man sehen, wie sie auf ihren Zweigen schaukeln, einander zurufen und von den Bäumen herabsteigen, um auf den Lichtungen zu tanzen.[29] Die Roussalki sind fast immer böse, aber es gibt ein sicheres Mittel, um ihnen zu entgehen; es genügt, in der Hand ein Wermutblatt zu halten, denn dieses «verfluchte Kraut» verabscheuen sie.[30] Wenn also die Sonne die schwarzen und kalten Wasser erhellt, in denen sie sich aufhalten, können die Roussalki nicht länger bleiben und ziehen in den Wald. Wenn aber die Bäume sich entlauben, sehen sich die Lechy genötigt, ihr dunkles, unterirdisches Reich wieder in Besitz zu nehmen.

So zahlreich sie auch sind, so verschieden ihre Namen und ihre lokalen Besonderheiten – all diese kleinen und stets zur Flucht bereiten, flinken, im allgemeinen unsichtbaren und eher schelmischen als bösartigen Wesen besitzen zu viele gemeinsame Züge, um nicht auch denselben Ursprung zu haben. Wir haben gesehen, daß man die bretonischen Waldgeister häufig mit alten heidnischen Naturkulten in Verbindung brachte, die «im Untergrund» fortlebten, aber es geht auch um die Seelen der Toten, die dazu verurteilt wurden, auf der Erde zu bleiben und für ihre Sünden Sühne zu leisten. Die alten Germanen glaubten, die Zwerge seien aus den Würmern entstanden, die an der Leiche des Riesen Yimir nagten; er aber war der kosmische Mensch, das erste aller lebenden Wesen und der Vater der Riesen. Diese Würmer sind Larven – das lateinische Wort *larva* bedeutet «Gespenst» – wie auch die Laren, die Geister der Toten, die zurückkehren, um die Lebenden zu quälen (im Gegensatz zu den Manen, den vergöttlichten Ahnen, die als Beschützer der Menschen galten). Wenn die Waldgeister nun abgeschiedene Seelen sind, so handelt es sich um vor sehr langer Zeit Verstorbene, um Tote, die Christus, den Erlöser, nicht gekannt haben und ihre gotteslästerlichen Riten immer noch fortsetzen. Sie führen nur ein reduziertes Leben, wie auch ihre Größe geschrumpft ist, obwohl sie zu Leistungen fähig sind, die ein Mensch nicht vollbringen kann, denn sie verfügen über magische Kräfte und sind zudem immaterielle Wesen. Diese Seelen von einst, aus einer Welt, die sich nur in den wildesten und unzugänglichsten Landstrichen erhalten hat, «haben durchaus in den Bäumen und Felsen, ganz zu schweigen von den Megalithblökken, die seit alters ihr Besitz waren, Zuflucht finden können»[31].

Stammen die Korrigans aus keltischen, die Elfen aus germanischen und die Lechy aus slawischen Gebieten, so findet man die Feen in ganz Europa. In Frankreich haben sie wiederum in der Bretagne am längsten überlebt.

Vom Wesen der Feen

In den Tiefen des Waldes, an versteckten Orten, in der Nähe von Quellen und im Schatten alter Bäume konnte man früher manchmal große, weißgekleidete Frauen «von übernatürlicher Schönheit» antreffen, so leuchtende Erscheinungen, «daß man ein Licht durch eine Hornlaterne zu sehen glaubte»[32]. Oft sah man sie auf Lichtungen tanzen, da, wo sich «Feenringe» abzeichneten, zweifelsfreie Beweise für ihre Lieblingsbeschäftigung; aber für uns sind das heute nur Kreise, die vom Myzelium bestimmter Pilze gebildet werden.

In der Bretagne zeigten sich die Feen vorwiegend in der Nähe von Dolmen, die sie wohl als Zufluchtsorte ausgewählt hatten. Ihr Erscheinen war offenbar bis zum Anfang des 19. Jahrhunderts ziemlich häufig, wenn man bedenkt, daß nur sehr wenige Zeugen darüber zu sprechen wagten. Im allgemeinen hielten die Feen gute Nachbarschaft mit den Menschen, waren ihnen gelegentlich zu Diensten und halfen ihnen beispielsweise, verlorene Gegenstände wiederzufinden, oder weihten sie in die Geheimnisse der Heilkräuter ein. «Sie waren allerdings empfindlich und rächten sich, wenn man ihnen nicht gehorchte oder sie beleidigte.»[33] Erwies man ihnen jedoch die gebührende Achtung, waren sie stets bereit, denen zu Hilfe zu kommen, die darum baten; man nannte sie auch «gute Frauen» oder, wegen ihrer Gewänder, «weiße Frauen». Dennoch wurden sie manchmal beschuldigt, Kinder zu stehlen oder darauf aus zu sein, mit Männern zu schlafen, um Nachwuchs zu bekommen. Die Bauern sagen, sie hätten im Sinn, ihre verwünschte Rasse wieder auferstehen zu lassen; und um dieses Ziel zu erreichen, verletzten sie, wie die gallischen Priesterinnen, alle Gebote der Sittlichkeit.[34] Aber vom 18. Jahrhundert an begannen die Feen zu verschwinden, sogar aus der Bretagne; es war nicht nur das Umsichgreifen der Ideen der Aufklärung, das sie vertrieb, sondern noch mehr der Ausbau der Straßen, die das Land mit einem immer dichteren Netz überzogen und immer weniger entlegene und wilde Orte übrigließen.[35]

In den Feen wollte man Reminiszenzen der drei römischen Parzen sehen, also der griechischen Moiren, der in weißes Leinen gekleideten Mondgöttinnen: Klotho, aus deren Spindel der Faden des Lebens hervorgeht, Lachesis, die den Faden mit ihrem Stab mißt, und Atropos, «der man nicht entrinnen kann», die den Faden mit der Schere abschneidet. In Rom wurden die drei Parzen durch drei Statuen auf dem Forum dargestellt, die man allgemein die «drei Feen» – *tria fata* – nannte.[36] Es gilt als sicher, daß das Wort «Fee» von *fata*, der Mehrzahl von *fatum*, «Schicksal», kommt; im Provenzalischen wurde es zu *fada* («verrückt»), im Gascognischen zu *fade*, anderswo in Frankreich zu *fadette* («Elfe») oder *fayette*, *fadet* und *farfadet* («Irrwisch»). Man kann auch nicht übersehen, daß Klothos

Spindel und Lachesis' Stab ebenfalls bei den Feen zu finden sind; eine ihrer wichtigsten Beschäftigungen ist das Spinnen, und das Instrument ihrer Macht ist der Zauberstab. Dagegen sieht man sie niemals wie Atropos im Besitz einer Schere; dieser Umstand ist recht bedeutungsvoll, denn er besagt, daß die Feen Gottheiten des Lebens, nicht des Todes sind. Aber die Parzen sind sehr alter Abstammung, die Feen hingegen keltischen Ursprungs, und wir kennen auch ihre unmittelbaren Vorläuferinnen: die gallischen *Fatae*, die zweifellos Erbinnen der Parzen, aber bis zu einem gewissen Grad mit den *Matres* oder *Matrones* verschmolzen sind.[37] Die letzteren, präkeltische Muttergöttinnen, die zu dritt und oft mit einem Säugling auf den Knien dargestellt werden, scheinen Ahnherrinnen der germanischen «weisen Frauen» oder «Hebammen» zu sein; sie verkörpern die nie versiegende Schöpfungskraft der Natur und sind Überbleibsel der neolithischen Kulte der Mutter Erde, des Fruchtbarkeit spendenden Wassers und des Mondes. Zu den Vorfahren der Feen gehören aber auch die *Suleviae*, geheimnisvolle Waldgottheiten, deren Kult jedoch von Dakien bis nach Großbritannien bezeugt ist.[38]

Die Feen sind zwar meistens mythischen Ursprungs, aber in einigen Fällen scheint es sich doch um reale Lebewesen gehandelt zu haben, die einsam an wild gebliebenen Orten lebten und sich fast nie zeigten, da sie vergessen werden wollten. «Wenn man die Zeugenberichte (die im 19. Jahrhundert bald zahlreich, bald vereinzelt gesammelt wurden) objektiv liest, so kann ihre leidenschaftslose Aufrichtigkeit nicht bezweifelt werden, und angesichts der übereinstimmenden Aussagen über Wohnort, Vorlieben und Handlungsweisen sowie des beim Weggang der ‹guten Damen›, ‹unserer guten Mütter, der Feen› empfundenen Bedauerns – als ob es Personen gewesen wären, die wirklich existierten – ist man in Versuchung, für den Feenglauben eine historische, menschliche Erklärung zu suchen.»[39]

Gewisse Einzelheiten, die von Zeugen geschildert werden, legen tatsächlich die Vermutung sehr nahe, daß viele, wenn auch nicht alle Feen späte Abkömmlinge der alten gallischen Priesterinnen waren, die das Leben in der Einsamkeit der Bekehrung vorgezogen hatten. Sie mußten sich in abgelegene Gegenden flüchten und unter der Erde oder in Höhlen und Dolmen wohnen, also in Schlupfwinkeln, die für sie wie geschaffen waren, da es sich um die alten Wohnstätten heidnischer Gottheiten handelte, deren Kult diese Zauberinnen insgeheim aufrechterhielten, um Orte, die wegen der abergläubischen Furcht, die man vor ihnen hegte, geschützt waren. Das wenige, was man heute von den druidischen Priesterinnen weiß, die in helles Leinen gekleidet waren – daher die Bezeichnung «weiße Frauen» –, die geheimen Heilkräfte der Pflanzen kannten, verschiedene Arten der Wahrsagung ausübten, den Zauberbann über die Feinde verhängen konnten[40] und sich manchmal wie Mänaden betrugen – dies wird von Strabo bezeugt, der im ersten nachchristlichen Jahrhundert von einer Frauengemeinschaft berichtete, die auf einer kleinen Insel in der Loiremündung lebte[41] –, unterstützt diese Hypothese. Obschon von den Römern verfolgt, scheinen diese gallischen Prophetinnen im Kaiserreich und sogar noch viel später, bis gegen Ende des 3. Jahrhunderts, ein gewisses Ansehen genossen zu haben. Laut Lampredus kündigten sie Alexander Severus seinen baldigen Tod an. Aurelian soll, Vopiscus zufolge, die *gallicanas druydas* nach dem Schicksal seiner Nachkommen befragt haben.

«Die Feen», schrieb A. Maury im Jahr 1843, «sind wohl die letzte und beständigste aller Spuren, die der Druidismus unserem Geist eingeprägt hat. Sie sind wie ein Bündel geworden, zu dem alle Erinnerungen an die antike Religion der Gallier gehören, wie ein Symbol des Druidismus, der vom Kreuz besiegt wurde, und ihr Name bleibt mit allen Denkmalen dieses Kults verbunden.»[42] Da sie nicht sehr zahlreich waren[43], isoliert lebten und als im Grunde genommen harmlos galten, wurden die letzten Priesterinnen von der Geistlichkeit nicht verfolgt. Sie fürchteten jedoch den Klerus so sehr, daß sie nicht einmal das Geläut der Kirchenglocken ertragen konnten, und sie nahmen es den Christen übel, daß sie von ihnen mit den Geistern der Finsternis gleichgesetzt wurden. Die Priester begnügten sich damit, sie von ferne zu exorzieren. Jedes Jahr sang der Pfarrer von Domrémy beim «Feenbaum» das Evangelium, um die *bösen* Feen von dort zu vertreiben, woraus man wohl schließen darf, daß es auch gute geben konnte. Man weiß, daß Jeanne d'Arc von ihren Richtern bezichtigt wurde, den Feen und nicht, wie sie beteuerte, den Heiligen gehorcht zu haben, die in der Nähe dieses heiligen Baumes zu ihr gesprochen hatten. Bis ins 18. Jahrhundert hinein feierten die Geistlichen in Poissy unweit von Paris eine Messe, die dazu bestimmt war, das Land vor dem Zorn der Feen zu schützen. Anfang des 17. Jahrhunderts fand Le Nobletz, der «Missionar in der Bretagne», auf der Insel Sein drei Druidinnen, die den Sonnenkult unter dem Namen Doué-Tads verbreiteten; in ihm erkannte man sowohl Gottvater als auch den alten Teutates der Kelten. Man holte sich bei ihnen Rat, ehe man auf See ging. Le Nobletz erzählt, daß es ihm gelang, sie zu bekehren und zur Übersiedlung aufs Festland zu veranlassen, wo sie ihre Tage in einem Kloster beschlossen.[44] Das war vermutlich kein Einzelfall; viele «gute Frauen», die ihres Daseins in der Wildnis müde waren und immer weniger Verbindung zur christianisierten Bevölkerung hatten, trugen im Alter das Kleid der «ehrwürdigen Schwestern».

In *Banshee*, der irischen Fee, Zauberin und Botschafterin der andern Welt, die sich zum Reisen in einen Vogel, meist in einen Schwan verwandelte, können wir eine Art Urbild dieser keltischen Priesterinnen sehen. Niemand, dem sie einen

Zweig oder einen Apfel mit wundersamen, magischen Eigenschaften reichte, konnte ihr widerstehen. Für die Waliser verkörperten die Feen die Seelen von Druidinnen, die dazu verurteilt waren, Buße zu tun. Die bretonischen Bauern hielten sie für Prinzessinnen, die es abgelehnt hatten, sich zu bekehren, als die Apostel nach Armorica kamen, und mit göttlichem Fluch belegt worden waren.

Der Zauberstab, der Hexenbesen und der Caduceus

Wer immer die Feen gewesen sein mochten, ihr wichtigstes Attribut und, wenn man so sagen darf, ihr Werkzeug war der Zauberstab, das Symbol der magischen Macht, mit der die Druiden über die Kräfte der Natur herrschten. Keltischen Überlieferungen zufolge brauchte ein Druide oder ein irischer *file* einen Menschen lediglich mit seinem Zauberstab zu berühren, um ihn zu einem Vogel, meistens einem Schwan, oder zu einem Wildschwein werden zu lassen; dies erinnert an die Verwandlung der Gefährten des Odysseus, deren Schulter Kirke mit dem Zauberstab berührt hatte, in Schweine.[45] Und in ähnlicher Weise wird in den von Perrault erzählten Märchen aus dem Kürbis im Garten Aschenbrödels eine Karosse und aus der bösen Königin eine Kröte.

Das Wort *baguette* («Stab») stammt aus der indoeuropäischen Wurzel *bak-*, die zum lateinischen *baculus* oder *baculum* und zum griechischen *baktron* wurde. *Baculus* wie *baktron* bedeuten «Stab», insbesondere bezeichnen sie den Stab der Auguren und das Zepter; wir gehen jedoch auf letztere Bedeutung nicht näher ein, um nicht zu weit abzuschweifen.[46] Es ist jedoch hervorzuheben, daß aus *baculus* das Wort *imbecillus* (das verneinende *in* und *baculus*, «Schwachsinniger», französisch *imbécile*) abgeleitet wird, weil, so sagen die Sprachforscher, jemand ohne Stock oder Stab als schwach gilt. Aber wieso bedeutet *imbecillus* nicht nur «Schwachkopf», sondern auch «unfruchtbar» (allerdings nur im Zusammenhang mit der Erde), wenn nicht deshalb, weil der Stab auch das männliche Geschlecht darstellt? Dies belegen andere Wörter, die im Lateinischen und vor allem im Griechischen gleichzeitig den Stab und auch den als heilig betrachteten Phallus bezeichnen, der also nicht nur in seiner Funktion als Zeugungsorgan, sondern ebenso als Träger einer übermenschlichen Kraft angesehen wird; damit wären wir wieder beim Zauberstab der Feen und auch bei ihrer Spindel angelangt.

Der Zauberstab ist einfach ein kleiner Stock, ein Baumzweig, von dem manchmal gesagt wird, als Feenstab müsse er gerade sein und dürfe keine Knoten haben. Auch die Spindel, die von den Feen ebenso benützt wird wie von den Parzen und vielleicht auch in beiden Fällen denselben Sinn hat, da die Feen, egal ob gut oder böse, sich über die Wiege der Neugeborenen neigen und deren

Schicksal bestimmen, ist nichts anderes als ein Stab. Zum französischen *fuseau*, «Spindel», gehört das lateinische *fusus*, das aus derselben Wurzel stammt wie *fustis*, «Stock», «Pfahl», aber auch «Penis»; aus dieser Wurzel wird im Griechischen *phuo*, «wachsen» und «wachsen lassen», und *phusis*, «die Natur», alles was wächst, besonders Pflanzen, und im Lateinischen *fui*, das Perfektum des Verbs *esse:* «ich bin gewachsen», also bin ich gewesen, und *futurum*, «was noch sein soll», die Zukunft. Nur ist die Spindel ein Stab, der sich dreht; die Spinnerin versetzt ihn in eine gleichmäßige Bewegung, die der kosmischen Rotation entspricht, und er erzeugt tatsächlich ein neues Schicksal.

Den Stab, der das Leben verleiht oder es verwandelt, finden wir in Griechenland in den Händen der Demeter-Priesterin, die damit auf die Erde schlug; diese rituelle Handlung sollte die Fruchtbarkeit fördern oder die unterirdischen Mächte anrufen, die über die Keime, die zukünftigen Existenzen, die Wiedergeburten herrschen.[47] Diese Fähigkeit, mit der jenseitigen, nämlich der unterirdischen Welt in Verbindung zu treten, besaß auch die Zauberin Kirke, die sich besonders auf Verwandlungen verstand.[48] Sie ist es, die, besiegt vom listenreichen Odysseus, ihm den Weg weist, auf dem er zum Tartaros hinabsteigen kann, um dort den Seher Tiresias zu befragen, und ihm auch die Vorsichtsmaßnahmen nennt, die zu befolgen sind, damit er lebend zurückkommt.

In der Mythologie ist Hermes, dem die Griechen Zeus als Vater und eine geheimnisvolle Gottheit namens Maia als Mutter gaben, der Meister des Zauberstabs.[49] Hermes, der in der Tiefe einer Höhle zur Welt gekommen sein soll, war aller Wahrscheinlichkeit nach ein sehr alter pelasgischer, also prähellenischer Gott thrakischen Ursprungs und wurde von den Schäfern Arkadiens besonders verehrt; daraus erklärt sich seine Rivalität mit Apollo. Nur konnte Apollo, obwohl er seine anderen Gegner mühelos besiegte, gegen Hermes nichts ausrichten, der viel schlauer war als er und, wie es scheint, auch ein besserer Musiker.[50] Kaum geboren, hatte Hermes schon die Färsen entführt, die der Sohn Letos hütete, und um seinen Zorn zu besänftigen, zeigte er ihm die aus einem Schildkrötenpanzer gefertigte Leier, die er erfunden hatte, und spielte darauf. Apollo war so bezaubert, daß er seinen Groll vergaß. Daraufhin überreichte ihm Maias Sohn das Instrument. Apollo nahm es an und schenkte ihm dafür seinen Augurenstab, von dem er sagte, er werde ihn gegen alle Gefahren schützen und ihm helfen, die günstigen Beschlüsse, Worte und Taten zu verwirklichen, von denen er, Apollo, aus Zeus' Mund erfahren habe.[51] Apollo schlägt diesem Rivalen, den er nicht besiegen konnte, also selbst vor, seine Prophetengabe künftig mit ihm zu teilen.

Das Betragen dieses ebenso klugen wie überzeugenden Verführers verschaffte ihm das Wohlwollen der Olympier. Hera, die sonst alle illegitimen Kinder ihres

Gemahls rachedurstig verfolgte, gewann dieses eine lieb und erklärte sich sogar einverstanden, es zu säugen. Zeus selbst wollte sich seiner Dienste versichern, ernannte ihn zu seinem Boten und setzte ihm wieder den runden Hut der Reisenden auf, den *Petasos,* und gab ihm die goldenen, geflügelten Sandalen, die ihm die Schnelligkeit des Windes verliehen; schließlich wurde sein Stab mit weißen Bändern umwunden, die zu Schlangen wurden, dem Inbegriff aller chthonischen Tiere, denn Hermes war der einzige bei Hades akkreditierte Bote.[52] Auf diese Weise entstand der Caduceus, der griechische *kerykeion,* das Insignium des Herolds *(keryx),* der sprechende Orakelstab (das griechische Wort *kerykeion* ist mit dem archaischen Verb *karkairo,* «erklingen», «tönen», verwandt), der zum Wahrzeichen der Macht wurde, die Hermes als Geleiter der Seelen und Übermittler von Botschaften aus dem Reich der Toten besaß. Hermes, der Gott mit den vielen Gesichtern und den wechselnden Eigenschaften, wurde auch als wahrsagende und chthonische Gottheit verehrt; dies war vielleicht sogar seine erste Funktion. Der Monat *Hermaios* oder *Hermanion* war in Argos der Monat der Toten (er dauerte vom 24. Oktober bis zum 23. November); dasselbe Wort bezeichnete auch den unvorhergesehenen Glücksfall, die glückliche Entdeckung, die der Gott gewährte, der die drei sonst voneinander getrennten Welten miteinander in Verbindung brachte – diejenige der Olympier, die der lebenden Menschen und die der Toten, der Ahnen.

Der Caduceus, ein einfacher Stab, um den sich in entgegengesetztem Sinn zwei Schlangen winden, ist ein sehr altes Symbol, das weit vor die griechische Zeit zurückgeht. Er ist schon auf der Schale Gudeas, eines sumerischen Königs von Lagasch (ca. 2600 v. Chr.), abgebildet, ebenso auf den antiken Steintafeln, die man in Indien *nagakals* nennt, und scheint ein Sinnbild der Schöpfung zu sein. Hermes trennt die beiden Schlangen, die sich bekämpfen – die eine stellt die positive, die andere die negative Energie des Urchaos dar –, und dank des Stabs, der sie entwirrt hat und ihnen als Mittelachse dient, wird ein Gleichgewichtszustand erreicht. Diese schöpferische Trennung, aus der die offenbare Welt hervorgeht, findet ihre Entsprechung im Menschen, dem mikrokosmischen Abbild des Makrokosmos. Die um die *sushumna* gewickelte *Kundalini,* die innerliche Weltenschlange, die aufgerollt am Fuß des «Wirbelbaumes» (des Rückgrats) schläft, versinnbildlicht diese Zusammenhänge: Wird sie geweckt, so durcheilt sie – nach der Lehre des indischen Tantrismus vom feinstofflichen Körper des Menschen – die ineinander verflochtenen Verzweigungen der beiden *nadis,* der Energiekanäle, von denen der eine positiv, der andere negativ ist.[53]

Der Caduceus des Hermes schmückt sich von dem Moment an, da sein Träger zum Götterboten wird, mit zwei Flügeln. Diese uranischen Symbole in Verbindung mit den Schlangen deuten auf die Aufgabe des Gottes hin, nämlich zwischen Himmel und Unterwelt zu vermitteln. Die Kräfte seines Zauberstabs werden in der Geschichte des Gottes geschildert. Hermes gilt da als der wahre Erfinder des Feuers; er erzeugt es, indem er einen Hartholzstab, eben den Caduceus, sehr schnell auf einem Stück weichen Holzes dreht. Er soll diese Kunstfertigkeit auch den Göttern beigebracht haben, bei denen er deshalb so beliebt war. Dieses erste Feuer wurde später, nachdem es himmlisch geworden war, von Prometheus geraubt – ein Umstand, der die Hypothese bestätigt, nach der Hermes eine sehr alte Gottheit war. Da sie ihn nicht hatten besiegen können, nahmen ihn die Götter schließlich in den Olymp auf.[54] Der Stab des Hermes besaß auch die Macht, Menschen einzuschläfern und aufzuwecken, das heißt, er konnte sie von einer Welt in die andere gehen lassen. Aus diesem Grund wurde der Gott auch *egetor oneiron,* «Herr der Träume», genannt. Hades betraute ihn auch mit der Aufgabe, den Sterbenden beizustehen, ihnen, wenn er sie überzeugt hatte, seinen Stab auf die Augen zu legen und sie ihm behutsam zuzuführen.[55]

Schließlich verfügte der Caduceus über Heilkräfte, und unter diesem Aspekt ist er uns am vertrautesten, doch ist er dann in erster Linie das Attribut des Äskulap, der uns zunächst in der Ilias als geschickter Arzt begegnet und später zum Gott der Medizin wurde; sein Name bedeutet «der unendlich Gute», und mit diesem Ehrentitel wurden die Ärzte angesprochen, deren Wohlwollen man sich sichern wollte.[56] Äskulap, der Sohn des Apollo und der Koronis, einer antiken Göttin der Prophetie in Krähengestalt, wurde mit einem Stab in seiner rechten Hand dargestellt und mit einer Schlange, dem Wahrzeichen und Medium seiner Kraft, denn es war ihm bereits gelungen, Tote zu erwecken. Die Asklepiaden waren seine Priester und heilten dank seiner Hilfe; sie besaßen in alten Zeiten das Monopol der medizinischen Wissenschaft. Die Kranken wurden in die *Asklepeia* aufgenommen, um dort die Nacht zu verbringen. Der Gott erschien ihnen im Traum und verkündete ihnen seinen Orakelspruch, den die Asklepiaden dann interpretierten. Seine Kunst hatte Äskulap vom Zentauren Chiron gelernt, der, wie wir wissen, der Sohn des in einen Hengst verwandelten Kronos und der Lindennymphe Philyra war.

Offensichtlich ist es dieser Hermes, wie er eben beschrieben wurde, den wir in der Figur des Gauklers, der ersten Karte des Tarot, wiedererkennen; er eröffnet das kosmische Spiel, dessen Entfaltung die folgenden Karten illustrieren. Der Gaukler erscheint so, wie sich die Griechen in der klassischen Zeit Hermes vorstellten: als junger Mann mit schlankem und beweglichem Körper und leicht geneigtem Kopf, in den Augen funkelt eine Intelligenz, die manchmal zur Schelmerei neigt. In der linken Hand hält er den Stab, mit der rechten zeigt er auf eine Goldmünze, die vor ihm auf einem Tisch liegt. Er fordert die Initiierten dazu auf, über die magische Handlung, die er ausführt und die nur sie verstehen, Stillschweigen zu bewahren, während das Publikum ganz unter dem Bann der Gaukeleien steht, die das wirkliche Geschehen – das sich dennoch vor aller Augen abspielt – verschleiern, und nur eine Flamme sieht; der Illusionist will ihm damit das magisch verwandelnde Feuer zeigen, das Hermes als erster erzeugt hat. Der Zauberkünstler ist nun kein anderer als der Schöpfer selbst; das wird auch durch den Hut angedeutet, der die Form einer liegenden Acht, also des Symbols des Unendlichen hat – die beiden Schlangen des Caduceus bilden ebenfalls eine Acht –, und durch seine Gesten, denn der schöpferische Stab, in dem sich noch potentielle Energien konzentrieren, zeigt genau auf die Goldmünze, die auch die geschaffene Welt versinnbildlicht. Die meisterliche Unterweisung des Gauklers lehrt diejenigen, die es zu verstehen vermögen, daß die Welt nur eine Illusion unserer Sinne ist. Wie erwähnt, kam im Namen von Hermes' Mutter wahrscheinlich dieselbe Idee zum Ausdruck. Fügen wir hinzu, daß Maia eine der Pleiaden oder Peleiaden war, so finden wir uns wieder einmal nach Dodona und seinem kosmischen Baum, der heiligen Eiche, zurückgeführt. Zudem war Maia, in der römischen Mythologie die Tochter des Faunus, eine sehr alte italische Gottheit, die die Wiedergeburt der Pflanzenwelt verkörperte; ihre Feste wurden im Monat Mai gefeiert, der von der Göttin seinen Namen hat.[57] Deswegen konnten die Römer also ihren Merkur, den jungen Gott des Handels, mit einem sehr alten latinischen Stammbaum ausstatten. Merkur ist ein Spiegelbild des griechischen Hermes, aber sein Name erscheint erst im Lauf des 5. Jahrhunderts v. Chr. Wie im Fall des archaischen Vejovis, der mit dem jugendlichen kretischen Zeus verschmolz, kann man sich auch hier fragen, ob die Italer nicht gewisse pelasgische Gottheiten beibehalten hatten, die im klassischen Griechenland bereits verschwunden waren; wir wissen nämlich, daß mehrere von jenen allen indoeuropäischen Völkern gemeinsam waren. Es ist daher nicht unmöglich, die antike Maia, die bei den Griechen sehr verschwommene Züge hatte, aber in Italien etwas deutlichere Konturen besaß, mit der hinduistischen Maya in Verbindung zu bringen, «der Macht der Illusion…, die gleichzeitig sowohl der Urgrund des Kosmos wie auch des Bewußtseins ist, das ihn betrachtet»[58]. Vor allem als Sohn Maias ist Hermes schließlich der Gott der Magie, der «Trismegistos» (der «dreimal Große»). Dies scheint auch die Etymologie des Wortes «Maia» zu bestätigen, denn es stammt aus einer indoeuropäischen Wurzel, die im Lateinischen *magister*, «Meister», und *magus* ergeben hat, im Griechischen *magos*, «Magier», «Weiser»; dieses ursprünglich persische Wort bezeichnete bei den Medern den priesterlichen Traumdeuter. Daß zwischen den Träumen (Hermes ist auch ein Gott der Träume), der Heilung (Äskulap), der Welt als Illusion (Maya), der Kunst des Magiers oder Gauklers und dem Zauber des Monats Mai gewisse Zusammenhänge bestehen, ist nach alldem eigentlich keine Überraschung mehr.

Der Stock der Demeter-Priesterin, der Caduceus des Hermes, der Zauberstab der Feen – sie ermöglichten es auch, in der Erde verborgene Schätze zu entdekken, und diesem Zweck diente auch der Stab oder die Rute des Wünschelgängers, die noch heute benutzt wird, zwar in der Regel nicht mehr, um wie einst Metalladern zu suchen, aber jedenfalls um unsichtbares Wasser aufzuspüren.[59] Diese Wünschelrute ist nur ein gegabelter Zweig, meist vom Haselnußstrauch, der eine große Affinität zum Wasser besitzt und bei den Kelten wie auch bei den Germanen für magische Zwecke gebraucht wurde.[60] Die Wünschelrutengänger und die Goldsucher verwendeten ihn vor allem deswegen, weil der Haselnußzweig besser als jede andere Holzart die Wellen auffängt, die von der Strahlung der metallhaltigen, im Schoß der Erde gereiften Schwingungsknoten oder der Wasservorkommen ausgehen. Man brauchte einfach deswegen einen gegabelten Zweig oder Ast, weil man ihn mit den beiden voneinander gespreizten Händen halten mußte; man ging davon aus, daß die angenommene Strömung durch den Körper des Rutengängers hindurchging. P. A. Cheruel erklärt, wie man dabei vorgeht: «Man hält in der einen Hand das eine Ende der Zweiggabel und achtet darauf, daß man nicht zu sehr drückt; die Handfläche ist nach oben gekehrt. Die andere Hand hält das andere Ende; die Rutenspitze liegt parallel zum Horizont. Nun geht man langsam auf den Ort zu, an dem man Wasser vermutet. Sobald man dort angelangt ist, dreht sich die Rute in der Hand und weist nach unten wie eine Magnetnadel. So schildern es wenigstens diejenigen, die an die Kräfte der Wünschelrute glauben. Sie fügen hinzu, man könne mit ihrer Hilfe auch Erzadern, verborgene Schätze, Diebe und flüchtige Mörder finden.»[61]

Der Zauberstab spielt im Grunde dieselbe Rolle wie der Stab Mosis, der durch eine biblische Episode berühmt wurde. (Übrigens ist das französische Wort *verge*, das eigentlich «Stock», «Spieß», «Gerte», «Stab» bedeutet – es kommt vom lateinischen *virga*, mit dem meist eben der Zauberstab gemeint ist –, auch eine Bezeichnung für das männliche Geschlecht.) Auf ihrem Zug durch die Wüste lagerten die Israeliten in Rephidim, «aber da war kein Wasser für das Volk zum Trinken. Da haderte das Volk mit Mose und sprach: Schaffe uns Wasser, daß wir zu trinken haben! Mose erwiderte ihnen: Was hadert ihr mit mir? Warum versucht ihr den Herrn? Als nun das Volk daselbst nach Wasser dürstete, murrte es wider Mose und sprach: Warum hast du uns aus Ägypten heraufgeführt, um uns, unsre Kinder und unsre Herden vor Durst umkommen zu lassen? Da schrie Mose zum Herrn und sprach: Was soll ich mit diesem Volke anfangen? Es fehlt nicht viel, so steinigen sie mich. Der Herr antwortete Mose: Ziehe vor dem Volke einher und nimm etliche von den Ältesten Israels mit dir; auch deinen Stab, mit dem du den Nil geschlagen hast, nimm zur Hand und gehe zu dem Felsen am Horeb; siehe, ich werde daselbst vor dich treten.

Dann schlage an den Felsen, so wird Wasser hervorströmen, und das Volk hat zu trinken. Und Mose tat so vor den Augen der Ältesten Israels.»[62] Mosis Stab war gewiß ein Zauberstab, wie auch aus einem früheren Passus im Buch *Exodus* hervorgeht: «Darnach sprach der Herr zu Mose und zu Aaron: Wenn der Pharao zu euch sagt: ‹Weist euch durch ein Wunder aus!› so sollst du zu Aaron sagen: ‹Nimm deinen Stab und wirf ihn vor den Pharao hin›; dann wird er zur Schlange werden. Da gingen Mose und Aaron zum Pharao und taten so, wie der Herr geboten hatte: Aaron warf seinen Stab vor dem Pharao und seinen Leuten hin, und er ward zur Schlange. Aber der Pharao ließ auch seinerseits die Weisen und Zauberer rufen, und auch sie, die ägyptischen Zauberer, taten dasselbe mit ihren geheimen Künsten: ein jeder warf seinen Stab hin, und es wurden Schlangen daraus; aber Aarons Stab verschlang ihre Stäbe.»[63] Zweifellos wird man die Austauschbarkeit von Schlange und Stab bemerkt haben, die an den Caduceus erinnert, auf dessen sehr hohes Alter im Nahen Osten wir hingewiesen haben, und auch an die Verbindung zwischen Baum und Schlange, denn die Baumwurzel verwandelt sich, wie wir es bei der heiligen Esche Yggdrasil geschildert haben und bei der Behandlung des Paradiesbaumes noch sehen werden, in das chthonische Tier.

Obschon die heute tätigen Wünschelrutengänger offenbar nichts mit Zauberern gemeinsam haben und man annehmen kann, daß dies auch früher so war, hat man sie wohl doch oft vorwurfsvoll als solche bezeichnet und ihre Rute mit dem berühmten Hexenbesen verwechselt. Und der Besen ist in Wahrheit zunächst tatsächlich ein magisches Werkzeug gewesen. In den alten Heiligtümern war das Kehren mit dem Besen eine kultische Handlung, und in den Tempeln des Fernen Ostens, seien sie hinduistisch oder buddhistisch, ist es das heute noch; das Fegen reinigte den heiligen Boden von den Verunreinigungen, die aus der profanen Außenwelt gekommen waren, und konnte nur mit reinen Händen ausgeführt werden. Der Besen besteht aus einem Bündel von Ruten, ganz dünnen Baumzweigen; man konnte aber nicht jede beliebige Baumart dafür verwenden. In Ländern, wo es genug davon gab, band man Birkenreisig zusammen, Zweige vom Baum der Schamanen; in Südeuropa benützte man Zweige des «Besenginsters» (*Sarothamnus scoparius* Wimm.)[64], einer Pflanze, deren Verwendungszweck schon in ihrem Namen zum Ausdruck kommt.[65] Warum man in der Bretagne bis in die jüngste Zeit ausschließlich Ginster und vorzugsweise blühenden benutzte, wird klar, wenn man zum Vergleich einen Brauch der Berber in der Kabylei heranzieht, denn dort ist das Kehren mit dem Besen ein magischer Akt geblieben, bei dem gewisse Verbote zu beachten sind. Der Besen besteht aus einem Bündel blühenden Ginsters oder Heidekrauts, das man «durch ein Fenster oder durchs Dach hineinreichen muß, damit die Schutzgeister nicht von der

Schwelle vertrieben werden»[66]. Wir wissen, daß es ähnliche Vorschriften einst auch in der Bretagne gab; zum Beispiel durfte man nach Einbruch der Dunkelheit nicht mehr fegen, denn es war zu befürchten, daß man den Wohlstand verscheuchte oder herumirrende Seelen versehentlich anstieß.[67]

Der Besen vertreibt zwar die Unreinheit, ist aber den dunklen Mächten unterworfen, zu denen der von ihm hochgewirbelte Staub gehört, und kann von ihnen infiziert sein. Dann wird er böse, und die Hexen können ihn benutzen, wenn sie durch den Kamin fahren, um zum Hexensabbat zu reiten. Noch heute nennen wir übrigens einen Auswuchs abnorm kurzer und dichter Verzweigungen auf Koniferen und gewissen Obstbäumen «Hexenbesen»; meist wird er durch Pilzbefall verursacht. Der fliegende Besen erinnert an den Caduceus des Hermes und dessen phallischen Charakter und hängt auch mit dem Gott Pan zusammen, den die satanischen Reiterinnen auf einer Waldlichtung anbeteten, die sehr wahrscheinlich ein keltisches *nemeton* war. Von den allgemein verachteten Hexen, den einstigen Priesterinnen oder druidischen Zauberinnen, behauptete man, sie gebärdeten sich wie die Mänaden, die ihre Thyrsen schüttelten und sich auf der heiligen Lichtung in dionysischen Rausch stürzten. Daß der Besen wie der Stab ein Instrument der Zauberei ist, wird auch durch den *Zauberlehrling* bekräftigt, eine Ballade, deren Stoff Goethe vermutlich in der deutsch-jüdischen Folklore gefunden hat, denn er ähnelt dem jüdischen Mythos vom *Golem*, dem Maschinenmenschen. Ein unvorsichtiger Lehrling spricht eine Zauberformel aus, und der Besen wird lebendig. Er gehorcht jedoch dem unerfahrenen Zauberer, der die Formel vergessen hat, mit der man dem Zauber Einhalt gebietet, nur allzu gut.

Stock oder Besen, Rute oder Caduceus, der Zauberstab ist stets ein Baumzweig und besitzt nur deshalb magische Eigenschaften, weil er angeblich vom heiligen Baum stammt, vom Lebensbaum, vom kosmischen Baum. «Der Zauberstab, den der Caduceus darstellt..., erinnert an sehr alte Kulte des Baumes und der schlangenernährenden Erde im ägäischen Becken.»[68] Ebenso «ist der hinduistische Caduceus untrennbar mit dem heiligen Baum verbunden... Der mesopotamische Caduceus zeigt in der Mitte einen Stab. Dieser scheint eine Erinnerung an den Baum zu sein... Man hält also mit Fug und Recht den Caduceusstab des Hermes (und auch den Stock von Äskulaps Caduceus) für ein Symbol des Baumes, der, mit der Gottheit verbunden, ihre Wohnstätte oder ihr Stellvertreter ist. Daß der Stab später eine andere Bedeutung annahm und ihm die Macht des Wahrsagens oder Heilens zugeschrieben wurde, tut seiner Funktion als Symbol der wirkenden Göttlichkeit des Baumes keinen Abbruch.»[69]

Urwald und phantastische Wirklichkeit

Letzten Endes war es weniger die Religion als vielmehr der militante Rationalismus, der die Feen und andere Waldgeschöpfe verschwinden ließ. Die Kirche hatte die Gläubigen nur vor Geistern gewarnt, die vielleicht unter dem Einfluß satanischer Mächte standen, der Rationalismus aber leugnete ihre Existenz, wie er auch die des Teufels leugnete. In der Schule lernte man, es handle sich um den Aberglauben früherer Zeiten. Da der Wald endlich entzaubert war, konnte man seine Rohstoffe mit Hilfe der neuen, oft umweltzerstörenden Techniken ausbeuten; Straßen durchschnitten ihn, Schneisen wurden bis ins tiefste Unterholz geschlagen. Der Wald wurde vergewaltigt. Und genau in dieser Zeit, gegen Ende des 18. und zu Beginn des 19. Jahrhunderts, entdeckten die Naturkundler, die die ersten großen wissenschaftlichen Weltumsegelungen begleiteten – die von Bougainville (1766–1769) und die drei Reisen Kapitän Cooks (1768–1780) –, den «jungfräulichen» Urwald der Antipoden.[70]

Kaum hatten sie den Fuß auf neues Land gesetzt – in Tahiti –, brachen die Reisenden in Begeisterung aus: «Ich glaubte mich in den Garten Eden versetzt», rief Bougainville bezeichnenderweise aus, und Commerson, der ihn begleitende Botaniker, stimmte in den Jubel ein. Durchdrungen von den Thesen, die Jean-Jacques Rousseau einige Jahre zuvor in seinem Werk *Discours sur l'inégalité parmi les hommes* (1754) aufgestellt hatte, war Commerson überzeugt, man habe endlich den «natürlichen Zustand des Menschen» entdeckt, der seinem Wesen nach gut sei, keinerlei Vorurteile kenne und ohne Mißtrauen oder Gewissensbisse dem sanften Drängen eines Instinktes folge, der, nicht zur Vernunft degeneriert, stets untrüglich sei.[71] Der «Wilde», anders gesagt der Mensch der Wälder, wurde für die überzivilisierten Franzosen der zweiten Hälfte des 18. Jahrhunderts zum Vorbild, zum Ideal, das man verloren und im Unbekannten, auf der anderen Seite der Erde, wiedergefunden hatte. Allerdings wurde man bald eines Besseren belehrt, und der, der am heftigsten gegen diese Schimäre zu Felde zog, war wieder ein Franzose, La Pérouse. Er ging im Dezember 1787 in Manua (Tutuila in Ost-Samoa) an Land und war zuerst ganz hingerissen; er schrieb sogar: «Die Insulaner... sind ohne Zweifel die glücklichsten Bewohner der Erde; umgeben von ihren Frauen und Kindern, verleben sie in Ruhe reine, ungetrübte Tage; sie haben keine andere Beschäftigung als Vögel zu züchten und, *wie der erste Mensch, ohne jede Arbeit die Früchte zu pflücken, die über ihren Köpfen wachsen*.» Aber einige Tage später entdeckte La Pérouse, daß die Tutuilaner die durchtriebensten und unverschämtesten Diebe waren; am Tag der Abreise brachten sie einen Teil der Mannschaft um. Der Seefahrer kam daher zu dem Schluß, «der fast wilde und in Anarchie lebende Mensch sei ein bösartigeres Wesen als das wildeste Raubtier», und wandte sich gegen die «Philosophen», die, um ihre Thesen zu untermauern, das Gegenteil glauben machen wollten: «Sie schreiben ihre Bücher am Herdfeuer, und ich reise seit dreißig Jahren»; dieser Mensch, «den man uns als so gut geschildert hat, weil er der Natur so nahe stehe», ist in Wirklichkeit «barbarisch, böse und verschlagen»[72]. Der unglückliche La Pérouse sollte unfreiwillig den Beweis für die Richtigkeit seiner Behauptung liefern, denn einige Monate nachdem er diese Zeilen geschrieben hatte, wurde er mit seiner ganzen Besatzung niedergemetzelt.

Zwar blieb der «edle Wilde» von solchen Ereignissen nicht unberührt, aber man verherrlichte trotzdem weiterhin die tropische Natur, deren Offenbarung man nun erlebt hatte. Ein Schüler Rousseaus besang sie überschwenglich in seinen *Etudes de la nature* (1784) und später in *Harmonies de la nature* (1796). Bernardin de Saint-Pierre, über dessen Werk *Paul et Virginie* (1787) empfindsame Seelen so viel Tränen vergossen haben, hatte viele geistige Erben, besonders unter den jungen, enthusiastischen Naturkundlern, die zu großen Entdeckungsfahrten in See stachen. Als François Péron, von 1800 bis 1804 Zoologe der Mission Baudin in Neu-Holland (Australien), den immensen Wald von Tasmanien erforschte, schrieb er: «Sie bieten einen einzigartigen Anblick, diese tiefen Wälder, die antiken Töchter der Natur und der Zeit, wo nie das Geräusch einer Axt ertönte, wo die Vegetation, täglich um ihre eigenen Produkte reicher geworden, sich ohne Zwang ausbreitet, sich ohne Hindernis entfalten kann; und wenn auf der anderen Seite des Globus solche Wälder wuchern, die nur aus in Europa unbekannten Bäumen bestehen und aus Pflanzen, deren Organisation und mannigfaltige Früchte einzigartig sind, wird das Interesse lebhafter und drängender. Dort herrschen normalerweise ein geheimnisvolles Zwielicht, eine große Kühle, eine durchdringende Feuchtigkeit. Dort brechen die mächtigen Bäume, aus denen so viele kräftige Schößlinge hervorgewachsen sind, unter der Last des Alters zusammen; ihre bejahrten, jetzt unter der Wirkung der Zeit und der Feuchtigkeit verrotteten Stämme sind mit Moos und parasitären Flechten bedeckt; in ihrem Inneren bergen sie kalte Reptilien und ungezählte Legionen von Insekten; sie versperren alle Pfade in den Wäldern und kreuzen sich in tausend verschiedenen Richtungen; überall stellen sie sich, gleichsam wie schützende Barrieren, dem Vormarsch entgegen und vervielfachen die Hindernisse und Gefahren, die den Reisenden umringen; oft zerbrechen sie unter dem Gewicht des Wanderers, und er fällt mitten in die Trümmer hinein; noch öfter löst sich die feuchte und faulige Rinde und gleitet unter seinen Füßen hinweg; manchmal bilden sie mit ihren übereinandergeschichteten Stämmen natürliche Dämme von 25 oder 30 Fuß Höhe; anderswo sind sie über Bachläufe oder tiefe Einschnitte gestürzt und dienen so als natürliche Brücken, deren man sich aber nur mit größter Vorsicht bedienen darf. Diesem Bild der Unordnung und der Verwüstung, diesen Szenen des Todes und der Zerstörung hat die Natur, sozusagen mit Genugtuung, alles entgegengesetzt, was ihre schöpferische Kraft an höchst Imposantem hervorbringen konnte.»[73]

In dieser poetischen Beschreibung findet man, neben der staunenden Neugier des Naturforschers und auch neben dem Schwindel, der den Entdeckungsreisenden angesichts einer unbekannten und geheimnisvollen Welt erfaßte, etwas von dem heiligen Schrecken wieder, der sich der römischen Legionen bemächtigte, als sie in die Tiefen der ungeheuren Wälder Germaniens eindrangen; diese Empfindung hatte die Romantik in gewisser Weise neu belebt. Dieser unberührte Wald, dieser «jungfräuliche» Urwald ist so, wie er am Morgen der Schöpfung war; man wird dort auf wunderbare Weise aus der Zeit herausgehoben, als dürfte man ihren Ursprung schauen. Dieses Thema, das in Reiseberichten häufig anklingt, ließ bei den Autoren von Abenteuerromanen gegen Ende des 19. Jahrhunderts den Mythos entstehen, es gebe einen prähistorischen Zustand der Natur, der in noch unerforschten Winkeln der Erde erhalten sei. In *Zwanzigtausend Meilen unter den Meeren* (1870) findet Kapitän Nemo diesen Urzustand in den unterseeischen Wäldern vor, doch zuerst hatte Jules Verne ihn auf den Grund eines isländischen Vulkans verlegt, wo die Helden auf der *Reise zum Mittelpunkt der Erde* (1864) noch lebende Fossilien antreffen, dazu eine Art riesigen Affenmenschen, der eine Herde Mastodonten hütet. Bezeichnender ist es jedoch, daß der Engländer Conan Doyle den urkomischen Professor Challenger die «verlorene Welt» bei seinen Abenteuern in den Tiefen des riesenhaften amazonischen Urwalds entdecken ließ. Trotz – oder vielleicht wegen – des kindlichen Charakters dieser Geschichte, die noch vom Geist der viktorianischen Wissenschaft geprägt ist, knüpft Conan Doyle hier an die Traditionen der alten keltischen Erzähler an, vielleicht weil er, wie er selbst wohlgefällig zu sagen pflegte, von «bestem bretonischem Blut abstammte». In *Professor Challenger und das Ende der Welt* (1913) trifft man auf den amüsanten «Waldgeist»: «Curupuri ist der Waldgeist, etwas Schreckliches, etwas Übles, dem man aus dem Weg gehen sollte... Niemand kann seine Gestalt oder sein Wesen beschreiben, aber der bloße Name verbreitet Schrecken an den Ufern des Amazonas», und darüber hinaus begegnet man auch dem «Waldmenschen» unter nicht ganz bedeutungslosen Umständen wieder. Während die kleine wissenschaftliche Expedition unter Führung von Professor Challenger sich auf einem Plateau einrichtet, wo sie schon Pterodaktylen und Iguanodonten beobachten konnte, versuchen ihre Mitglieder, einen Gesamteindruck von dem Gelände zu erhalten, das hinter dichten Wäldern verborgen liegt. Der jüngste Teilnehmer, der Journalist Malone, geht auf den enormen, knorrigen Stamm des Baumes zu, der über ihnen seine Äste ausbreitet. Er hat den Einfall hinaufzuklettern, wie er das in seiner Kindheit zu tun pflegte. Als er tief im Laub dieses «ungeheuren Baumes» steckt, merkt Malone nicht ohne Unbehagen, daß er nicht allein ist. «Dreißig oder vierzig Zentimeter von meinem Gesicht entfernt schaute mich eine Gestalt an... Es war eine menschliche Gestalt, oder sie glich doch mehr einer solchen als irgendeinem Affen. Das Gesicht war länglich, weiß, mit Pusteln übersät, mit einer platten Nase, einem vorstehenden Unterkiefer und einer Art von Backenbart ums Kinn. Die Augen, unter dichten und schweren Brauen, blickten tierisch und wild. Der Mund öffnete sich mit einem Einziehen der Luft, das mir eine Verwünschung zu sein schien, und zeigte spitzige, nach innen gebogene Zähne. Einen Augenblick lang las ich in seinem Blick deutlich Haß und Bedrohung. Dann machten diese Gefühle unwiderstehlicher, wahnsinniger Angst Platz. Das Geschöpf warf sich verzweifelt ins Laub, zerbrach zwei oder drei Äste... Ich sah einen behaarten Körper, der dem eines rötlichen Schweins glich, verschwinden.»[74] Gleicht dieses erfundene Wesen nicht auf erstaunliche Weise dem geheimnisvollen Waldmenschen der mittelalterlichen Beschreibungen? Aber Conan Doyle gab hier, ob er es wußte oder nicht, nur die Vorstellungen der Indianer wieder, die die riesigen Wälder Südamerikas bevölkerten. 1814, im Bericht über seine Reise nach Südamerika (*Voyage aux régions équinoxiales du Nouveau Continent*[75]) erwähnte Alexander von Humboldt die Gerüchte, die er über die Existenz eines behaarten Waldmenschen, der *selvaje* (wild) genannt wird, gehört hatte. «An allen diesen Orten, die weit auseinanderliegen, wiederholte man, der *selvaje* sei an den Spuren seiner Füße, deren Zehen rückwärts zeigten, leicht zu erkennen.» Humboldts Nachforschungen verliefen ergebnislos, aber der berühmte Reisende schließt mit großer Vorsicht: «Vergessen wir nicht, daß jeder Volksglaube, selbst der anscheinend absurdeste, auf wirklichen Tatsachen beruht, die nur schlecht beobachtet wurden. Verachtet man ihn, kann man die Spur einer Entdeckung auf dem Gebiet der Physik oder der Zoologie verlieren.»

1913 konnten Abenteuer wie das von Sir Conan Doyle erzählte kaum einen anderen Schauplatz haben als Amazonien, in dessen Inneres der weiße Mann noch kaum seinen Fuß gesetzt hatte; die Vorstöße wurden nicht ohne Risiko unternommen, denn noch 1925 war Percy Harrison Fawcett dort mit zwei Gefährten spurlos verschwunden. Nur hier konnte also ein phantasievoller Romanschriftsteller, wenn auch nicht ein Wissenschaftler, den Aufenthaltsort des hypothetischen *missing link,* des fehlenden Glieds in der Kette, vermuten, eines Geschöpfs, das zwischen den bereits bekannten fossilen Affen und dem Menschen stand. Die Suche nach dem Ursprung nicht nur des Menschen, sondern der ganzen Welt wurde gegen Ende des 19. Jahrhunderts, das alles verstehen und alles erklären wollte, zu einer wahren Besessenheit sowohl der Paläontologen wie auch der Forschungsreisenden. Und nur die tiefen, unberührten Wälder konnten in ihren Augen den Schlüssel des Geheimnisses enthalten. Im Regenwald von Java hatte Dubois 1891/92 die Reste des Pithekanthropus gefunden, und in den Wäldern Südafrikas grub man später die des Australopithekus aus. Am Äquator, im zentralafrikanischen Urwald, hatte man zwischen 1880 und 1890 sogar Pygmäen entdeckt, die seit dem Altertum als Fabelwesen galten. Schon Herodot erwähnte sie[76], und Aristoteles[77] siedelte dieses geheimnisvolle Volk an den Ufern des Nils an. Der griechische Name *pygmaios* besagt «eine Elle hoch» (weniger als 50 cm), es waren also extrem kleine Zwerge. Und es gab sie tatsächlich, nur waren es keine mißgebildeten Gnomen, sondern trotz ihrer kleinen Gestalt wohlgebaute Menschen. Für die Ethnologen jener Tage stellten sie eine uralte Entwicklungsstufe im Gang der Evolution dar, sie waren wirkliche «Primitive», und dieses Wort, das zu dieser Zeit so oft gebraucht wurde, verriet die Überzeugung, daß man den wahren Urmenschen, den «echten Wilden», schließlich doch noch aufspüren werde. Der Urwald nährte alle Hoffnungen. Man glaubte zwar nicht mehr an die kleinen Geister, die so lange die europäischen Wälder bevölkert hatten, doch fand man sie in den Waldgebieten Afrikas und Südamerikas wieder, und sie waren durchaus real.

Die Angst vor diesen immensen Gebieten, die von der Phantasie und dem Unbewußten zudem noch mit Ungeheuern bevölkert werden, existiert nach wie vor; sie konkretisiert sich heute an ein paar Indianerstämmen, die dort mit Mühe und Not ihr Dasein fristen, betroffen von einem Fluch, für den der weiße Mann allein verantwortlich ist. Der Schrecken, den das plötzliche Auftauchen von Amazonas-Indianern – sie sind die letzten wahren «wilden Menschen», denn sie leben vom Wald, in dem sie, mit Bäumen oder Lianen gleichsam verschmelzend, nahezu unsichtbar bleiben – den Reisenden einjagen kann, spukt immer noch in den Köpfen herum, wie auch so mancher Abenteuerfilm aus neuerer Zeit beweist, dessen Helden sich durch die «grüne Hölle» quälen. Weniger aus zynischen Beweggründen als vielmehr aus Angst wird die Ausrottung der Indianer in Brasilien, eine der Schandtaten unserer Zivilisation, systematisch vorangetrieben.[78] Der «Heidenrespekt» vor dem Unbekannten ist auch die treibende Kraft bei dem zur Hälfte realisierten Projekt einer transamazonischen Autobahn; dieses Vorhaben erfordert umfangreiche Rodungsmaßnahmen, deren gefährlichen Widersinn die Biologen bereits aufgezeigt haben, denn die entblößte Erde wird sofort unfruchtbar. Man weiß heute recht gut, daß der ganze Planet, dem der amazonische Urwald als eine Art von Lunge dient, geschädigt werden kann. Wie einst in den verzauberten Wäldern der Bretagne geht man auf Gespensterjagd, ein mit Sicherheit ruinöses Unterfangen, das aber – leider – auf die moderne Gesellschaft eine unwiderstehliche Faszination ausübt.

Um das schlechte Gewissen zu betäuben, das sich vielleicht bei der Zerstörung des ökologischen Gleichgewichts regt, erfand man eine Art Beruhigungsmittel: Man richtet «Naturschutzgebiete» ein, deren Anzahl sich in den letzten Jahrzehnten auf der ganzen Welt vervielfacht hat. Mit der einen Hand entweiht die technokratische Gesellschaft, was sie mit der andern wieder heiligt – auf englisch heißen die Nationalparks bezeichnenderweise *sanctuaries* –, sie stellt den heiligen Wald, den jungfräulichen Urwald, wieder her; sie gibt sogar vor, die Natur zu «schützen», aber vor wem, wenn nicht vor sich selbst? Aber die Verteilung ist keineswegs sehr gerecht, denn es handelt sich wirklich um «Reservate», begrenzte Gebiete, die man, ähnlich wie die Indianerreservate, den früheren Besitzern des Landes überlassen hat, damit sie dort in Frieden erlöschen können. Sind solche Reservate einmal ausgeklammert, so hat man jede Freiheit, außerhalb davon zu plündern und zu zerstören. Schließlich werden auch die Reservate von der Konsumgesellschaft – ein wahrhaft treffender Ausdruck – wieder vereinnahmt, die sie touristisch nutzen will.

Wenn man auch in den Pygmäen die Zwerge der alten Sagen entdeckt zu haben glaubte, so hat man doch nie eine Spur der Riesen gefunden, die in allen Mythologien vorkommen. Allerdings bedarf es nur einer kleinen Pressemeldung, um die Meinungen wieder schwanken zu machen. Man konnte das vor kurzem an der Resonanz sehen, die sehr vage Berichte über ein riesenhaftes, die Einsamkeit des Himalaja durchstreifendes Wesen hervorriefen. Der «Yeti», der entsetzliche Schneemensch, konnte sein Unwesen nur in Gegenden treiben, die noch unberührt waren. Aber heute genügt die allzu bekannte Erde nicht mehr. Die Fremden kommen von anderswo her, von anderen Planeten, sogar von anderen Galaxien. Die Außerirdischen der Science-fiction-Romane und der Comic strips – gewisse naive Autoren haben pseudowissenschaftliche Werke darüber verfaßt, in denen in wildem Durcheinander authentische Überlieferungen, die Lehren sogenannt Eingeweihter und fieberhafte Phantasien vermengt sind –, das sind unsere Ungeheuer und unsere Feen. Das Unbekannte ist heute nicht mehr der Wald, sondern der Raum, und leider erweckt er mehr Begierde oder Sensationslust als echte Neugier.

Als sie in die noch unerforschten Gebiete vordrangen, fanden die Entdeckungsreisenden des letzten Jahrhunderts so außerordentliche Bäume, daß keine Vorstellungskraft sie hätte ersinnen können. Dabei fehlte es in der alten Reiseliteratur nicht an phantastischen Bäumen. In seinem Reisebericht beschreibt Marco Polo mit Staunen unbekannte Arten, deren eine roten und weißen Wein liefere, eine andere im Inneren mit Mehl gefüllt sei und eine dritte «Pharaonennüsse» trage, letztere enthalte ein wohlschmeckendes, zuckersüßes und milchweißes Mark in Form eines Bechers; ein Mensch könne sich davon ausreichend ernähren.[79] Man wird darin unsere Kokosnuß erkannt haben; Marco Polo sagt, die «Wein-Bäume» seien «kleinen Dattelpalmen» ähnlich, also handelt es sich um Palmwein. Der «Mehl-Baum» ist zweifellos der Brotfruchtbaum, und wenn dessen Beschreibung Ungenauigkeiten aufweist, so hat der Reisende wahrscheinlich nicht alle Erklärungen, die man ihm gab, richtig verstanden. Der einzige wirklich phantastische Baum, von dem der Venezianer spricht, ist der «Einsame Baum», der in der Provinz, die Polo «Tunocain» nennt, inmitten einer weiten Ebene steht. Es handelt sich um das heutige Khorasan im Nordosten des Iran, ein trockenes Steppengebiet, das die Polos erreichten, nachdem sie die Salzwüste Lut durchquert hatten. In der Ebene von Tunocain fand, wie die Einheimischen erzählten, die Schlacht zwischen Alexander dem Großen, dem König von Mazedonien, und Darius, dem König der Perser, statt. Mit anderen Worten, der «Einsame Baum», der bei den Christen der «dürre Baum» heißt, bezeichnet die Grenze zwischen Orient und Okzident; er ist leicht zu erkennen, weil er, wie sein Name besagt, vollkommen allein dasteht: Es gibt keine anderen Bäume im Umkreis von wenigstens hundert Meilen, nur in einer Richtung sind es bloß zehn Meilen bis zu den nächsten. Der Baum ist sehr groß und dick, seine Blätter sind auf der einen Seite grün und auf der andern weiß; er bringt Nüsse hervor, die wie Kastanien aussehen, aber es ist nichts darin, man kann sie nicht essen. Aus seinem Holz macht man einen Balsam. Er hat sehr hartes Holz, gelb wie das des Buchsbaums.[80] Marco Polo beschreibt hier einen realen Baum, den er wirklich gesehen hat und der, wie in einem Kommentar von Stéphane Yerasimos zu lesen ist, sehr einer Platane gleicht. Es könnte durchaus eine orientalische Platane *(Platanus orientalis)* gewesen sein, aber die Unterseite der Blätter dieser Art ist nicht weiß. Marco Polo hat in dieser vermeintlichen «Platane», die Blätter hat wie eine Silberpappel, tatsächlich einen legendären Baum erkannt – den «einsamen» oder «dürren Baum» –, aber der mittelalterliche, apokalyptische Mythos, den er versinnbildlicht, kann nur in einem anderen Zusammenhang erklärt werden.[81]

Der selige Oderic de Pordenone, der auf einer Reise von Venedig nach Peking, wo er sich im Jahr 1327 aufhielt, ganz Asien vollständig durchquert hatte, hörte in Indien, in Malabar, von Bäumen sprechen, die statt Früchten Männer und Frauen hervorbringen sollten. Diese Wesen seien kaum eine Elle hoch[82] und hielten sich mit den Beinen am Stamm fest. Solange ein Wind wehe, blieben ihre Körper frisch, aber sie verdorrten, wenn der Wind sich legte. Ebenfalls in Indien gab es einen andern Baum, aus dem in gleicher Weise Lämmer entstanden[83]; in Rußland kannte man diesen Baum unter dem Namen *baranietz* («Lämmchen»). Im 15. Jahrhundert beschrieb der große italienische Humanist Äneas Sylvius Piccolomini, der später unter dem Namen Pius II. Papst wurde, in seinem Buch über Asien und Europa nicht ohne einen Anflug von Ironie einen wunderbaren Baum, der dieses Mal im Abendland wuchs. «Man hat uns berichtet, daß es in Schottland am Ufer eines Flusses einen Baum gebe, der entenähnliche Früchte hervorbringe; diese Früchte fielen, wenn sie reif seien, aufs Ufer oder ins Wasser; die auf die Erde stürzten, verfaulten sofort; die ins Wasser fielen, würden lebendig, bekämen Federn und flögen davon; wir beabsichtigten, da wir die Wahrheit ergründen wollten, der Sache weiter nachzugehen, aber man muß wissen, daß die Wunder entweichen, sobald man sie von nahem besehen will, und daß der Wunderbaum schon nicht mehr in Schottland, sondern auf den Orkney-Inseln wuchs.» Diese Sage, die sicher nicht erst im 15. Jahrhundert entstanden ist, da schon Oderic de Pordenone darauf anspielt, war offenbar sehr weit verbreitet. Man begegnet ihr sogar in China; Pater Athanasius Kircher erwähnt 1670 in seinem illustrierten Werk über China einen Baum in der Provinz Honan, dessen Blätter im Herunterfallen zu Vögeln würden. Die Vorstellung war sehr langlebig; noch im 17. Jahrhundert bemühten sich die Gelehrten, sie zu erklären. Wir gestatten uns, all diesen Kommentaren den unseren hinzuzufügen. Die Autoren nennen die aus Bäumen hervorgekommenen Vögel *barnacles* – die Sage hat ihren Ursprung in England. Im Englischen bezeichnet das Wort *barnacle* die Weißwangengans (die auf französisch *bernache* oder *bernacle* heißt), aber auch eine Molluske mit bauchiger Schale (ihr französischer Name ist *bernacle* oder *anatife*) – die Entenmuschel. Man glaubte, daß aus diesen Muschelschalen im Meer – wie aus Eiern – Weißwangengänse schlüpften, die auch *barnacles* heißen, und daß die Entenmuscheln auf Bäumen wüchsen. Man fand sie tatsächlich meist auf versunkenen Holzstücken oder am Rumpf von Holzbooten.

Viel jüngeren Datums und eher mystisch als zweifelhaft ist das von Pater Huc in seinem berühmten Werk *Souvenirs d'un voyage dans la Tartarie et le Tibet pendant les années 1844, 1845, 1846* geschilderte Phänomen. Während ihres Aufenthalts im Kloster Kum-Bum in der tibetanischen Provinz Amdo konnten Pater Huc und sein Reisegefährte, Pater Gabet, einen weißen Sandelbaum bewundern; das aromatisch duftende Holz dieses Baumes wird in den Tempeln oft anstelle von Weihrauch verbrannt. Der Sandelbaum von Kum-Bum sollte angeblich im Jahr 1356 aus einem Blutstropfen hervorgewachsen sein, der bei der Geburt von der Nabelschnur des großen Meisters Ts'ong-K'a-pa, des Gründers des Gelugs-pa-Ordens («Gelbmützen»), herabgefallen war; diesem Orden gehört der Dalai-Lama an. Als viele Jahre später die Mutter Ts'ong-K'a-pas ihren Sohn, der ein Wandermönch geworden war, bat, nach Amdo zurückzukehren, schickte er ihr sein Porträt und Götterbildnisse. In dem Augenblick, da der Bote diese Geschenke übergab, fand man, daß alle Bilder auf die Blätter des Geburts-Sandelbaumes aufgedruckt waren, und das Mantra *Om mani padme hum* erschien auf den

Ästen und der Rinde des Stammes. Von diesem Wunder erhielt das Kloster, das später an diesem Platz gegründet wurde, seinen Namen; Kum-Bum bedeutet: «Hunderttausend Bilder». Die Patres Huc und Gabet erklärten, zwar nicht die Götterbilder, aber doch die Worte *Om mani padme hum* auf den Blättern und dem Baumstamm mit eigenen Augen gesehen zu haben. Nach Pater Huc konnte man deutlich die Buchstaben sehen, die sich auf jungen Blättern und unter der Rinde bildeten, wenn man davon ein Stückchen ablöste.

Als Alexandra David-Neel 1918 in Kum-Bum weilte, wollte sie die Aussagen ihrer Vorgänger überprüfen. Der Baum existierte noch – er war über fünfhundert Jahre alt –, aber er war in einer Art Reliquienschrein eingeschlossen. Man sagte der «Lama-Dame», der Schrein sei neu, aber der Chronik zufolge war er im 16. Jahrhundert errichtet worden. Alexandra David-Neel nahm deshalb an, die Patres Huc und Gabet hätten gar nicht den Baum selbst gesehen, sondern seine beiden Schößlinge, die sie nun untersuchte. Die von weit her gekommenen Pilger erklärten, sie könnten auf den Blättern das heilige Mantra wahrnehmen. Alexandra erkannte nichts dergleichen. Sie befragte die Mönche; auch sie sahen nichts.[84]

Als die Patres Huc und Gabet den Sandelbaum von Kum-Bum betrachteten, hatten sammeleifrige Botaniker, die seit langem auf der Suche nach neuen Arten die Welt durcheilten, noch erstaunlichere Bäume entdeckt. Zu ihrer großen Überraschung waren sie oft viel größer und wahrscheinlich auch viel älter als die Bäume in ihren Heimatländern. 1757 stellte der Franzose Michel Adanson in seiner *Histoire naturelle du Sénégal* die Baobabs Senegambias vor. Es waren zwar nicht die höchsten, aber jedenfalls die dicksten Bäume, die man je gesehen hatte.[85] Die Stämme dieser «Pflanzenkolosse» waren tatsächlich breiter als hoch; der Durchmesser erreichte 9 bis 10 Meter. Perrottet entdeckte vierzig Jahre später in derselben Gegend Baobabs, die einen Umfang von 20 bis 30 Metern aufwiesen.[86] Den dicksten unter ihnen schrieb Adanson ein Alter von bis zu 6000 Jahren zu; sie waren also dreimal so alt wie die ältesten aller europäischen Bäume.[87] Und es sollte noch besser kommen. Alexander von Humboldt untersuchte 1799 auf Teneriffa einen seit langem berühmten Baum. Er machte seinem Namen – Drachenbaum *(Dracoena draco)* – alle Ehre, und zwar nicht nur, weil er eine Art von Gummi hervorbrachte, das «Drachenblut», das die Apotheker verwendeten und das in getrocknetem Zustand blutrot und krümelig war. 1799 hatte der Stamm des Drachenbaumes von Orotava 15 Meter Umfang, und Humboldt schätzte sein Alter auf etwa 8000 Jahre. Auf der Rückkehr von seiner Südamerikareise kam Humboldt 1804 nach Mexiko, wo er in Santa Maria del Tule bei Oaxaca eine Riesenzypresse *(Taxodium mexicanum)* bewunderte; nach seiner Meinung war sie zwischen 4000 und 6000 Jahre alt.[88]

Als die *Endeavour* im April oder Mai 1770 unter dem Kommando von James Cook in einer Bucht[89] an der noch unerforschten Südostküste Australiens vor Anker ging, entdeckten die mitreisenden Botaniker Bäume, die eine Höhe von bis zu 100 Metern erreichten, also doppelt so hoch waren wie die höchsten Bäume Europas: die ersten Eukalyptusbäume, die Europäer zu Gesicht bekamen.[90] Am anderen Ende der Welt, auf den Hängen der Berge, die im Nordwesten Nordamerikas zum Pazifischen Ozean hin abfallen, hatte der Schotte Menzies, ein Gefährte Vancouvers[91], in den Jahren 1792 und 1793 Wälder von Riesenkoniferen durchstreift; einige Arten inventarisierte er; alle Exemplare übertrafen die Höhe unserer Tannen um 20 bis 30 Meter. Zwischen 1825 und 1831 erforschte ein anderer schottischer Botaniker, David Douglas, systematisch dieselben Gebiete und schickte Samen von einigen dieser bis zu 80 Meter hohen Kolosse nach Europa.[92] Liest man die Tagebücher dieser Forscher, so kann man heute noch spüren, welches Fieber ihre Entdeckungen in ihnen erzeugten. Oft genug riskierten sie in der Überzeugung, der Menschheit einen wichtigen Dienst zu erweisen, dafür ihr Leben. Sie waren aber auch ergriffen von der unvergleichlichen Majestät dieser Baumriesen, erschüttert angesichts der Manifestation der unerschöpflichen Macht der wilden Natur, die unendlich gewaltiger und vielfältiger war, als sie bisher geahnt hatten, und erfüllt von einer archaischen und heiligen Empfindung, die aus der Tiefe der Zeiten empordrang: dem Enthusiasmus in dem Sinn, den die Griechen diesem Wort gaben: «von der Gottheit inspirierte Verzückung».

Aber weder Menzies noch Douglas waren des Baumes ansichtig geworden, der alle Rekorde bei weitem in den Schatten stellte: der Sequoia oder vielmehr der Sequoias, denn es gibt zwei Arten: die immergrüne Sequoia (*Sequoia sempervirens* Lamb. Endl.) und die Riesensequoia (*Sequoiadendron giganteum* Buch.), die beide mehr als 100 Meter hoch werden können. Vor allem auf letztere Art, die 1841 in Calaveras Grove entdeckt wurde – einem Flecken, der heute noch andächtig von amerikanischen Touristen besucht wird –, konzentrierte sich das Interesse der Wissenschaftler und die Neugier des Publikums. Dieses Gewächs ist tatsächlich der größte Riese des Pflanzenreichs, sowohl seiner Höhe wegen – bis zu 133 Meter – als auch wegen der Dicke seines Stamms, dessen Umfang an der Basis 36 Meter erreicht. In den Jahren, die auf diese Entdeckung folgten – sie war damals ein Weltereignis –, nahm man Messungen an den Sequoias vor und schätzte vor allem ihre Lebensdauer. Da das Alter, das frühere Naturforscher den von ihnen entdeckten Arten zugeschrieben hatten, übertrieben hoch gewesen zu sein schien, zählte man nun systematisch die Jahresringe aller gefällten Bäume. Manche waren über 3000 Jahre alt, und das waren nicht einmal die dicksten. Manche immer noch lebendige Sequoias sollen bereits ihr viertes Jahrtausend erreicht haben.[93] Diese Bäume waren die größten aller auf dieser Erde existierenden Lebewesen. Als noch älter erwiesen sich die Grannenkiefern *(Pinus aristata)*, die man erst in den fünfziger Jahren unseres Jahrhunderts auf mehr als 3000 Metern Höhe fand; sie leben in dem kalten und sehr trockenen Klima einer noch wenig bekannten Region des Felsengebirges. Diese Koniferen können bis zu 5000 Jahre alt werden.

Was die Naturforscher noch mehr verblüffte, war die Tatsache, daß es fossile Bäume gab, die immer noch lebten. Schon 1690 entdeckte der deutsche Arzt und Botaniker Engelbert Kämpfer in Japan einen völlig einzigartigen Baum, der in keine der bekannten Pflanzenfamilien, nicht einmal in eine der üblichen Ordnungen eingereiht werden konnte. Als die Dendrologen den *Ginkgo biloba*[94] studieren konnten, mußten sie den wissenschaftlich erhärteten Tatsachen schließlich Glauben schenken: Die Art gehört zur braunen Juraformation und hat sich seit damals unverändert erhalten, existiert also seit etwa hundertfünfzig Millionen Jahren. Kämpfer war es aufgefallen, daß man ihn nur in den Wäldern fand, die in Japan die Tempel umgeben. In China verhielt es sich genauso. Kurzum, der Umstand, daß es sich bei ihm um einen heiligen Baum handelte, hatte das Leben des Ginkgo über Jahrtausende und vielleicht noch länger erhalten. Zweihundertfünfzig Jahre nach Kämpfer, 1946–47, fanden chinesische Dendrologen in einer abgelegenen Gegend Westchinas einen Baum, den man bislang nur in versteinertem Zustand gekannt hatte, die *Metasequoia glyptostroboides* Hu und Cheng, die man heute in Parkanlagen anpflanzt.[95]

Man hatte nun also den Beweis für die außerordentliche Langlebigkeit des Pflanzenreichs und insbesondere seiner größten Vertreter, der Bäume. Dennoch rief das Erscheinen der Metasequoias nicht im entferntesten eine solche Begeisterung hervor, wie sie die früheren Entdeckungen geweckt hatten. Unterdessen war nämlich mit dem Gespür für das Heilige auch die Fähigkeit zu staunen und der Respekt vor der Natur, die einst als göttliches Geschenk betrachtet wurde, verlorengegangen. Von nun an zählte nur noch der Profit, den man daraus schlagen konnte.

Allerdings sollte man nicht glauben, daß dieser praktische Aspekt den Menschen, die Ende des 18. und in der ersten Hälfte des 19. Jahrhunderts aufgebrochen waren, um noch unbekannte Regionen der Erde zu erforschen, völlig fremd war. Aber er trug auch zum Gefühl der Dankbarkeit bei, das sie gegenüber der Mutter Erde, der Ernährerin der Menschheit, empfanden. Sie bewunderten ihre Freigebigkeit und ihre Umsicht, die es den Völkern der warmen Gegenden erlaubten, dank ihren Gaben «im Naturzustand» zu leben. In den Tropen lieferten die Bäume alles Nötige. Humboldt schrieb: «Die Früchte der *Crescentia* und der *Lecythis* dienen als Gefäße; Blätter der Palmen und Rindenstücke von den Bäumen ergeben Mützen und Kleider ohne Nähen.[96] Die Knoten oder eigentlich die inneren Scheidewände von Bambusrohren geben Leitern ab und erleichtern auf tausenderlei Art den Bau von Hütten und die Anfertigung von Stühlen, Betten und anderen Möbeln, die den Reichtum des Wilden ausmachen.»[97] In dem Bericht über seine Südamerikareise rühmt Humboldt später die Eigenschaften der amerikanischen, von den Spaniern *Arbol de la vida* genannten Sagopalme *(Mauritia flexuosa)*, die Mehl, Wein und Fasern zur Herstellung von Hängematten, Netzen, Körben und Kleidern liefert, und die des *Palo de vaca* («Kuhbaumes»), der, wenn man am Stamm Einschnitte anbringt, reichlich eine klebrige, ziemlich dickflüssige Milch absondert, die überhaupt nicht bitter ist und angenehmen Balsamduft ausströmt; diese «Milch» bildete in der entsprechenden Jahreszeit die Hauptnahrung der Eingeborenen.

Zur gleichen Zeit, 1796, beschrieb der englische Forschungsreisende Mungo Park die Vorzüge der «pflanzlichen Butter», die die Einwohner vom Bambara aus dem Fruchtfleisch des *Shea* herstellten. Diese Butter «hat nicht nur den Vorteil, daß sie sich das ganze Jahr über ohne Salz hält, sie ist auch weißer, fester und für mich wohlschmeckender als jede Butter aus Kuhmilch, die ich je gegessen habe»[98]. Noch nützlicher war der Brotfruchtbaum (*Artocarpos,* vom griechischen *artos,* «Brot», und *carpos,* «Frucht»), der zuerst auf den Molukken im Malaiischen Archipel entdeckt und dann von Banks, dem Naturforscher, der die erste Reise Cooks begleitete, auch auf Tahiti gefunden wurde. Man weiß, daß William Bligh im Jahr 1789 Brotfruchtbäume von Tahiti zu den Antillen transportierte, als auf der von ihm kommandierten *Bounty* eine Meuterei ausbrach und er mit neunzehn Männern auf einer Schaluppe ausgesetzt wurde, die 6700 Kilometer zurücklegte, ehe sie in Timor Land erreichte. Bligh stach trotzdem nach zwei Jahren wieder in See, und es gelang ihm, 300 Brotfruchtbäume nach Jamaika zu bringen. Die Überraschung, die die Seefahrer angesichts des Brotfruchtbaumes empfanden, ist auch in den Untersuchungen noch spürbar, die dann von den Botanikern durchgeführt wurden. Die Frucht des *Artocarpus incisa* L. «liefert den Einwohnern dieser Länder während acht aufeinanderfolgenden Monaten eine ebenso gesunde wie wohlschmeckende Nahrung. Vor ihrer vollständigen Reife... besteht diese Frucht aus weißem, festem und etwas mehligem Fleisch. In diesem Zustand ißt man sie, entweder im Ofen gebacken als Brot, gekocht oder auf verschiedene andere Weise zubereitet... Die Polynesier machen daraus eine vergorene Paste, die sich ziemlich lange hält und von der sie sich während der Jahreszeit ernähren, in der der Baum keine Früchte trägt... Die Mandeln des Brotfruchtbaumes sind so groß wie Kastanien und dienen ebenfalls als Nahrungsmittel. Aus der inneren Rinde des Stamms fertigen die Bewohner Polynesiens Stoffe an, in die sie sich kleiden. Die Blätter sind groß und fest genug, um als Matten benützt zu werden. Schließlich verwendet man die getrockneten männlichen Kätzchen als Zunder, und der milchige Saft, der in der ganzen Pflanze in reichlichem Maß vorhanden ist, dient zur Herstellung von Leim.»[99] Der Brotfruchtbaum war in der Tat eine wunderbare Gabe der Vorsehung. Die Tropenvölker mußten sich lediglich die Mühe machen, seine Früchte zu pflücken und seine verschiedenen Erzeugnisse zu gebrauchen, um sorgenlos, wohlgenährt und vom Baum-Gott beschützt zu leben, wie es früher, den griechischen und lateinischen Autoren zufolge, die ersten Menschen taten. Fern der Zivilisation existierte noch das «goldene Zeitalter».

Achtes Kapitel

Die Früchte, die Mythen und die Geschichte

Der Olivenbaum und die Gründung Athens – Am Ursprung Roms:
der Feigenbaum des Mars – Die Äpfel der Hesperiden

Bei der Verehrung, die unsere Ahnen den Bäumen entgegenbrachten, spielten teilweise, aber auch nur teilweise die Wohltaten eine Rolle, die sie von ihnen empfingen; vor allem den Obstbäumen wurde große Achtung erwiesen. Allerdings hatte ihre Fruchtbarkeit seit den Urzeiten, in denen sie den Menschen das Lebensnotwendige lieferten, bedeutend nachgelassen. Vergil, der eine sehr verbreitete Ansicht wiedergibt, läßt die Landwirtschaft aus dem Mangel entstehen, der sich bemerkbar machte, «als in den heiligen Wäldern bereits die Eicheln und Beeren ausgingen und Dodona sich weigerte, Nahrung zu spenden»[1]. Das «goldene Zeitalter» war nur mehr eine Erinnerung; mit seinem Ende hatte ein Niedergang eingesetzt, den nur die Arbeitsamkeit der Menschen aufhalten konnte. Von nun an mußte man, um eine ausreichende Ernte sicherzustellen, die Bäume anpflanzen und pflegen. Zu der Zeit, als Vergil schrieb, war die Baumzucht schon zu einer regelrechten Technik geworden, die von den Schriftstellern, auf die sich der Verfasser der *Georgica* stützte, beschrieben wurde: von Cato Censorius[2], Varro[3] und seinen Zeitgenossen Columella[4] und Plinius dem Älteren. In dem Buch, in dem er die Obstbäume behandelt[5], spricht der letztere von zahlreichen neuen Pfropfverfahren, die zur Entstehung neuer Obstsorten führten, und insbesondere von den Pflaumen, die Cato ein Jahrhundert früher noch nicht erwähnt hatte. Plinius geht auch auf die Einführung von vorher unbekannten Obstbaumarten ein und beschreibt den Kirschbaum, den Lucullus im Jahr 73 v.Chr. vom Schwarzen Meer mitgebracht hatte, sowie den Pfirsich- und den Aprikosenbaum, die aus dem Orient kamen und die man in Italien eben erst zu züchten begann.

Für die Alten waren die Früchte Geschenke der Götter. Die Latiner hatten sogar eine Göttin, Pomona, die über ihr Reifen wachte; sie hatten ihr einen wahrscheinlich älteren, vielleicht sogar etruskischen Gott zugesellt, Vertumnus (von *vertere,* «wechseln»), der der Abfolge der Jahreszeiten vorstand und mit besonderer Sorgfalt auf die Obstbäume achtete. Die Mythologie erlaubt die Vermutung, daß zwischen den beiden Gottheiten, der jungen Pomona und dem alten Vertumnus, eine gewisse Rivalität bestand. Vertumnus, der das junge Mädchen gern verführt hätte, mußte nacheinander die Gestalt eines Pflügers, eines Winzers und eines Schnitters annehmen, aber vergeblich; er wechselte hierauf das Geschlecht und erschien als alte Frau, und damit kam er zum Erfolg.

Unser Wort «Frucht» leitet sich von *fructus* ab. Im Lateinischen, dieser Juristensprache, bezeichnet das Wort aber nicht die Frucht, sondern eigentlich das, was wir «Nießbrauch» nennen: das «dingliche, höchstpersönliche Recht an einem fremden Gegenstand, sämtliche Nutzungen aus ihm zu ziehen», wie es in einem Lexikon heißt. In allgemeinerem Sinn ist *fructus* das Einkommen aus einer Sache, dann das Ergebnis, der Vorteil, die Entschädigung. Die europäische Wurzel *bhrug-*, die zu *fructus* geworden ist, hat einen weiter gefaßten Sinn, sie bezeichnet den Genuß, den die Güter der Erde bereiten; *fruges* sind die Produkte (der Natur), und *fructuosus* ist das Fruchtbare, Ertragreiche. Denken wir an diesen ursprünglichen Sinn: die Frucht ist Gegenstand des Genusses und auch das Produkt, das Kind des Baumes, wie auch im *Ave Maria* von der «Frucht deines Leibes» die Rede ist. Im Lateinischen heißt die Frucht *pomum* und der Obstbaum *pomus;* der Apfel, lateinisch *malum,* ist in unserer Sprache die Frucht schlechthin, wie sich an Zusammensetzungen wie «Erdapfel» oder «Apfelsine» ablesen läßt. Im Griechischen hat das Wort für «Frucht» noch vielfältigere Bedeutung. *Carpos* bezeichnet nicht nur die Produkte der Erde und der Pflanzen (im Lateinischen heißt *carpo-carpere* «pflücken», «abnehmen», «abreißen»), das Korn, den Samen, sondern auch das Tierjunge und das Handgelenk, als ob die Hand die Frucht des Armes wäre. Erinnern wir uns daran, daß das Wort «Dattel» vom griechischen *dactylos,* «Finger», kommt. Vielleicht kann man *carpos* mit dem rätselhaften *Kar* in Verbindung bringen, aus dem *carya,* «die Nuß», wurde und mit dem das Wort *caro-carnis* verwandt zu sein scheint, das im Lateinischen nicht nur «Fleisch», sondern auch «Fruchtfleisch» und sogar den zarten inneren Teil des Baumes bedeutet, durch den der Saft fließt, das Weißholz.

Der Natur näher als wir und vor allem empfänglicher für ihr heiliges Wesen, bewahrten sich die Alten eine Frische des Blicks, die sie noch staunen ließ angesichts der geheimnisvollen Genese der Früchte und der vielfältigen Nutzungsmöglichkeiten, die sie boten; denn obwohl die Eicheln und die Äpfel, die Mandeln und die Feigen, die Oliven, die Nüsse und die Kastanien allesamt Früchte sind, ist jede aus ihrer eigenen Evolution hervorgegangen und besitzt jede eine eigene, von den anderen verschiedene Struktur.

So ist die Eichel eine Achäne (aus dem verneinenden griechischen *a-* und *cheinein,* «öffnen»), das heißt ein sehr großes, einzelnes Samenkorn, das in einem Becher steht. Gleiches gilt für die Buchecker, die in ihre stachlige Schale eingehüllte Kastanie und die in einer hölzernen Schale eingeschlossene Haselnuß, nicht aber für Walnuß und Mandel; letztere sind Steinfrüchte, deren fleischiger

Teil nicht eßbar ist und von denen wir den Samen verzehren, der im Kern einge-
bettet ist; der Samen ist bei der Mandel meist doppelt – einer wird jedoch oft
abgestoßen – und bei der Walnuß, wo er zwei dicke, ölige Kotyledonen bildet,
einfach. Bei den anderen Steinfrüchten, der Olive, der Kirsche, der Pflaume, dem
Pfirsich, der Aprikose ißt man im Gegensatz dazu die fleischige Umhüllung. Im
Fruchtfleisch der Beeren findet man nicht nur einen einzelnen Kern, sondern viele winzige Kerne (das französische Wort *pépin* kommt vom lateinischen *pipinna,*
«Penis des kleinen Knaben»). Auch Äpfel und Birnen enthalten solche kleinen
Kerne, aber bei ihnen handelt es sich um Früchte eines ganz anderen Typs, dem
die Botaniker den Namen «Piridion» gegeben haben (dieses pseudogriechische
Wort kommt vom lateinischen *pirus,* «die Birne»). Hier sind noch die fünf
Fruchtblätter des Blütenstempels zu sehen, die zu den fünf Kammern der Frucht
geworden sind. Zu diesem Typ gehören die Quitten, Mispelfrüchte, Vogelbee-
ren, Blumensporne und Weißdornfrüchte. Von allen Früchten, die von den Griechen und Römern verzehrt wurden, waren die seltsamsten und geheimnisvoll-
sten die Feigen, aber obwohl sie bei ihnen eine wichtige Rolle gespielt haben,
gelang es ihnen anscheinend nicht, ihr Geheimnis zu lüften.

Der Olivenbaum und die Gründung Athens

Für die Griechen gab es keine nützlichere Frucht als die Olive, und man kann
sich die hellenische Zivilisation und das Land selbst kaum ohne Olivenbäume
vorstellen. In der Antike wurden die Oliven wie heute entweder schwarz, das
heißt reif, gegessen, nachdem man sie, damit sie ihre Bitterkeit verloren, einige
Zeit ins Wasser gelegt hatte, oder grün, in diesem Fall gewaschen, in Süßwasser
eingelegt und leicht gesalzen. Vor allem das durch Druck aus den Früchten ge-
preßte Öl war ein höchst notwendiges Erzeugnis. Man verwendete es nicht nur
in der Küche, sondern, was ebenfalls sehr wichtig war, auch für den edleren
Zweck der Beleuchtung. Schon im minoischen Kreta zeigen unzählige Lampen
aus Ton, Speckstein, Gips und Marmor, wie man Paläste und Hütten beleuchte-
te; ihre Größe deutet auf eine wahrhaft luxuriöse Lichtfülle hin: man sparte damit nicht.[6] Das Olivenöl diente auch zur Körperpflege; die Leiber glänzten in
der Palästra, als wären sie aus poliertem Marmor[7]; selbst die Götter und die Helden in der *Odyssee* reiben sich gerne damit ein, um ihre unsterbliche und leuchtende Schönheit zu bewahren. Im homerischen Griechenland ölte man auch ihre
Statuen damit ein.[8] Schließlich bildete das Olivenöl die Basis für Salben und Par-
füms. Man wusch damit die Leichen, nahm damit heilige Ölungen vor, verwendete es zu medizinischen und magischen Zwecken und opferte es den Göttern.

Die Pflege der Olivenbäume, die Ernte der Früchte und das Auspressen des Öls waren im antiken Leben von größter Bedeutung, und zwar seit prähellenischen, ägäischen Zeiten. Paul Faure, der das Alltagsleben in Kreta zur Zeit des Minos[9] studierte und dabei mit großem Gewinn die heutigen Gegebenheiten mit einbezog, schildert uns aufschlußreiche Einzelheiten: «Die Olivenernte war die letzte und zugleich die am längsten dauernde Ernte des Jahres. Sie begann im November und war erst Anfang März zu Ende, wenn die überreifen Früchte von selbst von den Bäumen fielen. Einige Oliven wurden von Hand gepflückt, aber die der oberen Äste mußten die Männer herunterschlagen. Die Frauen und Kinder lasen die Oliven auf und legten sie auf eine gut gereinigte oder sogar mit einem Tuch bedeckte Bodenfläche und trennten sie von Blättern und Stengelstücken. Wie bei der Getreideernte und der Weinlese war die gesamte Hofgemeinschaft in der Pflanzung versammelt. Drei gute Arbeiterinnen konnten im Laufe der Erntezeit eine Menge auflesen, die für die Herstellung einer Tonne Öl ausreichte. Die für die Aufbewahrung und den Verbrauch bestimmten Früchte wurden in Salzlake eingelegt. Die anderen wurden in einem Holzmörser mit einem Holzstößer zerstoßen, wenn man dem Dichter Hesiod glauben kann. Der so gewonnene Brei wurde, in Säcke aus Tierhaaren gefüllt, zwischen eine Art Regenwasserbottich und einen Stapel Bohlen, die als Presse dienten, gebracht. So verfuhr man noch in sehr vielen Dörfern bis in unsere Zeit. Im allgemeinen verstärkte man den Druck, indem man über die Bohlen einen riesigen Hebelarm legte, dessen eines Ende in der Mauer steckte, während sich das andere unter der Kraft der Menschenarme und dem Druck von angehängten Steinsäcken bog. Das Öl aus dieser ersten kalten Pressung[10] lief in einen Krug oder ein Becken ab; von hier kam es zur Lagerung in die Behälter des Bauernhofes oder wurde in Schläuche aus Ziegenhaut mit nach innen gewendeter Haarseite gefüllt. In diesen Schläuchen wurde das Öl zu anderen Orten transportiert, zum Fürsten, zum Priester oder zum Händler.» In einer zweiten Phase wird «das ausgepreßte Fruchtfleisch, das noch sehr gehaltvoll ist», aufgehäuft, und es «erwärmt sich während zwanzig Tagen. Dann wird es zerdrückt und erneut ausgepreßt; das ergibt ein herberes, saureres Öl, dessen Menge etwa ein Drittel der Ausbeute aus der ersten Pressung beträgt. Schließlich läßt man das letzte Öl auslaufen, indem das Fruchtfleisch der Einwirkung heißen Wassers ausgesetzt wird, in einem Spezialzuber aus Ton, dem Ölausscheider: minoische Exemplare, die denen unserer Zeitgenossen entsprechen, wurden in Praisos, Gurnia, Malia und Vathypetro gefunden. Das Fett steigt an die Oberfläche. Das Mark und das Wasser, die schwereren Substanzen, werden durch eine Röhre am Boden des Bottichs abgeführt. Man sieht, wieviel Arbeit und Sorgfalt die Ölherstellung erforderte und wie stark Preis und Qualität des Erzeugnisses schwanken konnten.»

In Griechenland hießen Olive und Olivenbaum *elaia* und das Öl *elaion;* beides sind kretische Wörter. *Elaion,* und dann auch das lateinische *oleum* – aus dem wiederum das Verb *olere,* «einen Geruch haben», entstand –, wurde generell für Öl gebraucht, denn in der Antike kannte man sozusagen kein anderes. Diese allgemeine Bezeichnung hat sich gehalten, selbst für Öle, die aus anderen Pflanzen gewonnen werden, und nicht nur in den Tochtersprachen des Lateinischen (*huile* im Französischen, *olio* im Italienischen, *oleo* im Spanischen), sondern auch in den germanischen Sprachen (*oil* im Englischen, *Öl* im Deutschen). In gleicher Weise kommt das französische Wort *drupe,* ein botanischer Terminus für alle Steinfrüchte, vom lateinischen *drupa* oder *druppa,* «schwarze (also reife) Olive»; *drupa* wiederum ist von den griechischen Wörtern *drupetes,* «Frucht, die von selbst vom Baum fällt», und *drupepes,* «was am Baum reift», abgeleitet und meint vor allem die Olive, in zweiter Linie aber auch die Feige. Nun kommen aber *drupetes* und *drupepes* von *drus,* «Baum, sofern er heilig ist»; im Gegensatz zu *dendron* bezeichnete *drus* vor allem die Eiche. Man mag sich nun fragen, warum man die Wurzel *dru-* in Wörtern wiederfindet, die sich auf die reife Olive beziehen. Dies ist nicht nur auf den Umstand zurückzuführen, daß auch der Olivenbaum heilig war. Die Eichel galt als Hauptnahrungsmittel der Menschen des «goldenen Zeitalters», und wir haben gesehen, wie Vergil, alte Glaubensvorstellungen aufgreifend, in seinem *Lied vom Landbau* feststellte, daß das Seltenerwerden der Eicheln in den heiligen Wäldern das Ende des «goldenen Zeitalters» ankündigte. Die Oliven ersetzten sie nun, aber nur dank der menschlichen Bemühungen, denn der Olivenbaum wächst nicht wild, sondern ist ein Kulturpflanze. Die Olive war für die Alten die Frucht der Zivilisation, wie die Eichel die Frucht des «goldenen Zeitalters» gewesen war.

Obschon sich der Olivenbaum heute aus der griechischen Landschaft nicht mehr wegdenken läßt, ist sie nicht seine Heimat. Sein ursprüngliches Verbreitungsgebiet liegt, wie die Botaniker herausgefunden haben, in Kleinasien, wo er in der weitläufigen Region, die sich von Südarabien über die Halbinsel Sinai, über Palästina, Syrien und die südliche Türkei bis zum Fuß des Kaukasus erstreckt, regelrechte Wälder bildet. Dort hat man allem Anschein nach begonnen, ihn zu züchten. Daher ist es auch nicht überraschend, daß man auf die erste Erwähnung des Olivenbaums in den Kapiteln der Genesis stößt, die von der Sintflut berichten: «Da wartete Noah sieben Tage; dann ließ er die Taube ausfliegen, um zu sehen, ob sich die Wasser vom Erdboden verlaufen hätten. Da aber die Taube keine Stätte fand, wo ihr Fuß ruhen konnte, kam sie wieder zu ihm in die Arche... Hierauf wartete er noch weitere sieben Tage; dann ließ er die Taube abermals aus der Arche fliegen. Die kam um die Abendzeit zu ihm zurück, und siehe da!, sie trug ein frisches Ölblatt in ihrem Schnabel.»[11] Gottes Zorn war also besänftigt; die Wasser hatten sich von der Erde verlaufen; die Vegetation fing wieder an zu grünen.

Von Anfang an war der Olivenbaum für die Hebräer eines der wertvollsten Geschenke Jahwes, das eigentliche Symbol des Bundes, den er mit den Menschen – in Person der Patriarchen, Noahs und, wie wir sehen werden, Abrahams – geschlossen hat. Das Olivenöl diente zur Weihe. Zudem hieß der Gottgesandte, dessen Ankunft das Volk erwartete, der Messias, auf hebräisch *Mâschiak,* «der Gesalbte des Herrn», ins Griechische übersetzt mit *Christos,* «der mit dem heiligen Öl Gesalbte». In Frankreich wurden die Könige bei ihrer Weihe mit Öl aus der «heiligen Ampulle» gesalbt, die ein Engel oder eine Taube zur Taufe von Clovis, dem ersten König der Franken, gebracht haben soll.[12] Die Salbung, oder vielmehr die Salbungen, sieben an der Zahl, wurden feierlich vom Weiheprälaten vorgenommen; bis auf wenige Ausnahmen versah dieses Amt der Erzbischof von Reims, der Nachfolger des heiligen Remigius, der Clovis getauft und gesalbt hatte. Der Monarch wurde auf dem Kopf, der Brust, zwischen den Schultern, auf der rechten und auf der linken Schulter und in der rechten und der linken Achsel gesalbt. Bei jeder Salbung sprach der Weihepriester auf lateinisch folgende Formel: «Ich salbe dich mit geheiligtem Öl, um dich zum König zu machen, im Namen des Vaters, des Sohnes und des Heiligen Geistes. Amen.» Die Salbung, die also den König «machte», wurde als wichtigstes Element der Weihen betrachtet. Sie verband das Neue mit dem Alten Gesetz, mit dem Gesetz des auserwählten Volkes. Unter dem Alten Gesetz wurden Saul und David vom Propheten Samuel geweiht – Propheten wurden gesalbt wie Könige – und Salomon durch den Priester Zadok und den Propheten Nathan. Daran erinnerten die Antiphonen, die in Reims während der Salbung vom Chor gesungen wurden.

Das Neue Testament hatte die Versprechungen des Alten eingelöst, da ein Heiland, der «Gesalbte des Herrn», gekommen war, und das Prinzip der Salbungen wurde dadurch erneuert. Die Kirche verbreitete sie und machte sie allen Gläubigen zugänglich, die Christus erlöst und an sich gebunden hatte. Salbungen gehören zu den meisten Sakramenten, die das Leben des Christen bis zu seinem Tod begleiten. Dafür verwendet man das Salböl (lateinisch und griechisch *chrisma,* «Salbe»), das aus Olivenöl mit einem Zusatz von Balsam besteht, aber das Rezept dieses Balsams ist nach einem Liturgiehistoriker erst in späterer Zeit entstanden, «denn nachweislich wurde während der ersten vier- bis fünfhundert Jahre der Kirche dem Öl nichts beigemischt». Es muß unbedingt Olivenöl sein *(oleum ex oliva),* alle anderen Substanzen sind verboten.[13]

Übrigens enthält nur das eigentliche Chrisma Balsam; das Öl «der Katechumenen» und das «der Kranken» darf mit nichts vermischt werden. Diese drei Öle können nur vom Bischof der Diözese geweiht werden, «und zwar in einer feierlichen Zeremonie, bei der dem Bischof zwölf Priester, sieben Diakone und eine genügende Anzahl von Akoluthen assistieren müssen» und die nur einmal im Jahr, am Gründonnerstag, vollzogen wird. Die Zeremonie beginnt mit einem Exorzismus, und der Bischof und die Priester verneigen sich dann vor dem Öl, wenn es einmal gesegnet ist.

Die heiligen Öle werden bei der Taufe verwendet – der Katechumene empfängt die Salbung auf Brust und Schultern –, und bei der Firmung zeichnet der Bischof nach der Handauflegung mit dem Daumen, den er zuvor ins Chrisma getaucht hat, das Zeichen des Kreuzes auf die Stirn des Firmlings. Noch wichtiger sind sie aber bei der Ordination der Priester und der Bischofsweihe und außerdem beim Sterbesakrament, das mit Recht «die letzte Ölung» genannt wird. Die zukünftigen Priester salbt der Bischof mit einem Kreuz auf die Handflächen; dazu verwendet er Katechumenenöl. Dem Bischof werden bei der Weihe mit Chrisma ein Salbenkreuz auf den Kopf und weitere Kreuze auf die Hände gezeichnet. An den Sterbenden wird ein regelrechter Exorzismus vorgenommen, wie die Formel des Sacramentariums Gregors des Großen bezeugt: «Ich salbe dich mit dem heiligen Öl, wie Samuel David gesalbt hat, um ihm zum König und Propheten zu machen. Kreatur Öl, entfalte deine Wirkung im Namen des allmächtigen Vaters, damit sich hier nicht der schändliche Geist verstecke und damit diese Glieder nicht von ihm besessen seien, sondern damit in dir die Tugend des allerhöchsten Christus und des heiligen Geistes wohne.» Die Öle sollen auch gewisse Sünden, die mittels der Sinnesorgane und anderer Körperteile begangen wurden, wiedergutmachen, deshalb salbt man Augen, Nasenlöcher, Mund, Ohren, Hände und Füße.[14] Die letzte Ölung wurde nicht nur eingeführt, «um die Seele zu reinigen, zu trösten und gegen die Angriffe des Feindes zu stärken, sondern auch, um die Leiden des Leibes zu mildern und ihm sogar, wenn es der göttlichen Güte gefällt, die Gesundheit wiederzugeben»[15].

Die Verehrung der Hebräer für den Olivenbaum übertrug sich auch auf andere Semiten, die Araber, bei denen der Baum einheimisch war und seit langem kultiviert wurde. Im Islam ist er der Weltenbaum schlechthin, das Zentrum und der Stützpfeiler der Welt; er symbolisiert den universalen Menschen, den Propheten, und «einer der Namen Gottes oder ein anderes heiliges Wort steht auf jedem seiner Blätter geschrieben; und die *baraka* seines Öls kann so stark sein, daß sie selbst die Menge des Öls vermehren und gefährlich werden kann. Bei manchen Stämmen trinken die Männer Olivenöl, um ihre Zeugungskraft zu erhöhen»[16]. Der Olivenbaum ist also auch ein Lebensbaum, aber im Islam gilt der *gesegnete Baum* wegen des Öls, das er liefert, vor allem als Quelle des Lichts. Die vierundzwanzigste Sure des Korans, die «Das Licht» betitelt ist, drückt es so aus: «Allah ist das Licht der Himmel und der Erde. Sein Licht ist gleich einer Nische, in der sich eine Lampe befindet; die Lampe ist in einem Glase, und das Glas gleich einem flimmernden Stern. Es wird angezündet von einem gesegneten Baum, einem Ölbaum, weder vom Osten noch vom Westen, dessen Öl fast leuchtete, auch wenn es kein Feuer berührte – Licht über Licht!»[17] Dieser wunderbare und geheimnisvolle Baum ist der Himmelsbaum – «ohne Beziehung zur Rotation (der Erde) um die Sonne»[18] –, die eigentliche, unbewegte Achse der geschaffenen Welt.

Der Olivenbaum, der *gesegnete Baum*, steht auch für Abraham, den Vater der Gläubigen, den gemeinsamen Ahnherrn der Juden, Christen und Mohammedaner. Abraham, wie vor ihm Noah, wird mit dem Olivenbaum als dem Zeichen dieser Allianz identifiziert, und die Oliven, die göttlichen Geschenke, sind gleichsam das Unterpfand.

Auf den heiligen Olivenbaum zu steigen heißt zum Ursprung zurückzukehren, in den «Schoß Abrahams», wie im Traum Mohammeds, der in einem «Hadith» aufgezeichnet ist, zum Ausdruck kommt: «Ich sah in dieser Nacht zwei Männer, die kamen und mich bei der Hand nahmen, um mich zur heiligen Erde zu bringen… Dann führten sie mich in einen grünen Garten. Dort stand ein ungeheuer großer Baum, und im Stamm des Baumes waren ein Greis und Kinder. Ein Mann entfachte in der Nähe des Baumes ein Feuer. Die zwei Männer hießen mich auf den Baum steigen und führten mich zu einem so wunderbaren Ort, wie ich noch nie einen gesehen hatte; es gab da Greise und junge Leute, Frauen und Kinder.» Der Prophet fragte seine beiden Begleiter nach der Bedeutung dessen, was er gesehen hatte. Sie antworteten ihm: «Der Greis, den du im Stamm des Baumes gesehen hast, ist Abraham, und die Kinder sind Männer; der das Feuer entfacht hat, ist der Hüter des Feuers. Der erste Raum, in den du eingetreten bist, ist der der gewöhnlichen Gläubigen. Noch höher im Baum gibt es einen weiteren, noch schöneren Aufenthaltsort, da wohnen die Märtyrer.» Im Wipfel des kosmischen Baumes, hier des Olivenbaums, der den Himmel berührt, befindet sich das Paradies der Auserwählten, und dessen höchste Region ist den Märtyrern vorbehalten, den Zeugen[19], die Gott alles hingegeben haben, sogar ihr Leben.

Der Olivenbaum war ein orientalisches Gewächs. Es scheinen die Phönizier gewesen zu sein, die ihn an den Küsten des Mittelmeeres und vor allem in ihrer Kolonie in Karthago ansiedelten, von wo aus die Art sich über ganz Nordafrika verbreitete.

Nach der in Griechenland geläufigsten Ansicht wurde der Olivenbaum von Kekrops aus Ägypten oder Libyen nach Attika gebracht; dieser pelasgische Held war Attikas erster König, der den Ackerbau lehrte und Athen gründete. Aus den antiken Schriften wie auch den archäologischen Funden geht hervor, daß der

234

Hügel, der die Akropolis trägt, zunächst Glaukopion[20] hieß; er war eigentlich der Eulengöttin *(glaux)* und später dem Schlangengott Kekrops geweiht, dessen Name offenbar aus einer Vermischung von *krypto,* «verbergen», und *kerkos,* «Schwanz», und den Endungen *ops,* «die Stimme», *opsis,* «das Sehen», «das Gesicht», entstanden ist. Mit anderen Worten: Kekrops war ein Gott, halb Mensch, halb Schlange, und so wird er auch in archaischen Skulpturen dargestellt. Wir haben gesehen, daß die Schlange, eine chthonische Macht, eng mit dem heiligen Baum verbunden war. Den Archäologen zufolge war die Akropolis, die zuerst Glaukopion hieß und später in pelasgischer Zeit Kekropia, bereits befestigt und von fünf oder sechs Dörfern umgeben, als die Hellenen, die sofort die Bedeutung ihrer beherrschenden Lage erkannten, sie eroberten. Sie setzten hier eine neue Gottheit ein, Erechtheus[21], der die Gestalt des alten Schlangengottes Kekrops annahm; Kekrops wurde «ins Reich der Schatten verbannt», und Erechtheus teilte sich mit ihrer Göttin Athene, die «den Eulenkult übernahm», in die Akropolis. Der Hügel wurde Athene auf ewig geweiht. Die kleinen Siedlergruppen der Kekropia wurden ihr Volk, und aus dem Zusammenwachsen der Dörfer entstand ihre Stadt, Athen. Als sich ihr Gebiet bis zur Ebene des Flusses Kephisos ausgedehnt hatte, verschmolz sie noch mit einer anderen Athene, der Göttin des Olivenbaums; als die Küste erreicht war, verbündete sie sich mit Poseidon. Das Erechtheion schildert diese ganze Vergangenheit, mit seiner Kekrops-Kapelle, mit seinen Erechtheus, Athena und Poseidon geweihten Altären, mit seinem heiligen Olivenbaum und seinem kleinen Meer.[22] Diese Abfolge von Kulten wurde durch Ausgrabungen klar belegt. Das heutige Erechtheion wurde über einem griechischen Tempel und einem mykenischen Gebäude errichtet; man respektierte die Ruinen und behielt die alten Hauptlinien bei.[23]

Man kennt noch mehrere andere Legenden, die sich auf die Gründung und die Entwicklung der Stadt Athen beziehen – der Name ist im Griechischen ein Plural und bezeichnet den Bund, der unter Athenes Ägide zustandekam –, denn offenbar waren den Griechen der klassischen Zeit die historischen Hintergründe der Entstehung Athens unklar. So gilt Kekrops bald als der Vater und dann wieder als der Sohn des Erechtheus, der von Poseidon getötet wurde. Es ist allerdings durchaus möglich, daß diese Verwirrung nicht ganz unbeabsichtigt war, denn die Athener, die sich gerne als Ureinwohner ausgaben, zogen es zweifellos vor zu vergessen, daß sie aus einem Rassengemisch hervorgegangen waren. Das durch Ausgrabungen bestätigte Nacheinander der Kulte am gleichen Ort scheint jedoch, wie es in der griechischen Welt häufig vorkam, wirklich einer Reihe von mehreren Eroberungsfeldzügen zu entsprechen. «Es ist offensichtlich, daß die ionischen Pelasger, die Athen bewohnten» – und man weiß, daß die Athener zu allen Zeiten besonders enge Beziehungen zu Ionien unterhielten –, «von den

Aiolern besiegt wurden und daß Athene ihre Oberherrschaft nur durch ein Bündnis mit den Achaiern des Zeus wiedergewinnen konnte. Diese zwangen sie später, der Vaterschaft des Poseidon zu entsagen und ihre Geburt aus dem Haupte des Zeus anzuerkennen.»[24]

Diese Hypothese von R. Graves wird durch mehrere Legenden bekräftigt. So hieß der Sohn und Nachfolger des Kekrops, der selbst ein Sohn des Erechtheus war und von Poseidon zu Tode gebracht wurde, Pandion, was «all(-mächtiger) Zeus» bedeutet; er war also ein Zeuspriester der Achäer. Die Rivalität zwischen Athene und Poseidon illustriert die berühmte Geschichte, in der sich die alte pelasgische Gottheit und der Gott der äolischen Eroberer gegenüberstanden. Stets begierig, Königreiche auf dem festen Land zu erwerben, erhob Poseidon Anspruch auf Attika und stieß seinen Dreizack in den Boden der Akropolis, wo auf der Stelle ein Brunnen mit salzigem Meerwasser entstand, den es dort heute noch gibt. Als Entgegnung ließ die Göttin bei diesem Brunnen den ersten Olivenbaum wachsen.[25] Poseidon forderte sie in seiner Wut zu einem Zweikampf heraus, aber Zeus schaltete sich ein und brachte den Streit vor ein Gericht, das sich aus den anderen Olympiern zusammensetzte. In den Zeugenstand gerufen, sprach sich Kekrops zugunsten Athenes aus. Alle Götter unterstützten Poseidon, und alle Göttinnen standen auf Athenes Seite, die schließlich den Sieg davontrug, denn Zeus hatte sich der Stimme enthalten. Mit einer Mehrheit von einer Stimme entschied das Gericht, die Göttin habe ein größeres Anrecht auf das Territorium, weil sie ihm das schönere Geschenk gemacht hatte; das Urteil des Kekrops hatte also den Ausschlag gegeben, und Pallas, das göttliche «Mädchen», die archaische ägeo-mykenische Göttin, behielt ihr altes Herrschaftsgebiet. Von ihr autorisiert, wurde Kekrops zum zivilisatorischen Helden Attikas. Er teilte das Land in zwölf Gemeinden ein, errichtete der Athene Polias Tempel, ersetzte die blutigen Opfer durch Gaben von Gerstenkuchen und genoß gemeinsam mit der jungfräulichen Göttin die Ehre, den Olivenbaum eingeführt zu haben, dessen Schutzherrin sie zusammen mit Zeus blieb. Es gab im Griechischen ein eigenes Wort für die der Athene geweihten Olivenbäume nicht nur auf der Akropolis, sondern auch auf dem Areopag und in der Akademie. Man nannte sie *moria*, nicht *elea; morios* bedeutet «als Erbe gegeben» (durch das Schicksal, durch die Götter), und *Morios Zeus* war der Herr der heiligen Olivenbäume.

In seinen Reisebeschreibungen, die eifrige Touristen durchaus als Führer benutzen können, gibt Pausanias eine ausführlich-genaue Schilderung der Akropolis, wie sie sich im 2. Jahrhundert n. Chr. den Blicken darbot. Sie war viele Male geplündert und umgebaut worden. Dennoch sah man dort immer noch im Fels die Spur von Poseidons Dreizack, den Meerbrunnen, wo man bei Südwind das Rauschen der Wellen hören konnte[26], und etwas abseits den Olivenbaum

236

Athenes. Er war verbrannt, als die Perser des Xerxes an den Tempel des Erechtheus Feuer legten, «als aber am Tage nach dem Brande die mit dem Opfer beauftragten Athener in den Tempel kamen, sahen sie, daß aus dem Stumpf ein ellenlanger[27] Sprößling emporgewachsen war»[28]. Nicht weit von dort konnte man zu Zeiten des Pausanias noch eine goldene Lampe bewundern, die der Göttin geweiht war; sie wurde mit Öl gefüllt, und dann wartete man, bis im Jahr darauf derselbe Tag zurückgekehrt war, denn das Öl reichte für diese ganze Zeitspanne, obschon die Lampe Tag und Nacht brannte. Selbst wenn es der Verfasser der *Beschreibung Griechenlands* nicht deutlich ausspricht, ist klar, daß dieses wunderbare Öl von den Früchten des heiligen Olivenbaums stammte.

Der Besitz dieser heiligen Bäume war nicht nur das von den Athenern gehütete Privileg – die Epidaurer mußten die Athener um die Erlaubnis bitten, einen ihrer Ölbäume fällen zu dürfen, um gemäß einer Forderung des delphischen Orakels zwei Standbilder daraus zu machen –, sondern es hieß auch, so schreibt Herodot, «daß es damals nirgend sonst Ölbäume gab als in Athen». Die in der Ebene von Eleusis gepflanzten Olivenbäume wurden besonders verehrt; der homerische Hymnus an Demeter, der sie mit den eleusinischen Einweihungsmysterien in Verbindung bringt, vergöttlicht sie nahezu. Wer ihnen Schaden zufügte, wurde vor Gericht gestellt und streng bestraft. Überall in Griechenland waren die Olivenbäume geschützt; man gebrauchte ihr Holz nur, um kultische Standbilder daraus zu fertigen. Sie zu fällen oder zu verbrennen war ein Verbrechen, das von den Menschen und vor allem von den Göttern geahndet wurde. Wenn die Lakedämonier, die Attika verwüsteten, die Olivenbäume verschonten, so nur aus Furcht vor der göttlichen Rache.

Von Attika aus verbreitete sich der Olivenbaum in ganz Griechenland, doch nach Italien gelangte er erst später. Nach Fenestella, einem lateinischen Geschichtsschreiber, der zu Beginn der Herrschaft des Tiberius starb und von Plinius[29] zitiert wird, war er im Jahr 173 der römischen Zeitrechnung, als Tarquinius Priscus regierte, in Italien, in Spanien oder in Afrika völlig unbekannt; zur Zeit des Plinius jedoch (im 1. Jahrhundert n. Chr.), also siebenhundert Jahre später, hatte der Olivenbaum bereits die Alpen überwunden und das Zentrum Galliens und Spaniens erreicht.

Am Ursprung Roms: der Feigenbaum des Mars

Der Symbolismus und die Mythologie der Feige und des Feigenbaums waren in der Antike fast so reichhaltig wie diejenigen der Olive und des Olivenbaums. Die Geschichte des Feigenbaums und seiner geographischen Verbreitung weist in der Tat viele Ähnlichkeiten mit der des Olivenbaums auf, mit dem Unterschied allerdings, daß diese Baumart in ganz Afrika bis in den äußersten Westen natürlich vorkommt; die Botaniker haben wilde Feigenbäume in den entlegensten Gegenden der Kanarischen Inseln entdeckt.[30] Auch in Nordafrika findet man den Feigenbaum, bis in die Sahara-Oasen, bis nach Afghanistan und Belutschistan, bis zum Fuß des Kaukasus ist er verbreitet, wo er genau wie der Olivenbaum haltmacht.[31] Man weiß, daß eine afrikanische Feige den dritten Punischen Krieg auslöste und zur Zerstörung Karthagos führte. Cato, «brennend vor tödlichem Haß gegen die Karthager und besorgt um die zukünftige Sicherheit der Römer», zeigte den Senatoren eines Tages eine frische Feige. «Wisset, daß sie vor drei Tagen in Karthago gepflückt wurde, so nahe ist der Feind unseren Mauern.»[32]

Auf alle Fälle kam der Feigenbaum aus Kreta zu den Griechen, wie der griechische Name der Frucht bezeugt.[33] Auf der Insel nannte man eine getrocknete Feige *sykon* und eine frische *olynthos;* im Griechischen scheint dasselbe Wort *sykon – sykea,* «die Feige», «der Feigenbaum» – trockene wie auch frische Früchte bezeichnet zu haben. Die Linguisten[34] nehmen hingegen an, der Ausdruck *olynthos* habe nur den Sinn von «Spätfeige, die nicht reift» beibehalten; es scheint wahrscheinlicher, daß das Wort «wilde Feige» bedeutete und die Bocksfeige meinte, die tatsächlich nicht zur Reife gelangt; von *olynthos* leitet sich das Verb *olynthazein* ab, «die weiblichen Palmen mit dem Pollen der männlichen befruchten», ganz sicher deshalb, weil die Griechen dieses Verfahren, das sie nur vom Hörensagen kannten, mit der Kaprifikation verglichen, die sie selbst praktizierten.

Seit homerischer Zeit wird der Feigenbaum in Griechenland gezüchtet, wie aus der Beschreibung des Obstgartens des Alkinoos, des Königs der Phäaken, im 7. Gesang der Odyssee hervorgeht: «Allda strebten die Bäume mit laubichtem Wipfel gen Himmel, voll balsamischer Birnen, Granaten und grüner Oliven oder voll süßer Feigen und rötlich gesprenkelter Äpfel.»

Mit dem Feigenbaum war aus Kreta auch die seit alters bekannte Technik der Kaprifikation gekommen. Plinius[35] schreibt, Theophrasts Ausführungen zusammenfassend, daß das Reifen der Feige Bewunderung erwecke, denn als einzige unter den Früchten komme sie nur durch einen Kunstgriff der Natur zur Reife. Man glaubte tatsächlich, die Befruchtung der Feigen könne nicht ohne die Mitwirkung eines Insekts stattfinden, das auf dem wilden Feigenbaum geboren war. Da die gezüchtete Varietät nur weibliche Blüten oder zu wenig männliche Blüten trug, hängte man Früchte des wilden oder des Bocksfeigenbaums in ihre Zweige. Das lateinische *caprificus* kommt von *caper,* «der Bock», einem Wort mit besonderem Nebensinn, denn es leitet sich vom griechischen *capraein,* «brünstig

238

sein», ab (*caprizein* bedeutet «sich der Ausschweifung hingeben»). Nach Theophrast geht die Kaprifikation (auf griechisch *erinasmos*, abgeleitet vom Namen des Bocksfeigenbaums *erinos* oder *erineos*) folgendermaßen vor sich: Die kleinen Mücken, die auf den wilden Feigenbäumen geboren wurden, öffnen deren Feigen. In Wirklichkeit entstanden sie aus ihnen.[36] Sie suchen nun aber eine ähnliche Nahrung, fliegen fort und heften sich an die Früchte des gezüchteten Feigenbaums. Ist das Herz der Feige geöffnet, so saugen sie die überschüssige Flüssigkeit ab und lassen die Außenluft herein. Da sie keine Nahrung haben (die Früchte des Bocksfeigenbaums verfaulen, ehe sie reif sind), suchen sie anderes, was für sie geeignet ist, und werden von Ähnlichem angezogen. Theophrast fügt hinzu, dies geschehe auch, wenn man keine Kaprifikation vornehme, falls Bocksfeigenbäume in der Nähe gezüchteter Feigenbäume wüchsen. Deshalb habe man in den Pflanzungen zuoberst Bocksfeigenbäume gesetzt, frühreife neben frühreife, späte neben späte, mittlere neben mittlere, damit die Kaprifikation bei jedem Baum zum richtigen Zeitpunkt stattfinde.[37] Palladius sagt ergänzend, daß man die Bocksfeigen, auf einem Leinenfaden zum Kranz aufgereiht, in den Baum hänge.[38] So verfahren heute noch die Berber in Nordafrika.[39]

In Griechenland spielte die Feige, insbesondere die getrocknete, die man zu allen Zeiten des Jahres essen konnte, eine wichtige Rolle in der Ernährung. Antike Autoren erwähnen oft Mahlzeiten, die lediglich aus Gerstenbrot, Ziegenkäse und Feigen bestehen, was uns heutige Vielesser überrascht. Die vollreife Feige galt als besonders gesund, und die Ärzte empfahlen sie allen, die sich wohlfühlen wollten. Eine reichliche Produktion war deshalb nötig, und im 17. Jahrhundert bemerkte Tournefort bereits, daß die Feigenbäume auf den griechischen Inseln bis zu 280 Pfund Feigen trügen, diejenigen in Frankreich oder Italien hingegen kaum mehr als 25 lieferten.[40]

Das griechische Verbum *sykazein*, «Feigen pflücken», bedeutete auch «betasten», «erkunden», wie man Feigen betastet, um festzustellen, ob sie reif sind, aber in einem obszönen Sinn, denn die Griechen sahen in der Feige das Abbild des Hodensacks. Dies gilt in gleicher Weise auch für die heutigen Berber. Der Name der Frucht hat so ausschließlich die Bedeutung «Hoden» angenommen, daß man ihn in Gesprächen nicht mehr erwähnt und durch den Namen der Jahreszeit, den *khrif*, «den Herbst», ersetzt hat. Das Wort *sykon* bezeichnete nicht nur die Feige, sondern auch kleine fleischige Auswüchse an den Lidern und am Anus, ferner den *mons Veneris*; *sykea* meinte ein Geschwür, einen Tumor. Ähnliches gilt für das lateinische Wort *ficus*; weiblich gebraucht, war es «die Feige», männlich «die Warze».[41] Merkwürdigerweise ergab *ficus* im Französischen (und in anderen romanischen Sprachen) *foie*, «die Leber», und durch Vermittlung des Lateinischen *ficatum*, die Bezeichnung *foie gras*, «Gänseleber». Die Griechen mästeten die Gänse mit Feigen, was vor allem ihre Leber vergrößerte, die daher *hepar sykoton* (von *sykon*, «die Feige») genannt wurde. Unter dem Einfluß des griechischen Namens nannten die Römer die Gänseleber *ficatum*, und dieses Wort bezeichnete später als Ersatz für das alte *jecur, jecoris* auch die menschliche Leber. Dies wäre zweifellos nur eine linguistische Anekdote, wäre die Leber für die Alten nicht einerseits der Sitz der Leidenschaften, insbesondere des Zorns und der Gewalttätigkeit[42] gewesen und andererseits ein Organ voll bitteren Saftes, der Galle, die an die saure, in der Feige vor ihrer Reife enthaltene Milch erinnert. Unter diesem Wechsel von einer Bedeutung zur anderen verbirgt sich die Anspielung auf die saftige Feige und den Hodensack, der als Quelle eines Saftes, des Spermas, betrachtet wurde und voller Samen war. Außerdem war der Hodensack als männliches Attribut schlechthin in gleichem Maß wie die Leber für die männlichen Leidenschaften und die Gewalttätigkeit verantwortlich. Das lateinische Wort *scrotum* kommt von *scortes* «Beutel», und dieses wiederum von *scortum*, «dicke Haut, Leder»; im Lateinischen bedeutet es auch «Prostituierte» oder «Prostituierter».

Was das Wort *ficus* betrifft, so leitet es sich wie *sykon* von der Wurzel *fik* oder *suk* ab, deren – sicher mediterraner – Ursprung den Linguisten nicht bekannt ist, aber wir haben gesehen, daß er höchstwahrscheinlich in Kreta liegt. Aus der gleichen Wurzel stammen das lateinische *sucum* und das französische *suc*, «der Saft». Das Wort für die Feige bekam also die Bedeutung «Saft», und nicht umgekehrt. Die Feige ist nun auch die saftige Frucht schlechthin, und in der Botanik werden saftreiche, wasserspeichernde Pflanzen als «Sukkulenten» bezeichnet.

Die Feige hat schon immer einen obszönen Nebensinn gehabt und ihn nie ganz verloren. Sie erinnert gleichzeitig an den Hodensack und, wenn sie geöffnet ist, an die Vulva (im Italienischen hat das Wort *fica* diese Bedeutung). «Jemandem die Feige zeigen», indem man die Daumenkuppe zwischen Zeige- und Mittelfinger schiebt, brachte ebenfalls von jeher dasselbe zum Ausdruck.

Im Griechischen hatte das Wort «Sykophant» («Enthüller der Feige») eine abwertende Bedeutung, was verständlich ist, wenn man bedenkt, welche Rolle diese Leute spielten: sie waren Denunzianten. Aber ihre Denunziationen waren nötig, sollte das athenische Gerichtssystem funktionieren. Wenn es sich um eine öffentliche Angelegenheit handelte, also um eine Handlung, die dem Interesse der Allgemeinheit zuwiderlief, hatte jeder Bürger das Recht und sogar die Pflicht, dem «Gesetz zu Hilfe zu kommen», indem er bei einem Beamten Klage erhob. Angesichts dieser Verhältnisse sah sich der Staat wohl oder übel gezwungen, die Denunziation zu fördern, und vermehrte damit die Anzahl der Sykophanten.[43] Im 5. Jahrhundert v. Chr. erhielten sie als Belohnung drei Viertel der Buße, die dem Schuldigen auferlegt wurde; das Verfahren war allerdings nicht ohne Risiko, denn wenn der Angeklagte freigesprochen wurde und der Ankläger nicht ein Fünftel der Stimmen der Heliasten (der Geschworenen) für sich gewonnen hatte, wurde er selber zu einer Buße oder sogar zu einer sehr schweren Strafe verurteilt, der Atimie, also der Entziehung seiner bürgerlichen Rechte. Daß die Sykophanten, oft eigennützige Verleumder, verachtet wurden, ist nicht weiter erstaunlich, aber weshalb nannte man sie «Enthüller der Feige»? Ursprünglich, so sagen Kenner der griechischen Kultur[44], bezeichnete das Wort die Denunzianten der Leute, die Feigen außer Landes schmuggelten oder von den heiligen Feigenbäumen stahlen. Gewiß, einst war es verboten, Feigen aus Attika zu exportieren, um sie zu verkaufen, denn sie waren ein lebenswichtiges Produkt, und der Diebstahl von den heiligen Bäumen war eine Art von Gotteslästerung. Aber eine solche Erklärung ist trotzdem unbefriedigend. Wir wissen jedoch, daß die «Enthüllung der Feige» in Griechenland in manchen urtümlichen landwirtschaftlichen Kulten eine Rolle spielte. Wahrscheinlich handelte es sich um einen Ritus der Einweihung in die Geheimnisse der Fruchtbarkeit, wie die «Enthüllung der Ähre» bei den eleusinischen Mysterien einer war. Einen Hinweis darauf finden wir vor allem in den Opfergaben an Dionysos, wie Plutarch sie beschreibt: «Ein Krug Wein, eine Rebe, ein Bock, ein Korb voll Feigen, schließlich der Phallus.»[45] Zieht man in Betracht, was wir über die symbolische Bedeutung der Feige sagten, so erklärt sich ihre Verbindung zum Phallus von selbst. Die Sykophanten machten also Geheimnisse publik, die hätten verschwiegen werden sollen, sie mißachteten die Intimsphäre der Menschen, und ihr Tun hatte deshalb etwas Gotteslästerliches.

Als Träger so «zweideutiger» Früchte wurde der Feigenbaum als unreines Gewächs betrachtet. Wir wissen aus den Aufzeichnungen der sehr alten Vereinigung der Arvalbrüder[46], daß sie schwere Sühne leisten mußten, als zufällig ein Feigenbaum beim Tempel der Göttin Dia wuchs, einer alten latinischen Feldgottheit, die später mit Ceres (Demeter) verschmolz. Man mußte nicht nur den Baum ausreißen, sondern den unrein gewordenen Tempel abbrechen. Plinius und einige andere lateinische Schriftsteller meinten, man habe den Bau zerstört, weil man befürchtete, das Dach könne einstürzen, aber für die Zerstörung des ganzen Tempels mußte es wohl einen ernsteren und schwerer wiegenden Grund gegeben haben, wie De Gubernatis sagt. Aus dem Erscheinen des Feigenbaums beim Tempel ist nach seiner Auffassung zu schließen, daß die Vestalinnen inmitten der Reinheit selbst einem unreinen Wesen dienten.[47]

Auf alle Fälle hatte der Feigenbaum für die Alten etwas Beunruhigendes. Ungeheuer wurden in Rom stets auf Scheiterhaufen aus Feigenbaumholz verbrannt, wie Macrobius berichtet[48], während in Griechenland, Lukian zufolge[49], für gottlose Bücher dasselbe galt, nicht weil Feigenholz reinigend wirkte, sondern weil es im Gegenteil eine gewisse Affinität zu solch unreinen Dingen besaß. Plutarch bemerkt, der Feigenbaum sei als «warmer Baum» betrachtet worden; er verströme «starke und heftige Ausdünstungen», und sein Holz falle durch seine «Bitterkeit» auf; wenn man es anzünde, steige ein herber, beißender Rauch auf.[50] Der Glaube, daß der Feigenbaum etwas Unheilvolles ist, wird vielleicht durch eine Episode aus dem Leben Timons von Athen, des berühmten Misanthropen und «Feindes des ganzen Menschengeschlechts», illustriert, die Plutarch erzählt. Eines Tages erschien Timon in der Versammlung, die er sonst nie besuchte, und stieg auf die Rednertribüne. Die überraschten Anwesenden waren begierig zu hören, was er zu sagen hatte, denn es war etwas Neues und nie Dagewesenes, ihn als Redner zu sehen; endlich begann er zu sprechen und sagte: «Athener Bürger, in meinem Haus gibt es einen kleinen Hof mit einem Feigenbaum, an dem sich schon mehrere Leute erhängt und erwürgt haben. Weil ich jetzt dort zu bauen beabsichtige, möchte ich euch davon in Kenntnis setzen, ehe ich den Feigenbaum fälle, für den Fall, daß einige von euch sich noch erhängen wollen, damit sie sich beeilen.»[51]

Obwohl in mancher Hinsicht als unrein und unheilvoll betrachtet, galt der Feigenbaum trotzdem als Orakelbaum. Ein von Strabo[52] überliefertes Fragment Hesiods bringt das Leben von Kalchas, dem Seher, der den trojanischen Krieg voraussagte, in direkte Verbindung mit einem Feigenbaum. Nach dem Ende des Krieges machte Kalchas auf dem Heimweg in Kolophon Station und lernte dort einen anderen Wahrsager kennen, Mopsos, den Enkel des Tiresias. Kalchas wollte seine Fähigkeiten prüfen und fragte ihn, wie viele Feigen seiner Ansicht nach von dem Baum, unter dem sie standen, geerntet würden. Mopsos nannte eine recht hohe Zahl, fügte aber hinzu, daß er nach der Ernte nur noch eine einzige sehe. Da wußte Kalchas, daß sein letzter Tag gekommen war, und er starb, denn er hatte jemanden gefunden, der stärker war als er. Als Orakelbaum spielt der Feigenbaum stets eine zweideutige Rolle. In Rom verehrte man mehrere heilige Feigenbäume; Plinius erwähnt einen, der vor dem Tempel Saturns stand.[53] Da er den Sockel der Statue des Silvanus unterhöhlte, mußte man ihn im Jahr 153 n. Chr. nach einem von den Vestalinnen zelebrierten Opferdienst ausreißen.[54]

Ein anderer Feigenbaum, mitten auf dem Forum, war zufällig am selben Platz gewachsen, an dem M. Curtius auf heldenhafte Weise gestorben war. 362 v. Chr. hatte sich an diesem Ort plötzlich die Erde gespalten, und ein gewaltiger Abgrund gähnte. Die Auguren erklärten, er könne nur geschlossen werden, wenn man Roms wertvollsten Schatz hineinwerfe. Der junge Patrizier M. Curtius rief aus, die Stadt besitze nichts Kostbareres als ihre Waffen, und stürzte sich, zu Pferd und voll bewaffnet, in den Abgrund, der sich sofort über ihm schloß.[55] Man kann sich fragen, ob der Feigenbaum an das edelmütige Opfer des M. Curtius erinnerte oder an das drohende Vorzeichen mahnte, das in dieser Erschütterung der Grundfesten des Reiches zu sehen war.

Ein dritter Feigenbaum, der auf dem Forum – im Comitium – wuchs, genoß noch größere Verehrung. Man hatte hier «die Blitze vergraben»; dieser Brauch, der schon von den Etruskern praktiziert wurde, bestand darin, daß man an der Stelle, wo ein Blitz eingeschlagen hatte, ein Loch grub und es mit einem Brunnenrand versah. Dieses Ritual wurde von einem Sühnezeremoniell begleitet, das die vom Blitz angekündigten bedrohlichen Ereignisse abwenden sollte. Der Feigenbaum stand im Ruf, ein *arbor felix*[56] zu sein, der vor dem Blitz schützte; aus diesem Grund wurde er in Rom häufig gepflanzt. Der Baum auf dem Forum sollte die Rückkehr des Blitzes an diesen Ort verhindern. Seine Berühmtheit beruhte jedoch vor allem auf dem Umstand, daß er angeblich den Baum repräsentierte, der die Gründer des Reiches ernährt hatte[57]; er war dem Mars geweiht, dem römischsten aller Götter, denn ihm schrieb man die Vaterschaft von Romulus und Remus zu, den Söhnen der Vestalin Rhea Silvia, die er in tiefem Schlaf überrascht hatte.

Diese Vestalin war eine Tochter Numitors, des Königs von Albalonga, den sein Bruder Amulius vom Thron gestürzt hatte. Letzterer hatte alle Vorsichtsmaßnahmen getroffen, den Sohn Numitors umbringen lassen und seine Tochter der Vesta geweiht, damit sie, zur Keuschheit verpflichtet, keine Nachkommen haben konnte; er gab auch den Befehl, die neugeborenen Zwillinge in einer Schwinge in den Tiber zu werfen. Das Wasser trug das kleine Gefährt zum Fuß eines wilden Feigenbaums vor der luperkalischen Grotte. Hierher kam nun eine Wölfin, die Kinder zu säugen, und ein Schwarzspecht[58] legte ihnen Nahrung in den Mund, und so überlebten sie, bis der Schäfer Faustulus und seine Frau Acca Larentia oder Laurentia sie aufnahmen. In ihr erkennen manche Versionen der Legende, die Livius und Plutarch[59] erwähnen, die Wölfin; *lupa*, «Wölfin», nannte man auch die Prostituierten. Der Feigenbaum wurde, so Plinus[60], Ruminal benannt, weil in seinem Schatten die Wölfin gefunden wurde, die den kleinen Knäblein ihre Zitzen (*rumis,* eine alte Bezeichnung für *mamma*) gab, aber Varro vermutete, dieser Feigenbaum sei von Schäfern vor das Heiligtum Ruminas, der Göttin des Säugens, gepflanzt worden. Jedenfalls nahm man an, er habe etwas mit Milch zu tun. Alle Feigenbäume enthalten nun tatsächlich einen milchigen Saft, das *latex,* und Plinius bemerkt, daß der Saft der Feige zu Anfang der Reife wie Milch und bei Vollreife wie Honig aussehe; alt geworden, schieden die Feigen Tropfen aus, die dem Gummi glichen.[61] Der Feigenbaum galt als phallischer Baum, und man könnte daher die vermeintliche Milch ohne weiteres auch als Sperma betrachten, in diesem Fall als das des Gottes Mars, dem der Baum geweiht war. Darauf will wohl auch eine andere, ebenfalls von Plutarch zitierte Legende über die Zeugung von Romulus und Remus hinaus, derzufolge sich im Haus des Tarchetius, des Königs von Albalonga (der auch Numitor genannt wurde), die Gestalt eines männlichen Gliedes zeigte und einige Tage lang blieb. Tarchetius hatte ein Orakel über die Bedeutung dieser Erscheinung befragt und die Antwort erhalten, daß seine Tochter, die noch zu verheiraten war (als Vestalin war sie Jungfrau), mit besagtem Monstrum zusammenkommen sollte, denn aus dieser Vereinigung werde ein Sohn geboren, der durch seine Tapferkeit berühmt und an Körperkraft und Reichtum alle seine Zeitgenossen übertreffen würde. Tarchetius übermittelte seiner Tochter diesen Wahrspruch und befahl ihr, sich dem Monstrum zu nähern, aber sie weigerte sich und schickte an ihrer Stelle eine ihrer Dienerinnen. Tarchetius war darüber so sehr ergrimmt, daß er beide ergreifen ließ und sie töten wollte. Aber Vesta, die Göttin des Hauses (Rhea Silvia war eine Vestalin), erschien dem König im Traum und verbot ihm, sein Vorhaben auszuführen. Tarchetius kerkerte hierauf seine Tochter und die Dienerin ein, aber letztere, vom Monstrum geschwängert, wurde von zwei schönen Zwillingsknaben entbunden, die Tarchetius einem Mann namens Teratius übergab mit dem Auftrag, sie zu beseitigen. Dieser Teratius trug sie zum Ufer des Flusses.[62] Von hier an stimmt diese eigenartige Legende mit der üblichen und sogar «offiziellen» Schilderung des Ursprungs der Stadt Rom überein.

Es ist vielleicht nicht allzu kühn, wenn man vermutet, daß das geheimnisvolle männliche Glied, das in der Feuerstelle des Hauses ohne einen dazugehörenden Körper erschienen war, aus Holz war, und zwar aus Feigenbaumholz. Trifft die Vermutung zu, dann wäre nämlich der Feigenbaum der Vater von Romulus und Remus – was auch die Zeugung des Attis in Erinnerung ruft; die Feige spielt hier die Rolle des Granatapfels, den Nana, seine künftige Mutter, in ihren Busen gesteckt hatte. Wie dem auch sei, sicher ist, daß die Zwillinge von Bäumen abstammen; davon legen die Namen des Geschlechts der Könige von Albalonga, aus dem sie hervogegangen sind, Zeugnis ab. Dieser Stamm wurde von Silvius (*silvia,* «der Wald»), dem Sohn des Askanius und Enkel des Äneas, begründet, der durch irgendeinen Zufall, wie Livius sagt[63], in einem Wald zur Welt gekommen war; alle seine Nachkommen bis zu Rhea Silvia, der Mutter von Romulus und Remus, trugen den Nachnamen Silvius. Schließlich ist überliefert, daß Romulus den Palatinhügel in Besitz nahm, indem er dort seinen Wurfspeer aus Kornelkirschenholz[64], einem ebenfalls dem Mars zugeeigneten Baum, in den Boden stieß.

Der lateinische Mars unterscheidet sich deutlich vom Ares der Griechen. Er wurde nur dann zum Kriegsgott, wenn die Bauern, die er beschützte, als Soldaten ihren Grund und Boden verteidigen mußten. Ursprünglich war Mars ein Gott der blühenden Natur. Zwar von Juno geboren wie Ares von Hera, war er

244

doch kein Sohn Jupiters, sondern der Sprößling einer wunderbaren Blume, mit
der sich die Göttin auf mystische Weise vereint hatte. Deshalb regierte er über
die Wiedergeburt des pflanzlichen Lebens im Frühling, vor allem über das Ergrünen der Bäume; ihm waren außer dem Feigenbaum und der Kornelkirsche
(Cornus Mas) der Lorbeerbaum und manchmal auch die Eiche geweiht, denn für
die Römer war Mars in kultischer Hinsicht noch wichtiger als selbst Jupiter. Die
dem Mars heiligen Tiere waren der Wolf und der Schwarzspecht, also die Ernährer der göttlichen Zwillinge. Sein Fest wurde zu Beginn des Frühjahrs begangen,
im März; man feierte dann das Aufsteigen der Säfte. Man nannte den Gott auch
Mars gradivus (vom Verbum *grandire*, «wachsen lassen»), aber ebenso *Silvanus*.

Der Feigenbaum des Comitium, der laut Livius den Namen «Romularius»
trug, war mit dem Leben der *urbs* aufs engste verbunden.

Es sei immer ein Vorzeichen, heißt es bei Plinius, wenn er vertrockne, und die
Priester seien darauf bedacht, einen neuen zu pflanzen. In den *Annalen* präzisiert
Tacitus, daß im selben Jahr (58 n. Chr.) der Feigenbaum Ruminal, der mehr als
achthundert Jahre zuvor die Kindheit von Remus und Romulus beschützt hatte,
seine Äste verlor und sein Stamm verdorrte; dies schien ein düsteres Vorzeichen
zu sein, aber er ließ neue Schößlinge wachsen.[65] Was der Baum angekündigt hatte, erfuhren die Römer im folgenden Jahr: Nero ließ seine Mutter Agrippina aus
dem Weg räumen, die ihn wegen seiner Leidenschaft für Poppäa aus Eifersucht
zum Inzest hatte verführen wollen. Die Beseitigung Agrippinas stand am Anfang der schrecklichen Herrschaftszeit Neros, die neun Jahre später mit seiner
Ermordung ein gewaltsames Ende fand; das Reich wurde dadurch in eine fast
tödliche Krise gestürzt, aber tatsächlich trieb es «neue Schößlinge».

Wegen des komplexen und vieldeutigen Charakters des Feigenbaums waren
sich die griechischen Mythographen offenbar darüber im unklaren, welchem
Gott er zuzuordnen sei, ganz im Gegensatz dazu die Lateiner, die ihn dem Mars
weihten. Ein Mythos aus der afrikanischen Stadt Kyrene besagte, Kronos habe
ihn geschaffen; eine Widerspiegelung dieser Ansicht ist in der Tatsache zu sehen, daß einer der heiligen Feigenbäume Roms vor einem Tempel Saturns gepflanzt war. Aber die «feuchte und zeugerische Natur offenbarte sich mit besonderer Sinnfälligkeit beim Feigenbaum, der ebenfalls dem Dionysos heilig war»,
dem Gott der Säfte, und gerade zu ihm paßte diese «schwellende Frucht mit dem
saftigen, blutroten Fleische»[66]; Dionysos hieß in Lakonien auch *Sykires* (von *sykon,* «die Feige»). Auf den Feigenbaum erhob auch Priapos Anspruch, der phallische Gott schlechthin, der manchmal als sein Sohn (oder der von Hermes) betrachtet wurde und zu seinem Gefolge gehörte. Tatsächlich «verschmolz Priapos
mit Dionysos in der beiden gemeinsamen Rolle als Beschützer der Gärten»[67] und
speziell des Feigenbaums. Aus dessen Holz schnitzte man Phallen, die in Prozes-

sionen mitgetragen wurden und nach einem der Beinamen des Dionysos *Thyoni-dai*[68] genannt wurden. Sogar im Blatt des Feigenbaums erkannten die Alten ein phallisches Symbol. Im Verlauf seines langen Vergleichs zwischen Dionysos und Osiris schreibt Plutarch, man stelle durch ein Feigenblatt auch den König Osiris und das südliche Klima dar, und man erkläre dieses Sinnbild damit, daß das Feigenblatt das Prinzip der Feuchtigkeit und der Zeugung enthalte und eine gewisse Ähnlichkeit mit dem männlichen Glied aufweise.[69] Es handelt sich hier also durchaus um den priapischen, ithyphallischen Dionysos.

Im übrigen wurde der Feigenbaum mit dem Bock in Verbindung gebracht, dem Tier, das dem Gott unter eben diesem Aspekt heilig war. Wie in Rom, wo der wilde Feigenbaum *caprificus* (von *caper*, «der Bock») hieß, so nannte man ihn auch in gewissen Gegenden Griechenlands, zum Beispiel in Messenien, *tragos*[70], «der Bock», und dieses Wort bezeichnete auch die Pubertät und die Ausschweifung. Wenn man bei einem Unglück, das die Allgemeinheit betraf, einen Mann und eine Frau als Sündenböcke opferte, so trug der erstere eine Kette aus schwarzen und die letztere eine Kette aus weißen Feigen um den Hals.[71] Bei den Thargelien, den Festen des Apollo und der Artemis, die in Athen im Mai und Juni gefeiert wurden, verjagte man mit Feigenbaumzweigen die uneingeweihten Laien, deren Gegenwart die Feier besudelt hätte.

Es ist interessant festzustellen, daß diese Bräuche und Anschauungen bei den Berbern zum Teil überlebt haben. Wir haben bereits erwähnt, daß das Wort für den Feigenbaum gewöhnlich nicht in den Mund genommen wurde. Man muß hinzufügen, daß in Nordafrika die Feigen nicht nur mit der Fruchtbarkeit in Zusammenhang gebracht werden, sondern auch mit der Welt der Ahnen, aus der sie emporsteigt, sozusagen von den in die Erde dringenden Wurzeln her durch den Saft der Bäume und vor allem den des priapischen Feigenbaums in die Höhe getragen. Daher legt man beim Pflügen einige Feigen in die ersten Furchen, und auf den Gräbern und in den Heiligtümern hinterläßt man sie als «den Anteil der Unsichtbaren»[72]; Feigen sind das bevorzugte Geschenk an die Toten.

Die Äpfel der Hesperiden

Im Gegensatz zum Oliven- und zum Feigenbaum war der Apfelbaum in Europa niemals etwas Exotisches, auch nicht in der ältesten Antike. Die Hellenen und die Trojaner, die «offiziellen» Ahnen der Römer, hatten ihn auf ihren Wanderzügen überall angetroffen, bevor sie sich in Griechenland, in Kleinasien oder in Italien niederließen. Wie Plinius bezeugt[73], kannten die Römer des ersten nachchristlichen Jahrhunderts bereits dreißig Apfelsorten; ihre Verwendung als

Nahrungsmittel oder in der Medizin war säuberlich differenziert beschrieben. Der Apfel, wir sagten es schon, hieß auf lateinisch *malum*, von griechisch *melon;* das Wort stammt aus dem Mittelmeerraum, ist aber nicht griechischen Ursprungs. *Melon* hatte einen größeren Bedeutungsumfang als *malum,* denn es bezeichnete auch Kleinvieh wie Schafe und Ziegen. Aber beide Wörter, das lateinische wie auch das griechische, wurden für alle exotischen Früchte verwendet, die mehr oder weniger wie Äpfel aussahen, und begleitende Adjektive präzisierten ihre Herkunft. *Melon cydonion* war die Quitte, die aus Cydonia (heute Khania auf Kreta) kam, und *melon persicum* hieß der Pfirsich. Der eigentlich in China beheimatete Pfirsichbaum war während des Feldzugs Alexanders des Großen in Persien entdeckt worden, wo man ihn seit langem züchtete. Die Aprikose nannte man *melon armeniacon,* denn obwohl auch die Aprikose aus dem Reich der Mitte stammte, kam der Baum im 1. Jahrhundert n. Chr. von Armenien aus nach Griechenland. *Melon citrion* war die Zitrone, und *melon medicon* die Zitronatzitrone. Man hat in den Äpfeln der Hesperiden Orangen oder Zitronen sehen wollen, weil Sophokles sie im 5. Jahrhundert v. Chr. «goldene Äpfel» nannte. Aber die Griechen lernten die Zitrusfrüchte frühestens im 4. Jahrhundert in Form von Zitronat kennen, die Zitronen erst einige Jahrhunderte später, und weder sie noch die Römer ahnten etwas von der Existenz der Orangen, die in Europa erstmals um das Jahr 1000 auftauchten. «Goldene Äpfel» ist also keine Bezeichnung für eine konkrete Obstsorte, sondern bezieht sich auf mythische Früchte, die «Früchte der Unsterblichkeit».

Eben diese mythische Bedeutung haben die Äpfel in der Sage. Herakles hatte schon die zehn Aufgaben erfüllt, die ihm Eurystheus aufgetragen hatte (der aber zwei nicht gelten ließ). Er hatte sich zu ihm nach Tiryns begeben, nachdem das delphische Orakel, das er gefragt hatte, wie er sich von seinen in Raserei begangenen Verbrechen reinigen könne, ihm geraten hatte, in den Dienst dieses Königs von Argolis zu treten und alle Prüfungen auf sich zu nehmen, die er ihm auferlegen würde, seien sie auch noch so schwer; so würde er Unsterblichkeit erlangen. Die elfte dieser Prüfungen mußte daher die entscheidende sein, denn im Lauf der zwölften und letzten konnte der Held unbeschadet in die Unterwelt hinabsteigen und seine Dienstbarkeit beenden.

Der Apfelbaum, dessen goldene Früchte Herakles auf Verlangen des Königs Eurystheus herbeischaffen sollte, gehörte Hera, die ihn von der Mutter Erde als Hochzeitsgeschenk bekommen und in einen göttlichen Garten gepflanzt hatte, der sich an den Abhängen des Atlasberges befand. Atlas «beherrschte am Erdenrande das Land und das Meer, das die Fläche den schnaubenden Rossen Sols hinbreitet und Ruhe gewährt den ermüdeten Wagen»[74], und wachte über diesen Garten; er war auf die Früchte des Apfelbaums – «erglänzend von funkelndem

Golde» – sehr stolz, aber weil er damit gestraft war, auf seinen Schultern die «Säulen des Himmels» zu tragen (sein Name bedeutet «der Tragende»), hatte Hera seinen Töchtern anbefohlen, den Wunderbaum zu hüten. Deren Mutter, Hesperis, war die Tochter des Hesperos, des Gottes der Abenddämmerung; hinter diesem Gott verbarg sich kein anderer als Hades, der über die Toten herrschte, denn ihre Seelen folgten dem Lauf der Sonne und verschwanden mit ihr im Westen. Die Hesperiden waren drei an der Zahl – Hespere, Aiglis (die «sehr glänzende») und Erytheis («rote Erde») –, schöne Frauen, unbekümmert, die mit klangvoller Stimme[75] sangen; Hera aber bemerkte, daß sie ihre goldenen Äpfel plünderten. So befahl sie Ladon, der immerwachen Schlange, ihren Leib in Ringen um den Stamm des Baumes zu winden und jedem Fremden den Zugang zu verwehren. Das Bild der Schlange im Baum erinnert natürlich an die Verführung von Adam und Eva, und der Garten des Atlas an den biblischen Garten Eden. Ladon[76], eine Schlange oder ein drachenartiges, hundertköpfiges Wesen, war am Anfang der Zeiten geboren worden; man hielt es für den Sohn Typhons und Echidnes, die auch die Eltern anderer Ungeheuer waren, oder des Phorkys und der Keto, die das schäumende, tückische Meer, den Schrecken der Seefahrer verkörperten, oder schließlich (was besser zur Geschichte der Hesperiden paßt) für eines der Kinder, die durch Parthenogenese aus Gäa, der Mutter Erde, die Hera den symbolischen Baum geschenkt hatte, hervorgegangen waren.

Das Unternehmen war um so beschwerlicher, als Hera den Sohn, den Zeus mit der Sterblichen Alkmene gehabt hatte, seit seiner Geburt verfolgte, und zudem wußte Herakles nicht, wo sich der Garten der Hesperiden befand; gewiß war nur, daß er im Westen, in Richtung des Sonnenuntergangs liegen mußte. Herakles war sich trotzdem im unklaren, welchen Weg er einschlagen solle. Er wendete sich zuerst gen Norden, um Nereus zu befragen, den weissagenden Meeresgott, der am Ufer des Eridan (des Po) wohnte. Die Flußnymphen führten ihn zum schlafenden Gott. Der Held bemächtigte sich seiner, und obgleich Nereus viele verschiedene Gestalten annahm, um ihm zu entfliehen, gelang es Herakles doch, ihm sein Geheimnis zu entreißen und zu erfahren, auf welche Weise man der Äpfel der Hesperiden habhaft werden könne. Nach anderen Autoren[77] suchte Herakles die Auskünfte bei Prometheus, den er bei dieser Gelegenheit befreite. Jedenfalls bekam er den Rat, zu einer List zu greifen: er solle die mit unerbittlicher Strenge von Ladon bewachten Äpfel nicht selber pflücken, sondern vielmehr Atlas vorschlagen, er wolle ihn von seiner enormen Bürde befreien, wenn er ihm als Gegenleistung dafür die Äpfel hole. Nur war Atlas einst durch einen Orakelspruch der «schicksalhaften» Themis gewarnt worden: «Es wird die Zeit kommen, da deine Bäume ihres Goldes beraubt sein werden, und ein Zeussohn wird sich rühmen können, es erbeutet zu haben.» Trotzdem siegte bei Atlas die Wunschvorstellung, ein paar Augenblicke lang rasten zu können, über das Mißtrauen. Aber er fürchtete Ladon. Herakles erlegte das Ungeheuer mit einem Pfeil, dann hob er die Erdkugel auf seine Schultern – auch dies ein symbolischer Akt, der als wesentliches Element zu seiner Suche gehörte: Ein Held, noch sterblich, nahm den Platz eines Gottes ein; er schulterte die Last der Welt. Der Name «Säulen des Herkules», der die Meerenge von Gibraltar bezeichnet, hinter der das Unbekannte, die «Andere Welt», begann, erinnerte an dieses Ereignis. Als Atlas mit den drei goldenen Äpfeln zurückkehrte, war er berauscht vom Gefühl der Freiheit. Er schlug Herakles daher vor, er werde sie Eurystheus selbst überbringen, während der Held an seiner Stelle den Globus trage. Diese unvorhergesehene Komplikation meisterte Herakles mit Hilfe einer neuen List. Atlas sollte ihm erlauben, sich wenigstens ein Kissen auf den Kopf zu legen, denn seine Reise werde mehrere Monate dauern, und dazu müßte Atlas noch einmal für eine Minute seine Last übernehmen. Der einfältige Gott ließ sich übertölpeln. Herakles, der Weltkugel ledig, nahm die Äpfel an sich und ging mit einem kleinen ironischen Gruß von dannen.

Setzt man diese Geschichte in Beziehung zu dem, was wir vom kosmischen Baum gesagt haben, der das Himmelsgewölbe stützt und es daran hindert, auf die Menschen zu stürzen – zum Beispiel bei den Kelten und den Germanen –, so wird deutlich, daß der Apfelbaum der Hesperiden ebenfalls ein Weltenbaum ist, und weil er den Himmel trägt, eröffnen seine Früchte den Zugang zur Unsterblichkeit. Da das Wort *melon* gleichzeitig das Kleinvieh und den Apfel bezeichnete, haben manche griechischen Autoren in den Äpfeln der Hesperiden «goldene Schafe» sehen wollen, die ein Schäfer namens Dragon oder Ladon hütete.[78] Anders gesagt, hätten dann die goldenen Äpfel und das «goldene Vlies», das in einem Baum hing, die gleiche Bedeutung, und die von Jason geführte Reise der Argonauten – Jason mußte sich Prüfungen unterziehen, die ihm der König Äetes auferlegt hatte wie der König Eurystheus dem Herakles – wäre eine Wiederholung der abenteuerlichen Fahrten des Herakles in einer anderen Zeit, mit dem Unterschied, daß Jason, dem die Zauberin Medea zwar half, der aber auch von ihr verzaubert wurde, dem Tod nicht entrinnen konnte.

Herakles zunächst auch nicht, denn nachdem er seine Arbeiten beendet hatte, schied er freiwillig aus dem Leben, um den entsetzlichen Qualen zu entgehen, die ihm das von seiner eifersüchtigen Gemahlin Deianira übersandte Gewand verursachte. Deianira war übrigens ihrerseits von Nessos, der ihr zur Anfertigung dieser Tunika geraten hatte, mit einem angeblichen Liebeszauber hintergangen worden; sie erhängte sich wegen ihrer Gewissensbisse. Nach einem der mörderischen Wutanfälle, die Herakles in seiner Agonie überkamen, und nachdem er die Wahrheit erfahren und Deianira verziehen hatte, blickte er «freudig in die Runde wie ein bekränzter Gast, der von Weinbechern umgeben ist», und stieg auf den Scheiterhaufen, der aus Eichenzweigen (der Baum des Zeus) und Stämmen männlicher wilder Olivenbäume (ihm selbst geweiht) aufgeschichtet war. In dem Augenblick, da die lodernden Flammen den Körper des Helden erreichten, fielen Blitze vom Himmel, und der Zeussohn entschwand den Blicken der Menschen. Im Olymp empfing ihn sein Vater Zeus, der Hera überredete, ihn durch eine Zeremonie der Wiedergeburt zu adoptieren, indem sie Wehen vortäuschte und ihn unter ihrem Rock hervorzog. Hera betrachtete Herakles von nun an als ihren Sohn und gab ihm die Hand ihrer hübschen Tochter Hebe.

Die Reise des Helden in den äußersten Westen war das notwendige Vorspiel zu seinem Abstieg in die Unterwelt. Dem Weg folgend, den die Seelen beschritten, kam er bis zum Rand des Abgrunds, der sie und die Sonne verschluckte. Herakles aber kehrte heil und gesund von dort zurück und brachte den Talisman der Unsterblichkeit mit, der ihn später in die Lage versetzte, unbesiegbar bis ins Reich des Hades vorzudringen und dann, weil er durch den Tod hindurchgegangen war, in den Rang eines Unsterblichen aufzusteigen. Was war unterdessen aus den goldenen Äpfeln geworden? Als Herakles sie Eurystheus überreichte, gab dieser sie ihm zurück. Er schenkte sie hierauf Athene, die sie in den Garten der Hesperiden zurücktrug, weil es gegen das Gesetz war, daß das Eigentum Heras aus ihren Händen gehe. Die Göttin beklagte den Tod ihres Schützlings Ladon und versetzte ihn mitten unter die Sterne, wo er das Sternbild der Schlange bildet.

Der Apfelbaum als Baumart gehörte also allem Anschein nach Hera, kam jedoch durch Vermittlung Athenes zu ihr zurück. Wir begegnen diesen beiden Göttinnen beim Urteil des Paris wieder, aber in der Geschichte vom Garten des Atlas fehlt die dritte von ihnen – denn es waren drei, wie die Hesperiden –, Aphrodite, und eben dieser huldigte der junge Trojaner mit einem Apfel. Allerdings handelte es sich dabei um einen «Zankapfel», denn er trug die Inschrift: «der Schönsten». Eris, die «Zwietracht», die Tochter der Nacht, hatte ihn im Zorn, weil sie nicht zur Hochzeit des Peleus und der Thetis eingeladen war, zu Boden geworfen, worauf zwischen Hera, Athene und Aphrodite ein erbitterter Wettstreit entstand. Zeus weigerte sich, in diesem absurden Streit Partei zu ergreifen, und berief einen Sterblichen zum Schiedsrichter, einen sehr einfachen Mann, den Schäfer Paris. Nun war aber Paris-Alexander kein anderer als der verlorene Sohn des Priamos, des Königs von Troja; das wußten allerdings nur die Götter. Kurz vor der Geburt des Paris hatte Hekuba (Hekabe auf griechisch), seine Mutter, geträumt, sie bringe ein Holzscheit zur Welt, aus dem zahllose feurige Schlangen hervorkrochen. Sie erwachte und schrie, die Stadt Troja stehe in Flammen. Der Seher Äsakos wurde konsultiert und erklärte: «Das Kind, das demnächst geboren werden soll, wird der Untergang unseres Landes sein. Ich rate dir, es beiseite zu schaffen.» Einige Tage später präzisierte Äsakos: «Die Trojanerin von königlichem Geblüt, die heute gebiert, muß mit ihrem Kind getötet werden.» Unglücklicherweise verstand Priamos diese Warnung falsch und ließ seine eigene Schwester Killa töten, die als Folge einer geheimen Verbindung eben einen Sohn geboren hatte. Aber vor Einbruch der Nacht wurde Hekuba von Paris entbunden. Die Seher drangen darauf, daß wenigstens das königliche Kind zu töten sei. Hekuba konnte es jedoch nicht über sich bringen und ließ das Neugeborene auf dem Berg Ida aussetzen, wo eine Bärin es säugte. Das Schicksal nahm nun seinen Lauf, nichts konnte es mehr aufhalten.

Als er sein berühmtes Urteil abgab, kannte Paris das Geheimnis seiner Geburt noch nicht, und seine Eltern glaubten ihn seit langem tot. Der Fortgang der Geschichte ist bekannt.[79] Aphrodite beeindruckte den ebenso naiven wie schönen Jugendlichen, indem sie ihm Helena versprach, die verführerischste aller Griechinnen und Gattin des Menelaos. Paris gab ihr – «der Schönsten» – hierauf den Apfel, und als Folge davon entbrannte der Trojanische Krieg. Dabei stand Aphrodite auf der Seite der Trojaner, für die sie eine sehr menschliche Schwäche hegte, denn sie hatte vom Trojaner Anchises einen Sohn, Äneas. Ihre Rivalinnen unterstützten die Achäer.

Was wir hier beachten sollten, ist der Umstand, daß offenbar der Apfelbaum von Hera in den Besitz Aphrodites überging. Der Gattin des Zeus wäre somit nur der Birnbaum geblieben, der ihr ebenfalls geweiht war; es gab eine Hera Apia, von *apios,* «der Birnbaum», und die Kultfiguren der Göttin waren aus Birnbaumholz geschnitzt, so auch insbesondere das Standbild im Heraion von Mykene, einem ihrer ältesten Heiligtümer. Vielleicht teilte sie diesen Besitz mit Athene, denn im böotischen Theben gab es einen Tempel der Athena Onga[80], nach dem phönizischen Namen des Birnbaums. Damit ähnelt der Konflikt zwischen den Achäern und den Trojanern dem keltischen «Krieg der Bäume»; in diesem Fall standen sich Birnbaum (Hera und Athene auf Seiten der Achäer) und Apfelbaum (Aphrodite und die Trojaner) gegenüber.

Aus der so folgenschweren Geschichte von Paris, der Aphrodite vor Hera und Athene den Vorzug gab, lernten die Zeitgenossen Homers eine weitere Lektion. Die Hauptursachen des trojanischen Krieges waren die Begehrlichkeit, die Lüsternheit, die Aphrodite in dem unschuldigen Schäfer zu wecken gewußt, und der Ehebruch, zu dem sie ihn verleitet hatte. Aphrodite, die Göttin der heimlichen Verbindungen und der leidenschaftlichen und blinden Begierde, die es verstand, sich die Menschen gefügig zu machen und sie zu frevelhaftem Tun, ja zum Verbrechen zu verführen, steht in dieser Episode der keuschen Athene und Hera, der Göttin der ehelichen Vereinigung, gegenüber. Die aus dem Orient gekommene Göttin Aphrodite verkörperte alle seine verführerischen Aspekte, aber auch seine Gefahren. Sie war nach Hesiod aus dem schaumigen Samen des Uranos geboren, den sein Sohn Kronos[81] nach einem Inzest entmannt hatte. Aber Uranos war dennoch der Ahne der Götter, die alle einem zugleich ursprünglichen und unvermeidlichen Inzest entstammten, und sie konnten der Kraft, die auch sie gezeugt hatte, nicht widerstehen. Sogar der zum Herrn des Olymp gewordene Sohn des Kronos war den Gesetzen Aphrodites unterworfen; sie verwirrte den Geist des Zeus, täuschte diese vorsichtige Seele und verkuppelte den Gott hinter dem Rücken Heras, seiner Schwester und Gattin, mit sterblichen Frauen.

Um sich zu rächen, ließ Zeus Aphrodite sich leidenschaftlich in einen Sterblichen verlieben, damit sie, selbst nicht mehr gegen solche Neigungen gefeit, nicht mehr imstande wäre, mit ihrem süßen Lächeln auf die Götter herabzublikken und sie mit ihrer Macht zu verspotten, indem sie sie mit den jungen Frauen der Erde zusammenbrachte und sterbliche Söhne zeugen ließ; denn sie würde dieser Macht jetzt selbst anheimfallen. Anchises war der Mann, in den die Göttin sich verliebte. An Schönheit den Unsterblichen gleich, trieb er seine Rinder auf den Gipfel des Ida. Aphrodite erblickte ihn und entbrannte in Liebe zu ihm.[82] Sie nahm nun die Gestalt und das Gesicht eines jungen sterblichen Mädchens an, weil sie befürchtete, Anchises könne, wenn er sie mit eigenen Augen als Göttin sehe, vor Angst wie gelähmt sein, und gab sich als Tochter des Otreus, des Königs von Phrygien, aus. Die List war so erfolgreich, daß der Trojaner erklärte, er wolle sie heiraten. So gelangte ein Sterblicher ins Bett einer Unsterblichen, die ihr Wesen vor ihm verbarg. Als aber beim Erwachen Aphrodite ihre wahre Gestalt annahm, war der Unglückliche entsetzt: «Ich beschwöre dich auf den Knien, schicke mich nicht erschöpft zu den Menschen zurück. Hab Mitleid mit mir. Denn es gibt kein blühendes Alter mehr für den, der bei Unsterblichen gelegen hat.» Die Göttin beruhigte ihn und kündigte ihm an, die Frucht ihrer Vereinigung werde ein König sein, dessen Geschlecht sich ohne Ende erneuern werde.

Diese Liebe, zu der die Initiative allein von Aphrodite ausging, erinnert ein wenig an diejenige, die sie seit seiner Geburt für den schönen Adonis empfand, und es ist nicht unmöglich, daß Anchises, dessen Name «der mit Isis lebt» bedeuten soll, in Wirklichkeit, wie Robert Graves[83] glaubt, ein Synonym für Adonis ist, den Gott, der von einem Eber entmannt wurde, wie Osiris, der Gatte der Isis, durch seinen Bruder Seth, der auch die Gestalt dieses Tieres angenommen hatte, entmannt wurde.

Jedenfalls war Äneas, dessen Namen die Griechen von dem Adjektiv *ainos,* «schrecklich», «furchterregend», ableiteten, der Sohn des Anchises und der Aphrodite. In der *homerischen Hymne* sagt die Göttin zu Anchises über den Sohn, der geboren werden soll, er werde wegen der furchtbaren Leiden, die sie als Strafe dafür habe erdulden müssen, daß sie einen Sterblichen in ihr Bett genommen habe, Äneas heißen. Denn die Liebesbeziehungen, die Aphrodite bei den Sterblichen und selbst bei den Göttern einfädelt, sind immer unstatthaft, verursachen Schuld, zerstören legitime Verbindungen und unterhöhlen die soziale Ordnung. Der Geliebte, zu dem sie sich am stärksten hingezogen fühlt, ist Ares, ihr natürlicher Verbündeter, denn die Begierde, die sie entfacht, kann, wie im Fall des trojanischen Krieges, bis zum blutigen Kampf führen.

Zu guter Letzt wird Äneas nur wegen des Untergangs dieser Stadt zum König, aber weit entfernt von Troas. Nach einer langen Irrfahrt ging Äneas mit seinen Gefährten schließlich am Ufer des Tiber an Land, unterstützte den König Latinus im Kampf gegen die Rutuler, ließ sich endgültig in dem Land nieder und erbaute Lavinium, ehe er Latinus, dessen Tochter Lavinia er geheiratet hatte, auf dem Thron nachfolgte. Silvius, der Gründer des Geschlechts, aus dem Romulus hervorgehen sollte, war der Enkel des Äneas, wie wir uns erinnern. Rom entstand also unter den Auspizien nicht nur des Mars, sondern auch der Aphrodite, und mehrere römische Familien rühmten sich, von ihr abzustammen. Die berühmteste war die *Gens Iulia,* die behauptete, direkt vom Sohn des Äneas, der Ascanius oder Iulus hieß und dessen Namen sie trug, abzustammen. Zu diesem Geschlecht gehörte Julius Cäsar, und man weiß, daß er aus diesem Umstand einen sozusagen natürlichen Herrschaftsanspruch ableitete, der sich schon aus seiner Herkunft und seinem Erbe ergebe; er sagte auch, er sei ein Nachkomme der ersten legendären Könige Roms. Auch erklärte er gerne, in den Juliern vereinige sich der heilige Charakter der Könige, die über die Menschen herrschen, mit der Heiligkeit der Götter, die selbst die der Könige übertreffe. Die Entführung Helenas hatte den Trojanischen Krieg verursacht; der Raub der Sabinerinnen sicherte, nach einer bewaffneten Auseinandersetzung, die Zukunft einer Stadt, der die Frauen fehlten. Aphrodite, Venus geworden, hatte ihr Ziel erreicht, denn die Römer eroberten als Nachfahren der Trojaner eines Tages Griechenland, ihren Feind, und rächten gewissermaßen die trojanische Niederlage. So weit gingen schließlich die Konsequenzen des Urteils des Paris und der Rolle, die der «Zankapfel» spielte; wir mußten sie bis zum Ende verfolgen, um die Zusammenhänge aufzuzeigen.

Die Symbolik des Apfels ist also im großen ganzen sehr zweideutig. Der Apfelbaum als Baum der Erkenntnis kann auch blenden; als Lebensbaum ist er auch Todesbaum. Aphrodite geweiht, der «Tod-im-Leben-Göttin», wie sie Robert Graves so richtig in seiner *Griechischen Mythologie* nennt, läßt der Apfel durch seine Form an eine weibliche Brust oder die Wölbung eines Bauches denken; die Vertiefung unten an der Frucht erinnert an einen Nabel; er steht also für die

Weiblichkeit. Daher ist der Apfel fast so gefährlich wie die männliche Feige. Festzuhalten ist jedoch, daß die Zuordnungen mitunter austauschbar sind: die Feige gilt, wie wir gesehen haben, gelegentlich als Bild der Vulva; umgekehrt kam es vor, daß *malum* in der Mehrzahl die Hoden bezeichnete.[84] Diesen beiden Früchten mit ihren sexuellen Konnotationen steht die Olive gegenüber, die weder weiblich noch männlich ist, sondern neutral, geschlechtslos[85]; sie erzeugt «jungfräuliches» Öl, das wie ihre Beschützerin Athene – das junge Mädchen Pallas – keusch ist.

Neuntes Kapitel
Vom Garten Eden zum Holz des Kreuzes

*Vom Sündenfall zur Erlösung – Der Baum Jesse –
Der Weißdorn des Joseph von Arimathäa*

Die christliche Kunst stellt den Baum der Versuchung als Apfelbaum dar. Die
verschiedenen Reaktionen, die der Apfel im Unterbewußten weckt, lassen uns
den Grund dafür verstehen. Obschon er auf den ersten Blick bäuerlich schlicht
und vertrauenerweckend aussieht, wird der Apfel als Symbol komplex und sogar
ein wenig unheimlich. Er hat in der Tat drei Bedeutungsaspekte: Erkenntnis,
Unsterblichkeit und Begierde. Die beiden ersten Begriffe lassen sich im dritten
zusammenfassen, denn sie sind Gegenstand eines gotteslästerlichen Begehrens.
Die Erkenntnis, um die es hier geht, ist das initiatische Wissen, das nicht ohne
Gefahr erlangt werden kann, denn es macht sich anheischig, den Schleier der
Mysterien zu durchdringen und Geheimnisse zu enthüllen, die von Natur aus
verborgen und dem menschlichen Geist verschlossen sind. Die Unsterblichkeit
wiederum ist etwas Übermenschliches; sie kann nur von Helden errungen werden. Auch Herakles kann nur durch eine List die Äpfel der Hesperiden entwen-
den, und nichtsdestoweniger muß er zunächst einmal sterben. Bei den Germanen
und Kelten wie auch bei den Griechen gehörten die Äpfel der Unsterblichkeit
den Göttern, den Bewohnern der jenseitigen Welt, und nicht denen, die ihrem
Wesen nach Sterbliche sind. Schließlich gefährdet die Begierde, die in Aphrodite
verkörpert ist, nicht nur das soziale Gefüge, sondern auch die göttliche Ordnung
und die Ordnung des Universums und verletzt sie, denn sie macht nicht davor
Halt, Sterbliche und Unsterbliche sich vermischen zu lassen. Ein Beispiel für dieses Vergehen finden wir sogar in der Bibel: die Geschichte von den «Gottessöh-
nen» und den «Töchtern der Menschen»[1], die indirekt mit dem Genuß der verbotenen Frucht zusammenhängt. Den Exegeten zufolge handelt es sich dabei um
eine volkstümliche Sage über die Nephilim, eine Art orientalischer Titanen, die
aus der Paarung sterblicher Frauen mit himmlischen Wesen entsprungen waren.
Da «sahen die Gottessöhne, daß die Töchter der Menschen schön waren, und sie
nahmen sich zu Weibern, welche sie nur wollten.» Die Kinder, die aus diesen
Verbindungen entstanden, waren «die Recken der Urzeit, die hochberühmten».
Es ist bedeutsam, daß diese Geschichte zwar nicht als einer der Gründe für die
Sintflut bezeichnet wird, aber in der *Genesis* doch unmittelbar vor dem Bericht

255

darüber eingeschoben ist. Gott kann diese widernatürlichen Vereinigungen, diesen zweiten Sturz des Geistes in die Materie, in das Fleisch, letztlich nur bestrafen. «Da sprach der Herr: Mein Geist soll nicht auf immer im Menschen walten, dieweil auch er Fleisch ist, und seine Lebenszeit sei hundertundzwanzig Jahre.» Demnach hat sich die Lebensspanne seit Adam, von dem in der *Genesis* gesagt wird, er sei neunhundertdreißig Jahre alt geworden, mit dem Vordringen des Bösen ständig verkürzt. Hundertzwanzig Jahre werden fortan die höchste Lebenserwartung des Menschen sein. Aber nach den Verfassern der *Genesis* hat Adam mit hundertdreißig Jahren einen Sohn gezeugt: «Und Adam wohnte seinem Weibe abermals bei, und sie gebar einen Sohn, den hieß sie Seth», denn Gott habe ihr «einen andern Sproß gegeben für Abel, weil Kain ihn erschlagen hat»[2]. Auf den Fall Adams und Evas folgte eine Reihe anderer Stürze, die das Leben der Menschen immer weiter beschnitten, je mehr sie sich von Gott entfernten.

Als sie die Frucht vom Baum der Erkenntnis des Guten und des Bösen aßen, verstießen Adam und Eva gegen ein formelles Verbot; sie wollten sich nicht mit dem Rang zufrieden geben, den Gott ihnen bestimmt hatte. Das wird im Zwiegespräch zwischen Eva und der Schlange unter dem Baum deutlich: «Gott hat wohl gar gesagt: ‹Ihr dürft von keinem Baume des Gartens essen!› Da sprach das Weib zur Schlange: Wir dürfen essen von den Früchten der Bäume im Garten; nur von den Früchten des Baumes mitten im Garten hat Gott gesagt: ‹Esset nicht davon; rühret sie auch nicht an, daß ihr nicht sterbet.› Da sprach die Schlange zum Weibe: Mitnichten werdet ihr sterben, sondern Gott weiß, daß, sobald ihr davon esset, euch die Augen aufgehen werden und ihr wie Gott sein und wissen werdet, was gut und böse ist.» Die so beschriebene Frucht entspricht ohne Zweifel der symbolischen Bedeutung des Apfels, und der «Adamsapfel», der Vorsprung des Schildknorpels, den man vor allem bei Männern sieht, zeugt von der Tatsache, daß ihm der Bissen von der verbotenen Frucht «im Hals stekkengeblieben ist». Allerdings wird an keiner Stelle gesagt, der Baum der Erkenntnis sei ein Apfelbaum gewesen. Die einzige namentlich genannte Art ist der Feigenbaum, dessen Blätter Adam und Eva, nachdem sie der Versuchung erlegen waren, benutzten, um sich Lendenschurze zu machen. Da die *Genesis* nicht ausdrücklich sagt, daß es sich um denselben Baum handelt, wäre es tollkühn zu folgern, der Träger der verführerischen Frucht sei der Feigenbaum gewesen. Dennoch macht die Koinzidenz nachdenklich, wenn man an die symbolische Bedeutung dieser Baumart und vor allem ihres Blattes denkt, das offenbar eine gewisse Ähnlichkeit mit dem männlichen Glied aufweist. Man fühlt sich zu der Annahme genötigt, daß unsere Ureltern, bevor sie ihre Blöße mit Feigenblättern bedeckten, den Phallus, zumindest als sündenträchtiges Organ, entdeckt und als solches natürlich mit der Schlange selbst in Verbindung gebracht hatten[3], die

Eva ihre Weiblichkeit entdecken ließ, nämlich den Apfel. Diese doppelte sexuelle Symbolik ist so überdeutlich, daß man die ganze Geschichte des Verbots beinahe in einer Karikatur mit kindlicher Perspektive zusammenfassen könnte: die Entdeckung der Sexualität und die Eifersucht des kastrierenden Gott-Vaters. Dies ist aber nur ein Teilaspekt dieser Begebenheit, deren weitere Bedeutungen diesen allzu engen Rahmen sprengen. Wir wollen es dabei bewenden lassen, denn es ginge über die Absicht unseres Buches hinaus, eine Theologie, eine Metaphysik oder gar eine Psychoanalyse des Sündenfalls zu skizzieren. Kehren wir zum Baum zurück, wie er in der Erzählung der *Genesis* geschildert wird. «Dann pflanzte Gott der Herr einen Garten in Eden gegen Osten und setzte den Menschen darein, den er gebildet hatte. Und Gott der Herr ließ allerlei Bäume aus der Erde wachsen, lieblich anzusehen und gut zu essen, und den Baum des Lebens mitten im Garten, und den Baum der Erkenntnis des Guten und des Bösen.»[4] Dieser Garten wird in der griechischen Version der Bibel «Paradies» genannt, nach einem persischen Ausdruck, der einen königlichen Jagd- und Vergnügungspark bezeichnet, während im Wort «Eden» wahrscheinlich das assyrische *edinu* zu sehen ist, das «Steppe» bedeutet; das Paradies wäre demnach eine Oase in der Wüste. Was die Lage angeht, kann sie nur im Orient sein; in allen Traditionen entsteht Leben mit der Sonne im Osten und liegt das Totenreich gen Abend.

Die Erwähnung zweier Bäume hat den Kommentatoren schon immer zu schaffen gemacht, und die modernen Exegeten ziehen die Möglichkeit in Betracht, daß einer der beiden vielleicht eine spätere Zutat sein könnte; nach ihrer Ansicht wäre der zusätzlich eingefügte Baum der Lebensbaum. Handelt es sich aber nicht vielmehr um ein- und denselben Baum, der unter verschiedenen Gesichtswinkeln betrachtet wird? Man braucht bloß an die zweifache Bedeutung des Apfels und des Apfelbaums zu denken, um sofort zu verstehen, warum man den Baum im Garten Eden mit dieser Art identifiziert hat und was er darstellt, falls er wirklich der einzige sein sollte. Seine Früchte können Leben spenden oder Tod bringen, sie versinnbildlichen die Begierden, also den Zeugungstrieb, den Fortpflanzungsinstinkt, der uns listigerweise daran glauben läßt, wir lebten in unseren Nachfahren weiter, doch dieses Weiterleben ist im Grunde genommen illusorisch.

Die Früchte symbolisieren aber auch die höchste Erkenntnis; sie können nur Helden erringen, die fähig sind, die unvermeidlichen Prüfungen zu bestehen und eine Askese zu üben, die zum Tod führen kann, zum Beispiel Odin, der sich an die Esche Yggdrasil hängte, und Buddha, der zehn Jahre der Entbehrung auf sich nahm, ehe er sich unter dem Baum des Erwachens niedersetzte. Der Baum gabelt sich, teilt sich in zwei Äste, die die zwei Wege darstellen, zwischen denen der erste Mensch – jeder Mensch – wählen muß: den biologischen Weg, der zur Erhaltung der Art führt und damit den geschichtlichen Prozeß in Gang bringt, und den mystischen, zeitlosen Weg, auf dem der Mensch sich nicht von seinem Schöpfer trennt, sondern bleibt, wie dieser ihn geschaffen hat, «nach seinem Bild und Gleichnis», und in diesem Falle existiert keine Geschichte.

Es gibt noch eine andere Möglichkeit, die Dualität des Lebensbaums und des Baumes der Erkenntnis zu deuten, die nach unserer Auffassung plausibler ist, denn sie lehnt sich nicht nur enger an den Text der *Genesis* an, sondern steht vor allem auch im Einklang mit den Mythen verschiedener anderer, vor allem mesopotamischer Überlieferungen, in denen es um den Lebensbaum geht; aus Mesopotamien kam Abraham. Für die Babylonier erhoben sich am östlichen Himmelseingang zwei Bäume, der Baum der Wahrheit und der Lebensbaum, die vielleicht als die unmittelbaren Vorläufer der beiden biblischen Bäume zu betrachten sind. Das dritte Kapitel der *Genesis* ließe sich dann folgendermaßen[5] interpretieren: Adam wurden die Augen tatsächlich geöffnet, nachdem er die Frucht vom Baum der Erkenntnis gegessen hatte, und jetzt erst entdeckte er unter den Bäumen des Gartens auch den Lebensbaum, den er vorher nicht als solchen erkannt hatte. Diese Deutung wird durch den Text der *Genesis* gestützt: «Und Gott der Herr sprach: Siehe, der Mensch ist geworden wie unsereiner, daß er weiß, was gut und böse ist. Nun aber, daß er nur nicht seine Hand ausstrecke und auch von dem Baume des Lebens breche und ewig lebe!» Um diese Gefahr, die vom Menschen ausging, endgültig zu bannen, «schickte ihn Gott der Herr fort aus dem Garten Eden, daß er den Erdboden bebaue, von dem er genommen war. Und er vertrieb den Menschen und ließ östlich vom Garten Eden die Cherube sich lagern und die Flamme des zuckenden Schwertes, den Weg zum Baume des Lebens zu bewachen»[6].

Adam konnte also die Unsterblichkeit, die ihm durch seine Erkenntnis enthüllt worden war, nur erlangen, wenn er die Frucht vom zweiten Baum aß, vom Lebensbaum. Die Rolle der Schlange, die den Geist des Bösen, des Widersachers, vorwegnimmt, wird nun eine ganz andere: sie lenkt die Aufmerksamkeit Evas und dann auch Adams fort vom richtigen Baum, dem Baum der Unsterblichkeit, dessen Hüterin sie ist. Aber die Versuchung durch die Schlange kann auch einen anderen Sinn haben: sie wollte für sich selbst die Unsterblichkeit erreichen (was ihr nach den Glaubensvorstellungen anderer Völker auch gelang) und mußte zu diesem Zweck den Lebensbaum finden, der zwischen den anderen Bäumen des Gartens verborgen war. Da sie sich selbst keinen Zugang zur Erkenntnis verschaffen kann, stachelt sie auf perfide Weise diejenigen, die dazu imstande sind, an, die Frucht vom Baum der Erkenntnis zu essen, aber um den Preis des Ungehorsams gegen das ausdrückliche Verbot Gottes. Adam entdeckt dank der Erkenntnis, die er nun erlangt hat, den Baum des Lebens und verrät der Schlange den Ort, an dem er wächst.

In den meisten anderen Traditionen befindet sich der Baum – oder der Brunnen – des Lebens an einem unzugänglichen Ort, am äußersten Rand der Welt, in der Nähe des Totenreichs (zum Beispiel im Garten der Hesperiden, den selbst ein Held wie Herakles mit größter Mühe suchen muß), und er wird von einem Ungeheuer, einer Schlange oder einem Drachen, bewacht, das den Zugang verwehrt (Ladon im Garten des Atlas, der Drache, den Jason besiegen muß, um das in einem Baum hängende goldene Vlies zu erringen), einem Ungeheuer, das überwunden werden muß, ehe man sich des begehrten Gegenstands bemächtigen kann. In ähnlicher Weise taucht der babylonische Held Gilgamesch zum Grund des Meeres hinunter und reißt einen Zweig der dornigen Pflanze ab, von deren Existenz ihm Utnapischtim, der der Sintflut entronnene und unsterblich gewordene Weise, Mitteilung gemacht hatte. Aber auf dem Rückweg nach Uruk läßt er sich den Zweig von einer Schlange abnehmen; sie verschlingt ihn und wird statt seiner unsterblich. Diese Triade, der erste Mensch oder der Unsterblichkeit suchende Held, der Baum des Lebens, der sie ihm verleihen kann, und die Schlange, die den Zugang verwehrt, trifft man in den meisten Mythologien an, so zum Beispiel in etwas anderer Form auch bei den Germanen mit Yggdrasil, Odin und Nioggrh, der Riesenschlange. Die Aussage ist klar: Unsterblichkeit läßt sich nur um den Preis übermenschlicher Anstrengungen erringen. Adam kämpft nicht einmal gegen die Schlange, er hört ihr zu und glaubt ihr. Gilgamesch läßt sie aus Zerstreutheit allzu leicht zum Sieg kommen. Sogar die Helden, die wie Herakles mit ihr fertig werden, müssen durch den Tod hindurchgehen.[7]

Dem Bericht der *Genesis* zufolge «bildete Gott der Herr den Menschen aus Erde vom Ackerboden» – nach der jüdischen Tradition aus Erde vom Berg Zion, der als Nabel der Welt betrachtet wurde – und «hauchte ihm Lebensodem in die Nase»[8], dann pflanzte er für ihn einen Garten und in den Garten Bäume, von denen Philo von Alexandria[9] in seinem allegorischen Kommentar zur *Genesis* sagt, sie hätten Seelen und Vernunft besessen und als Früchte die Tugenden getragen, das unsterbliche Verständnis und die Lebhaftigkeit des Geistes, dank der die Ehrlichkeit und die Unehrlichkeit, das rechte Leben, die Unsterblichkeit und jeder andere Grundbegriff unterschieden und erkannt werden. Dieser Baum, wenn es nur einer ist, stellt die zwei Möglichkeiten dar, zwischen denen Adam wählen konnte: die Begierde oder die Entsagung, die Existenz oder das Wesen; und Gott empfiehlt ihm, die richtige Wahl zu treffen und nicht die Materie, die Erde, aus der er geschaffen ist, dem Geist vorzuziehen, den ihm eingehaucht wurde und der ihn belebt. Aber lange vor der Versuchung, schon seit dem Verbot des Herrn, stand die Wahl Adams fest, denn die Erzählung fährt fort: «Und Gott der Herr sprach: Es ist nicht gut, daß der Mensch allein sei. Ich will ihm eine Hilfe schaffen, die zu ihm paßt.»[10] Gott billigt hier die stillschweigend getroffene Wahl des ersten Menschen. Sein noch unklarer Wunsch, zu zweit zu sein, zerbricht bereits die ursprüngliche Einheit, und alles Folgende ergibt sich hieraus natürlich und unvermeidlich.

Die modernen Exegeten unterscheiden in den ersten Kapiteln der *Genesis* zwei verschiedene Erzählungen, die aufeinander folgen, und sie sind tatsächlich schon dadurch unterschieden, daß Gott in der ersten durch den Plural *Elohim*[11], in der zweiten durch den Singular *Jahwe* bezeichnet wird. Der Anfang der *Genesis,* einer vermuteten «priesterlichen Quelle» zugeschrieben, beinhaltet im Grunde eine Kosmogonie, die Schilderung der sieben Schöpfungstage, die folgenden Kapitel hingegen einen Mythos, der die Stellung des Menschen erklärt. Aber vielleicht hat man die beiden Texte zu scharf voneinander abgegrenzt, denn obwohl sie offensichtlich ungeschickt miteinander verbunden sind, können sie auch, mehr oder weniger absichtlich, als gegenseitige Ergänzung gedacht sein. Adam wird zuerst tasächlich als androgyn dargestellt: «als Mann und Weib schuf er sie»[12] – und der *Midrash Bereshit Raba* präzisiert: Gott schuf Adam gleichzeitig männlich und weiblich. Am Anfang desselben Abschnitts der *Genesis,* wo es heißt: «Und Gott schuf den Menschen nach seinem Bilde», ist die Bezeichnung «Mensch» ein Kollektiv. Die Beziehung ist also völlig klar: ein Gott, dessen Name ein Plural ist («Lasset *uns* Menschen machen nach *unserm* Bilde, *uns* ähnlich»), erschafft den Menschen also auch als Plural. Und dieser doppelte Plural kann nur den androgynen Zustand bezeichnen. In allen Traditionen sind einzeln existierende Götter androgyn, müssen es logischerweise sein, und die Schöpfung kann nur durch die göttliche Selbstteilung in Gang gesetzt werden; durch die Trennung der Geschlechter, durch das Auftreten eines Schöpfers oder einer Schöpferin, werden aus einem zwei. Wenigstens ist der menschliche Verstand mit einer derartigen Vorstellung in der Lage, dieses Mysterium zu erfassen. Der Vorgang, der Eva aus der Rippe Adams entstehen ließ, wiederholt denjenigen, durch den Gott sich von sich selber getrennt hat, um das Universum zu schaffen; er entspricht auch dem Wunsch nach Andersheit, nach Zweiheit, nach einem Gegenüber – nach der Frau oder der Schöpfung, die schließlich ein und dasselbe sind, denn beide sind die Quelle und der Ursprung von allem, sind «Mutter den zehntausend Wesen»[13].

Die Beschreibung des ursprünglichen androgynen Zustands wurde aus der *Genesis* ausradiert, da es sich um den heiligen Text einer patriarchalischen Gesellschaftsordnung handelte, in der allein das männliche Prinzip etwas galt, allerdings aber nicht vollständig getilgt, da sie immer noch durchscheint. Diese Tatsache kommt in der späteren hebräischen Tradition sehr deutlich zum Ausdruck, etwa in dem esoterischen Diagramm der Kabbala, das «Baum der Sefiroth» genannt wird. Dieses Diagramm stellt den Weg der Emanationen dar, die von der Schöpfermacht ausgehen; sie geht aus dem namenlosen Geist[14] hervor, beginnt in der absoluten Leere, über die keine Aussagen möglich sind, um stufenweise bis zur Materie hinabzusteigen. Aus *Kether,* der ersten Sefirah, dem leuchtenden, also bereits manifesten Punkt, der Quelle aller Erscheinungen und damit das Samenkorn ist, aus dem der Stamm des Baumes hervorwächst, entspringen zwei Äste. Der rechte ist *Abba,* «der Vater», der kosmische Vater, das männliche Prinzip, und der linke ist *Aima,* die «Große Mutter». Zwischen ihnen erhebt sich der Stamm, das axiale Gleichgewicht, der eine Weg zum Himmel. Die letzte Sefirah, *Malkuth,* die dazu bestimmt ist, in der Dramaturgie der Welt eine große Rolle zu spielen, heißt auch *Schechinah,* die «Mutter», «Königin», «Matrone» oder auch die «Ehefrau»[15].

Der Baum der Sefiroth soll der Überlieferung zufolge *Adam Kadmon* darstellen, den ursprünglichen, kosmischen Menschen in seinem reinsten Wesen, das Symbol des im Menschen lebenden Gottes. Die Krone *(Kether),* der leuchtende Punkt der Anfänge, liegt oberhalb seines Kopfes, und das Reich *(Malkuth),* die völlig materiell gewordene Energie, unter seinen Füßen. Der Baum der Sefiroth ist auch die eigentliche Form des kosmischen Baumes in der hebräischen Tradition; hier steht er auf dem Kopf, mit in die Höhe ragenden Wurzeln, und versinnbildlicht den Baum der Erkenntnis des Guten und Bösen.

Um die Gesamtheit dieser religiösen und metaphysischen Vorstellungen zu einem einzigen Bild zu verdichten, ist kein Symbol besser geeignet als der Baum mit seinem Stamm, seinen Wurzeln und seinen Ästen, der Baum, der seinem Wesen nach hermaphroditisch ist, weniger weil viele Arten es wirklich sind, sondern vor allem, weil sich der Baum durch die Schößlinge, die an seinem Fuß sprießen, ungeschlechtlich fortpflanzen kann. Dieser den Pflanzen eigenen Fähigkeit zu identischer Vermehrung, dank der ein gefällter Baum sich aus sich selbst regenerieren kann, bedient man sich bei der Arbeit mit Schößlingen und Stecklingen.

Die Blüten hingegen sind Sexual- oder Fortpflanzungsorgane, es gibt männliche und weibliche. Manchmal werden sie vom gleichen Stengel getragen, sind dann also hermaphroditisch, manchmal wachsen sie auf verschiedenen Stengeln. Bei vielen Bäumen sind die Blüten jedoch gleichzeitig männlich und weiblich, sie haben Staubblätter und Stempel. Da aber der Zweck der Sexualität die Vermischung der Chromosomen ist, damit ein Wesen entsteht, das seinen Erzeugern zwar gleicht, aber doch anders ist und seine eigene Individualität besitzt, gibt es gewisse Sicherungsmechanismen, die verhindern, daß die Blüten sich selbst befruchten. Dies gilt zum Beispiel für die meisten Koniferen, bei denen die geschlechtliche Vermehrung wichtiger ist als bei anderen Arten, da sie die Fähigkeit der vegetativen Fortpflanzung nicht haben.

Diese Doppeldeutigkeit des Baumes, der oft gleichzeitig männlich und weiblich ist und dessen meiste Arten sich auch allein vermehren können, erklärt, warum sein Geschlecht in den verschiedenen Sprachen variiert. Die Bäume sind im Griechischen und Lateinischen stets weiblich, sogar wenn sie, was häufig ist, verwirrenderweise eine männliche Endung haben. Im Französischen sind die Bäume bis auf sehr seltene Ausnahmen männlich, ebenso im Englischen und in den meisten heutigen europäischen Sprachen. Im Deutschen ist «der Baum» ein Maskulinum, die einzelnen Baumnamen sind Feminina («die Tanne», «die Eiche» usw.). Dieser so auffällige Unterschied mag darauf zurückzuführen sein, daß die Alten mehr auf den Aspekt der Fruchtbarkeit und den mütterlichen Charakter des Baumes ansprachen, während wir geneigt sind, in ihm ein phallisches Symbol zu sehen.

Vom Sündenfall zur Erlösung

Jedem Weltenbaum ist die Schlange zugesellt, die chthonische Macht, die aus der Finsternis emporgestiegen ist und unter der Erde zwischen den Wurzeln lebt, als ob eine davon Leben angenommen hätte. Manchmal nagt sie jedoch an ihnen und bedroht das Leben des Baumes, wie Nioggrh am Fuß Yggdrasils. Die Schlange ist als phallisches Symbol das Gegenstück zur gewaltigen Weiblichkeit des Baumes und als solches geheimnisvoll und gefährlich. Im Baum der Erkenntnis hält sich die Schlange auf, «listiger als alle Tiere des Feldes»; sie verkörpert hier die unbewußten Impulse der Seele; sie kriecht auf dem Boden. Insofern Eva der fleischgewordene Wunsch des ersten Mannes ist, muß die Schlange sie zuerst überreden, von der verbotenen Frucht zu essen, und eigentlich bezichtigt sie Gott der Lüge: «Gott weiß, daß, sobald ihr davon esset, euch die Augen aufgehen werden und ihr wie Gott sein und wissen werdet, was gut und böse ist... Da gingen den beiden die Augen auf.» Aber als Eva und Adam ihre ursprüngliche Unschuld verloren hatten und aus Kindern zu Erwachsenen geworden waren, entdeckten sie nur das Böse. Das «goldene Zeitalter» war augenblicklich vorbei; sie wurden aus dem Garten vertrieben, der sie mit seinen Früchten ernährte, ohne daß sie sich um ihn kümmern mußten. Von nun an ist der «Erdboden verflucht. Mit Mühsal sollst du dich von ihm nähren dein Leben lang. Dornen und Disteln soll er dir tragen». Jede Rückkehr in den Garten werden ihm die Cheruben verwehren, die, mit der «Flamme des zuckenden Schwertes, den Weg zum Baume des Lebens»[16] bewachen.

Während seines ganzen harten Lebens im «Tal der Tränen» dachte Adam mit Wehmut an das Glück, das er im Garten Eden gekannt hatte. In den Augen seiner Nachkommen war der Lebensbaum, dessen heilkräftige Blätter nicht verwelken und dessen eßbare Früchte «nicht alle werden»[17], ein Symbol der verlorenen Weisheit.[18] Im letzten Kapitel der Offenbarung[19] beschreibt Johannes die Stadt Gottes, das neue Jerusalem, wie folgt: «Inmitten ihrer Straße und auf beiden Seiten des Stromes standen Bäume des Lebens, die zwölf Früchte tragen, indem sie jeden Monat ihre Frucht bringen; und die Blätter der Bäume dienen zur Heilung der Völker.» Dieser Baum ist also der Lebensbaum der *Genesis,* der Baum, von dem die Propheten künden, aber inzwischen erfolgte der Übergang vom Alten zum Neuen Testament: die Menschheit wurde durch das Kommen des Messias und sein Opfer erlöst. Das Wasser des Flusses, der die Wurzeln des Baumes tränkt, ist das Wasser des Lebens, das aus dem Thron Gottes und des Lammes hervorströmt, dasselbe Wasser, das aus der Seite des gekreuzigten Jesus rinnt; von den Früchten des Baumes können nur die genießen, die sich im Blut des Lammes gereinigt haben. Dieser Lebensbaum inmitten der Stadt ist identisch mit dem des Paradieses, wie das himmlische Jerusalem mit dem Garten Eden identisch ist. Aber wenn er wieder erschienen ist und von neuem seine Wohltaten spendet, so deshalb, weil er inzwischen zum Holz des Kreuzes geworden ist.

Die Gleichsetzung des Lebensbaumes mit dem Holz des Kreuzes, einem Todesbaum, aber eines göttlichen und wieder auferstandenen Toten, einem Baum des höchsten Opfers, das der gesamten, seit dem Sündenfall sterblich gewordenen Menschheit das Leben wiedergibt, verbindet Adam und Jesus, den «neuen Adam». Beide sind menschgewordene Götter, doch während der erstere gefallen ist, weil er dem Vater nicht gehorchte, wählte der letztere den Weg in die Inkarnation, um die väterlichen Gebote zu befolgen und die Menschen zu erlösen, die seine Brüder geworden waren, ohne daß er seine Göttlichkeit aufgegeben hätte. Die Entsprechung von Sündenfall und Erlösung, die mit der Auferstehung und der Himmelfahrt gegeben ist, also mit der Rückkehr zur uranfänglichen Glückseligkeit, ist so greifbar, daß gesagt wird, Adam sei zur neunten Stunde an einem Freitag, dem 14. Nisan gestorben, am selben Tag und zur selben Stunde wie Jesus am Kreuz.

Während des ganzen Mittelalters und in allen christlichen Nationen gab es eine sehr verbreitete Volkssage, die, mit vielen malerischen Einzelheiten ausgeschmückt, die geheimnisvolle Beziehung zum Thema hat, die das Kreuz Christi mit dem Lebensbaum verbindet.[20] Ihre Quelle sind verschiedene Apokryphen, so die *Apokalypse des Moses,* das *Leben Adams und Evas* und vor allem das *Evangelium des Nikodemus.* Nach 932 Jahren naht das Lebensende Adams, und er spürt, nachdem er einen gewaltigen Strauch ausgerissen hat, wie er vor Erschöpfung stirbt.

Im Todeskampf ruft er seinen Sohn Seth an sein Krankenlager und beauftragt ihn, zum Garten der Wonne zu gehen, um ihm das Öl zu bringen, das auf wunderbare Weise heilt. Seth befolgt die Anweisungen seines Vaters: «Gehe gen Osten; bald wirst du einen üppig grünen Pfad finden, der bis zu einer trostlosen Gegend führt, in der kein Grashalm wächst. Dort sind die Spuren, die Eva und ich hinterlassen haben, als wir das Paradies verließen.» Seth geht nun also den Weg zurück, den die schwarzgewordenen Abdrücke der Schritte seiner Eltern markiert haben. Je weiter er sich dem Garten Eden nähert, desto mehr verändert sich das anfangs triste und öde Land, die Erde wird wieder grün, der Duft von Blumen erfüllt die reine Luft, und göttliche Musik erklingt. Berauscht von dieser Pracht, vergißt Seth seine Aufgabe und geht vor sich hin, als sich plötzlich vor ihm wie ein Blitz eine feurige Schranke erhebt. Es ist das flammende Schwert des Erzengels Michael, der den Eingang bewacht. Entsetzt, unfähig ein Wort zu sagen, fällt Seth auf die Knie. Der Engel weiß sehr wohl, warum Adams Sohn gekommen ist. «Aber», so sagt er ihm, «die Stunde des Verzeihens hat noch nicht geschlagen. Viertausend Jahre müssen noch vergehen, ehe der Erlöser kommt, um die Tore zu öffnen, die Adam mit seinem Ungehorsam geschlossen hat.» Doch zum Zeichen der künftigen Versöhnung Gottes mit der sündigen Menschheit wird das Holz, mit dessen Hilfe die Erlösung herbeigeführt werden wird, von dem aus Adams Grab hervorgewachsenen Baum stammen. Dann schickt der Erzengel Seth, der reinen Herzens ist, dreimal aus, das Paradies anzuschauen. Beim ersten Mal sieht Seth einen wunderbaren Brunnen, von dem vier Ströme ausgehen; daneben steht ein ausgetrockneter Baum, dessen Rinde abgefallen ist.[21] Beim zweiten Mal sieht er eine furchterregende Schlange, die den Stamm eines Baumes umwindet, der über einen Abgrund hinausragt. Mit Grausen sieht Seth seinen Bruder Kain inmitten der Wurzeln kämpfen, die seinen Körper durchbohren. Als er schließlich einen letzten Blick in den Garten tut, sieht er einen herrlichen Baum, dessen Wipfel den Himmel berührt und dessen Wurzeln bis in die Unterwelt hinabreichen. Mitten in seinen Zweigen schaut ein wunderschönes, wie die Sonne strahlendes Kind sieben Tauben zu, die es umflattern.[22] Es sitzt auf den Knien der lieblichsten Frau, die Seth je gesehen hat. Der Erzengel sagt ihm, dieses Kind sei der künftige Erlöser, der kommen werde, um die Menschen von ihren Sünden zu befreien. Dann schickt er Seth fort, nachdem er ihm drei kleine Samenkörner von den Früchten des Baumes übergeben hat, und trägt ihm auf, sie unter die Zunge seines Vaters zu legen; er werde in drei Tagen sterben. Bei der Rückkehr seines Sohnes lacht Adam zum erstenmal, seit er aus dem Garten Eden verbannt wurde.

Adam wurde im Hebrontal begraben, und seinem Körper entsprossen drei Bäume, die die Dreifaltigkeit darstellen: eine Zeder (der Vater), eine Zypresse (der Sohn, denn er muß sterben), und eine Pinie oder Palme (der Heilige Geist). Später wuchsen die drei Bäume ineinander und bildeten nur noch einen einzigen, der nicht nur ein Sinnbild der Dreifaltigkeit ist, sondern, dank der Erlösungstat des Sohnes, gleichzeitig auch der in Gestalt einer Libanonzeder wiedererstandene Paradiesbaum. Die drei Stämme waren erst eine Elle hoch, als Moses, an der Schwelle des verheißenen Landes angelangt, sie im Hebrontal fand; sie verbreiteten einen paradiesischen Duft um sich. Von Gott inspiriert, verkündete Moses das Mysterium der Heiligen Dreifaltigkeit und brach einen Zweig von dem Baum ab. Mittels dieses Stabes ließ Moses auf Geheiß Jahwes, des Herrn, Wasser aus dem Felsen quellen. In die Erde gepflanzt, bewahrte er die, die ihn ansahen, vor dem Angriff durch Schlangen; er soll auch die Fluten des Roten Meeres geteilt haben, so daß die Kinder Israels dem Heer des Pharao[23] entfliehen konnten, und er wurde schließlich zu Aarons Stab. Vor seinem Tod soll Moses die wunderbaren Bäume auf den Berg Tabor verpflanzt haben, an den Ort, an dem die Verklärung Christi stattfand. Tausend Jahre später befahl ein Engel, der dem König David erschienen war, diese Bäume zu suchen und nach Jerusalem zu bringen. Dort fand sie David, der sie über Nacht in einer Zisterne aufbewahrt hatte, zu einem einzigen Baum vereint wieder. Er ließ ihn, wo er war, und der Baum wuchs sehr rasch. Leprakranke und Lahme, Blinde und Stumme wurden geheilt, wenn sie ihn berührten. David hielt den Baum in großen Ehren, schmückte ihn jedes Jahr mit einem neuen silbernen Reif und betete am Fuß seines Stammes. Sein Sohn Salomon wollte den Baum als Säule verwenden, als er den Tempelbau errichten ließ, aber der abgeschnittene Stamm wechselte stets seine Länge; bald war er zu kurz, und man mußte die Wände niedriger machen, bald war er wieder zu lang und durchstieß das Dach. Eine Frau, die sich auf einen Balken gesetzt hatte, wurde von prophetischem Geist erfaßt und rief aus: «Der Herr verkündet so die Kräfte des Heiligen Kreuzes.» Als sie das hörten, stürzten sich die Juden auf die Frau und steinigten sie, die so zur ersten Märtyrerin des zukünftigen neuen Glaubens wurde. Das untaugliche Holz wurde in den Fischteich geworfen, dessen Wasser sofort wunderbare Kräfte erhielten. Die Juden hofften, dem Stamm seine Heiligkeit zu nehmen, indem sie aus ihm einen Steg über den Siloah machten. Alle traten ihn mit Füßen, nur die Königin von Saba zog es anläßlich ihres Besuchs bei Salomon vor, das Gewässer zu durchwaten. Sie erklärte dem König auch den Grund für ihr Verhalten: aus diesem Holz würde man dereinst das Kreuz des Heilands der Menschen zimmern.

Als die Zeit der Kreuzigung gekommen war, erschien dieses prädestinierte Stück Holz als Marterinstrument wie geschaffen. Aber hier weichen die Versionen der Legende stark voneinander ab. Nach einer Lesart befand sich der widerspenstige Stamm noch immer im Tempel, und Kaiphas sandte dreihundert Juden aus, ihn zu holen, aber sie konnten ihn nicht von der Stelle bewegen. Kaiphas befahl ihnen hierauf, die zwei Querbalken abzuschneiden, die notwendig waren, um ein Kreuz zu bilden. In anderen Versionen liest man, der Baum sei an einer Stelle vergraben worden, wo später ein Teich angelegt wurde, in dem man Opfertiere wusch; da nun «nahete das Leiden Christi, da schwamm das Holz empor; als das die Juden sahen, nahmen sie es und bereiteten davon das Kreuz des Herrn»[24]. Gemäß der am weitesten verbreiteten Version wurde das Kreuz aus «vierlei Holze» gemacht: Zeder, Zypresse, Palme und Olive.[25] In den drei ersten erkennt man die drei Bäume wieder, die aus Adams Leib entsprossen waren und die drei Personen der Heiligen Dreifaltigkeit darstellen; nach der Überlieferung hatte jeder von ihnen seine eigene Bedeutung: die unvergängliche Zeder, die trauervolle Zypresse und die dem Phönix, dem Symbol der Auferstehung, zugeordnete Palme. Das vierte Holz ist das des Olivenbaums, dessen Früchte, wie wir gesehen haben, das Öl lieferten, das zur Salbung des Herrn, des Messias, diente.

Das Kreuz wurde auf Golgotha, hebräisch: «die Schädelstätte» (die Bezeichnung «Kalvarienberg» stammt vom lateinischen *calvaria,* «der Schädel»), aufgerichtet, eben dort, wo Adam bestattet worden war, so daß das Blut des Erlösers den ersten Menschen taufte und ihn von der Erbsünde befreite, und mit ihm wurde die ganze Menschheit erlöst. Golgotha wurde – genauer, wurde wieder – zum «Nabel der Welt», denn dort wurde der kosmische Baum, der Lebensbaum aus dem Garten Eden, aufs neue gepflanzt; dank dem vom Gottessohn selbst dargebrachten Sühneopfer konnte er den Menschen «guten Willens» das ewige Leben geben und ihnen nach dem Tod die Rückkehr, nun nicht mehr ins irdische, sondern ins himmlische Paradies ermöglichen.

Aber die Geschichte vom Holz des Kreuzes ist damit noch nicht zu Ende. Nachdem Kaiser Konstantin den Sieg errungen – er hatte am Himmel ein leuchtendes Kreuz gesehen, unter dem in goldenen Lettern stand: «In diesem Zeichen wirst du siegen» – und sich bekehrt hatte, schickte er Helena, seine Mutter, nach Jerusalem, damit sie dort das Heilige Kreuz suche. In der heiligen Stadt angekommen, ließ die Kaiserin alle jüdischen Gelehrten zu sich kommen. «Die Juden aber erschraken gar sehr, als sie das hörten, und sprachen untereinander ‹Was meinet ihr, warum die Königin uns zu sich hat entboten?› Da sprach einer von ihnen mit Namen Judas ‹Ich weiß, sie will von uns erfahren, wo das Holz des Kreuzes liege, an dem Christus gekreuzigt ward. Sehet zu, daß keiner von euch es verrate; denn wisset, so das geschiehet, wird unser Gesetz verstört, und der Glaube unserer Väter wird zu nichte. Denn mein Ahne Zachaeus hat es meinem Vater Simon gesagt, und mein Vater hat es mir auf dem Totenbett vertraut ‹Merk auf mein Sohn› sprach er ‹wenn man dereinst das Kreuz Christi wird suchen, so sollst du es ihnen weisen, ehe du darum mußt Marter leiden; wisse auch, daß alsdann der Juden Reich ein Ende nimmt, und werden die regieren, die den Gekreuzigten anbeten; denn dieser Christus war der Sohn Gottes›... Die Juden aber sprachen zu Judas ‹Solche Mär haben wir noch nie vernommen›.» Sie weigerten sich, Helena Auskunft zu geben; sie befahl daher, sie ins Feuer zu werfen. Da zeigten sie voller Angst auf Judas; der aber gab vor, nicht zu wissen, wo das Kreuz sei. Die Kaiserin ließ ihn also «in einen trockenen Brunnen werfen, daß er darin Hunger litte. Da lag er sechs Tage ohne Speise, am siebenten aber bat er, daß man ihn herauszöge, so wollte er die Statt des Kreuzes zeigen. Man zog ihn heraus, und er ging an die Stätte und betete daselbst: da bewegte sich alsbald die Erde, und ein Rauch breitete sich umher von köstlichem Geschmack, also daß Judas vor Verwunderung in seine Hände schlug und rief ‹Wahrlich, Christus, du bist der Welt Heiland!› es war aber an demselben Orte... ein Tempel der Venus, den hatte der Kaiser Hadrian daselbst gebaut, auf daß, so ein Christ daselbst anbetete, es alsdann schiene, daß er der Göttin Venus diene; darum so ging niemand mehr zu der Stätte, und war sie fast ganz vergessen.» Helena ließ den Tempel niederreißen und die Erde aufgraben; zwanzig Fuß unter der Oberfläche fand man die drei Kreuze. Aber welches war das richtige? «Und siehe, um die neunte Stunde trug man einen toten Jüngling vorüber; da hielt Judas die Bahre an und legte das erste und das zweite Kreuz über den Toten; aber er rührte sich nicht; aber da man das dritte auf ihn legte, ward der Tote alsbald lebendig.» Nicht lange danach begann man auf Befehl Konstantins mit dem Bau der Basilika vom Heiligen Grab, die heute noch steht und den ganzen Golgotha-Felsen einschließt. Judas ließ sich taufen, nahm den Namen Quiriacus an und wurde später Bischof von Jerusalem. Helena kehrte zu ihrem Sohn zurück und brachte ihm ein Stück des Kreuzes; das Übrige ließ sie da, wo sie es gefunden hatte.

In winzige Fragmente aufgeteilt, war dieses Stück vom Wahren Kreuz bald über die ganze Christenheit verstreut, aber diese Teile und Teilchen waren so zahlreich, daß im 16. Jahrhundert Calvin in seinem *Traité des reliques*[26] behauptete, daß sich eine recht große Schiffsladung ergeben würde, wenn man alles, was vom Kreuz gefunden werden könne, aufhäufen wollte. Das war natürlich eine polemische Übertreibung. Die von dem berühmten Reformator angeregte Inventarisierung wurde durchgeführt, und jeder Splitter, jeder Span, überall, wo man sie verehrte, wurde geduldig vermessen; das Gesamtvolumen dieser Reliquien liegt weit unter dem eines Kreuzes.[27]

Von den Kirchenvätern bis hin zu den modernen Mystikern werden Kreuz und Lebensbaum als eine Einheit betrachtet. Schon im 2. Jahrhundert schrieb Irenäus, Christus sei Fleisch geworden und sei am Kreuz gestorben, um dort das Universum in sich aufzunehmen.[28] Wirklich öffnet Jesus seine Arme der ganzen Welt, und Cyrill von Jerusalem (4. Jahrhundert) verkündet daher, Gott habe seine Arme am Kreuz ausgebreitet, um die Grenzen der Ökumene zu umfangen, deshalb sei der Berg Golgotha der Pol der Welt.[29] Und Lactantius schreibt, Gott habe in seinem Schmerz die Arme geöffnet und den Erdkreis umfaßt.[30] Im 13. Jahrhundert rückt Bonaventura das Christuskreuz und den Lebensbaum noch näher zusammen: «Das Kreuz ist ein schöner Baum; geheiligt durch Christi Blut, ist er voll aller Früchte.»[31]

Nicht nur im christlichen Glauben werden das Kreuz und der kosmische Baum miteinander identifiziert[32]; die gleiche Anschauung kommt auch in mexikanischen Darstellungen aus der Zeit vor der spanischen Eroberung zum Ausdruck. Der Ur-Baum erscheint in den Codices oder auf den Flachreliefs in Form eines Kreuzes mit Zweigen und Blättern an den Enden[33]; es stellt die Totalität des Raumes, das Universum selbst dar.

Es gibt einen noch viel geheimnisvolleren Baum, den die Christen des Mittelalters von ferne verehrten. Es handelt sich um den «verdorrten» oder den «einsamen Baum», der, wie man glaubte, an der Grenze der bekannten Welt stand, an der Trennlinie, die das Diesseits vom Jenseits scheidet. Seth hatte ihn im Garten Eden gesehen; Marco Polo, der ihn beschreibt, war im nordöstlichen Iran auf ihn gestoßen.[34] Wenig später behauptete allerdings Oderic de Pordenone, er stehe bei Tauris im Nordwesten des Iran, nicht weit vom Berg Ararat entfernt, wo die Arche Noah landete. Den Ursprung dieses verdorrten Baumes hatte die mittelalterliche Christenheit, die aufgebrochen war, um das von den Heiden besetzte Heilige Grab zurückzuerobern, im *Buch Daniel* gefunden; dieser Text wurde zu der Zeit verfaßt, als die revoltierenden Makkabäer gegen die heidnischen Könige von Syrien kämpften, die Seleukiden, die Nachfolger Alexanders des Großen. Das *Buch Daniel* hat wegen dieses historischen Kontextes einen eindeutig apokalyptischen Charakter; zur Zeit der Kreuzzüge war es äußerst populär, denn man sah darin exakte Parallelen zur damaligen Situation, als man es für notwendig hielt, die heiligen Orte zurückzuerobern. Nun berichtet dieses Buch vom Traum Nebukadnezars, in dem ihm die Besetzung Israels durch einen heidnischen Monarchen vorausgesagt wurde. «Ich, Nebukadnezar, lebte ohne Sorgen in meinem Hause und glücklich in meinem Palaste. Da hatte ich einen Traum, der mich erschreckte», sprach der König zum Propheten Daniel. «Was ich auf meinem Lager vor Augen sah, war dies: Ich schaute, und siehe, ein Baum stand mitten auf der Erde; der war sehr hoch. Der Baum wuchs und wurde stark, sein Wipfel reichte bis an den Himmel, seine Krone bis ans Ende der ganzen Erde. Sein Laubwerk war schön, und er trug Früchte die Fülle, Nahrung für alle war an ihm... Dann sah ich in den Gesichten, die mir auf meinem Lager vor Augen traten, wie ein Wächter, ein Heiliger, vom Himmel herabstieg; der rief mit mächtiger Stimme und gebot: Hauet den Baum um und schneidet seine Zweige ab, schlagt sein Laub herunter und zerstreut seine Früchte! Das Getier fliehe unter ihm weg und die Vögel aus seinen Zweigen! Doch seinen Wurzelstock laßt in der Erde; in Banden von Eisen und Erz, im Grün des Feldes... Sein Menschenherz soll ihm genommen und ein Tierherz soll ihm gegeben werden, und sieben Zeiten sollen über ihn dahingehen.» Daniel, der den Sinn des Traums wohl verstanden hatte, war «eine Zeitlang starr vor Entsetzen», doch Nebukadnezar drängte ihn zu sprechen, so daß er schließlich antwortete: «Der Baum, den du gesehen, der wuchs und stark wurde..., der Baum, o König, bist du, der du groß und stark bist...: man wird dich aus der Gesellschaft der Menschen ausstoßen, bei den Tieren des Feldes wird dein Aufenthalt sein, und von Gras wirst du dich ernähren wie das Vieh; vom Tau des Himmels wirst du benetzt werden, und sieben Zeiten werden über dich dahingehen, bis du erkennst, daß der Höchste Gewalt hat über das Königtum der Menschen und daß er es gibt, wem er will.»[35] Später heißt es im Text, der «Menschensohn» werde die Feinde bis an die Grenzen der Erde jagen.

Dieser Baum, der gemäß göttlichem Befehl verdorrte und von den Engeln in Ketten gelegt wurde, befand sich am Ende der Welt; er bezeichnete die Grenze zwischen Okzident und Orient, und die Prophezeiung beinhaltete für das auserwählte Volk ein Versprechen: Jesus würde die Kreuzfahrer beschützen und an ihrer Spitze kämpfen, damit zu ihm zurückkomme, was ihm gehörte. Danach werde der verdorrte Baum wieder ergrünen.

Der Baum Jesse

Ein dritter Baum, der mit der Erlösung zusammenhängt, kam in der mittelalterlichen Ikonographie zu großen Ehren. Man bildete ihn häufig in Manuskripten und auf Kirchenfenstern ab; dies geschah besonders vom 13. Jahrhundert an unter dem Einfluß der Zisterzienser, die eine besondere Verehrung für die Jungfrau Maria hegten. Auch der Baum Jesse, um den es nun geht, hat seinen Ursprung im Alten Testament, im *Buch Jesaja*. Wieder straft hier Gott einen Baum, der aber von neuem ergrünt; in diesem Fall handelt es sich allerdings nicht um einen heidnischen König, sondern um das Geschlecht Davids, dessen Begründer Isai (Jesse) ist. «Siehe, der Herr, der Gott der Heerscharen, zerschlägt die Äste der Krone mit Schreckensgewalt, und die Hochgewachsenen sind gefällt, und die Hohen sinken nieder. Zusammengehauen wird das Dickicht des Waldes mit dem Eisen, und der Libanon fällt durch einen Herrlichen. Ein Reis wird hervorgehen aus dem Stumpf Isais, und ein Schoß aus seinen Wurzeln Frucht tragen. Auf ihm wird ruhen der Geist des Herrn, der Geist der Weisheit und der Einsicht, der Geist des Rates und der Stärke, der Geist der Erkenntnis und der Furcht des Herrn.»[36]

Für die Christen konnte es keinen Zweifel geben: der Stamm Jesse war Maria, die von David abstammte, und das Reis war Christus. Der Baum Jesse wurde für sich zu einem ganzen Bündel von Symbolen der christlichen Mystik. Man brachte mit ihm natürlich die Vision Seths vom Lebensbaum in Verbindung, der in seinem Wipfel Jesus und seine Mutter trug. Die Jungfrau wurde zur «neuen Eva»; und Abel, der das Opfer seines Bruders wurde, wie auch Joseph, der Sohn Jakobs, von seinen Brüdern verkauft wurde, glich Jesus, dem Menschensohn, der von seinem Jünger Judas an seine Feinde ausgeliefert wurde. Der Baum versinnbildlichte auch die allgegenwärtige Kirche, die aus Jesu Opfer entstanden war, und selbstverständlich auch das Paradies. Ferner erinnerte er an die Jakobsleiter und an die feurige Leiter des Johannes, die Himmel und Erde verbindet. Die Ikonographie zeigte Jesse, den Patriarchen, wie er schlafend und träumend am Boden liegt, eine angezündete Lampe ist neben ihm aufgestellt. Aus seinem Nabel oder seinem Mund wuchs der Stamm hervor; auf den Ästen waren die Könige von Juda oder die Propheten abgebildet, die von Zeitalter zu Zeitalter das Kommen des «Sprosses aus dem Hause Davids», des künftigen Messias, angekündigt hatten. Ganz zuoberst erschien wie eine riesige Blüte die Jungfrau, die auf ihrem rechten Arm das göttliche Kind hielt und ihm mit dem linken Hand eine Blume reichte.

Dieser exemplarische Baum liegt dem genealogischen Baum zugrunde, dem Bild des «Stammbaums» mit seinen verschiedenen Verzweigungen, der im 19. Jahrhundert als «Baum der Evolution» erscheint und aufzeigt, wie sich die Arten in verschiedene «Ableger» aufspalten, als ob sie voneinander abstammten und eine einzige riesige Familie bildeten.

Der Weißdorn Josephs von Arimathäa

Joseph von Arimathäa war zwar Mitglied des Sanhedrins, aber dennoch ein Jünger Jesu; er hatte die hohe Ehre, sein Begräbnis zu besorgen. «Als es aber Abend geworden war, kam ein reicher Mann aus Arimathäa mit Namen Joseph, der ebenfalls ein Jünger Jesu geworden war. Dieser ging zu Pilatus und erbat sich den Leib Jesu. Da befahl Pilatus, ihn auszuliefern. Und Joseph nahm den Leib, wickelte ihn in reine Leinwand, legte ihn in seine neue Gruft, die er im Felsen hatte aushauen lassen, wälzte einen großen Stein vor die Türe der Gruft und ging hinweg.»[37] Diese mutige Tat trug Joseph die Feindschaft der Juden ein. Nach dem apokryphen *Evangelium des Nikodemus* sperrten sie ihn in einen fensterlosen, sorgfältig verriegelten Kerker, in der Absicht, ihn nach dem Sabbat hinzurichten. Aber Jesus erschien ihm noch in der Nacht seiner Auferstehung, ließ die Mauern des Hauses, in dem er gefangengehalten wurde, von Engeln hinwegtragen, küßte ihn, nahm ihn mit sich und führte ihn in sein Haus in Arimathäa in Judäa zurück. Auch eine andere Geschichte ist diesem Thema gewidmet. Als Titus siebenunddreißig Jahre nach dem Tod Christi Jerusalem besetzte, bemerkte er, daß eine der Stadtmauern dicker war als die anderen, und ließ sie aufbrechen. «Da man ein Loch darein hatte gemacht, sah man einen alten Mann darin sitzen, mit weißem Haar, ehrwürdig von Ansehen. Er ward gefragt, wer er sei; da sprach er ‹Ich bin Joseph, aus der jüdischen Stadt Arimathia: die Juden haben mich hierein geschlossen und gemauert, weil ich Christum hatte begraben› und sprach weiter ‹Von jener Zeit bis auf diese Stunde ward ich mit himmlischer Speise ernährt und mit göttlichem Licht getröstet›.» Der Autor der *Legenda Aurea* versucht dann, die beiden Versionen der Geschichte Josephs miteinander in Einklang zu bringen, und fügt hinzu: «Doch mag man sprechen, daß er auch nach seiner Befreiung (durch den auferstandenen Christus) nicht aufhörte, das Wort Gottes zu predigen, und ward deshalb von den Juden wiederum eingeschlossen.»[37]

Die Eroberung Jerusalems durch Titus ereignete sich im Jahr 69. Nach einer dritten, diesmal aber keltischen Geschichte ging Joseph von Arimathäa im Jahr 63, «einunddreißig Jahre nach der Passion und fünfzehn Jahre nach Mariä Himmelfahrt», vom Apostel Philipp entsandt, in Großbritannien an Land. Er begab sich nach Glastonbury in Somerset und erbaute dort, einer göttlichen Weisung folgend, die ihm vom Erzengel Gabriel überbracht worden war, eine Kirche aus Gitterwerk, die erste in England.

1184 wurde die gewaltige Anlage des Klosters von Glastonbury, das als berühmter Pilgerort von den Geschenken und Opfergaben der Gläubigen lebte, durch einen Brand zerstört. Durch einen seltsamen Zufall förderten die Mönche unmittelbar nach dieser Katastrophe einen Eichensarg zutage, der sechzehn Fuß unter der Erde gefunden worden war; er enthielt ein Bleikreuz, auf dem zu lesen war: «Hier liegt der berühmte Arthur mit seiner zweiten Gemahlin Guenevere begraben auf der Insel Avalon.» Diese Entdeckung brachte der Abtei neuen Ruhm. In der Folge grub man zwei Kännchen aus, die angeblich den Schweiß und das Blut Christi enthielten und von Joseph von Arimathäa aus Jerusalem hierher gebracht worden waren. Dieser Fund ersetzte gleichsam den Heiligen Gral, die Schale, in der beim Abendmahl der Wein in Christi Blut verwandelt wurde. Joseph von Arimathäa hatte darin das Blut aufgefangen, das nach dem Lanzenstich des Longinus aus der Seite des gekreuzigten Jesus floß. Er hatte sie nach Britannien gebracht und seinen Fürsten überlassen, die sie lange Zeit aufbewahrten. Dann ging der Heilige Gral verloren, und König Arthur und die Ritter seiner Tafelrunde machten sich auf die Suche danach. Um ganz sicher zu gehen und Joseph noch fester mit der Gestalt König Arthurs zu verknüpfen, erzählten die Mönche von Glastonbury, Joseph habe die Tochter des Longinus geheiratet, der kein anderer als der natürliche Sohn Julius Cäsars gewesen sei. Wie man weiß, kam Cäsar auch nach Britannien. Aus Josephs Ehe stammte die Mutter König Arthurs, Ingerne von Cornwall.

Man zeigte noch einen weiteren unwiderlegbaren Beweis für den Aufenthalt Josephs von Arimathäa vor, nämlich den wunderbaren Weißdorn, der in Weary-all-Hill oberhalb von Glastonbury wuchs. Es handelte sich um den Stab, den Joseph dort in die Erde gesteckt hatte und der jedes Jahr pünktlich am Tag vor Christi Geburt blühte. Bis zu den Zeiten von Charles I. überbrachte man dem König von England jeweils am Weihnachtstag feierlich einen blühenden Zweig von diesem Weißdorn. Aber 1649 wurde Charles I. enthauptet, und Cromwells Puritaner schnitten den Weißdorn ab. Der Platz wird heute mit einem Stein bezeichnet. Die Schößlinge des Busches blühen aber noch, und es ist nach wie vor Brauch, dem Monarchen an Weihnachten einen Zweig davon zu bringen.

Eine lokale Chronik berichtet, daß im Jahr 1753 in Quainton (in Buckinghamshire) der Weihnachts-Weißdorn nicht zum gewohnten Zeitpunkt erblühte; daher verschob man die Festlichkeiten, bis das Wunder doch noch geschah. Dies war erst am 5. Januar der Fall, an dem Tag, an dem nach dem alten Kalender das Weihnachtsfest gefeiert wurde.[38] Der Weihnachts-Weißdorn blühte nicht nur in Glastonbury; tatsächlich war er seit 1562 in ganz England bekannt. Diese Schlehdornart wird «Biflora» genannt, weil sie zweimal im Jahr blüht, zum erstenmal in milden Wintern um Weihnachten herum und zum zweitenmal im Mai.[9] Der Weißdorn war lange vor der angeblichen Ankunft Josephs von Arimathäa Gegenstand eines (orgiastischen) Kults und sowohl bei den Kelten wie auch bei den Griechen und Römern ein heiliger Strauch.

Schlußwort

Nach dem Sieg der Kirche gab es also nur noch einen einzigen Baum, den man verehren konnte: das behauene Holz, an dem der Erlöser starb. Alle anderen Kulte waren verboten, und man hat gesehen, mit welchem Eifer die Verkünder des Evangeliums daran gingen, sie auszumerzen.

Ein komplexes und differenziertes kosmologisches System, das sich auf die Vielfalt und auf gegenseitige Ergänzung gründete, das System des «Heidentums», wurde durch einen dogmatischen, intoleranten und manichäischen Monotheismus verdrängt. Im Namen der Unterscheidung zwischen Gut und Böse und als Reaktion gegen die frühere Geistesverfassung und Weltsicht wurde die Seele vom Körper und der Mensch von der Natur getrennt. Da die Seele rechtmäßiges Eigentum Gottes war, mußten die Natur und der Körper zwangsläufig verworfen werden. Da sie in Versuchung führten, konnten sie nur Werkzeuge des Teufels sein, der alten Schlange vom Baum der Erkenntnis, die für die Vertreibung aus dem Garten Eden verantwortlich war.

Mit bewundernswerter Klarheit und Tiefe hat Claude Lévy-Strauss diesen Standpunkt beschrieben, der immer noch und oft ohne unser Wissen auch der unsere ist: «... trotz der von der jüdisch-christlichen Tradition zu ihrer Bemäntelung verspritzten Tinte scheint keine Situation tragischer, verletzender für Herz und Geist als die einer Menschheit, die mit anderen, auf ein und derselben Erde lebenden Gattungen koexistiert, in deren Genuß sie sich teilen, und mit denen sie nicht kommunizieren kann. Man begreift, daß die Mythen es ablehnen, diesen Makel der Schöpfung für angestammt zu halten; daß sie in seinem Auftreten vielmehr das Ur-Ereignis der Entstehung eines ‹Wesens› des Menschen und seiner Hinfälligkeit erblicken.»[1]

So wurde in Tat und Wahrheit ein lebensnotwendiges Gleichgewicht zerbrochen, das auf der Verbindung und Verständigung aller Geschöpfe untereinander beruhte. Unter den letzten Konsequenzen dieses Bruchs leiden wir heute. Die einst so offene Menschheit hat sich mehr und mehr in sich selbst eingeschlossen. Diese absolute Anthropozentrik kann außerhalb des Menschen nur noch Objekte wahrnehmen. Die ganze Natur ist dadurch entwertet, erniedrigt. Einst war im Naturganzen alles bedeutsam und zeichenhaft, und sie selbst hatte Sinn und Bedeutung, die jeder in seinem Innern fühlte. Weil er die Natur verloren hat, zerstört sie der Mensch heute und verurteilt sich damit selbst.

Anmerkungen

Bei den Literatur- und Quellenangaben wurden nach Möglichkeit die Titel der deutschen Ausgaben angeführt und Textpassagen daraus wiedergegeben. War eine deutsche Ausgabe nicht feststellbar, so wurden vom Autor zitierte Titel übernommen und die Texte aus der zitierten französischen Fassung übertragen.

Vorwort

[1] C. Lévi-Strauss/D. Eribon: *Das Nahe und das Ferne. Eine Autobiographie in Gesprächen,* Frankfurt 1989, S. 237.

Erstes Kapitel: Im Mittelpunkt der Erde

[1] R. Boyer: *Les Religions de l'Europe du Nord,* Paris 1974, S. 373.
[2] J. Markale: *Le Druidisme,* Paris 1985, S. 26 (dt.: *Die Druiden. Gesellschaft und Götter der Kelten,* München 1987).
[3] *Völuspa,* in: *R. Boyer, Les Religions de l'Europe du Nord,* S. 471 ff.
[4] J. Boulnois: *Le caducée et la symbolique dravidienne indomediterranéenne de l'arbre, de la pierre, du serpent et de la déesse-mère,* Paris 1939.
[5] J.-P. Roux: *Faune et Flore sacrées dans les sociétés altaïques,* Paris 1966.
[6] J. Servier: *Tradition et civilisation berbères,* Paris 1985, S. 15.
[7] Sir A. Evans: «Mycenean tree and pillar cult», in: *Journal of Hellenic Studies,* Bd. XXI, S. 99–204, London 1901.
[8] Tacitus: *Germania,* XXXIX.
[9] *Ynglinga Saga,* 29; Heimskringla, übers. von S. Laing, S. 239 ff.; vgl. H. M. Chadwick: *The Cult of Othin,* London 1899; H. R. Ellis Davidson: *Gods and Myths of Northern Europe,* London 1964; *Die Edda,* übers. von F. Genzmer, Köln 1987.
[10] Saxo Grammaticus (gest. 1206): *Historia Danica (Gesta Danorum),* III, Hrsg. von O. Elton, London 1894, S. 129 ff.
[11] Nach Ablauf von acht Jahren, nach damaliger Zählweise.
[12] Vgl. Kap. 3.
[13] P. Faure: *Kreta. Das Leben im Reich des Minos,* Stuttgart 1976, S. 318.
[14] Es ist zu betonen, daß es nicht um ein Individuum, sondern um eine Dynastie ging.
[15] Homer: *Odyssee,* XIX, 179.
[16] G. Glotz: *La Civilisation égénne,* Paris 1937, S. 173.
[17] R. von Ranke-Graves: *Griechische Mythologie. Quellen und Deutung,* Reinbek 1989, S. 34.
[18] Vgl. Aischylos: *Der gefesselte Prometheus,* V, 936.
[19] Pindar: *Frag. 98;* Platon: *Menon.*
[20] Plutarch: *Moralia,* quaest. graec. 12; Strabon, IX, 3, 12.
[21] Pausanias: *Beschreibung Griechenlands,* IX, 10, 4.

[22] J. G. Frazer: *Der Goldene Zweig. Das Geheimnis von Glauben und Sitten der Völker*, Reinbek 1989, S. 408; P. Faure: *Kreta*, S. 319.

[23] Zahlreiche Parallelen ließen sich in Zeit und Raum aufzeigen, vor allem wohl zu den Kaisern von China, die über Millennien die Züge des archaischen Herrschers bewahrten.

[24] Vgl. J. Brosse: *Les Arbres de France*, Kap. «Le Frêne» («Die Esche»), S. 87–92. Die Esche kann also höher werden als die Eiche, die höchstens 40 m erreicht. Sie und die Buche gehören damit zu den höchsten Bäumen unserer Breitengrade; nur die Tanne, die 60 m hoch werden kann, übertrifft sie noch.

[25] R. von Ranke-Graves: *Die weiße Göttin. Sprache des Mythos*, Reinbek 1985, S. 204.

[26] Hesiod: *Theogonie*, 455 ff.

[27] Hesiod: *Theogonie*, 456. Der chinesische *Kien-mu*, der vielleicht eine Esche war, entspricht dem Trigramm des *I Ging*, das «der Erschütterer» bedeutet.

[28] L. Séchan: «Mythologie et religion», in: A. Eailly: *Dictionnaire grec-français*, Paris 1950, S. 2228.

[29] Pausanias: *Beschreibung Griechenlands*, VIII, 8, 2.

[30] Der dem Poseidon geweihte attische Monat war der Monat der Winterstürme.

[31] Plutarch: *Moralia*, 406 f.

[32] In der *Ilias*, XXI, 441 f., erinnert Poseidon Phoibos daran, wie er die Festungsmauern Trojas errichtete.

[33] Platon: *Kritias*, 119d–120c.

[34] Hesiod: *Werke und Tage*, 145–155.

[35] Sie bauten also noch kein Getreide an und nährten sich statt dessen von Baumfrüchten, insbesondere von Eicheln.

[36] Die Eroberer der zweiten hellenischen Welle kannten das Eisen also noch nicht.

[37] «Vor allem fehlen Bäume. Die Sykomore (der wilde Feigenbaum) ist neben der Akazie der einzige Laubbaum, den man noch öfter antrifft; er wächst aber nur vereinzelt.» A. Ermann und H. Ranke: *La Civilisation égyptienne*, franz. Übers. Paris 1952, S. 26 (dt.: *Ägypten und ägyptisches Leben im Altertum*, Hildesheim 1987).

[38] Die ägyptische Sykomore ist ein Feigenbaum *(Ficus sycomorus)*, dessen Früchte die Griechen gleichzeitig an die Feige *(syke)* und an die Maulbeere *(moros)* erinnerten. Diese Früchte haben in prähistorischer Zeit sicher eine große Rolle in der Ernährung der Menschen gespielt, denn die Sykomore war in einem Land, wo das Holz rar ist, tatsächlich der einzige Baum mit eßbaren Früchten.

[39] K. Sethe: *Die altägyptischen Pyramidentexte*, Leipzig 1910, II, 1216.

[40] E. Dhorme: *Choix de textes religieux assyro-babyloniens*, Paris 1910, S. 98.

[41] Wir werden in den folgenden Kapiteln immer wieder dem Urpaar begegnen, das aus der göttlichen Mutter und ihrem Sohn besteht, der aus ihr geboren wird wie der Baum aus der Erde.

[42] N. Parrot: *Les représentations de l'arbre sacré sur les monuments de Mésopotamie et d'Elam*, Paris 1937.

[43] M. Eliade: *Traité d'histoire des religions*, Paris 1953, S. 238 f. (dt.: *Geschichte der religiösen Ideen*, 3 Bde. Freiburg 1985, 1987).

[44] M. Granet: *La Pensée chinoise*, Paris 1934, S. 324 f., 346 (dt.: *Das chinesische Denken. Inhalt, Form, Charakter*, Frankfurt 1985).

[45] J. Soustelle: *La pensée cosmologique des anciens Mexicains*, Paris 1940, S. 67, 86, 88.

[46] W. Krickeberg, in: W. Krickeberg, H. Trimborn, W. Müller und O. Zerries: *Les Religions amérindiennes*, Paris 1953 (dt.: *Die Religionen des alten Amerika*, Stuttgart).

[47] M. Eliade: *Le Sacré et le profane*. Paris 1965, S. 127 (dt.: *Das Heilige und das Profane. Vom Wesen des Religiösen*, Frankfurt 1984).

[48] N. Parrot: *Les représentations de l'arbre sacré*, S. 19.

[49] H. Danthine: *Le Palmier-dattier et les arbres sacrés dans l'iconographie de l'Asie occidentale*, Paris 1937, S. 163 f.

[50] M. Eliade: *Traité d'histoire des religions*, S. 235.

[51] Vgl. Plinius: *Historia naturalis*, XVI, 15.

[52] R. M. Rilke: «Erlebnis I» (Spanien, Anfang 1913), in: *Ausgewählte Werke II*, Leipzig 1942.

[53] G. Bachelard, Kommentar zum Rilke-Text, in: *L'Air et les songes*, Paris 1943, S. 237.

[54] J. Brosse: *La magie des plantes*, Paris 1979.

Zweites Kapitel: Die mystische Leiter

[1] M. Eliade: *Schamanismus und archaische Ekstasetechnik*, Frankfurt 1975.

[2] Wir begegnen dem Zerstückeln und Kochen des Körpers im Zusammenhang mit dem kretischen Zeus und Dionysos wieder. Vgl. Kap. 4, S. 97 ff.

[3] Auch in der *Völuspa* (V. 46) und in der *Ynglinga Saga* (IV) ist die Rede vom Hellsehen dank dem mumifizierten Kopf Mimirs. Vgl. H. R. Ellis: *The Road to Hel. A Study of the conception of the dead in old Norse Literature*, Cambridge 1942.

[4] Tacitus: *Germania*, XLIII.

[5] Nach Saxo Grammaticus (*Gesta Danorum*, 3, IV, 9–13) mußte Odin ins Exil gehen, weil er angeklagt war, *ergi* praktiziert zu haben, also passive homosexuelle Liebe, was als Schande galt. Seine Gattin Frigg soll einen Liebhaber gehabt haben, der Odin auf dem Thron ersetzte.

[6] M. Eliade: *Méphistophélès et l'Androgyne*, Paris 1962, S. 144.

[7] H. Jeanmaire: *Couroi et courètes*, Lille 1939.

[8] J. Przyluski: *La Grande Déesse*, Paris 1950, S. 183.

[9] J. Libis: *Le Mythe de l'Androgyne*, Paris 1980; M. Delcourt: *Hermaphrodite*, Paris 1958.

[10] Es ist zu bedenken, daß die Völker im Norden Eurasiens niemals voneinander isoliert waren. «Von der skandinavischen Halbinsel bis zum Nordosten Sibiriens müssen über Jahrhunderte, wenn nicht Jahrtausende, von keinen natürlichen Hindernissen gestörte Beziehungen bestanden haben.» (E. Lot-Falck: «Les peuples de la Sibérie», in: *Les Religions de l'Europe du Nord*, Paris 1974.)

[11] Die Tanne ist der höchste aller europäischen Bäume; im hohen Alter kann sie bis zu 60 m erreichen.

[12] U. Holmberg-Halva: *Der Baum des Lebens*, Helsinki 1922–23, S. 52.

[13] Vgl. die heilige ägyptische Sykomore, S. 24 f.

[14] Diese Verbindung des göttlichen Pferdes mit dem Weltenbaum, die wir in Kap. 1 im Zusammenhang mit Odin und Poseidon erwähnt haben, findet man auch im archaischen China (Hentze: *Frühchinesische Bronzen*, S. 123–130, zit. in: M. Eliade: *Schamanismus*, S. 259, Anm. 33).

[15] J.-P. Roux: *Faune et Flore sacrées dans les sociétés altaïques*, Paris 1966, S. 374 ff.

[16] Vgl. Kap. 3.

[17] Ausführlich zitiert in: M. Eliade: *Schamanismus*, S. 48–52.

[18] A. a. O., S. 120–127.

[19] A. a. O., S. 263–267.

[20] J. Chevalier/A. Gheerbrandt (Hrsg.): *Dictionnaire des symboles*, Paris 1969, Stichwort «Neun».

[21] Zur Verknüpfung zwischen Pferd und Weltenbaum vgl. Odin, S. 14, und Poseidon, S. 22 f.

[22] Es ist eine richtige Ek-stase, ein Außer-sich-Sein.

[23] M. Eliade: *Schamanismus*, S. 189–192.

[24] R. von Ranke-Graves: *Die weiße Göttin*, S. 190.

[25] A. a. O., S. 164.

[26] J. Markale: *Le Christianisme celtique et ses survivances populaires*, Paris 1983, S. 35–39.

[27] Vgl. J. Brosse: *Les Arbres de France*, Kap. «Le Bouleau» («Die Birke»), S. 33–36.

[28] Im Jahr 1862. Zit. in: A. de Gubernatis: *La Mythologie des plantes*, 2 Bde., Paris 1878, Neuaufl. Mailand 1976.

[29] Es ist merkwürdig, daß die Autoren, die sich mit dem Schamanismus befassen, kaum je die Rolle des Fliegenpilzes bei den Trancezuständen erwähnen. Dieser wichtige Umstand war den alten Beobachtern entgangen, weil die Völker, die sie befragten, ihn nicht erwähnten. Entweder hielten sie die Sache für so selbstverständlich, daß man davon nicht zu sprechen brauchte, oder – was wahrscheinlicher ist – sie hielten ihr Wissen aus Vorsicht geheim. Außerdem wurde «das schamanische Delirium als krankhafter, der Schizophrenie ähnelnder Zustand betrachtet. Und doch sind sich alle Spezialisten darin einig, daß die Schamanen außerhalb ihrer Zeremonien geistig völlig gesund waren; das halluzinatorische Phänomen, das sich ihrer während der Ekstase bemächtigte, war demnach vorübergehend. Daher suchte man schließlich die Ursache der Krise in der Einnahme von Drogen». (J.-M. Pelt: *Drogues et plantes magiques*, Paris 1971, S. 51.)

[30] J.-M. Pelt: *Drogues et plantes magiques*, S. 50 f.

[31] A. a. O., S. 50.

[32] U. Holmberg-Halva: «Siberian Mythology», in: *The Mythology of all races*, Bd. 4, Boston 1927.

[33] R. G. Wasson: «Qu'était le Soma des Aryens?», in: P. T. Furst (Hrsg.): *La Chair des dieux*, Paris 1974.

[34] J. Gonda: *Les religions de l'Inde – Védisme et Hindouisme ancien*, Paris 1962, S. 84 (dt.: *Veda und älterer Hinduismus. Religionen der Menschheit*, Bd. 11. Stuttgart o. J.).

[35] Dieser Vers könnte sich auf den schamanischen Aufstieg beziehen.

[36] J. Varenne (Hrsg.): *Le Véda*, Paris 1967.

[37] So Donar-Thor, der germanische Gott der Birke.

[38] J. Gonda: *Les religions de l'Inde*, S. 81.

[39] R. G. Wasson: «Qu'était le Soma des Aryens?», S. 205.

[40] J. Gonda: *Les religions de l'Inde*, S. 84.

[41] A. a. O., S. 184.

[42] R. G. Wasson: «Qu'était le Soma des Aryens?», S. 207.

[43] E. Lot-Falck: «Textes eurasiens» (Einführung), in: *Religions de l'Europe du Nord*, S. 616.

[44] A. a. O., S. 618.

[45] Der buddhistische Mönch schickt den vier Gelübden, die er täglich wiederholt, folgende Worte voraus: «Wie zahlreich auch die Wesen seien, ich gelobe, sie alle zu retten.»

[46] M. Eliade: *Schamanismus*, S. 411.

[47] G. Tucci: *Tibet, pays des neiges*, Paris 1969, S. 20 ff.

[48] M. Eliade: *Schamanismus*, S. 406.

[49] R. Bleichsteiner: *Die Gelbe Kirche*, Wien 1936, S. 178. Die Schamanen benutzen also die Gebeine ihrer Vorgänger.

[50] A. David-Neel: *Mystiques et magiciens du Tibet*, Paris 1929, S. 126 f. (dt.: *Heilige und Hexer. Glaube und Aberglaube im Land des Lamaismus*, Wuppertal 1984).

[51] W. Y. Evans-Wentz (Hrsg.): *Das tibetanische Totenbuch*, Olten und Freiburg 1989.

[52] M. Eliade: *Schamanismus*, S. 410.

[53] *Buddha-carita-kayya*, V. 1551 ff.

[54] A. Foucher: *La vie du Bouddha d'après les textes et les monuments de l'Inde*, Paris 1949, S. 154 f.

[55] E. B. Cowell (Hrsg.): *The Jâtaka or Stories of the Buddha's former births, translated from the Pali*, 6 Bde., Cambridge 1895–1907.

[56] Vor allem die tibetische Kunst versteht diese Ungeheuer so gut wiederzugeben, die bei Menschen des Westens auch die Erinnerung an die «Versuchung des Heiligen Antonius» wachrufen, wie sie der Initiierte Hieronymus Bosch gemalt hat.

[57] A. Foucher: *La vie du Bouddha*, S. 146.

[58] A. de Gubernatis: *La Mythologie des plantes*, Bd. I, S. 84, Anm. 1.

[59] R. Cook: *L'Arbre de vie*, Paris 1975, S. 22.

[60] M. Hürlimann: *India*, London 1967.

[61] Hiuan-tsang: *Si-yu-ki*, übers. von S. Julien, in: *Mémoires sur les contrées occidentales*, 2 Bde., Paris 1857–58; S. Peal: *Buddhist Records of the Western World*, London 1885; R. Grousset: *Sur les traces du Bouddha*, Paris 1957.

[62] *Lalitavistara*, übers. von Foucaux, Paris 1884–92, Neuaufl. 1988.

[63] *Majjhimanikâya*, III, 123, in J. B. Horner: *The Middle Length Sayings*, 3 Bde., London, Neuaufl. 1967.

[64] M. Eliade: *Schamanismus*, S. 386.

[65] E. Sénart: *Essai sur la légende du Bouddha*, 2. Aufl. Paris 1882.

[66] Der Name dieser Stadt bedeutet wahrscheinlich «Stadt des Kusakrauts», also des Opferkrauts, das der Bodhisattva auf seinen Sitz unter dem Bodhi-Baum legte.

[67] A. Bareau: *Recherches sur la biographie du Bouddha*, Bd. II, Paris 1971.

[68] *Çatapatha Brâhmana*, VIII, 7, 4, 6; vgl. S. Lévi: *La Doctrine du sacrifice dans les Brâhmanas*, Paris 1898, S. 87 ff.

[69] *Çatapatha Brâhmana*, III, 7, 1, 14.

[70] *Taittirîya Samhitâ*, I, 7, 9, 2.

[71] M. Eliade: *Schamanismus*, S. 384 f.

[72] *Rig-Veda*, I, 24, 7.

[73] *Katha-Upanishad*, VI, 1; *L'Hindouisme. Textes et traditions sacrés*, Paris 1972, S. 73.

[74] *Maitri-Upanishad*, VI, 7.

[75] *L'Hindouisme*, S. 665.

[76] *Baghavad-Gita*, XV, 1 ff.

[77] *Açvamedha Parva*, zit. von A. Coomaraswamy in seiner Studie: *The inverted Tree*, Bangalore 1938.

[78] M. Eliade: *Traité d'Histoire des religions*, Paris 1953, S. 239–241.

[79] G. Durand: *Les Structures anthropologiques de l'imaginaire*, Paris 1960, S. 371.

[80] M. Eliade: *Traité d'Histoire des religions*, S. 230–241; *Religions australiennes*, Paris 1972, S. 61.

[81] Dante: *La Divina Commedia*, «Paradiso», XVIII, 28 ff.:
In questa quinta soglia
Dell'albero che vive della cima
E fruta sempre, a mai non perde foglia.

[82] Nach einer Überlieferung aus Saba, von der Masûdi berichtet, soll Platon geschrieben haben, der Mensch sei eine kopfstehende Pflanze, deren Wurzeln zum Himmel streben und deren Zweige in die Erde dringen. Vgl. U. Holmberg-Halva: *Der Baum des Lebens*, S. 54.

[83] R. Weil: *«Les origines de la Kabbale»*, in: *Encyclopédie des mystiques*, Paris 1972, Bd. I, S. 99–109.

[84] Z'ev ben Shimon Halevi: *L'Arbre de vie. Introduction à la Cabale* (Vorwort und Übersetzung von V. Bardet und Z. Bianu), Paris 1985, S. 15 ff.

[85] *Exodus*, 25, 31–40.

[86] *Zacharias*, 3, 9 (Viertes Gesicht).

Drittes Kapitel: Die weissagende Eiche

1 Homer: *Ilias*, XVI.

2 Sophokles: *Die Trachinierinnen*.

3 Platon: *Phaidros*.

4 Herodot: *Historien*, II, 54–57.

5 Pausanias: *Beschreibung Griechenlands*, X, 12. 10.

6 Herodot: *Historien*, II, 55.

7 A. a. O., II, 57.

8 Das Erscheinen der Pleiaden verheißt auch gutes Wetter für die Schiffahrt. Das griechische Wort *plein* bedeutet «zur See fahren».

9 Dasselbe geschah später auf dem Berg Nyssa mit Dionysos, der manchmal als Sohn Diones angesehen wurde; er war gekommen, um das Orakel von Dodona zu befragen.

10 Sophokles: *Die Trachinierinnen*, 169 ff., 1166.

11 Herodot: *Historien*, II, 50 ff.

12 R. von Ranke-Graves: *Griechische Mythologie*, S. 22 ff.

13 Platon: *Kratylos*, 402b.

14 Homer erwähnt auch Okeanos und Thetys als Erzeuger der Götter und Lebewesen.

15 Homer: *Ilias*, V, 370–381; *Homerische Hymnen*, Hymne an Apollo, 93.

16 Theokrit, 7, 116.

17 Im Tempel von Madurai in Südindien hat Shiva Shurasneswar, den Sohn und Geliebten der Lokalgöttin Meenakshi, verdrängt.

18 «Maia» war der Name einer der Pleiaden oder Peleiaden.

19 J. G. Frazer: *Der Goldene Zweig*, S. 220, 241.

20 Plutarch: *Über das Schicksal der Römer*, 9. Der Name Egeria, manchmal Ägeria geschrieben, hat die gleiche Wurzel wie das griechische *aigilops*, «die Eiche mit eßbaren Eicheln».

21 Aber auch «ausschütten», «sich verbreiten»; Egeria ist auch eine Quelle.

22 J. G. Frazer: *Der Goldene Zweig*, S. 214.

23 Livius: *Römische Geschichte*, I, XIX.

24 Die Haut Amaltheias wurde zur Ägide, eines ihrer Hörner zum Füllhorn.

25 R. von Ranke-Graves: *Griechische Mythologie*, S. 34.

26 Die ägyptische Hieroglyphe, die die Biene darstellt, wird vom Zeichen für den Blitz begleitet. Die Bienen haben von Natur aus eine Beziehung zu Gewittern, denn sie schwärmen bei aufziehenden Gewittern aus.

27 Vom antiken Chaldäa zum merowingischen Königtum und zum französischen Kaiserreich.

28 R. von Ranke-Graves: *Griechische Mythologie*, S. 35.

29 Dieses Thema wird in *Der Goldene Zweig* sehr ausführlich behandelt und bleibt der «lebendigste» Teil von Frazers Werk, selbst in den Augen der heutigen anthropologischen Schule, die ihm sonst sehr kritisch gegenübersteht. Vgl. Einführung zur franz. Ausgabe *(Rameau d'or)*, Paris 1981, von N. Belmont.

30 Velkhanos hatte als Wahrzeichen den Hahn.

31 F. Guirand/ A.-V. Pierre: «Mythologie romaine», in: *Mythologie générale*, Paris 1935.

32 Ch. Picard: *Les Religions préhelléniques*, Paris 1948, S. 137.

33 In seinem Werk *Les Religions préhelléniques*, S. 117–121, hat Ch. Picard alle Elemente gesammelt, die den kretischen vom olympischen Zeus unterscheiden, und sein Überleben in den Gestalten und Erscheinungen zahlreicher lokaler Götter der griechischen Welt nachgewiesen.

[34] P. Faure: *Kreta*, S. 302. Der Hahn wurde manchmal mit Yggdrasil verknüpft.

[35] Vgl. J. Brosse: *Les Arbres de France*, Kap. «Peuplier blanc» und «Peuplier noir» («Silberpappel» und «Schwarzpappel»), S. 153–157.

[36] Diese Platane gehört zu einer nur in Kreta vorkommenden Unterart; es gibt dort nur noch 29 Exemplare. Für die Alten behielt sie ihre Blätter infolge dieser göttlichen Vereinigung, für die modernen Biologen handelt es sich nur um eine natürliche Mutation. Vgl. H. Baumann: *Le Bouquet d'Athéna. Les Plantes de la mythologie et de l'art grec*, Paris 1986.

[37] In diesem Zusammenhang könnte man annehmen, das Wort *Naios*, ein Beiwort de⹂ ⹂odonischen Zeus, dessen Ursprung unsicher ist, sei lediglich eine Nebenform von *neos*, «der Neue», «der Junge», das vor allem den jungen Knaben bezeichnet.

[38] H. Jeanmaire: *Couroi et Courètes*.

[39] M. P. Nilsson: *Geschichte der griechischen Religion*, 1941, S. 546ff.; Ch. Picard: *Les Religions préhelléniques*, S. 114, 116.

[40] Ch. Picard: *Les Religions préhelléniques*, S. 76.

[41] Diese Erscheinung kommt häufig bei der Geburt von Helden oder Halbgöttern vor, so auch bei Dionysos und in Indien bei dem Buddha Sakyamuni.

[42] Hesiod: *Theogonie*, 56.

[43] Orphisches Fragment, 58, zit. in: R. von Ranke-Graves: *Griechische Mythologie*, S. 44

[44] Vgl. die homerische Hymne: «Ich besinge Gäa, die Mutter des Weltalls, die fest sitzende, die älteste der Gottheiten.» Die Olympier selbst riefen sie bei ihren Schwüren an, so auch Hera in der *Ilias*.

[45] Wenn es sich um Rhea handelte, läge ein Inzest vor; in der Legende des Zeus Kretagenes wird berichtet, daß er sich mit seiner Mutter vereinigte.

[46] Vgl. J. G. Frazer: *Der Goldene Zweig*, S. 112.

[47] A. a. O., S. 208 f.

[48] Pausanias: *Beschreibung Griechenlands*, IX, 3.

[49] Diodorus Siculus: *Historische Bibliothek*, IV, LXXII; Apollodor, III, 12, 6.

[50] Hyginus: *Fabulae*, 52; Ovid: *Metamorphosen*, VII, 520–660.

[51] Diodorus Siculus: *Historische Bibliothek*, IV, LXI, 1.

[52] Die Lateiner schrieben statt *aesculus* auch *esculus* und brachten es mit *esca*, «Nahrungsmittel», in Zusammenhang.

[53] H. de Witt: *Les Plantes du monde*, franz. Übers. Paris 1963, Bd. I, S. 189.

[54] R. von Ranke-Graves: *Griechische Mythologie*, S. 77, vgl. auch S. 81.

[55] Was nicht allzu überraschend ist. S. J. und ich machten einen Spaziergang in der Nähe von Knossos und hatten den Eindruck, im Zirpen der Zikaden zu ertrinken, die die Baumstämme zu Millionen bedeckten. Wir waren wie verzaubert und glaubten, ein ganzes Volk sei dabei, ohne Ende von seinen früheren Heldentaten zu erzählen.

[56] Theophrast: *Pflanzenkunde*, 3, 7, 5.

[57] Plinius: *Historia naturalis*, XVI, XI.

[58] *Dictionnaire des symboles*, S. 1 f.

[59] Plinius: *Historia naturalis*, X, XVIII.

[60] A. a. O., X, XVIII.

[61] Ovid: *Metamorphosen*, XIV, 320–435.

[62] P. Géroudet: *Les Passereaux*, Bd. 1, S. 100–104, 72.

[63] Aristophanes: *Die Vögel*, V. 480.

[64] *Suda-Lexikon*, Stichwort «Picos».

[65] Theophrast: *Pflanzenkunde*, 3, 7, 4 f.

[66] Plinius: *Historia naturalis*, XVI, XI.

[67] Vergil: *Äneis*, VIII, 314-318, 347–354.

[68] Livius: *Römische Geschichte*.

[69] J. G. Frazer: *Der Goldene Zweig*, S. 216.

[70] Petronius: *Satyricon*, 44. Petronius sagt nicht, daß es sich um das Kapitol handelt, aber ein Passus in Tertullians *Verteidigung des Christentums* (40) erlaubt die Identifizierung des erwähnten Hügels.

[71] Varro: *De lingua latina*, V. 49.

[72] Ein Denkmal, das in Rom entdeckt wurde, zeigt Jupiter neben einer Eiche, mit der Inschrift: *Jovi Caelio*.

[73] Ovid: *Fasti*, III.

[74] Plinius: *Historia naturalis*, XVI, II.

[75] Die Chauken waren ein Volk, das im westlichen Germanien zwischen der *Amisia* (Ems) und der *Albis* (Elbe) an der baltischen Küste lebte. Plinius, der im Jahr 47 n. Chr. an der von Corbulo geleiteten Expedition gegen dieses Volk teilnahm, berichtet hier als Augenzeuge.

[76] Der Ausdruck *Hercynia sylva* («herzynischer Wald») bezeichnete das ausgedehnte Gebiet der bewaldeten Berge im westlichen Germanien. *Hercynia* leitet sich vom indogermanischen Namen der Eiche *perkʷ* ab.

[77] Adam von Bremen: *Descriptio insularum Aquilonis*, 26.

[78] Mannhardt: *Lettische Sonnenmythen*.

[79] Fr. Kreutzwald/H. Neus: *Mythische und magische Lieder der Esthen*, St. Petersburg 1854.

[80] Prokop von Cäsarea: *Über die Kriege*.

[81] Konstantinos VII. Porphyrogennetos: *Excerpta historica*.

[82] Maximos aus Tyrus: *Dialexeis*, VIII, 8.

[83] Julius Caesar: *Der Gallische Krieg*, VI, 17 f.

[84] Lucanus: *Pharsalia*, I, 444 ff.

[85] Jetzt im *Musée de Cluny* in Paris.

[86] P. H. Duval: *Les Dieux de la Gaule*, S. 30; J. de Vries: *La Religion des Celtes*, Paris 1963, S. 105–108.

[87] Strabon: *Geographika*, XII, 5, 1.

[88] Claudian: *Panegyrica de Stilicho*, I, 288.

[89] Plinius: *Historia naturalis*, XVI, XCV.

[90] Also nicht nur die Mistel, sondern auch die Eicheln und die anderen typischen Produkte der Eiche.

[91] Dieser Tag ist der Tag vor dem Vollmond.

[92] Es handelt sich um wilde Stiere, um Auerochsen. Um sie zu zähmen, band man ihre Hörner mit Hanfseilen.

[93] Plinius: *Historia Naturalis*, XXIV, VI, 12.

[94] J. Pokorny: *Der Gral in Irland und die mythischen Grundlagen der Gralsage*, 1912, zit. in: J. de Vries: *La Religion des Celtes*, S. 198.

[95] Artikel «Druide», in: *Dictionnaire des symboles*, S. 302.

[96] Artikel «Rameau d'or», in: *Dictionnaire des symboles*, S. 639.

[97] Cicero: *De divinatione*, I, 41, 90.

[98] Strabon: *Geographika*, IV, 4, 4.

[99] P. Lesson: *Ere celtique de la Saintonge*, S. 78, zit. in: *Magasin pittoresque*, Jahrgang 1858, S. 166.

[100] Jacobus de Voragine: *Legenda Aurea*, aus dem Lateinischen übersetzt von Richard Benz, Heidelberg 1984, S. 403 f.

[101] G. Debaigne: *Larousse des plantes qui guérissent*, Paris 1974.

[102] P. Schauenberg/F. Paris: *Guide des plantes médicinales*, Neuchâtel 1969.

[103] J. G. Frazer: *Der Goldene Zweig*, S. 961, 967 f.

[104] Vergil: *Äneis*, VI, 133–141, 189–211. Es handelt sich hier um den *Loranthus*, dessen Beeren tatsächlich gelb sind.

[105] Vgl. J. Brosse: *Les Arbres de France*, Kap. «L'Yeuse» («Die Steineiche»), S. 215–218.

[106] J. Beaujeu/J. Defradas/H. Le Bonniec: *Les Grecs et Romains*, Paris 1967.

[107] *Gylfaginning*, Kap. 48, zit. nach J. G. Frazer: *Der Goldene Zweig*, S. 883 f.

[108] R. Boyer: *Les Religions de l'Europe du Nord*, S. 443.

[109] *Gylfaginning*, Kap. 52, nach der franz. Übers. von R. Boyer in: *Les Religions de l'Europe du Nord*, S. 449.

Viertes Kapitel: Die Magie der Säfte

[1] G. Glotz: *Civilisation égéenne*, S. 275, 293.

[2] A. a. O., Abbildung auf S. 293.

[3] Vgl. den Ritualtanz, dargestellt auf einem Goldring der Isopata, in: G. Glotz: *Civilisation égéenne*, S. 287.

[4] Vgl. dazu die Nornen, die den Fuß Yggdrasils begießen, Kap. 1, S. 12.

[5] G. Glotz: *Civilisation égéenne*, S. 276.

[6] Ch. Picard: *Religions préhelléniques*, S. 152.

[7] Ebd.

[8] Nach Evans, zit. in: Ch. Picard: *Religions préhelléniques*.

[9] J. G. Frazer: *The Golden Bough*, 12 Bde., endgültige Ausgabe London 1911–15, franz. Übers., *Le Rameau d'or*, 4 Bde., Paris 1981–1985, mit ausführlichen Einleitungen und Modernisierungen von N. Belmont und M. Izard. Vgl. vom gleichen Autor *Pausanias's Description of Greece*, London 1898, 6 Bde. Obwohl die Theorien und vor allem die Einstellung Frazers, der die von ihm studierten archaischen Gegebenheiten als simplen Aberglauben ansah, heute überholt sind, stellt *Der Goldene Zweig* eine Stoffsammlung dar, die nie ersetzt worden ist. Man kann sie noch sehr gut benützen, wenn man sich strikt an die Beschreibung der Tatsachen hält und nicht an die tendenziösen Deutungen, die Frazer manchmal gibt. Wir werden in unserer Arbeit dementsprechend vorgehen und Frazers Meinungen nur wiedergeben, wenn es nötig ist, dann aber auch spätere Kritiker zu Wort kommen lassen.

[11] R. von Ranke-Graves: *Griechische Mythologie* und: *Die Weiße Göttin*. Bei diesem Autor sind die zahlreichen Hinweise auf archaische Baumkulte dokumentiert, aber da dieses Thema bei ihm nur nebenbei behandelt wird, gehen sie förmlich in den Anmerkungen unter, die den Text begleiten; die Darstellung ist oft verworren und lädt zu Kritik ein.

[12] In den Mythologien der Indianer von Amerika, die von C. Lévi-Strauss besonders in den *Mythologica* beispielhaft analysiert wurden, gibt es verschiedene (in *Das Rohe und das Gekochte* besprochene) Mythen, die den Übergang von der Baumnutzung zum Gemüseanbau zum Thema haben. Die Indianer glauben, es gebe, quasi als Übergang vom verrotteten Holz und den Baumpilzen (ihrer ersten Nahrung) zum Mais, einen «Maisbaum», eine Art, die nicht existiert und offensichtlich nur den Zweck hat, die Verbindung herzustellen; der Baum wurde als Vater oder Mutter des Getreides betrachtet.

[13] P. Faure: *Kreta*, besonders S. 68–72.

[14] Das Wort *Ida* bedeutet «bewaldeter Berg».

[15] Vgl. Homerische Hymne, Kap. 3, Anm. 44.

[16] Vgl. Ch. Picard: *Religions préhelléniques*, S. 137: «Dem Zeus verwandt, vielleicht auch bis zu einem gewissen Grad abgeleitet vom prähellenischen Gott Kretas».

[17] Gernet/Boulanger: *Le Génie grec dans la religion*, Paris, Neuaufl. 1969, S. 103.

[18] H. Jeanmaire: *Dionysos, histoire du culte de Bacchus*, Paris 1951.

[19] W. F. Otto: *Dionysos. Mythos und Kultus*, Frankfurt 1960. Vgl. zu dieser Frage auch M. Eliade: *Histoire des croyances et des idées religieuses*, Bd. I, Anm. S. 476 ff.

[20] Heraklit aus Ephesos setzte ihn sogar mit Hades gleich, dessen Lieferant Zagreus tatsächlich war.

[21] R. von Ranke-Graves: *Griechische Mythologie*, S. 104.

[22] Astrologisch entspricht das Zeichen des Stiers dem Monat Mai, das heißt dem Frühlingshöhepunkt im Pflanzenreich.

[23] Zeus Kretagenes, die Gottheit des Baumes und der Fruchtbarkeit der Erde, war auch ein Stiergott.

[24] Ein Beiwort des Dionysos, das von Sophokles und Aristophanes bezeugt wird.

[25] Das hatte schon J. G. Frazer (*Der Goldene Zweig*, S. 571) bemerkt, der ungläubig und empört schreibt: «Somit haben wir das seltsame Schauspiel eines sich selbst geopferten Gottes aufgrund der Behauptung, daß er sein eigener Feind sei. Und da die Gottheit angeblich das Opfer genießt, das ihr dargebracht wird, so folgt daraus, daß der Gott, wenn das Opfer sein altes Selbst ist, sein eigenes Fleisch verzehrt.»

[26] Beim minoischen Opfer handelt es sich um einen Ersatz für das Opfer des Königs selbst, der nach Ablauf einer bestimmten Zeit hätte getötet werden sollen – ein im Zusammenhang mit dem König des heiligen Baumes charakteristisches Motiv.

[27] In der *Ilias* ist Dryas der Vater Lykurgs.

[28] Diese Bräuche hielten sich sehr lange. In manchen abgelegenen Gegenden Arkadiens opferte und aß man kleine Kinder bis in die christliche Zeit.

[29] Sie behaupteten deshalb, Dionysos komme aus Thrakien.

[30] In *Die Wespen* (423 v. Chr.) bezeichnet ihn Aristophanes als Phrygier.

[31] Demosthenes: *Über den Kranz*.

[32] Diodorus Siculus nennt es *zythus*, was zeigt, daß es sich um ein fremdes wie auch archaisches Getränk handelte.

[33] *Liber* bekam später die Bedeutung «Buch», weil man früher auf diese zwischen Rinde und Holz befindliche Haut schrieb.

[34] W. F. Otto: *Dionysos*, S. 143.

[35] H. Jeanmaire: *Dionysos*, S. 63.

[36] J. G. Frazer: *Der Goldene Zweig*, S. 564.

[37] H. Jeanmaire: *Dionysos*, S. 63.

[38] Ihre Schwestern hießen Makris, Erato, Bromia und Bacche. Makris könnte «die Hohe» heißen (man nannte Berge und Bäume *makros*), Erato «die Reizende», in Bromia erkennt man Dionysos Bromios, «den Bebenden» – eine Anspielung auf das weissagende Laub –, und Bacche ist die Bacchantin, die Priesterin des Weingottes Bacchos. Wenn Nysa wirklich «der Baum» bedeutet und Helikon «der Efeuberg», so haben wir das Rätselwort.

[39] Es handelte sich um amerikanische Arten, sonst *tupélos* genannt, die vor kurzem von europäischen Botanikern entdeckt wurden. Wenn Gronovius «Nyssa» mit zwei «s» schreibt, so wohl nur, um die Aussprache zu verdeutlichen.

[40] Dessen Schlußfolgerungen auch von Nilsson: *The Minoan-Mycenean Religion*, Lund 1927, und von Wilamowitz: *Der Glaube der Hellenen*, 1928, akzeptiert wurden.

283

[41] Der Name kommt auch im slawischen *zemljia,* die «Erde», und in *Zemyna,* dem litauischen Namen der chthonischen Göttin, vor.

[42] Pindar: *Pythika,* IV, 25.

[43] H. Jeanmaire: *Dionysos,* S. 346.

[44] Apollodor: *Bibliothek,* III, 28.

[45] Aischylos: *Fragmente,* 61.

[46] Euripides: *Die Bakchen,* 353.

[47] Man nannte die Frauen, die sich in der Gesellschaft des erwachsenen Gottes aufhielten, oft seine «Ammen».

[48] Dies bezeugen sowohl die *Bakchen* von Euripides als auch die Vasenmalereien, auf denen die Mänaden die Satyrn mit Fackeln und Schlangen energisch abwehren. Nach Nonnos trugen sie unter ihren Gewändern um den Leib gerollte Schlangen, um sich vor der männlichen Begehrlichkeit zu schützen. Vgl. dazu W. F. Otto: *Dionysos,* S. 161.

[49] Der Gott hatte zuvor dem Kreter Oineus einen Rebstock geschenkt. *Oine,* das griechische Wort für «Rebe», ist kretischen Ursprungs. Der Rebbau wurde also vermutlich von Kreta aus in Griechenland eingeführt.

[50] Vgl. Artikel «Balançoire» («Schaukel»), in: *Dictionnaire des symboles.*

[51] Ch. Picard: *Religions préhelléniques,* S. 187.

[52] W. F. Otto: *Dionysos,* S. 166.

[53] Sie waren nicht so selten, wie man vielleicht glauben könnte. Es gab sie zum Beispiel auch bei den Mayas im präkolumbianischen Amerika.

[54] O. Wirth: *Le Tarot des imagiers du Moyen Age,* Paris 1966, XXI, «Le Pendu», S. 181–186.

[55] M. Chevalier: Artikel «Pendu» («Der Gehängte»), in: *Dictionnaire des symboles.*

[56] W. F. Otto: *Dionysos,* S. 138, 140.

[57] Sie versinnbildlicht die Beständigkeit des Lebens gegenüber den Veränderungen.

[58] Nonnos (5. Jahrhundert) ist der Verfasser des epischen Gedichts *Dionysiaka,* das die letzte Fassung der Legende dieses Gottes enthält.

[59] Plutarch: *Symposiaka,* I, 3.

[60] Plutarch: *Römische Fragen,* 112.

[61] Plutarch: *Symposiaka,* III, 2.

[62] Berichtet von A. de Gubernatis: *La Mythologie des plantes,* II, 198.

[63] «Als Symbol der Wollust war nach Eustachius der Efeu dem Bacchus heilig.» A. de Gubernatis: *La Mythologie des plantes,* II, S. 197.

[64] J. M. Pelt: *Drogues et plantes magiques,* Paris 1971, S. 156 ff.

[65] Th. Narbutt: *Histoire ancienne du peuple lithuanien,* Vilna 1835, Bd. I.

[66] A. de Gubernatis: *La Mythologie des plantes,* S. 197.

[67] R. von Ranke-Graves: *Griechische Mythologie,* S. 95.

[68] W. F. Otto: *Dionysos,* S. 88.

[69] Der Efeu scheint diesen Ruf verloren zu haben. Aber moderne Beobachtungen haben gezeigt, daß er nicht unberechtigt war. Vgl. Hegi: *Illustrierte Flora von Mitteleuropa,* München 1936, Bd. V, 2, S. 924 f.

[70] Euripides: *Die Bakchen,* 298 f.

[71] Plutarch: *Symposiaka,* 7, 10, 2.

[72] Herodot: *Historien,* 7, 111.

[73] Livius, XXXIX, 13, 12,

[74] Plutarch: *Römische Fragen,* No. 112.

[75] W. F. Otto: *Dionysos*, S. 130.

[76] Vgl. Kap. 2, S. 69 ff.

[77] H. Jeanmaire: *Dionysos*, S. 24.

[78] W. F. Otto: *Dionysos*, S. 134.

[79] L. Séchan: Artikel «Dionysos», in: A. Eailly: *Dictionnaire grec-français*, S. 2221.

[80] Phales, Ampelos («die Rebe») und Staphylos («die Traube») wurden nur als Gefährten des Gottes genannt.

[81] Diese Tradition besteht auch heute noch: Der 2. November ist immer noch der Tag der Toten.

[82] Zweifellos als Gegensatz zu den Großen Dionysien, die im März und April als offizielles Fest der Stadt gefeiert wurden und weltlicheren, auf jeden Fall weniger archaischen Charakter hatten.

[83] L. Séchan: Artikel «Dionysos», in: A. Eailly: *Dictionnaire grec-français*, S. 2221.

[84] Vgl. J. Brosse: *Les Arbres de France*, Kap. «L'Aubépine» («Der Weißdorn»), S. 23–27.

[85] H. Jeanmaire: *Dionysos*, S. 52.

[86] In einem Passus, den Augustinus in *Der Gottesstaat*, 21, zitiert.

[87] Firmicus Maternus: *Über den Irrtum der heidnischen Religionen*, 6, 5.

[88] Das Verbum *tragyzo* (von *tragos*, «der Bock»), das für junge Knaben verwendet wurde, bedeutete «nach Bock riechen» und auch «pubertieren».

[89] Pausanias: *Beschreibung Griechenlands*, 6, 6, 1 f.

[90] W. F. Otto *Dionysos*, S. 87–94.

[91] M. Eliade: *Histoire des croyances*, S. 385.

[92] Gernet/Boulanger: *Le Génie grec dans la religion*, S. 99–104.

[93] M. Eliade: *Histoire des croyances*, S. 381.

Fünftes Kapitel: Tod und Auferstehung des göttlichen Baumes

[1] Die schriftlichen Quellen wurden gesammelt, veröffentlicht und kommentiert von H. Hepding: *Attis, seine Mythen und sein Kult*, Gießen 1903, und H. Graillot: *Le Culte de Cybèle, Mère des Dieux à Rome et dans l'Empire romain*, Paris 1912. Vgl. auch J. Vermaseren: *The Legend of Attis in Greek and Roman Art*, Leyden 1966, und vor allem: *Cybele und Attis. The Myth and the Cult*, London 1977; ferner J. G. Frazer: *Der Goldene Zweig*, S. 506 ff.

[2] Clemens von Alexandria: *Protreptikos (Mahnrede an die Heiden)*, II, 15; Firmicus Maternus: *De errore profanarum religionum (Über den Irrtum der heidnischen Religionen)*, 18.

[3] Der Stier wurde manchmal durch einen Widder ersetzt, dann wurde das *taurobolium* zum *criobolium*. Vgl. J. G. Frazer: *Der Goldene Zweig*, S. 512.

[4] *Taurobolium criobolique in aeternum renatus*, nach einer von H. Hepding: *Attis, seine Mythen und sein Kult*, S. 89 zitierten Inschrift.

[5] Nach H. Hepding: *Attis, seine Mythen und sein Kult*, S. 190 ff., und Loisy: *Mystères païens*, S. 109 ff.

[6] Dieser Ritus der Neugeburt wurde in Rom vor allem in dem Heiligtum der Göttin gefeiert, das dort auf dem Vatikan-Hügel stand, wo sich heute der Petersdom erhebt

[7] J. Toutain: *Les Cultes païens dans l'Empire romain*, Paris 1911, S. 73 ff., 103 ff.

[8] Übrigens waren es christliche Autoren, die den Ähnlichkeiten zwischen dem Opfer des Attis und dem Jesu Christi nachgingen, die zur selben Jahreszeit stattfanden, und ebenso den Entsprechungen zwischen der Kommunion und dem rituellen Mahl der Initiierten. Ihnen verdanken wir es, daß wir die Feste der Kybele und des Attis gut kennen.

285

⁹ Augustinus: *Der Gottesstaat*, VII, 26.

¹⁰ Zum Teil wegen ihm ließen sich die Griechen, die verfeinerter waren als die Römer, kaum vom Kult der Kybele und des Attis beeinflussen.

¹¹ *Buch der Könige*, I, 15, 12; II, 23, 7; vgl. R. von Ranke-Graves: *Griechische Mythologie*, S. 103.

¹² Vgl. vor allem Pausanias: *Beschreibung Griechenlands*, VII, 17, 10 ff..

¹³ Dieser kleine Finger, der als einziges Glied eines leblosen Körpers lebendig bleibt, macht neugierig. Die Haare sind ja offensichtlich das Laub der Pinie, aber was soll dieser kleine Finger bedeuten? Weil er so klein ist, kann man ihn ins Ohr einführen und ihm sogar ein Geheimnis anvertrauen («Mein kleiner Finger hat mir's gesagt.»). Symbolisiert er nicht die kindliche Sexualität, die sich Attis trotz allem bewahrte, weil wenigstens sie keine Gefahren mit sich brachte?

¹⁴ Pausanias hatte sie von Hermesianax, einem Elegiendichter des 4. vorchristlichen Jahrhunderts.

¹⁵ Der unvermeidliche Tod dieses Attis erinnert an die Tötung des Königssohns, der das erneuerte Blut, damit aber die Energie für die Fortsetzung der Herrschaft gab.

¹⁶ «Zuallererst wahrlich entstand das Chaos, aber dann die breitbrüstige Gaia, der niemals wankende Sitz von allen Unsterblichen, die das Haupt des schneebedeckten Olymp bewohnen, und der dämmerige Tartaros im Innern der breitstraßigen Erde und der Eros, der schönste unter den unsterblichen Göttern...» Hesiod: *Theogonie*, 116–120.

¹⁷ A. a. O., 126 f.

¹⁸ So auch Dione, die Göttin der weissagenden Eiche in Dodona.

¹⁹ M. Eliade: *Histoire des croyances*, S. 274.

²⁰ M.-M. Davy: Artikel «Pierre» («Stein»), in: *Dictionnaire des symboles*.

²¹ In der germanisch-skandinavischen Mythologie herrschen ebenfalls die Riesen vor dem Auftreten der Menschen.

²² Indem er ihr ein Körnchen eines Granatapfels anbot, verführte Hades Persephone, und sie mußte in seinem Reich bleiben.

²³ Unter ihnen Arnobius aus Sicca (3.–4. Jahrhundert) in seiner Schrift *Adversus nationes*, V, 5 f.

²⁴ Denken wir daran, daß *Ida* «bewaldeter Berg» bedeutet. Das Ida-Gebirge Kretas hatte seinen Namen vielleicht vom kleinasiatischen Ida; von dort könnten ihn die Eroberer Kretas ihn mitgebracht haben.

²⁵ Laut den Entomologen war diese Art der Befruchtung den Alten ein Rätsel, das erst gegen Ende des 18. Jahrhunderts vom blinden Genfer Wissenschaftler P. Huber gelöst worden sei. Aber in wissenschaftlichen Kreisen zeiht man oft vorschnell «die Alten» der Unwissenheit. Die Identifikation Kybeles mit der Bienenkönigin weist darauf hin, daß sie die Wahrheit wenigstens vermuteten.

²⁶ R. von Ranke-Graves: *Griechische Mythologie*, S. 103. Diser Autor gibt als Etymologie des Namens «Ganymed»: *ganuesthai* und *media*, «der die Männlichkeit schätzt». Eigentlich müßte man wörtlicher und direkter übersetzen: «der das männliche Glied fröhlich macht» (*media* ist ein altes ionisches Wort, das diesen Sinn hat).

²⁷ M. Delcourt: *Hermaphrodite. Mythes et rites de la bisexualité dans l'Antiquité classique*, Paris 1958, S. 30.

²⁸ Vgl. unsere früheren Bemerkungen über Ariadne, die sich das Leben durch Erhängen am Baum nahm (Kap. 4).

²⁹ Ariadne kann sich mit Dionysos nur dadurch vereinigen, daß sie aufersteht und wie ihr Gatte unsterblich wird.

³⁰ Plinius: *Historia naturalis*, XVI, XLIV.

³¹ Pausanias: *Beschreibung Griechenlands*, X, 30, 9; vgl. J. G. Frazer: *Der Goldene Zweig*, S. 515 f.

[32] Bei Herodot (VII, 26) heißt dieser Fluß «Kataraktes»; schon dieser Name läßt auf seinen Charakter schließen.

[33] Xenophon: *Anabasis*, I, 2, 8; Livius, XXXVIII, 13, 6.

[34] Nach Hippolytos aus Rom: *Refutatio omnium haeresium (Widerlegung aller Häresien)*, V, 9.

[35] J. G. Frazer: *Der Goldene Zweig*, S. 516 f.

[36] Hervorhebung im Original. W. Krickeberg, H. Trimborn, W. Müller und O. Zerrier: *Die Religionen des alten Amerika*, Stuttgart 1961, S. 74. (*Religionen der Menschheit*, Bd. 7)

[37] A. a. O., S. 67 f.

[38] Nach Nonnos war Ladon auch der Vater Daphnes, der Nymphe, die ebenfalls verwandelt wurde; die meisten Autoren bezeichnen hingegen den Fluß Peneios in Thessalien als Daphnes Vater.

[39] Vgl. J. Brosse: *Les Arbres de France*, Kap. «L'Aulne» («Die Erle»), S. 29 ff.

[40] Apollo verhält sich also zu Orpheus umgekehrt wie zu Marsyas und Pan.

[41] R. von Ranke-Graves: *Griechische Mythologie*, S. 100.

[42] Erinnern wir uns daran, daß Orpheus eine gewisse Macht über die Bäume ausübte. Nach Ovid folgten sie ihm, um ihm zu hören.

[43] Hier handelte es sich nicht um ein Mißverständnis der Griechen, wie Frazer (*Der Goldene Zweig*, S. 474) schreibt, sondern um die Folge eines Verbots. Die Phönizier erwähnten den Namen ihres Gottes nicht vor Fremden, die ihn hätten mißbrauchen können. Sie nannten ihn daher einfach *Adon*, «Herr».

[44] Auf Griechisch ist es dasselbe Wort, es handelt sich lediglich um einen Dialektunterschied.

[45] Nach einer Übersetzung in: M. Detenne: *Les Jardins d'Adonis*, Paris 1972.

[46] Apollodor: *Bibliothek*, III, 14, 3 f.; Hyginus: *Astronomie*, II, 7; ders.: *Fabulae*, 58, 164, 251; Servius: *Kommentar zu Vergils Gedichten*, X, 18; Antoninus Liberalis: *Metamorphosen*, 34; Ovid: *Metamorphosen*, X, 300–560, 710–740; V. W. Atallah: *Adonis dans la littérature et l'art grecs*, Paris 1966.

[47] Ovid: *Metamorphosen*, X, 477 f., 500 ff.

[48] A. a. O., X, 524.

[49] Apollodor: *Bibliothek*, III, 14; Hyginus: *Fabulae.*.

[50] So auch Servius: *Kommentar zu Vergils Gedichten*, X, 18.

[51] Vgl. S. 137.

[52] Eusebios: *Über das Leben des seligen Kaisers Konstantin*, III, 55.

[53] Lukian: *Über die syrische Göttin*, 8; Theokrit: *Idyllen*, XV.

[54] Lukian, a. a. O., 6. Zur Zeit Lukians wußte man, daß es sich um eine natürliche Erscheinung handelte: «Der Libanon besteht aus tiefroter Erde. Heftige Winde, die sich stets an den gleichen Tagen erheben, bringen diese rote Erde in den Fluß, und sie gibt dem Wasser die Farbe des Blutes.»

[55] Er gibt sogar an, daß er sich an Ort und Stelle während dieser Orgien zu Ehren des Adonis einweihen ließ.

[56] J. G. Frazer: *Der Goldene Zweig*, S. 489 f.

[57] Das ist noch immer die Ansicht, die V. W. Atallah (*Adonis dans la littérature et l'art grecs*) vertreten hat.

[58] Einführung von J.-P. Vernant zu M. Detenne: *Jardins d'Adonis*, Paris 1972.

[59] Diese große Erregung der Frauen während der Hundstage ist ein häufiges Thema der griechischen Literatur. Schon Hesiod schreibt (*Werke und Tage*, 586 f.), die Frauen seien dann am lüsternsten und die Männer am weichsten, Sirius verbrenne ihnen Kopf und Knie; die Hitze vertrockne die Haut. Der Kontrast zwischen der Stimmung von Mann und Frau wurde wie folgt erklärt: Der Mann ist von Natur aus trocken und warm, und deshalb schwächt ihn das Übermaß an Wärme, die aber die feuchte und kalte Natur der weiblichen Wesen ausgleicht. Diese Ansicht stimmt mit

derjenigen der chinesischen Philosophie überein: der Überfluß an Yang (männlich) helfe dem Yin (weiblich), schade aber dem Yang selbst.

[60] M. Detienne: *Jardins d'Adonis*, S. 214.

[61] Oribasius, III, S. 165, zit. in: M. Detienne: *Jardins d'Adonis*, S. 221, Anm. 3.

[62] Aristoteles: *Tiergeschichte*, II, 7, 746b29.

[63] Plutarch: *Erotikos*, 756c.

[64] M. Detienne: *Jardins d'Adonis*, S. 225 f.

[65] A. a. O., Kap. V, «La semence d'Adonis».

[66] A. a. O., S. 237.

[67] Ovid: *Metamorphosen*, X.

[68] M. Detienne: *Jardins d'Adonis*, Kap. I, «Les parfums de l'Arabie».

[69] A. a. O., S. 59.

[70] Artikel «Phönix», in: *Dictionnaire des symboles*, S. 597.

[71] Die Chinesen kennen den Phönix, den «Zinnobervogel» *(tanniao)*. Sie betrachten ihn als androgyn. Auch bei ihnen entspricht er als Sinnbild dem Süden, dem Sommer, dem Feuer und der Farbe Rot.

[72] Die Datteln, die in Griechenland gegessen wurden, kamen aus Phönizien.

[73] Es ist nicht sicher, daß die Dattelpalme aus dem Mittleren Osten stammt; man findet dort keine wilden Bäume mehr. Nach einigen Botanikern kommt sie aus Indien und ist die kultivierte Form des *Phoenix silvestris,* den es im Naturzustand reichlich gibt. Aber die Dattelpalme kommt wahrscheinlich da, wo sie heute wächst, seit dem frühen Quartär vor.

[74] A. Chevalier/J. F. Leroy: *Les fruits exotiques*, Paris 1964.

[75] Strabon: *Geographika*, XVI, I, 14.

[76] Plutarch: *Symposiaka*, VIII, 4, 5.

[77] Plinius: *Historia naturalis*, XVI, LXXXIX.

[78] A. a. O., XIII, VII, 34 f.; Hervorhebung von uns.

[79] A. Chevalier/J. F. Leroy: *Les fruits exotiques*, S. 42.

[80] Theophrast: *Pflanzenkunde*, II, 6, 11.

[81] Xenophon: *Anabasis*, II,3, 16 .

[82] Plinius: *Historia naturalis*, XIII, IX, 39.

[83] *Homerische Hymne an Apollo.*

[84] Nach Parthenios aus Nicäa, einem griechischen Schriftsteller des 1. vorchristlichen Jahrhunderts: *Liebesleiden.*

[85] J. G. Frazer: *Der Goldene Zweig*, S. 528.

[86] Plutarch: *Über Isis und Osiris.*

[87] L. Speleers: *Les Textes des Pyramides égyptiennes*, Brüssel 1923.

[88] So ist die erste, also hermaphroditische Gottheit, die aus dem Ur-Chaos entsteht, in Griechenland weiblich, Gäa, und in Ägypten männlich, Atun.

[89] H. Frankfort: *La royauté et les dieux*, Paris 1951, S. 250, 253.

[90] Plutarch: *Über Isis und Osiris*, 12.

[91] Das verkündet Osiris in den «Gesprächen von Horus und Seth» selbst. Vgl. A. H. Gardiner: *Papyrus Chester Beatty No. 1*, London 1931.

[92] J. Vandier: *La Religion égyptienne*, Paris 1944, S. 56 f.

[93] H. Frankfort: *La royauté et les dieux*, S. 276.

[94] Die Historiker, die sich mit der ägyptischen Religion beschäftigen – besonders F. Daumas: *Dieux de l'Égypte* (3. Aufl., Paris 1977) – heben hervor, daß gewisse Details der Sage zeigen, daß die

Theologen Mühe hatten, Horus in den osirischen Zyklus einzureihen. Für sie ist Horus – ein sehr alter Gott des Himmels (ein Falkengott und Beschützer des Königshauses seit prähistorischen Zeiten), der «Herrscher über das schwarze Land, das fruchtbare Niltal», der «gegen Seth, den Unfruchtbaren, den Gott des rosafarbenen Landes, der Wüste», kämpft – viel älter als das Erscheinen des Osiris, des Gottes, der dank dem Unsterblichkeitsrezept der Iris, der Zauberin und Erfinderin allen Lebens, auferstanden ist. Die Geschichte des Osiris erweckte also eine ungeheure Hoffnung, die zuerst den Herrschern, den «Horus», und später allen Ägyptern zugutekam, und das umso eher, als die Sage aus Osiris einen «Gott der Vegetation macht, der während der Trockenzeit stirbt.» Dann ist Seth der Sieger, «aber Iris erweckt ihren Gemahl, und die Erde läßt wieder Keime sprießen». Nach dieser Theorie ist die Reihenfolge umgekehrt: Weil er ein Gott des Nil-Hochwassers und der Neugeburt der Pflanzenwelt war, ist Osiris ein Gott der Toten geworden.

⁹⁵ H. Frankfort: *La royauté et les dieux*, S. 276.

⁹⁶ A. a. O., S. 256.

⁹⁷ In: *Zeitschrift für ägyptische Sprache und Altertumskunde*, 45 (1908), zit. in: J. Vandier: *La Religion égyptienne*, S. 51, Anm. 1.

⁹⁸ Wiedergegeben in: G. Lefebvre. *Romans et contes égyptiens de l'époque pharaonique*, Paris 1949.

⁹⁹ Es gab sogar im Libanon einen Ort, der «Zedern-» oder «Piniental» hieß.

¹⁰⁰ Firmicus Maternus: *De errore profanarum religionum (Über den Irrtum der heidnischen Religionen)*, 27.

¹⁰¹ J. G. Frazer: *Der Goldene Zweig*, S. 554.

¹⁰² Vgl. Anm. 94.

¹⁰³ J. G. Frazer: *Der Goldene Zweig*, S. 547 f.

¹⁰⁴ Die *Persea* oder *Persica* der griechischen und lateinischen Autoren, besonders bei Theophrast und Plinius, ist schwer zu identifizieren. Es kann sich nicht um die heutige *Persea gratissima* handeln, den Avocadobaum, der amerikanischen Ursprungs ist. Möglicherweise handelt es um eine Pflanze der Gattung *Cordia*.

¹⁰⁵ J. Vandier: *La Religion égyptienne*, S. 56, Anm. 4.

¹⁰⁶ H. Frankfort: *La royauté et les dieux*, S. 248.

¹⁰⁷ Dies wäre ein weiterer Hinweis darauf, daß es sich anfänglich um einen Baum handelte, den es in Ägypten nicht gab und den der Pfeiler *djed* darstellen sollte.

¹⁰⁸ Das erinnert auch an die Augen, mit denen bestimmte nepalesische Stupas bemalt sind; sie zeigen die Gegenwart Buddhas an, dessen Reliquien die Stupas enthalten sollen.

¹⁰⁹ Ebenso läuft nach dem *Tibetanischen Totenbuch (Bardo Thödol)* der Verstorbene Gefahr, sich im mütterlichen Schoß wiederzufinden, in dem er sich reinkarniert; aber genau das möchte man vermeiden, um sich aus dem Kreislauf der Geburten und Tode zu befreien.

¹¹⁰ H. Frankfort: *La royauté et les dieux*, S. 246 f.

¹¹¹ Das ist vielleicht das Ende des Attismythos.

¹¹² H. Frankfort: *La royauté et les dieux*, S. 249

¹¹³ P. Barguet: *Le Livre des morts des anciens Egyptiens*, Paris 1967, S. 182, 248.

¹¹⁴ Vgl. S. Champdor: *Le Livre des morts*, Paris 1963.

¹¹⁵ Zum Beispiel auf einem Sarkophag aus der Zeit des Neuen Reiches im Museum von Leyden. Vgl. H. Frankfort: *La royauté et les dieux*, Fig. 39, S. 247.

¹¹⁶ Vgl. Kap. 1, S. 35. Es ist merkwürdig, daß Indien, das Land der *Kundalini*, auch das der heiligen Kuh ist.

¹¹⁷ Das glaubten offenbar die Alten. Die Entdeckung der Vorrichtung, die die Selbstbefruchtung verhindert, ist verhältnismäßig neu.

Sechstes Kapitel: Der heilige Wald und die Seelen der Bäume

[1] C. Lévi-Strauss: *Das wilde Denken*, Frankfurt 1973.

[2] Sir J. Chandra Bose: *The Physiology of Photosynthesis*, New York 1924; ders.: *The Physiology of the Ascent of Sap*, New York 1923.

[3] J. Chandra Bose: *The Nervous Mecanism of Plants*, New York 1926.

[4] Vgl. P. Tompkins/C. Bird: *Das geheime Leben der Pflanzen*, Frankfurt 1988.

[5] Diese Identifikation durch als übernatürlich betrachtete Zeichen hat das Heidentum überlebt. Noch in christlichen Zeiten, als die Naturkulte seit langem verboten waren, waren gewisse Bäume der Jungfrau Maria und den Heiligen geweiht, die diese Bäume auserwählt hatten.

[7] Vgl. Kap. 1, S. 19 ff.

[8] Vgl. Kap. 2, S. 48 ff.

[9] Vgl. Kap. 3, S. 72 ff.

[10] Cato: *De Agricultura*, 139; Plinius: *Historia naturalis*, XVII, 267.

[11] P. Faure: *Kreta*, S. 69.

[12] G. Glotz: *Histoire grecque*, I, S. 497; *Odyssee*, VI, 291; IX, 200; XX, 278.

[13] *Ilias*, II, 307. Vgl. J. Brosse: *Les Arbres de France*, Kap. «Le Platane», S. 168 f.

[14] J. Markale: *Merlin l'Enchanteur*, Paris 1981.

[15] «Das heutige Clermont-Ferrand hieß *Augustonemetum* und Nanterre *Nemetodurum*. Eine Stadt der Atrebaten trug den Namen *Nemetacum*, in Großbritannien kennt man ein *Vernemetum* in Nottinghamshire und ein *Medionemetum* in Südschottland. Außerdem gibt es eine Stadt *Nemetobriga* in Galizien.» (J. de Vries: *La Religion des Celtes*, S. 197.)

[16] J. Markale: *Merlin l'Enchanteur*, S. 144.

[17] Nach der *Chorographia* von Pomponius Mela (1. Jahrhundert n. Chr.).

[18] Julius Caesar: *Der Gallische Krieg*, VI, 14.

[19] Lucanus: *Pharsalia*, III, 399–428.

[20] Dio Cassius: *Römische Geschichte*, LXII 6, 7.

[21] Tacitus: *Annalen*, XIV, 30.

[22] Tacitus: *Germania*, XXXIX.

[23] J. Servier: *Tradition et civilisation berbères*, Paris 1985, S. 17 f.

[24] E. Mâle: *La Fin du paganisme en Gaule*, Paris 1950 S. 54–60.

[25] A. de Gubernatis: *La Mythologie des plantes*, I, S. 274, zitiert dort Du Cange (18. Jahrhundert).

[26] S. Severe: *Vie de saint Martin*, 13.

[27] St. Magnobold: *Vie de saint Maurilius*.

[28] Etienne: *Vie de saint Amator*.

[29] Julius Caesar: *Der Gallische Krieg*, VI, 13, 10.

[30] J. de Vries: *La Religion des Celtes*, S. 123.

[31] A. Maury: *Les Forêts de la France dans l'Antitquité et au Moyen Age*, Paris 1856.

[32] Erinnern wir uns daran, daß wir den selben Vorgang bei den hellenischen Eroberern beobachtet haben.

[33] A. Le Braz: Einführung zum *Guide Bleu «Bretagne»*, Paris 1962.

[34] J. Markale: *Le Christianisme celtique et ses survivances populaires*, Paris 1983, S. 137 f.; ders.: *Le Druidisme*, Paris 1985.

[35] J. de Vries: *La Religion des Celtes*, S. 112.

[38] Y. Pelletier: *Les Enclos paroissiaux*, Rennes 1981.

[39] M. Dilasser: *Locronan*, Rennes 1981.

⁴⁰ E. Renan: *Souvenirs d'enfance et de jeunesse*, Paris 1883.

⁴¹ J. Sharkey: *Mystères celtes*, Paris 1985, S. 23 f.; Artikel «Columba ou Columcelle», in: *Dictionnaire des saints*, Paris 1975.

⁴² Vgl. besonders das Werk des Keltenforschers J. Markale: *Merlin l'Enchanteur*, Paris 1981, dem wir das Meiste des hier Folgenden entnommen haben.

⁴³ J. Markale: *Merlin l'Enchanteur*, S. 123 f. Hervorhebung im Original.

⁴⁴ *Ogam. Tradition celtique*, Rennes 1948, 16, 253–256.

⁴⁵ Mittelalterliche Autoren sahen hier ein Wortspiel zwischen *verre*, «Glas», und dem gleichlautenden *vert*, «grün».

⁴⁶ J. Markale: *Merlin l'Enchanteur*, S. 165.

⁴⁷ Vgl. «Le vrai Gargantua», in: J. Markale: *Merlin l'Enchanteur*, S. 37.

⁴⁸ J. Michell: *L'Esprit de la Terre ou le génie du lieu*, Paris 1975.

⁴⁹ Nach dem karolingischen Chronisten Ermold le Noir: *Poème sur Louis le Pieux*, v. 1301, hrsg. von E. Faral, Paris 1932.

⁵⁰ J. Markale: *Merlin l'Enchanteur*, S. 138.

⁵¹ Mittelalterliche Legenden erzählen noch, wie ein Baum nach einer Erscheinung oder einem Traum der heiligen Jungfrau oder einem Heiligen geweiht wurde. Oft handelte es sich dabei nur um eine Neubelebung alter Bräuche, wenn derselbe Baum schon früher Gegenstand eines heidnischen Kults gewesen war.

⁵² G. Lafaye: *Les Métamorphoses d'Ovide et leurs modèles grecs*, Paris 1904.

⁵³ *Aria* wird von Theophrast (*Pflanzenkunde*, 4, 4, 12) als eine in dieser Gegend wachsende Art bezeichnet; der übliche griechische Name der Korkeiche ist *phellodrus*. Das Wort *Aria* war also frei, als Linné die botanische Nomenklatur erstellte, und er wies ihn einer ganz anderen, mit der Korkeiche nicht verwandten Pflanze zu, der Mehlbeere (*Aria nivea* oder *Sorbus Aria*). Auf diese Weise erlebte die Nymphe Aria eine weitere Metamorphose.

⁵⁴ Apollodor: *Bibliothek*, I, 7, 6; II, 3 f.; III, 10, 3; Pausanias: *Beschreibung Griechenlands*, X, 17, 3.

⁵⁵ R. von Ranke-Graves: *Griechische Mythologie*, S. 66.

⁵⁶ Ovid: *Metamorphosen*, I, V. 542–559.

⁵⁷ Apollodor: *Bibliothek*, I, 7, 9; Hyginus: *Fabulae*, 203; Pausanias: *Beschreibung Griechenlands*, VII, 20, 2; Parthenios: *Liebesleiden*, 15.

⁵⁸ Eine Spur dieser Version erscheint in Ovids *Vulgata*, I, V. 546; vgl. R. von Ranke-Graves: *Griechische Mythologie*, S. 67.

⁵⁹ Nonnos aus Panopolis: *Dionysiaka*, 14, 80.

⁶⁰ R. von Ranke-Graves: *Griechische Mythologie*, S. 69 f.

⁶¹ Plutarch: *Agis*, 9.

⁶² Strabon: *Geographika*, VIII, 3, 14; Servius: *Kommentar zu Vergils Eklogen*, VII, 61.

⁶³ Vgl. J. Brosse: *Les Arbres de France*, Kap. «Peuplier blanc» und «Peuplier noir» («Silberpappel» und «Schwarzpappel»), S. 153–157.

⁶⁴ Hyginus: *Fabulae*, 138; Apollonius Rhodios: *Argonautika*, II, 1231–1241.

⁶⁵ Vgl. J. Brosse: *Les Arbres de France*, Kap. «Le Tilleul» («Die Linde»).

⁶⁶ Vgl. J. Brosse: *Les Arbres de France*, S. 7–10.

⁶⁷ Diese Sage ist zweifellos griechischen Ursprungs. Sie soll vom Geschichtsschreiber Timaios (4.–3. Jahrhundert v. Chr.) erwähnt worden sein.

⁶⁸ Homer: *Ilias*, 23, 79 f.

⁶⁹ Vgl. J. Brosse: *Les Arbres de France*, Kap. «Le Noyer» («Nußbaum»), S. 135–138.

⁷⁰ Sophokles: *König Oidipus*, 472; vgl. R. von Ranke-Graves: *Griechische Mythologie*, S. 338 ff.

[71] Lukian: *Über die Tanzkunst*, 40; Hyginus: *Fabulae*, 59; Servius: *Kommentar zu Vergils Gedichten, Eklogen*, V, 10; vgl. J.Brosse: *Les Arbres de France*, Kap. «L'Almandier» («Der Mandelbaum»), S. 19–22.

[72] Ovid: *Metamorphosen*, X, 106–143.

[73] Bei den Griechen und später bei den Römern war die Zypresse dem Tod und den unterirdischen Gottheiten geweiht. Vgl. J.Brosse: *Les Arbres de France*, Kap. «Le Cyprès» («Die Zypresse), S. 71–74.

[74] Ovid: *Metamorphosen*, IV, 55–166.

[75] A. a. O., VIII, 611–724.

[76] *Transactions of the Gaelic Society*, 1805, S. 133, zit. von A. Le Braz.

[77] A. Le Braz: *La Légende de la Mort chez les Bretons armoricains*, Paris 1922, Bd. 2, S. 46–55.

[78] Ovid: *Metamorphosen*, IX, 324–393.

[79] Trotzdem ist Ovid sicher nicht der Erfinder dieser Fabel; er hat sie vermutlich den *Metamorphosen* des Nikandros aus Kolophon entnommen, eines griechischen Autors des 2.Jahrhunderts v.Chr. In Griechenland wurde die Jujube seit langem gezüchtet.

[80] Ovid: *Metamorphosen*, XIV, 512–526.

[81] A. a. O., XI, 67–84.

[82] Sophokles: *Philoktet*, 725.

[83] Ovid: *Metamorphosen*, II, 333–366.

[84] P.-Y. Sébillot: *Légendes locales*, Bd. I, S. 137.

[85] G. de Nerval: *La Bohême galante*, S. 102–110.

[86] Comtesse d'Auneuil: *Cabinet des fées*, Bd. V.

[87] Unter anderem berichtet von Gregor von Tours: *Geschichte der Franken*, II, 1.

[88] Dr. Fouquet: *Légendes du Morbihan*, Vannes 1857, S. 83.

[89] A. Maury: *Essai sur les légendes pieuses du Moyen Age*, 1843.

[90] A. le Braz: *La Légende de la Mort*, I, XLVII–L.

[91] Vgl. J. Brosse: *Les Arbres de France*, Kap. «L'If» («Die Eibe»), S. 105–109; A. Le Braz: *La Légende de la Mort*, I, S. 301 f.

[92] M. A. Courtney: *Cornish Folklore. The Folklore Journal*, Bd. 5, S. 218.

[93] F. M. Luzel: *Légendes chrétiennes de basse Bretagne*, Paris 1881, Bd. II, S. 189.

[94] P.-Y. Sébillot: *Légendes chrétiennes*, Vannes 1892.

[95] «Le mort dans l'arbre», erzählt von P. Le Goff d'Argol, in: A. Le Braz: *La Légende de la Mort*, I, S. 227 ff.

[96] Abbé Y. Lucas, in: *Revue historique de l'Ouest*, 1892, S. 793.

[97] Queruau-Lamerie, in: *Revue des Traditions populaires*, Bd. XIV, S. 277.

[98] P. Pionis, in: *Revue des Provinces de l'Ouest*, Januar 1890.

[99] R. von Ranke-Graves: *Die weiße Göttin*, S. 29–52.

[100] J. Markale: *L'Epoque celtique d'Irlande*, S. 133; ders.: *Merlin l'Enchanteur*, S. 74 f.

[101] F. M. Luzel: *Légendes chrétiennes*, Bd. I, S. 216, 225.

[102] P.-Y. Sebillot: *Le Folklore de France*, Bd. III, S. 423 f.

Siebtes Kapitel: Der verzauberte Wald

[1] J. de Voragine: *Legenda Aurea*, S. 111 f.

[2] G. de Givry: *Le Musée des sorciers, mages et alchimistes*, Paris 1929, S. 35.

3 Artikel «Pan», in: *Dictionnaire des symboles*, S. 578.

4 P. Grimal: *Dictionnaire de la mythologie grecque et romaine*, S. 342

5 A. Rambaud: *Français et Russes, Moscou et Sébastopol*, Paris 1877, S. 105.

6 E. Grassi: *Mont-Athos, presqu'île sacrée*, Paris 1981.

7 A.a.O., S. 125, 131.

8 J. de Voragine: *Legenda Aurea*, S. 613.

9 J. Loth (Hrsg.): *Mabinogion*, 1979, S. 169.

10 Chrétien de Troyes: *Yvain*, V. 287 f.

11 Robert de Boron: *Merlin*, übers. von J. Boulanger, S. 29.

12 H. Dontenville: *Les Dits et récits de mythologie française*, Paris 1950, S. 11–37, «La chasse Arthur».

13 A. Meyrac: *Traditions, coutumes, légendes et contes des Ardennes*, 1890.

14 H. Dontenville: *Les Dits et récits*, S. 16.

15 A.a.O., S. 35.

16 O. Bloch/W. von Wartburg: *Dictionnaire étymologique de la langue française*, Paris 1950.

17 J. de Voragine: *Legenda Aurea*, S. 821ff.

18 J. Coulson (Hrsg.): *Dictionnaire des saints*, Paris 1964, Artikel «St. Hubert».

19 M. Tournier: *Le Vent Paraclet*, Edit. Folio, S. 118 f.

20 M. Robert (Hrsg.): *Contes de Grimm*, Paris 1964.

21 V. Fortunat: *Vita s. Marcelli, parisiensis episcopi*, Germain gewidmet, seinem Nachfolger auf dem Bischofsthron von Paris, den Fortunat gut gekannt hatte.

22 Artikel «Ogre», in: *Dictionnaire des symboles*, S. 555.

23 W. Mannhardt: *Wald- und Feldkulte*, Berlin 1875–77. Es scheint im übrigen, daß sich die Folkore-Forscher nicht die Mühe genommen haben, mehr davon zu bestimmen.

24 Die alten Götter waren nicht mehr gefährlich und wurden deshalb miniaturisiert.

25 P.-Y. Sébillot: *Traditions de la haute Bretagne*, Paris 1882; A. Orain: *Folklore de l'Ille-et-Vilaine*, 1897.

26 H. Dontenville: *La Mythologie française*, Paris 1948, S. 180.

27 Eine befriedigendere Etymologie leitet das Wort vom schweizerdeutschen «Eidgenosse» ab.

28 L. Leger: *La Mythologie Slave*, Paris 1901, und vor allem E. Anilkov: *Le Paganisme et la Russie ancienne*, St. Petersburg 1914.

29 Die Gestalt der Roussalka ist in den slawischen Ländern sehr populär geblieben; sie war das Motiv zahlreicher Gedichte und einiger Opern. Am bekanntesten sind die Oper A. Dvoráks (1901) und vor allem das unvollendete Werk Puschkins (1837), das A. Dargomyzskij im Jahr 1856 das Libretto zu einer Oper lieferte.

30 Der Absinth *(Artemisia absinthium)*, der Artemis zugeordnet war, wurde als Emmenagogon benutzt; er leitete die Regel ein, wenn sie verspätet war, und wurde deshalb auch zum Abtreiben verwendet.

31 H. Dontenville: *Les Dits et récits*, Kap. 10 «Farfadets».

32 E. Souvestre: *Les Derniers Bretons*, Paris 1836.

33 P.-Y. Sébillot: *Le Folklore de Bretagne*, S. 63.

34 A. a. O., S. 56.

35 P.-Y. Sébillot (*Traditions et superstitions de la Haute Bretagne*, Paris 1883) berichtet über seine Forschungen zu einer Zeit, da viele Greise noch erzählten, ihre Eltern oder Großeltern seien Feen begegnet. Eine achtzigjährige Frau erinnerte sich sogar daran, sie in ihrer Kindheit, also gegen Ende des 17. Jahrhunderts, noch gesehen zu haben. Man war damals allgemein der Ansicht, die Feen seien zu Beginn des 19. Jahrhunderts verschwunden.

36 P. Grimal: *Dictionnaire de la mythologie*.

293

[37] J. de Vries: *La Religion des Celtes*, S. 128 f.

[38] A. a. O., S. 87.

[39] P.-Y. Sébillot: *Le Folklore de Bretagne*, S. 66.

[40] Vgl. Tacitus: *Annalen*, XIV, 30.

[41] Strabon: *Geographika*, IV, 4, 6.

[42] A. Maury: *Les Fées au Moyen Age*, Paris 1843.

[43] Dafür spricht auch die sogar in der Bretagne kleine Anzahl – etwa vierzig – von sie erwähnenden Fels- oder Flurnamen.

[44] M. Le Nobletz: *Vie de M. Le N.*, *missionaire en Bretagne*, 1637, zit. von P.-Y. Sébillot.

[45] Homer: *Odyssee*, X, 133–574.

[46] Das Zepter, Symbol der absoluten Macht, ist also ein Zauberstab.

[47] L. Séchan/P. Lévèque: *Les Grandes Divinités de la Grèce*, Paris 1966, S. 136.

[48] Ist die Göttin der Insel Äa wie soviele andere zum Christentum bekehrt worden? Ganz in der Nähe meines Wohnorts in der Sarthe, einige Kilometer vom Grand-Lucé entfernt, gibt es einen Flurnamen, der sich auf die «heilige Kirke» (Circe) bezieht; diese Heilige existiert jedoch in keinem der von mir konsultierten Spezialwerke, und es kann sich auch nicht um den entstellten Name einer anderen Heiligen handeln. Nun befindet sich *Sainte Circé* in einem Gebiet, das heute noch für Fälle von Zauberei bekannt ist und wo man Massenschweinezucht betreibt. In der Nähe heißt ein Dorf *Sainte-Cérotte*, und auch diese Heilige findet sich nicht im Heiligenkatalog. Allerdings verehrte man in Frankreich um die Mitte des 8. Jahrhunderts bereits 1300 Heilige. Läse man, was schriftliche Zeugnisse über sie berichten, könnte man sich auf einige Überraschungen gefaßt machen.

[49] Der Name dieser Gottheit, über die antike Autoren nur sagen, sie sei die Tochter des Atlas und der Pleione gewesen, bedeutet einfach «Mutter» und bezeichnete eine alte Frau. Man möchte sie gerne mit der hinduistischen *Maya* in Verbindung bringen, mit der Macht der illusorischen Welt, in der wir leben und die uns die wahre Wirklichkeit verdeckt. Das würde recht gut zu Hermes passen, dem Illusionisten schlechthin, dem Gaukler des Tarot.

[50] Vgl. Kap. 4, S. 128 ff.; Kap. 5, S. 170 ff..

[51] *Homerische Hymne an Hermes*, V, 572; sie beschreibt, wie Apollo Zeus erkennt.

[52] A. a. O., V, 529–532.

[53] Vgl. A. Avalon: *The Serpent Power*, London 1918.

[54] Als sich Apollo und Hermes begegneten, gab es erst elf Olympier. Hermes opferte zwei Tiere aus der gestohlenen Herde und machte daraus zwölf Teile. Apollo war erstaunt, aber Maias Sohn antwortete, der zwölfte Teil sei für ihn selbst.

[55] Apollodor: *Bibliothek*, III, 10, 2; Diodorus Siculus: *Historische Bibliothek*, I, 16; IV, 84; V, 75; Hyginus: *Fabulae*, 277.

[56] Apollodor: *Bibliothek*, III, 10, 3 f.; Hyginus: *Fabulae*, 49, 202; Pausanias: *Beschreibung Griechenlands*, II, 26, 4–6; III, 14, 7; VIII, 25, 6; IX, 36, 1; Ovid: *Metamorphosen*, II, 630 f.

[57] Macrobius: *Saturnalien*.

[58] A. Daniélou: *Le Polythéisme hindou*, Paris 1960, S. 59–64.

[59] Diese mantische Praxis wird bei uns auf dem Land noch häufig ausgeübt. In manchen Gegenden gräbt kein Brunnengräber nach einer Quelle, ohne vorher einen Wünschelrutengänger konsultiert zu haben. Ich habe das selbst miterlebt, als ich einen Brunnen graben lassen mußte. Ich war bei der Konsultation anwesend und hörte nicht ohne Skepsis die äußerst präzisen Anweisungen des Rutengängers. Sie erwiesen sich jedoch als völlig zutreffend.

[60] Vgl. J. Brosse: *Les Arbres de France*, Kap. «Le Coudrier» («Der Haselnußstrauch»), S. 69 f.

[61] P. A. Cheruel: *Dictionnaire historique des institutions, des murs et coutumes de France* (1855). Genau so ging der in Anm. 59 erwähnte Rutengänger vor.

[62] *Exodus*, 17, 1–7.

[63] *Exodus*, 7, 8–12.

[64] Im Lateinischen heißt der Besen *scopa;* aus der gleichen Wurzel stammen das griechische *skeptomai*, «sich stützen», und *skeptron*, «Stab», aus dem «Zepter» wurde.

[65] Das französische *balais* («Besen») kommt vom gallischen *banatto*, woraus im Walisischen *banadl* («Ginster») entstand sowie *benel*, *bonal* im Bretonischen. Durch Metathese wurde es zu *balatno*.

[66] J. Servier: *Tradition et civilisation berbères*, Paris 1985, S. 327.

[67] C. de Plancy: *Dictionnaire infernal*, Paris 1863.

[68] L. Séchan/P. Lévêque: *Les Grandes Divinités de la Grèce*, S. 278.

[69] J. Boul nois: *Le caducée et la symbolique dravidienne, indo-méditerranéenne de l'arbre, de la pierre, du serpent et la déesse-mère*, Paris 1939, S. 166.

[70] Vgl. J. Brosse: *Les Tours du Monde des Explorateurs. Les grands voyages maritimes 1764–1843*, Paris 1983.

[71] *Lettre de Commerson à l'astronome Lalande*, veröffentlicht 1769.

[72] *Voyage de La Pérouse autour du monde pendant les années 1785, 1786, 1787 et 1788*, hrsg. vom Club des Libraires de France, Paris 1965, S. 360. Hervorhebung von uns.

[73] F. Péro n/L. Cl. de Freycinet: *Voyage de découverte aux Terres australes exécuté sur les corvettes le Géographe, le Naturaliste… Historique*, Bd. 1.

[74] A. Conan Doyle: *Professor Challenger und das Ende der Welt*.

[75] A. von Humboldt: *Voyages aux Régions équinoxiales du Nouveau Continent fait en 1799–1804*, Paris 1814–25, Teilausgabe Paris 1961, S. 195 ff.

[76] Herodot: *Historien*, III, 37; II, 32; IV, 43.

[77] Aristoteles: *Tiergeschichte*, 8, 12, 3.

[78] *Le Livre blanc des Indiens d'Amérique du Sud*.

[79] Marco Polo: *Le Devisament du Monde (Il Milione)*, Paris 1980, S. 416–419, 444.

[80] A.a.O., S. 110.

[81] Vgl. J. Brosse: *Les Arbres de France*, Kap. «Le Pommier» («Der Apfelbaum»), S. 175–180.

[82] Wie die Pygmäen in der griechischen Literatur.

[83] *Les Voyages en Asie, au XIVe., du bienheureux Odéric de Pordenone*, von H. Cordier, Paris 1891.

[84] A. David-Neel: *Mystiques et magiciens du Tibet*, Paris, S. 119.

[85] Einige Jahre später gab Linné der Gattung den Namen ihres Entdeckers, *Adansonia*.

[86] Perrottet/Guillemin/A. Richard: *Florae senegambiae Tentamen*, Paris 1830–33.

[87] In Wirklichkeit werden die Baobabs nicht viel älter als 2000 Jahre.

[88] Im Gegensatz zum Drachenbaum des Orotava, der längst verschwunden ist, lebt die Zypresse von Oaxaca immer noch. Ich habe sie 1978 gesehen: Sie ist mehr als 40 m hoch, und ihr enormer Stamm hat einen Umfang von über 42 m.

[89] Cook nannte sie *Botany Bay*, zur Erinnerung an die Entdeckungen, die die Naturforscher der Expedition dort gemacht hatten.

[90] J. Banks: *Illustrations of the Botany of Capt. Cook's Voyage round the World in H. M. S. Endeavour*, 2 Bde., London 1900; *Journal of Sir Joseph Banks during captain Cook's first voyage*, London 1890.

[91] G. Vancouver: *A voyage of Discovery to the North Pacific Ocean and round the World*, 3 Bde., London 1798.

[92] W. Wilks: *Journal kept by David Douglas during his Travel in North America, 1823–27*, London 1914.

[93] D. Jackson: *A Handbook of Coniferae and Ginkgoaceae*, 4. Aufl., London 1966, S. 575–582.

[94] A.a.O., S. 229–233.

[95] A.a.O., S. 317 ff.

[96] Die Reisenden, die nach Cook die Archipele Melanesiens und Polynesiens entdeckten, waren auch voller Bewunderung angesichts der Vielseitigkeit der Verwendungszwecke für die Rinde des Maulbeerbaums; weichgeklopft und geröstet, ergab sie eine Art Stoff, aus dem die Eingeborenen ihre Zelte, ihre Matten und ihre Schurze herstellten.

[97] A. von Humboldt: *L'Orénoque*, Paris 1961, S. 56 f.

[98] *Voyage dans l'intérieur de l'Afrique, fait en 1795, 1796 et 1797 par M. Mungo Park*, Neuauflage Paris 1980, S. 212.

[99] M. C. d'Orbigny (Hrsg.): *Dictionnaire d'Histoire Naturelle*, Paris 1844, Stichwort «Artocarpe», bearbeitet von Spach.

Achtes Kapitel: Die Früchte, die Mythen und die Geschichte

[1] Vergil: *Georgica*, I, V. 147 ff.

[2] Cato: *De agri cultura*.

[3] Varro: *De re rustica*.

[4] Colomella: *De re rustica*.

[5] Plinius: *Historia naturalis*, XV.

[6] G. Glotz: *La Civilisation égéenne*, Paris 1937, S. 188.

[7] Dieses Öl, von der Haut der kräftigen Athleten geschabt, sollte daher gesund sein; die Sportler verkauften es an die Ärzte (Dioskurides: *Über Arzneimittel*, 1, 30, 6; Plinius: *Historia naturalis*, XXVII, L.).

[8] P. Faure: *La Vie quotidienne en Grèce au temps de la guerre de Troie*, Paris 1975, S. 194.

[9] P. Faure: *Kreta*, S. 183 f.

[10] Öl, das man in Südeuropa heute noch «jungfräuliches Öl» nennt.

[11] *Genesis*, 8, 10 f.

[12] Vgl. M. Bloch: *Les rois thaumaturges*, Paris 1924, Neuaufl. 1983.

[13] Abbé J.-P. Migne: *Encyclopédie théologique*, 52 Bände, 8. Band, *Liturgie*, 1844 S. 426, Kol. 2.

[14] A.a.O., Artikel «Extrême-Onction» («Letzte Ölung»), S. 594–599.

[15] *L'Office divin, Missel, Vespéral et Rituel*, Tours 1935, S. 1385.

[16] E. Westermarck: *Ritual and Belief in Marocco*, 2 Bde., London 1926.

[17] *Koran*, Sure 24, übers. von M. Henning. Stuttgart 1960.

[18] *Coran*, französ. Ausg. von Sheikh Si Boubakeur Hamza, Paris 1972, S. 730.

[19] *Martyros* bedeutet ursprünglich «Zeuge».

[20] Mit diesem Namen wurde in der Folge der Tempel Athenes bezeichnet, der Göttin, deren Augen leuchten wie die der Eule.

[21] Das Wort scheint von *ereike*, «baumbildender Busch» *(Erica arborea)* zu kommen, vom Verbum *ereikein*, «zerbrechen», «zerreißen», «zu Staub zermahlen». R. von Ranke-Graves gibt dem Namen *Erechtheus* den Sinn: «Der sich über dem Heidekraut zu schaffen macht.»

[22] G. Glotz: *Histoire grecque*, Bd. I, S. 388.

[23] M. Collignon: *Le Parthénon*, Paris 1914.

[24] R. von Ranke-Graves: *Griechische Mythologie*, S. 52.

[25] Herodot soll der erste bekannte Autor sein, der von diesem Kampf spricht.

[26] Pausanias: *Beschreibung Griechenlands*, I, Kap. 26f.

[27] Ca. 0,45 m.

[28] Herodot: *Historien*, VIII, 55; V, 82.

[29] Plinius: *Historia naturalis*, XV, 1.

[30] Webb/Berthelot: *Histoire naturelle des îles Canaries*, 1836–1850.

[31] A. L. Guyot: *Origine des plantes cultivées*, S. 106.

[32] Plinius: *Historia naturalis*, XV, XX; Plutarch: *Cato*, 27.

[33] Man hat auf Dokumenten von Knossos Ideogramme gefunden, die den Feigen- und den Olivenbaum darstellten.

[34] A. Bailly: *Dictionnaire grec-français*, revidiert und ergänzt von L. Séchan/P. Chantraine, Paris 1950,
S. 1371.

[35] Plinius: *Historia naturalis*, XV, XXI.

[36] Die Naturforscher der Antike glaubten an die *generatio aequivoca*.

[37] Theophrast: *Pflanzenkunde*, 2, 9, 5 f.

[38] Palladius: *De Opus agriculturae*, 4, 10, 28.

[39] J. Servier: *Tradition et civilisation berbères*, S. 401.

[40] Heute kann in Nordafrika die fruchtbarste Sorte bis zu 500 kg frische Feigen liefern, was 100 bis
150 kg getrocknete Früchte ergibt. J. Piton de Tournefort: *Voyage d'un botaniste*, Paris 1982, Bd. I:
L'Archipel grec.

[41] Im Altfranzösischen hieß *fi* Warze; Leber hieß *fie*.

[42] Das Wort «Cholesterin» kommt vom griechischen *khole*, «die Galle».

[43] R. Flacelière: *La vie quotidienne au siècle de Périclès*, Paris 1959, S. 280 f.

[44] Bailly: *Dictionnaire grec-français*, S. 1817.

[45] Plutarch: *De cup. div.* , 8; vgl. Kap. 4, S. 115.

[46] Henzen: *Acta fratrum Arvalium*, S. 141.

[47] A. de Gubernatis: *La Mythologie des plantes*, I, S. 142.

[48] Macrobius: *Saturnalien*.

[49] Lukian: *Alexander*, 47.

[50] Plutarch: *Symposiaka*, VI, X.

[51] Plutarch: *Große Griechen und Römer, Antonius*, XCI.

[52] Strabon: *Geographika*, XIV 1, 27.

[53] Saturn-Kronos soll den Feigenbaum erschaffen haben.

[54] Plinius: *Historia naturalis*, XV, XX.

[55] Livius: *Römische Geschichte*, 7, 6, 5; Valerius Maximus: *Denkwürdige Taten und Aussprüche*, 5, 6, 2.

[56] Macrobius: *Saturnalien*, 3, 20, 2.

[57] Plinius glaubte, der Feigenbaum Ruminal sei von sich aus vom Luperkal zum Comitium gewan-
dert, und zwar unter den Auspizien des Auguren Attus Navius, der ein Zeitgenosse von Tarquinius Priscus war. Es handelte sich also um eine magische Versetzung. Nach Pausanias (*Beschreibung Griechenlands*, VII, 44; VIII, 23; IX, 22) entstand der Feigenbaum des Comitium aus einem
Steckling vom Baum des Luperkal. Vgl. J. Carcopino: *La Louve du Capitole*. Paris 1925. Im Januar
1988 war ich überrascht, beim Comitium einen jungen, erst kürzlich gepflanzten Feigenbaum in
Gesellschaft eines Olivenbaums zu finden, als hätte man an ein und demselben Ort die Geburt
Roms und Athens feiern wollen.

[58] Vgl. Kap. 3, S. 77 ff.

[59] Livius: *Römische Geschichte*, I, IV; Plutarch: *Große Griechen und Römer, Romulus*, V f.; Ovid: *Fasti*, 2,
412.

[60] Plinius: *Historia naturalis*, XV, 77.

[61] A. a. O., XV, 82.

[62] Plutarch: *Große Griechen und Römer, Romulus*, III.

[63] Livius: *Römische Geschichte*, I, III.

[64] Vgl. J. Brosse: *Les Arbres de France*, Kap. «Le Cornouiller» («Die Kornelkirsche»), S. 65 ff.

[65] Tacitus: *Annalen*, XIII, LVII.

[66] W. F. Otto: *Dionysos*, S. 144.

[67] H. Jeanmaire: *Dionysos*, S. 459–469.

[68] Plutarch: *Über Isis und Osiris*, 36.

[69] Plutarch: *Symposiaka*, VI, quaest. X.

[70] Pausanias: *Beschreibung Griechenlands*, 4, 20, 2.

[71] J. G. Frazer: *Der Goldene Zweig*, S. 840–847.

[72] J. Servier: *Tradition et civilisation berbères*, S. 205, 228, 412.

[73] Plinius: *Historia naturalis*, XV, 47–52.

[74] Ovid: *Metamorphosen*, IV, 630–640.

[75] Laut Hesiods *Theogonie* (III, 211–224) wurden die Hesperiden von der Nacht empfangen, ohne daß diese mit jemandem zusammengekommen wäre; zur gleichen Zeit entstanden die Parzen, die «unbarmherzig strafenden» Keren und «als ein Unglück für die sterblichen Menschen» die Nemesis. Sie erscheinen also bei Hesiod als böse Gottheiten, wenngleich sie diesen Charakter später verloren.

[76] Der arkadische Fluß, der Vater der Syrinx, trug denselben Namen (vgl. Kap. 5, S. 130).

[77] Apollodor: *Bibliothek*, II, 5; Hyginus: *Fabulae*, II, 15.

[78] Vgl. R. von Ranke-Graves: *Griechische Mythologie*, S. 474.

[79] Und wäre es nur durch die reizende Parodie Offenbachs, *Die schöne Helena*.

[80] Pausanias: *Beschreibung Griechenlands*, IX, 12, 1 f.

[81] Daher die populäre Etymologie ihres Namens, der nicht griechischen Ursprungs war; man behauptete aber, er sei aus *aphros*, «der Schaum des Meeres», entstanden.

[82] *Homerische Hymne an Aphrodite*, I.

[83] R. von Ranke-Graves: *Griechische Mythologie*, S. 60 ff.

[84] Dies bezeugt auch Servius: *Kommentar zu Vergils Gedichten*.

[85] Vgl. J. Brosse: *Les Arbres de France*, Kap. «L'Olivier» («Der Olivenbaum»), S. 139–145, «Le Figuier» («Der Feigenbaum»), S. 81–87, «Le Pommier» («Der Apfelbaum»), S. 175–181.

Neuntes Kapitel: Vom Garten Eden zum Holz des Kreuzes

[1] *Genesis*, 6, 1–5.

[2] *Genesis*, 4, 25 f.; 3, 1–7.

[3] Es gibt im Louvre eine sehr merkwürdige Zeichnung Michelangelos, die Adam zeigt. Sein Phallus ist in Form einer Schlange zwischen zwei Feigen dargestellt.

[4] *Genesis*, 2, 8.

[5] Vgl. P. Humbert: *Etudes sur le récit du Paradis et de la chute dans la Genèse*, Neuchatel 1940.

[6] *Genesis*, 3, 22 ff.

[7] P. Humbert: *Etudes*; M. Eliade: *Traité d'histoire des religions*, S. 249–253.

[8] «Adam» kommt von *adamah*, «Boden», «Erde»; vgl. *Genesis*, 2,7

[9] Philon von Alexandria: *Kommentar zum Pentateuch*.

[10] *Genesis*, 2, 18.

[11] Was übrigens bedeuten kann, daß es sich um eine Entlehnung aus einer älteren polytheistischen Überlieferung handelt.

[12] Eine Stelle, die den Exegeten sehr ungelegen kommen muß; sie übersetzen trotz des klar ausgedrückten Sinnes: «Als Mann und Frau schuf er sie.»

[13] Lao-tse: *Tao-Tê-King*, I, 4.

[14] Im *Tao-Tê-King* heißt es: «Was ohne Namen (das Tao), ist Anfang von Himmel und Erde. Was Namen hat, ist Mutter den zehntausend Wesen.» Die erste schöpferische Tat ist das Wort, das aus Gott kommt und sich, wenn es ausgesandt ist, von ihm löst. Vgl. dazu Kap. 2, S. 59 f.

[15] J. Libis: *Le Mythe de l'Androgyne*, Paris 1980, S. 49, wo der Autor G. Scholem: *La Kabbale et sa symbolique*, Paris 1966, zitiert.

[16] *Genesis*, 3, 17–24.

[17] *Ezechiel*, 47, 12.

[18] *Sprüche*, 3, 13–22.

[19] *Offenbarung Johannis*, 22, 2.

[20] Die verschiedenen Versionen wurden mit den antiken Mythologien des Ostens und den hebräischen apokalyptischen Schriften in Beziehung gesetzt und detailliert untersucht von E. C. Quinn: *The Queen of Seth*, Chicago 1962. Vgl. dazu A. Graf: *Miti, leggende e superstitione del Medio Evo*, Turin 1925, sowie *Leggenda di Adamo e Eva*, ein Text aus dem 14. Jahrhundert, der 1870 in Bologna von D'Ancona veröffentlicht wurde. Diese Legenden haben zur Schaffung einer reichhaltigen Ikonographie angeregt. Vgl. vor allem die sehr schönen Holzschnitte in J. Ashton: *Illustrations from the Legendary History of the Cross… from a Dutch Book, published by Velderner*, London 1937.

[21] Es handelt sich dabei um den verdorrten Baum, von dem in Kap. 7 die Rede war.

[22] So wird das Motiv des kosmischen Baumes und der Tauben wieder aufgegriffen, das wir im Zusammenhang mit der weissagenden Eiche von Dodona erwähnt hatten (Kap. 3, S. 62 f.).

[23] Das scheint ein Widerspruch zu sein, denn Moses konnte diese Zauberbäume nur entdecken, nachdem er das Rote Meer durchquert hatte und bis ins 30 km von Jerusalem entfernte Hebrontal gekommen war, das er nach der Bibel jedoch nie erreichte. Man findet in diesem Bericht noch manche andere Ungereimtheit, aber die Logik des Mythos hat mit unserem Rationalismus nichts zu tun.

[24] J. de Voragine: *Legenda Aurea*, S. 350 f.

[25] Vgl. J. Brosse: *Les Arbres de France*, Kap. «Le Cèdre» («Die Zeder»), S. 41, «Le Cyprès» («Die Zypresse»), S. 71, «L'Olivier» («Der Olivenbaum»), S. 139

[26] Der vollständige Titel dieser kurzen Abhandlung lautet: *Advertissement très utile du grand proffit qui reviendrait a la chrétienté s'il se faisoit inventaire de tous les corps saints et reliques qui sont tant en Italie qu'en France, Allemaigne, Espaigne et autres royaumes et pays.* Genf 1543.

[27] *Dictionnaire historique des saints*, Paris 1964, Artikel «Hélène».

[28] Irenäus: *Adversus haereses*, 5, 18, 3.

[29] Cyrill: *Catechesis*, 13, 28.

[30] Lactantius: *Divinae Institutiones*, 4, 26, 36.

[31] Zit. in: R. de Gourmont: *Le Latin mystique*, Paris 1913.

[32] Vgl. R. Guénon: *Le Symbolisme de la Croix*, Paris 1931.

[33] H. B. Alexander: *Le Cercle du monde*, Paris 1962.

[34] Vgl. Kap. 7, S. 220.

[35] *Daniel*, 4, 1–24.

[36] *Jesaia*, 10, 33–34; 11, 1–3.

[37] *Matthäus*, 27, 57. Vgl. *Markus*, 15, 42; *Lukas*, 23, 50.

[38] J. de Voragine: *Legenda Aurea*, S. 348 f.

[39] R. von Ranke-Graves: *Die weiße Göttin*, S. 203; J. Michell: *The Earth Spirit. Its Ways, Shrines and Mysteries*, London 1975.

[40] Vgl. J. Brosse: *Les Arbres de France*, Kap. «L'Aubépine» («Der Weißdorn»), S. 23–27.

Schlußwort

[1] C. Lévi-Strauss/D. Eribon: *Das Nahe und das Ferne*, Frankfurt, 1989, S. 201.

Register der Bäume

Register der Götter, Helden, Heiligen und der mythologischen Figuren

303